평화 활동가들을 복음으로 초대합니다.

비폭력 평화활동가의 눈으로 본

누가복음의 평화영성과 그 실천

박 성 용

누가복음의 평화영성과 그 실천

평화활동가를 위한 복음으로의 초대

지은이	박 성 용
초판발행	2022년 1월 31일
펴낸이	배용하
책임편집	배용하
등록	제364-2008-000013호
펴낸 곳	도서출판 대장간
	www.daejanggan.org
등록한 곳	충청남도 논산시 가야곡면 매죽헌로1176번길 8-54
편집부	전화 (041) 742-1424
영업부	전화 (041) 742-1424 · 전송 0303-0959-1424
분류	묵상	누가복음	영성	평화
ISBN	978-89-7071-576-6 03230

 값 25,000원

차 례

평화영성 실습

완전을 향해 온전히 경주하는 여정

서클로 하는 인문학 대화모임과 더불어 주일예배를 서클진행의 공동 나눔 방식으로 해오면서 무언가 내게 일어났다. 이 누가복음 평화증언에 대한 나의 응답은 일 년 반에 걸친 나눔 과정에 따라 개인적으로 묵상한 결과이다.

부끄럽게도 고백하자면 기독교 신앙이자 목회자로서의 나는 몇 가지 개인적인 신앙체험과 청년시절 및 초기 목회 시절에 몇 가지 성서 구절에 대한 통찰은 있었어도 대개의 경우 성서를 그 자체로 만나는 경험은 그다지 많지 않았고, 개별적인 텍스트 몇 군데는 다가온 것들이 있었다. 또한 설교를 위한 자료로 삼아서 듣는 자를 생각한 텍스트의 대면이 보통의 경험이었다. 즉, 단편적으로 성서 구절 몇 군데와의 특별한 만남은 있으나 일관된 그 어떤 만남이 있었다고는 아쉽게도 없었던 것이 사실이다.

비폭력평화훈련 활동가로서 평화를 중심으로 작은 교회를 몇 명의 동료들과 시작해오고 3년 지난 후부터 함께 복음서를 읽기 시작하였다. 처음에는 요한복음을 거의 2년 가까이 읽었다. 감당할 수 있을까 하는 불안에서 시작했는데, 함께 묵상하고 나누는 그 긴 여정에서 뜻밖의 경험이 나에게 일어났다. 문자 그대로 성서가 말을 걸어오기 시작한 것이었다. 전에는 내가 텍스트의 숨은 의미를 쥐어짜는 듯한 느낌이었는데, 입장이 바뀌기 시작하였다. 개인적으로는 두 번째의 회심이 일어나기도 했다.

사실, 처음에는 서클로 하는 인문학 독서모임을 하면서 파커 파머, 마크 네포 등의 글들을 나누면서 텍스트의 힘과 그 가능성을 경험하였다. 그러다가 이를 성서라는 클래식 텍스트에 적용하면 무슨 일이 벌어질까 하는 궁금증이 있었다. 그래서 처음부터 끝까지 한번 천천히 텍스트와 내 실존이 서로를 향해 내면적인 것이 열리는 것을 확인해보자고 출발한 것이 실망하지 않은 결과를 넘어 뜻밖의 새로운 살아있는 경험들이 열리기 시작한 것이다.

그러나 요한복음은 원체 지혜문학이고 보면 일상을 담은 누가복음은 거의 익숙한 스토리들이었고, 그래서 거의 평범하다 싶어서 누가복음의 텍스트를 만나는 것이 어떤 새로움이 있겠는지에 대해 요한복음보다는 그리 기대를 하지 않았었다. 그런데, 누가복음은 평범한 들판과 약간 높은 언덕 정도의 분위기 속에서 깊은 계곡이 있었고 거기에는 알지 못했던 깊은 물이 흐르고 있었던 것을 발견하게 되었다. 그리고 이는 기독교 평화활동가인 나에게는 평화에 대한 결정적인 명료화와 그 비전을 얻게 되는 근원적인 지혜와 그 힘을 열어주게 되었다. 그것이 지난 2019년 12월부터 2021년 3월 말까지 거의 일 년 반 동안 공동으로 매주 누가복음을 읽어가면서 내게 일어난 변화이다.

누가복음을 함께 묵상하면서 매주 텍스트에 접하고 사전에 텍스트에 대한 안내로 주보에 실은 것이 있었다. 그것은 가이드라는 이름으로 방향과 성찰 질문들을 중심으로 이 책의 분량만한 내용이었다. 이 책은 개인적으로 다시 누가복음을 묵상하면서 누가의 증언과 나의 삶의 연결을 통해 내면의 교류를 시작하면서, 누가의 증언에 관해 21세기를 사는 기독교 평화활동가라는 증언자로서 2020년대라는 시기에서 평화활동 영역에서의 나의 응답이다.

　내가 이 누가복음에 대한 각 장의 주제에 대한 성찰에 일 년 반 동안 개인적으로 몰입한 것은 물론 누가의 증언이 내 심장에 호소하는 그 무엇이 나를 사로잡았기 때문이다. 다른 한편으로는 순수한 자발적인 내면 탐색과 만남을 통해 개인적인 자기 정체성과 평화활동의 자기 정리에 대한 필요성이 함께 있었다. 내가 텍스트를 열기보다는 텍스트가 나를 여는 느낌이 어느 순간부터 있으면서, 내적인 만남이 일어나기 시작했고, 이로 인해 일어난 기쁨과 희열을 뭐로 말할 수 없다. 그러나 부끄러운 것도 사실이다. 60이 되어 그런 경험을 이제야 하다니 하는 지난 세월에 대한 아쉬움도 함께 올라왔다.

　이런 개인적인 만남에서 더 나아가 문제의식이 올라오게 되었는데, 그것은 성서에 대한 많은 책들이 지닌 관점의 한계와 답답함에 대한 것이었다. 누가복음 신학 서적이나 주석서를 많이는 읽지 못했어도 대개는 예수의 신성에 대한 믿음의 강화나, 교회의 필요성과 교회의 성장과 교인으로서의 멤버십을 위한 건덕建德생활, 혹은 비평적 지성을 마음껏 뽐내는 많은 책들이 주류이다. 물론, 페미니스트 내지는 성소수자 관점의 창조적인 재해석의 책들도 나오기 시작했다.

　내가 신학 서적들에서 한 가지 이해한 것은 듣는 청자가 누구를 생각하며 자신의 글을 쓰는 것인지에 대해 그리고 자신은 어떤 관점을 가지고 있는 것인지가 보편적인 글쓰기보다 더 중요함을 오래전부터 깨달은 점이다. 그러나 그것이 비폭력 평화활동가의 관점에서 복음서를 다시 읽는다는 것에 대해서는 염두에 두지 못했었다. 그럴만한 영적인 능력이 내게 있을까에 대해 한 번도 긍정적인 생각을 가져 보지 못한 것도 있었고, 그런 필요성에 대해 본격적인 기회나 경험을 갖지 못했기 때문이다.

　평화활동가로서 성서를 본다는 것에 대한 상상력이 어려웠던 더 한가지의 특색은 영성가들 중에 평화활동 현장에 막강한 영향력을 미치는 사람들의 텍스트가 여전히 유효했기 때문이기도 했다. 내가 즐겨 참고했던 사막 교부들, 마이스터 에크하르트, 성 프란체스코, 토마스 머튼, 에크하르트 톨레, 틱낫한, 헨리 나우웬, 데이비드 호킨스 등등의 여러 영혼의 자이언트들의 저작들은 매우 통찰적이고 여전히 유효한 영향력을 내게 미치고 있었다. 그러나 침묵과 명상의 암묵적인 우선성과 활동에 대한 간접적인 지원은 평화활동가로서 하루의 대부분을 훈련, 조직 활동, 네트워크 활동에 보내는 나에게 무엇을 뜻하는 것인가에 대해 생각을 하게 만들었다. 평화활동이 그 자체로의 존중과 자기 경험을 통해 텍스트 안의 영적인 통찰을 직접 안내받는 데 대한 간절함이 있었던 것이다.

　결국은 각자는 자기 현장과 자신의 우선적인 헌신의 소명 하에서 활동과 글을 쓰는 것이라면, 누구를 비난할 것이 아니라 자기 현장에 대한 자기 경험의 우선성을 갖고 텍스트를 만나는 수밖에 없다는 것이 내 잠정적인 결론이었다. 내 자신이 앞으로 얼마나 순수한 영혼이 될 수 있는지는 잘 모르겠으나, 적어도 지금은 대화, 갈등작업, 평화, 사회복지, 민주시민 운동에 거칠어도 나와 같은 활동의 영역에 있는 이들에 대해 나는 함께 하고 있기에, 이에 대한 같은 시민활동의 내부자로서 나름의 기여에 대한 책임을 지니고 있었다.

나는 성서가 특히 최소한 복음서가 〈하나님 나라〉 즉 샬롬의 구현이라는 그 핵심에 있어서 우선적인 관점을 갖고 있으며, 그것은 영혼의 내면만 아니라 전 삶의 영역에 관련한 실천적이고 직접적인 신의 실천과 이에 대한 인간의 충실한 응답과 그 증언으로 이해한다. 증언은 증언자로서 자신이 보고 들은 경험이 있는 것이며, 또한 듣는 청자 앞에서 자신의 경험을 충실히 말하도록 요청받는다는 점에서 사적인 것을 넘어서는 행위이다. 누가가 증언자로 자신이 목격한 것을 증언하였듯이, 나에게도 시민사회활동가나 평화활동가들을 위한 나의 증언의 응답이 여기에 담겨 있다. 평화사역도 그 증언의 불꽃들로 점화되어 전달되고 확산하며 후대로 이어질 터이다.

물론 당연히 영성가들처럼 글이 호소력과 그 깊이가 있을지는 나로서는 확신이 서지는 않는다. 그러나 누가 기자의 증언에 현대를 사는 평화활동가로서 그 어떤 동질적인 증언의 필요성에 대한 응답이자, 기독교 평화활동가의 언어와 자기 경험으로 응답하는 열정과 헌신은 진심이기 때문에, 그 진심이 닿기를 바랄 뿐이다. 적어도 누가 기자가 마지막된 자, 미천한 자, 그리고 잃은 자들을 위한 복음이었다고 믿기에, 그만한 수준에서 자신의 정체성과 성실성을 갖고 누가 기자의 2천 년 전의 증언에 시대를 넘어서 연결하는 나의 평화에 대한 증언이 여기에 있다.

몇 가지 이 책에 대한 안내가 도움이 될 것 같다. 먼저 인용은 공동번역을 출처로 하되, 따로 필요한 번역본 인용은 달아놓았다. 그리고 기독교 언어의 핵심어인 하나님이라는 신-언어는 실재the Real로 종교학의 언어로 소개한다. 이미 하나님하면 이미 그려지는 상이 있어서 누가복음에 좀 더 진지하게 접근하도록 하기 위해 '실재'라는 언어로 표현하고 있다. 추상적 개념이 아니라 구체적인 궁극현실임을 좀 더 느끼기 위함이다.

이 책을 읽는 방식으로는 독파해 나가는 것보다는 먼저 해당 성서 텍스트를 읽고 잠시 묵상한 후에 각 장에 해당하는 이 책의 내용을 읽는 것을 추천한다. 하루 한 장씩 한 달 조금 넘게 읽으면 이해를 넘어 만남이 있을 것이라 기대한다. 그리고 누가복음의 핵심 메시지를 실습하여 내면화할 수 있는 실습 부분들도 부록으로 넣었다. 해당 텍스트를 읽을 때 병행하여 실습도 겸하면 도움이 될 것이다. 이는 머리로의 이해보다 심장에 체화하는 것을 목적으로 글을 썼기 때문이다.

이런 묵상이 나올 수 있었던 것은 내가 속한 작은 교회인 평화서클교회의 교우들이 함께 불평 없이 장기간에 복음서 묵상에 동의하고 긴 시간을 함께 했던 경험이 있었기에 가능했다. 교우들께 감사드린다. 그리고 기꺼이 이 책의 출판을 허용한 대장간의 배용하 대표께도 감사드린다. 잘 팔리지 않는 평화관련 서적들을 헌신하면서 집중적으로 출판하고 있어서 많은 도움을 받고 있다. 바라건대 시민사회, 사회복지, 평화활동 등의 영역에서 일하고 있는 이들에게 특히 위로와 용기가 되기를 기대한다.

끝으로 나의 사고와 이상으로 여기는 것과 내가 살고 있는 현실 사이에 간극이 있음을 잘 알고 있다. 바울이 이미 완성한 것이 아니라 완전을 향해 온전히 경주해 나가고 있을 뿐이라는 말이 위로가 된다. 이 책을 계기로 뒤늦게 가슴이 열리고 영혼에 열정이 일어나고 그 향함을 위한 경주가 시작되었다는 것과 책임을 질 수 있는 삶을 살고자 하는 의지가 다시 새로워지기를 바라는 마음이다. 성령께서 인도해주시기를 기원하며 인연이 된 독자들에게도 무언가

위로와 힘이 되었으면 하는 바람이다.

　이 글은 지난 20년간 단체활동을 하면서 처음으로 갖게 된 3개월간의 안식 기간 동안 텐트를 가지고 전국 산천을 다니면서 완성한 두 권의 책 중 하나이다. 한 권은『회복적 서클플러스』로 처음부터 끝까지 새로 쓴 것이지만, 이 책은 그간 써놓은 것을 기초로 첨가하거나 정리하여 안식 기간이 끝나는 마지막 날 이원고를 출판사에 함께 보낸 것이다. 집중하여 2-3주를 누가복음에 빠져들면서 나는 비로소 내 내면의 신성한 목소리를 만나는 계기를 선물로 받았다. 그 어떤 떨림의 순간들이 여러번 찾아와 영혼이 몰입되고 날아오르는 경험들을 하였다. 이처럼 누가복음의 텍스트가 지닌 지혜와 힘이 나에게만 아니라 독자들에게도 다가오기를 간절히 소망한다.

2021.6.30.

박 성 용
비폭력평화물결 대표,
『회복적서클 플러스』『회복적서클 가이드북』『평화의 바람이 분다』저자

실재에 대한 목격과 증언자로
사는 가능성을 실험하기

본문: 눅1:1-25

누가는 데오빌로theo/하나님+Philo/사랑 곧 '하나님을 사랑하는 자'에 대한 존칭
각하을 표현한 수신자에게 자기 글의 의도를 처음부터 명료히 밝힌다. 곧, '우
리들 사이에 일어난 그 일들'을 '직접 눈으로 보고 말씀을 전파한 사람들'가운
데 자신도 '처음부터 자세히 조사해 둔 바'를 보내니 '이 글을 보시고 이미 듣고
배우신 것들이 틀림없는 사실이라는 것을 알아주시기 바란다'는 취지로 복음
기쁜소식에 대해 진술하고 있다. 아마도 그는 은유로서 자신이 염두에 둔 신앙
공동체 구성원들이나 향후 인연이 있을 수 있는 신을 사랑하는 자로서의 독자
나 청자를 염두에 두면서 자신의 글을 썼을 것이다. 그리고 그에게는 전통적인
방식의 뒤따름도 아니고, 그렇다고 전적으로 낯선 신적인 존재에 대한 소개도
아니라, 그 자신의 깊이에서 오는 영혼의 만남과 비전에 의거하여 같은 소망이
간절한 수신자에게 이것이 전달되기를 바라며 온 정성을 다해 글을 적어 갔을
것이다.

자신들에게 '일어난 일'에 대해 그리고 자세히 살펴보았다는 저술가로서의 그의 말을 통해 이전의 신성한 가르침의 소식들과 다르게, 자기 나름의 '기쁜 소식'이라고 특별히 언명하는 것은 어떤 실존적인 상황에서 이루어진 것일까를 상상해보는 것은 흥미로운 질문이다. 그뿐만 아니라 그의 글을 읽는 독자나 청자 중의 한 사람으로서 현대에 사는 나의 삶의 정황에 대한 연결점에 있어서도 중요한 의미를 지니게 된다. 최소한 그의 그 무언가 독특한 진실과 간절한 염원이 한국에서 평화 훈련가로 살고 있는 나에게 그 무언가의 범상치 않은 손짓이 다가오기 때문이다. 점점 누가의 목소리가 내 심장 안에서 뛰고 있는 듯한 느낌을, 무언가 호소하며 내 심장을 빌려 그의 영혼의 목소리가 점점 더 강하게 다가오고 있다.

그의 저작은 일반적인 고대 문서의 역사 기록물, 영웅전에 대한 소설, 보고서, 창작물, 사적인 글, 혹은 공적인 논문들의 형태를 벗어난다. 기쁜 소식에 대해 목격하고 증언하고 그것이 참됨을 알린다는 점에서 사적이면서도 공적이고, 객관적 사실에 대한 주장과 동시에 진실에 대한 주관적 가치판단이라는 누가의 심장에서 나오는 목소리가 함께 어우러져 있다. 그 기쁜 소식은 자기 자신의 주관적 해석 없는 객관적인 그 무엇에 대한 사실적 진술도 아니고, 그렇다고 자기 영혼 안에서만 일어난 주관적인 신념의 표현도 아니다. 인생에 근원적이고 절실한 그 무엇에 관하여, 당시의 목격자들만 아니라 이천년의 시간 거리를 뛰어넘어 사는 나를 포함한 '우리'안에서 일어난 일이자, 그로 인해 참에 대한 궁극적 확신을 얻은 바에 대해 남과 공유하고 싶은 것에 대한 진술이다. 자신도 거기에 매료되었고 그것이 참됨을 확인하고 싶어서 쓴다는 진술을 하고 있다. 무엇이 그의 영혼을 흔들어 이러한 기록에 대한 열정과 노력 그리고 시간 투자와 자기 인생을 거는 방식으로 저술 혹은 편집과정을 갖게 되었을까?

베드로와 바울 및 사도들의 이야기를 이미 누가복음과 사도행전에서 언급하므로 그리고 이미 마가복음을 알고 있으므로 그의 저술은 AD80년대 이후로 예상된다. 예수 사건과 예수 운동의 목격자들이 사라지고 있고, 디아스포라 유대교회로서의 내부의 문제의식이 돌출되는 리더십 이동의 전승 과정에서 일어나는 여러 염려와 갈등이 보이기도 한다. 그러나 마태복음의 제자직 중심의 형태의 전승편집과 달리 누가는 그러한 일반 군중 대 제자라는 경계선보다는 일상과 사회의 직접적인 영향 하에서 지금까지 독자·청자들이 들었던 일반적인 소식들과 다른 새로운 기쁜 소식에 대한 진술에 초점을 맞춘다. 누가복음 공동 묵상 안내자로서 나는 누가복음의 실존상황과 이천년이 지난 초연결의 인공지능시대로 들어선 현대인인 우리의 실존상황에 연결자로 있고 싶고 이에 대한 또 다른 목격과 증인의 역할로 있기에 이에 대한 나의 경험과 상상력을 동원하고자 한다.[1]

우선으로 생각해 볼 것은 구약의 약속과 그 성취에 대해 예언이 갖는 암울한 보장, 즉 예언자들의 침묵 속에서 일어나는 분별의 모호함과 실망스러운 약속이 있을 것이다. 당시에도 여전히 삶의 중심은 성전이었다. 그러나 헤롯이 건축한 성전은 AD70년 로마군인에 의해 붕괴되었고, 그나마 성전이 있었을 때도 성전세와 정치권력과의 결탁으로 인해 문제가 많았었다. 예언은 그대로 효력이 있는 것인가? 전통으로 주어진 그 약속이 과연 아직도 실망하지 않는 방식으로 살아남을 만한 것인가? 이 예언이라는 것은 오늘날 유대인이 아닌 우리에게는 문화와 가치가 달라서 그다지 매력적인 것은 아니다. 이 예언을 달리 해석하자면, 우리가 경험하는 현실을 넘어서 계속해서 유효하고, 선

---

1) 이에 대해 참고가 되었던 복음서 신학자는 800쪽이 넘는 책인 〈예수와 그 목격자들〉의 저자 리처드 보컴의 연구이다. 그러나 같은 생각을 하고 있었던 신학자가 있어서 흥미롭게 읽고 동의되는 부분들이 있기는 했지만 이 책에 그다지 직접적인 연결은 하지 않는다. 연결자인 나에게도 실존상황이 있으므로 그러한 실존상황의 소통 속에서 이 글은 쓰인다.

하고, 참된 실재의 작동이, 삶을 신뢰할 만한 보편적인 원리가 존재의 터전으로 여전히 활동하고 있음을 우리는 지금도 믿을 수 있는가에 대한 질문이기도 하다. 삶의 불합리해 보이는 현상을 넘어 여전히 보이지 않을지라도 신뢰할 수 있는 절대적인 삶의 긍정에 대한 토대가 있는 것인가?

둘째로, 당시 유대인들이 오랫동안 당연시하고 그토록 의존해 왔던, 하나님은 이스라엘의 하나님이시다. 그리고 그것은 성전중심의 삶을 통해 보장받을 수 있다고 여겨진 수많은 종교제의, 규례와 윤리적 조항들이 점차 무거운 일상성으로 다가와 그 의미맥락을 상실하고, 다른 종교들의 신봉자들이 섞여지는 새로운 환경의 도전을 받고 있을 때, 새롭게 시작되는 그리스도운동은 그 대안적인 영적 생명력이 있는 '깊이'의 형이상학을 지녔다는 것을 얼마나 보여 줄 수 있는 것인가? 엘리트 성전주의자들이나 율법학자들의 전문적인 아카데미아와 잘 짜진 율례에 대하여 새로운 그리스도운동은 비록 민중운동이라 할지라도 그 어떤 깊이나 참됨을 가졌다고 자기방어를 할 수 있는 것인가?

셋째로, 신의 부재로 보이는 비통한 현실과 끔찍한 고통은 삶과 죽음의 경계가 애매한 상황을 가져온다. 모순과 불합리의 삶에서 당혹스러운 생존의 흔들림 속에서 파열하는 심장들을 목도하면서 버티는 힘을 불러일으키는 새로운 담론은 무엇으로 가능할 것인가? 십자가 사건과 부활 사건이 존재한다는 이해가 중요한 것이 아니다. 십자가로부터 부활로 가는 길이 있다는 것, 남겨진 진실이 십자가 이후에도 있다는 사실에 대해 청자와 독자는 무엇을 간파할 수 있는 것일까?

증언한다는 것은 일반인들이 다르게 알고 있거나, 일반인의 눈에는 감추어진 진실을 복원하고 다시 상기시키는 행위이다. 더 이상 뚜렷이 보거나 듣기가 불가능한 상태에서 다르게 해석되거나 왜곡되거나 잊고자 하는 지배적인 논리와 담론에 저항하여 그는 감추어진 진실을 끌고 나와 배심원들 앞에 서게 된다. 그는 망각되고 가려지고 거부된 진실에 대해 자기가 목도한 진실을 말함으로써 감추어진 진실을 복원시킨다. 재현하여 나타내 보임으로써 듣는 자들이 뭔가 놓친 것에 대해 다시 주목하고 집중하도록 분위기를 반전시킨다.

증언자는 그렇기에 스스로 목격하고 체험하고 가슴에 품어온 진실에 대한 실마리를 갖고 있다. 남들은 그것에 대해 알지를 못하는 자기 나름의 품어온 진실은 증언자의 양심과 생각을 뒤흔든다. 그가 체험한 진실은 그렇기에 혼자의 것이 아니다. 증언자는 '우리에게 일어난 일'에 대해 양심의 목소리에 따라 책임을 져야 하는 부담을 지속해서 느낀다. 그는 일반인들이 생각하는 것과는 다른 시각과 견해를 갖고 있다. 그 비밀로 인해 그는 다른 이들과 다른 자신의 정체성을 느낀다.

만일 그 '우리에게 일어난 일'이 누구로부터의 손상이나 힘들게 한 경험이 아니라 전적으로 지금까지 알고 있던 것과는 다르게, 놀랍고 즐거워해야 할 '기쁜 소식'에 관한 것이라면 그는 이제는 그 경험이 자신의 것이 아니라 공공의 것이고, 남들도 그것을 알아듣고 누려야 할 당위가 있음을 깨닫는다. 오해와 잘못된 신념으로 인해 낙심된 인생의 풍랑 속에서 증언자는 자신이 알고 있는 '기쁜 소식'은 단순히 정보가 아니라 삶을 구할 수 있는 성격으로 다가온다면 당연히 그는 더 이상 감출 수가 없다. 그는 망쳐버리고 있는 현실에 대해 새롭게 재건해야 할 내면의 목소리를 대면하게 되는 법이다.

신앙은 하나님에 대해서 다가가는 행위가 아니다. 누가에 따르면 그것은 신이 인간에게 다가와 이를 통해 '우리에게 일어난 일'에 대한 증언의 행위를 뜻한다. 증언자는 남들이 갖지 않은 그 무언가의 사건에 대한 목도함과 스토리를 품고 산다. '일어난 일'이 없는 신앙은 속 빈 강정으로 추상화의 신앙이다. 그것은 힘이 없다. 일어난 일로 인해 자신은 남들과 다른 비밀을 갖고 있으며, 그것이 자신의 정체성을 형성한다. 무엇을 어떻게 살아야 할지에 대해 스스로 알고 있다. 더군다나 그것이 자신만이 아니라 우리 모두에게 일어난 일로 보일 때, 그리고 우리의 대부분이 그것을 망각하고 있다면 그는 일깨울 소명도 저절로 느낀다. 그렇기에 그 일어난 일은 사적인 것이 아니라 공공의 성격을 지닌다.

어쩌면 증인이 된다는 것은 저주이거나 축복이기도 하다. 저주가 되는 것은 망각하고 있다가 언젠가 홀연 듯 나타나서 자신을 힘들게 하고 가슴을 아리게 하면서 뭔가에 빚을 지고 있다는 느낌으로 마음이 무거워지게 만들기 때문이다. 그러나 축복이 되는 까닭은 나의 지금의 생존보다 그 '우리에게 일어난 일'에 대해 소망을 갖고 그것을 품고 생생하게 그것에 대해 의식하면서 이 세상을 사는 자발성을 지닐 때 그것은 가벼운 멍에가 되어 나를 움직이게 하기 때문이다. 내가 흔들릴 때마다 '일어난 일'이 나의 걸음을 세우고 다시 걷게 하기 때문이다. 이제는 내가 사는 것이 아니라 그리스도가 내 안에 산다는 것도 바로 이런 증언의 삶의 한 형태일 것이다.

진실은 그 자체의 객관성에 의해 보장되지 않는다. 오히려 증언자에 의해 그 진실의 실재가 보장된다. 누가가 이러한 진술을 쓰는 것은 매우 혁명적인 사고이다. 증언자에 의해 하나님 나라의 활동이 드러나며, 하나님은 증언자의 목소리와 그의 삶을 통해 자신의 실재를 증명하신다고 말한다. 그렇기에 증언자 없이는 그리스도의 생명은 전달되지 않는 법이다. 그 증언자들이야말로 바로 누가복음에서 나타나는 제자들, 그리고 이름이 기록된 자들이다. 그들은 열두 제자여서 기록한 것이 아니다. 목격자들이고 계속 유랑설교자로 이곳저곳을 다니며 자기 입으로 자신의 목격을 알린 증인 역할을 했기에 그 당시의 청자들은 그들을 통해 그들의 말이 신실하고 참되며 주목할 만한 것임을 이해하였다. 이렇게 실재는 목격자의 자기 증언에 의해 그 현실성을 드러낸다.

어떤 증언할 거리가 나의 가슴에 있는 것인가? '우리에게 일어난 일'로 인해 내 심장을 뛰게 하는 그 어떤 것이 내 안에 남아 있는 것일까? 교리나 관념으로 사는 것은 더 이상 그 효험성이 없게 된 자신을 본다. 그렇다고 세상에서 남들 가는 대로 보이는 현상이 전부인 것처럼 사는 것도 허망함과 재미없음을 느낀다. 누가는 여전히 유효한 하나의 실존 양식을 우리에게 보여준다. 증언하기로서의 삶, 그 무언가 실재에 의해 안내되는 것이 일어난 일이 되어 그것을 목도하고 그에 대해 증언하는 실존적인 삶의 가능성이야말로 의미 있고 기쁜 일이라는 사실에 대해 내 영혼을 흔들어 깨우고 있다. 그러한 길들이 보이기를 누가복음 시작에서 기원한다.

"
사회복지
시민사회
다양한 영역에서
평화를 위해 일하는 이들을
복음으로 초대합니다.
"

1. 은총에로의 초대

본문: 눅 1장

일어난 일에 주목하기로서 시작

누가는 목격자로서의 증인된 입장에서 자신이 전하고자 하는 '우리들 사이에서 일어난 그 일들'1:1이 '틀림없는 사실'1:4임을 확인시키고 그 일들이란 기쁜 소식유앙겔리온: 복음에 관한 것이며, 그 증거로서 증인들의 이야기를 펼친다. 누가는 이야기 모음에 있어서 마가와 자신의 특수 자료를 사용하여, 누가복음과 사도행전의 증언자들을 이야기 무대에 올린다. 그가 선택한 증인들 사례는 많은 부분이 남성과 여성의 한 쌍을 이루는 이야기들로 독특하게 구성되어 있다.

예를 들어 아래서 필자가 언급할 1장의 인물들 이야기 이외에도 2장의 늙은 예언자 시므온과 안나, 5장 7장의 용서받은 사람 중 중풍병자와 향유 부은 여인, 7장의 회복된 가족들인 백부장 하인과 나인성 과부의 외아들, 8장의 치유된 소외된 자들인 거라사의 귀신들린 자와 혈류증여인과 죽은 딸, 10장과 11장의 도움을 주는 남성 집주인과 여성 집주인 마르다, 13장과 14장의 안식일 병자치유에서 수종병자와 등 꼬부라진 여인, 13장의 비유에서 농부의 겨자씨와 여자의 누룩, 15장의 잃은 양 한 마리 찾는 목자와 잃은 동전 찾는 여인 및 잃은 아들 찾는 아버지와 잃은 동전 찾는 여인, 등이 그것이다. 사도행전에서도 그런 패턴은 지속된다. 예를 들면 성령 충만한 예언자인 아들/남종과 딸/여종행2장, 정직하지 못한 기부자 아나니아와 삽비라행5장, 기부자들인 고넬료와 다비다.행9장 과 10장, 바울을 돕는 이로써 루디아와 빌립보 간수행16장 등등이 그것이다.

누가복음에는 처음 시작과 예수의 임종 끝까지 여성들이 출현한다. 그들은 목격자로서 증인들이며, 누가가 현대여성학의 관점에서 페미니즘에 관심이 있었는지는 논쟁의 여지가 있지만 최소한 그의 관심이 작은자the least에 집중하고 있다는 증거임은 틀림없다. 그리고 그 남성과 여성의 내러티브를 통해 묘한 변증법적 대조의 긴장이 있고, 이 긴장을 통해 누가가 말하고자 하는 영적 통찰의 의미가 숨어있게 된다. 즉, 두 대조를 통한 성장과 창조적인 변형 그리고 더 온전한 실재의 실현에 대한 비전이 숨겨져 있다는 것이 필자의 생각이다. 나는 이에 대한 실례로 1장에 나오는 즈가리야사가랴와 마리아를 주목해보고자 한다. 그 주목의 이유는 이 통찰이야말로 누가가 왜 "일어난 그 일들을 글로 엮는 데 손을 댄 사람들이 여럿 있었"1:2는 데도 불구하고 자신이 손수 "이 모든 일들을 처음부터 자세히 조사해 둔 바"1:3를 써 내려가는 수고가 있을 수밖에 없었는지 그 이유에 대한 답변이 숨어있기 때문이라고 여겨지기 때문이다. 그리고 이것이야말로 누가-행전을 통털어 전체를 규정하는 하나의 '해석학적 구조'를 이루는 토대로 설정되어지기 때문이라는 필자의 확신이 있기 때문이기도 하다.

즈가리야는 유대시골의 제사장으로서 아론의 후손으로서 결혼한 늙은 남자이다. 반면에 마리아는 다윗의 가문인 요셉과 약혼한 갈릴리 나사렛의 한즉, 무명의 처녀이다. 이 둘은 '주의 천사'에 의해 수태고지를 받게 되고, 그에 대한 의문을 각각 표시한다.

즈가리야-"저는 늙은이입니다. 제 아내도 나이가 많습니다. 무엇을 보고 그런 일을 믿으라는 말씀입니까?"(1:18)

마리아-"이 몸은 처녀입니다. 어떻게 그런 일이 있을 수 있겠습니까?"(1:34)

그러한 의문에 대해 주의 천사의 선고가 있게 된다.

즈가리야에게-"때가 오면 이루어질 내 말을 믿지 않았으니 이 일이 이루어
지는 날까지 너는 벙어리가 되어 말을 못하게 될 것이다."(1:20)
마리아에게-"성령이 너에게 내려오시고 지극히 높으신 분의 힘이 감싸주실
것이다….하나님께서 하시는 일은 안 되는 것이 없다."(1:35-37)

그러한 주의 천사의 선고가 있고 나서 사가랴와 마리아는 축하의 노래를 부른다.

즈가리야-"찬미하여라. 이스라엘의 주 하나님을!…"(1:67-79)
마리아-"내 영혼이 주님을 찬양하며…."(1:46-55)

이들의 찬미 내용은 누가복음과 사도행전의 증언들을 통해 '우리들 사이에
일어난 그 일'이 틀림없는 사실임과 동시에 또한 기쁜 소식의 핵심내용이 무
엇인지를 미리 알려주는 '고지告知'의 내러티브를 형성한다. 그런데 이 두 증언
자를 통해 일어난 일의 핵심에 관해 편집자이자 또 다른 증언자인 누가는 무
엇을 알리고자 하는 것일까? 찬미의 내용을 통해 기쁜 소식의 성격이 어느 정
도 드러나 있기도 하지만, 그 내용[1] 이면에 또 하나의 주요한 전환을 암시하고
있다.

---

1) 즈가리야의 경우는 하나님의 자비와 그분의 신실하심 그리고 인도하심의 현실성에 대한
것이고 마리아의 경우는 비천한 신세를 돌보심과 [자비의] 큰일을 내게/우리 모두에게 행
하심에 관한 것이다.

내가 주목하고자 하는 이 전환의 특별성은 세 가지 이유에서 감추어진 암시로 나타난다. 그 첫 이유는 십자가에 처형된 지도자를 따르는 무리로 오인되는 정치적 박해에 대한 염려에서 그리스도운동에 대한 자기 보호에 대한 입장이 그것이다. 정치적으로 처단된 우두머리를 여전히 따른다는 것은 반역에 대한 의심을 당국자에게 줄 수 있어서 감추어진 암시가 필요하다. 외부자의 눈에는 막혀있어도 내부자들초기 그리스도운동의 추종자들에게는 이 숨긴 메시지는 명확하게 그 전달 의미를 알 수 있다. 두 번째는 전통적인 기존의 주류 집단인 유대공동체로부터의 이단적 판단과 사회적인 제외로부터 자기 공동체에 대한 보호를 위한 것이기도 하다. 종교와 생활이 분리될 수 없는 당시 상황에서 기존 유대공동체로부터의 노골적인 압력과 종교적 박해에 대한 염려의 부분이 고려되었다. 이 점에서 새로운 신앙운동은 그 자체의 생존을 위한 언어가 필요했던 것이다. 마지막으로는 기존 종교·정치적 상황에서 구별되는 자신들의 정체성에 대한, 목격자 사망 이후의 신앙적 정체성의 교육에 대한 필요에 대한 것이다. 왜 자신들이 기존 그룹과 달라졌는지에 대한 정체성의 확인이다. 이는 바로 자기 정체성의 의미규정에 대한 메타포의 차용에 대한 것이다.

필자가 말하는 중요한어쩌면 혁명적이기까지 한 전환이란 무엇인가? 그것은 거룩함에 다가가는 방법·길과 그 내용에 대한 전환을 말한다. 이것은 바로 '주의 천사'의 현현 장소와 주의 천사의 메시지를 받는 담지자가 누구인가에 대한 변혁적인 관점을 통해 그 숨겨진 의미가 드러난다.

즈가리야는 사제이며, 메시지의 현현은 '주님의 성소'였고, 이는 그가 "자기 조의 차례가 되어 하나님 앞에서 사제 직분을 이행"1:8하던 순간에 일어났다. 더구나 아내와 더불어 그들 두 부부는 "다 같이 주님의 모든 계명과 규율을 어김없이 지키며 하나님 앞에서 의롭게 살"1:6던 사람들로서 흠 없는 사람들이었다. 기존의 유대교 전통에 따르면 예언 혹은 신탁은 언제나 적절한 장소에서 적격자나 영적 엘리트에게 내렸다. 사무엘이 주의 음성을 들은 성전이 그러하고, 말씀을 받은 사사들이나 예언자들이 그러하였다.

누가의 증언에 따르면 주의 말씀이 들려질 수 있는 확실한 4가지 장치가 있었다. 장소가 바로 '성소'였기에 천사는 당연히 나타나고, 사제였기에 당연히 신탁을 받을 만하였고, 부부가 적격자로서 '다 같이 주님의 모든 계명과 규율을 어김없이 지키며 하나님 앞에서 의롭게 산' 부부여서 개인이나 가정에 흠이 없었다. 게다가 마지막으로 주님의 성소에 들어가 분향할 사람으로 뽑힌 사람으로 그 적격의 장소, 적격한 사람이, 적격한 절차에 따라, 그리고 '기도를 드리고 있는' 적격한 의식ritual 중에 주님의 천사가 나타나게 되었다.이러한 출현은 당연하지 않겠는가? 그런데 그는 막상 주님의 천사 출현에 대해 '몹시 당황하여 두려움에 사로잡히게'1:12 되었고, 주의 천사의 고지에 대해 의심과 더불어 증거를 보여 달라는 반문까지 – '저는 늙은이입니다⋯.무엇을 보고 그런 일을 믿으라는 말씀입니까?'1:18– 하게 된다. 그래서 그는 벙어리가 되어 '말을 못하고 손짓으로 시늉만 할 뿐'1:22인 상태가 된다.

마리아의 수태고지는 이와는 다르게 전개된다. 갈릴래아 나사렛이라는 특성 없는 한 시골에서[2] 별다른 특색이 없는 한 처녀에게 일어난다. 사전에 이에 대한 그 어떤 거룩한 징조의 실마리나 준비된 환경을 찾아볼 수 없는 일상적인 평범한 한 개인에게 그것도 갑자기 주의 천사가 나타난다. 주의 천사의 고지에 대해 그녀도 '몹시 당황한' 기색을 나타냈지만 한 가지는 증거에 대한 반문이 아니라 '도대체 그 인사말이 무슨 뜻일까 하고 곰곰이 생각하는'1:29 태도를 지닌다. 그리고 수태고지에 대해 '이 몸은 주님의 종입니다. 지금 말씀대로 저에게 이루어지기를 바랍니다'1:38는 수용의 태도를 보인다.

---

2) 복음서의 다른 증언은 "나사렛에 무슨 신통한 것이 나올 수 있겠소?"(요1:46)라고 빈정을 받을 만큼 천대받는 곳이다.

누가가 '우리에게 일어난 일'에 대해 그 첫 시작을 즈가리야와 마리아로 설정하여 증언자들의 목소리를 들려줄 때, 여기에는 뭔가 중대한 변화에 대해 내부 청자들이라면 금방 깨달을 수 있는 의미의 구조를 증언 속에 내재화시켰다. 나는 이에 대해 다음과 같은 의미구조가 숨겨져 있다고 본다. 그것은 성전/사제/절기/기도에 의한 기존의 거룩함의 길에 대한 유용성과 타당성이 여전히 주의 천사의 출현을 위해 어느 정도는 적합한 곳이기는 해도, 실제로 중요한 것은 그러한 거룩함의 경계선/담은 무너졌다는 혁명적인 암시에 대한 부분이다. 이제 새롭게 출현하는 실재the Real의 경험은 일상과 무명의 전혀 '기대하지 못한' 그리고 '자격이 없다고 여겨진' 대상, 장소, 때에서 실재의 자기 전개가 일어난다는 이해의 전환이 여기에 숨겨져 있는 것이다.

이것이 '우리에게 일어난 일'이다. 실재가 어떻게 출현하는지 이전과 다른 목격을 통해 직접 본 '우리에게 일어난 일'이며 그것은 단순히 이들만 아니라 수많은 증인이 누가복음의 등장인물들에 의해 이루어진다. 더군다나 누가의 다른 저서인 사도행전처럼 예수의 부활 이후 제자들과 다른 사람들에게 일어난 일들이다. 그들은 다들 예언자/사사/사제는 아닌 민초들이었으나 '일어서는 영혼'들이 되었다. 계시의 독점과 경계가 없어졌다는 점에서 이는 기쁜 소식이 틀림없다. 복음기쁜 소식은 그러한 인식의 출현, 곧 거룩함을 이해하는 수단인 장소, 인물, 때에 대한 파격적인 전환과 발전적인 통찰을 통해 온다.

끝장남과 미천함이 여는 거룩한 자비

그러나 복음기쁜 소식은 여기서 끝나지 않는다. 그가 증언하고자 하는 것은 더 숨어있다. '우리에게 일어난 일'이 단순히 그리스도에 대한 사건이 아니라 '주께서 여종의 비천한 신세를 돌보시'1:48고, 주께서 '놀라운 자비를 베푸셨다'1:58는 일·사실로 기쁜 소식이기 때문이다. 즈가리야의 찬미인 "이것은 우리 하나님의 지극한 자비의 덕분이라"1:78처럼 '놀라운 일'에 관련이 있는 것이다. 여기서 기쁜 소식은 단순히 부정적인 것을 내려놓는 긍정적인 그 무엇의 발생만이 아니라 눈이 떠지고 입이 다물어지는 '놀라움,' 우리에게 일어난 일에 대한 것에 대한 목격과 그 증언에 대한 진술의 성격에 관한 것이다. 즉, 비천함을 돌보심과 놀라운 자비를 베푸심에 대한 경이로움의 주목이 여기서 나타난다. 자비로운 실재의 목도라는 그 놀라운 일을 우리 현대인의 삶의 정황으로 연결하자면 도대체 그것을 어떻게 더 명료하게 풀어볼 수 있을까?

누가가 앞으로 '우리에게 일어난 일'을 증거하면서 진술해 나가고자 하는 것은 누가의 신앙공동체 청자·독자들에게 앞으로 그들의 삶과 미래에 '우리에게 일어날 수도 있는 일'에 대한 것에 대해 증언을 하고자 하는 것이다. 그 증인이 증인석에서 그 진실에 대해 자기 책임과 거짓 증언의 의심에 따른 위험을 감수하고서 진실이라 말하고자 하는 것은 듣는 사람의 이해와 태도를 불러일으키기 위함이다. 증언은 이렇게 청자의 '이해와 태도의 불러일으킴'을 위해 존재한다. 그렇기에 신앙의 증언은 '수행적 기능performative function'을 본성적으로 갖고 있다. 그 진술은 역사나 수학의 사실이나 공리에 대한 개념적 이해를 위한 것이 아니다. 새로운 이해를 불러일으키고 태도를 전환시키는 실존적 정향existential orientation을 위한 것이다. 그 실존적 정향이란 무엇인가?

누가가 진정으로 더 깊이 말하고자 했던 것은 무엇일까? 누가는 자신의 증언이 참되다고 자신의 내러티브에 등장시키는 인물들이 —앞으로 드라마가 전개되면서 출현하겠지만— 모두 끝장난 자the last, 잃은 자the lost 그리고 지극히 작은 자the least에 대한 신의 비전과 그분의 행동하심의 파격성에 대해 증언한다. 첫 번째로 도입된 즈가리야와 마리아의 사례는 바로 '비천함' 혹은 '비참함'이라는 끝장난 자의 경험에 대한 것이다. 사제 부부로서 신실성에도 불구하고 간절한 '아기'의 없음이라는 끝장남이라는 스캔들, 그리고 약혼한 처녀의 '임신'이라는 끝장남의 스캔들과 파국 혹은 궁지에서 신적인 행동이 개시된다는 사실이다. 그러기에 '놀라운 일'이자 더 정확히 말하자면 '놀라운 자비'이다.

우리 민초들의 인생 여정에서 '끝'이라 여겨진, 그래서 중심으로부터 가장자리라는 끝자락의 낭떠러지에서 더 버티지 못하고 한 발자국 더 나가게 되는 상황에서 가장자리가 은총의 중심으로 바뀐다는 것은 계시가 누구에게 주어지는가에 대한 궁극의 인식전환을 가져다준다. 이것이 바로 기쁜 소식의 정체이다. 어느 누가 신의 은총의 담지자가 되는가에 대한 근본 의식의 변혁에 대한 것이기에 그리고 이것이 구약에서는 잠재적으로 있었으나 누가 저자는 이제 이를 노골적으로 명확하게 전개한다는 점에서 파격적인 메시지가 되는 것이다. 인간의 실존적 삶이 끝장남으로 이해되었던 눈에 보이는 현실이 개인과 사회적인 이해를 넘어선 우주적이고 신적인 실재의 영역에서는 그렇지 않고 우주적인 현실, 곧 실재의 현실에는 언제나 영원한 '자비의 실재'가 있고, 그러한 우주적 돌봄, 신적인 돌봄은 우리 육안으로 보이는 현상을 넘어 궁극적인 실재의 본성이라는 선언이야말로 기쁜 소식의 핵심matrix이다.

더구나 이것은 그의 자기 이해나 자기 공로에 달려 있지 않다. 오직 신적 실재의 무한한 자기-증여self-giving에 의한 무상의 것이기도 하다. 영적인 자이언트가 아니어도 민초는 누구나 자기-이해나 자기-공로에 의하지 않고 단지 호의적이고 자비로운 실재의 다가오심에 대한 수용을 통해 그 '일어날 수 있는 일'을 일어나게 만든다. 이것은 존재의 자비로움 혹은 실재의 풍요로움이라는 근본적인 원복原福, original blessing으로 인하는 것이다. 즈가리야 만이 아니라 마리아에게 주어졌다는 것은 그 방법이 무엇이든 그들의 신실성 혹은 받아들임이 무엇이든 간에 근본적으로는 과거 2천 년 전의 한 특정 개인이 아니라 지금의 우리의 현실성에 대해서도 같은 이치이다.

거룩한 실재의 접촉공간인 가장자리

그 신실성과 받아들임이 시험을 받은 것은 바로 비천함이나 비참함, 곧 끝장남이라는 삶의 가장자리에서 자신의 끝장남의 상황으로 무엇을 향해 열려 있는가에 달려 있다. 누가는 비극의 상황에서 자기 생각이 그 비극 상황에 대한 원인-결과에로의 자기-몰두가 아니라 이미 거기에 있는 '주님의 천사' 곧 거룩한 실재의 표징에 대해 주목할 것을 제시한다. 왜냐하면 그 끝장남의 가장자리는 거룩한 실재의 접촉 공간이 되기 때문이다. 누가의 논리에 따르면 그러한 접촉 공간으로서 우리의 삶은 마지막 된 자, 지극히 작은 자, 그리고 잃은 자가 갖는 '생존의 최소화된 공간'에서 신적 '실재의 최대화된 활동 공간'으로서 역동성을 불러일으킨다. 자신의 공간이 그만큼 작아질수록 그만큼 신적 실재의 최대의 활동 가능성은 더욱 커진다. 물론 이것은 잠재성으로 주어지는 것이기에 남은 과제는 그러한 두 공간의 연결을 통해 그러한 작동의 이치를 어떻게 현실화할 수 있을 것인가이다.

2천 년이 지난 포스트모던 시대의 우리는 '주의 천사'라는 신화에 대해 아무런 의미를 느끼지 못하고 사는 문화 속에 있다. 그러나 누가가 제시하는 메시지에 하나의 의미맥락은 동일성을 갖고 있다. 자신의 파국과 끝장남의 현실에서 그 어떤 뜻밖의 '일어날 수 있는 일'의 표징signs을 과연 읽어낼 수 있는가에 대한 것이다. 실재the Real는 자신의 이해와 경험보다 더 크다. 이는 현대 물리학자들이 이미 우리에게 얽힘과 비국소성의 진술로써 말한 실재에 대한 형이상학적인 암시이다. 자신의 파국과 끝장남의 스캔들이 초월이라는 양자 도약을 위한 의식혁명의 통로가 될 수 있을 것인가? 이에 대한 믿음은 매우 혁명적인 행동을 불러일으킬 것이다. 왜냐하면 자신의 파국과 끝장남에서 그 무언가 능력부여가 가능하다면 두려움의 지배체제가 무너지는 것이기에, 수많은 민초들이 그 어떤 곳이나 상황에서든 일어날 새로운 용기와 힘을 가질 수밖에 없기 때문이다.

누가 저자는 우리를 초대한다. 그 초대는 그대의 비극적 삶의 내러티브에 대해 이해할 수는 있어도 변화는 일어나기 어렵기에 그 비극적인 끝장남의 공간에서 실재의 자비로움으로 인식의 도약을 위한 여지를 마련하는 데 눈을 돌리는 것에 대한 것이다. 이를 위해서는 누가가 무책임한 신화적인 낭만주의자가 아니라 현실의 가혹함과 비참함에 대한 매우 진지한 성찰자라는 데 신뢰를 해야 한다.

과학적인 사고를 하는 그대라면 최소한 다음을 깨닫는 것은 합리적일 것이다. 그대나 동료의 비참함 혹은 끝장남에 대한 해결책으로써 자원경제적 지원, 사람, 사회적 시스템구제를 위한 법적 장치은 당신의 기대만큼 받쳐주지 않는다. 이것은 과학적 논리에 따른 이해의 결과이다. 이것은 내가 비폭력평화활동가로 지금까지 치열하게 경험한 사실이다. 그리고 당신의 그 가장자리the edge에서 일어나는 비참함의 내적인 경험이 당신에게 가져오는 생각들도 매우 부정적이고 고통스러운 경험들이 대부분이어서 앞으로 나갈 수 있는 자원이 되지 않는다. 즉 생각으로 더욱 우울하고 절망적인 감정을 가져올 것이다. 과학적으로 분석해도 속 시원하게 좋은 결과를 가져오지 않는다. 그렇다면 누가가 전한 증인들의 '우리에게 일어난 일'에 대한 증언을 통해 '우리에게 일어날 수 있는 일'에 대한 새로운 감각에 대해 마음을 여는 것은 그다지 나쁜 일도 아니다. 어쩌면 새로운 가능성의 해법을 알 수도 있을 것이기 때문이다. 과학적인 것을 버리라는 것이 아니라 자신의 비참함과 비천함에 대해 일어서서 슬픔을 노래로 바꾼 인생들의 목격담에 대해 무엇이 그러한 전환을 일으키는지 숙고하는 것도 과학적인 일이라는 것이다.

누가는 말한다. 우리의 파국은 그 어떤 표징의 실마리가 된다. 그 표징을 이해하는 사람은 거룩한 소명의 내재화라는 수태incarnation의 기회를 얻는다. 이렇게 부드럽지만 그 질적인의미에서는 혁명적인 일어섬이 무리지어 일어날 수 있는 근거는 우리의 끝장남을 어떻게 대하는가에서 출현하게 된다. 최소한 지배체제의 목소리는 듣지 말라. 너의 끝장남은 너의 삶의 결과이고, 그것이 실패자에 대한 논리적인 귀결이라는 그 목소리에 대해 저항하라. 언제나 일어설 수 있다. 그것은 실재가 자비롭기 때문에 그러한 것이다. 그리고 다시 시작할 수 있도록 풍성하기 때문에 그러하기도 하다. 이것이 누가가 전하는 은총으로부터 시작이 일어나며, 그 은총은 삶의 변두리가장자리에서 먼저 시작되기에 그 표징에 주목한 자들은 변화된 현실을 살 것이라는 것이 누가의 시작 이야기이다.

2. 가장자리에서 목격과 바닥의 역설

본문: 눅 2:1-20

가장자리에서 출현하는 목격의 증언

누가 기자가 '우리에게 이루어진 사실'1:1을 더 확실히 알게 하려고 썼다는 그의 기쁜 소식복음 이야기는 성서에 대해 일반적으로 예측하는 우리의 기대를 자연스러울 만큼 만족하게 충족시키지는 않는다. 그가 진술하고자 하는 것은 기존의 기독교공동체가 신학적으로 오랫동안 해석해온 '신성화된 예수'에 대한 위로 올리어진 기독론의 해석틀이나 혹은 그와 반대로 '역사적 예수'에 대한 재탐구의 새로운 방향의 틀에서도 담지 못하는 그 무언가가 남아있다. 전자의 경우라면 마태나 요한의 경우처럼 정리된 전통적인 신성의 모습을 그리지도 않고, 후자처럼 현대 이성이라는 인간성으로 진술을 쥐어짜도 아직 남아있는 그 무엇을 여전히 누가의 목격증언 이야기는 내포하고 있기 때문이다. 더군다나 전통이나 일상을 이야기하는 것처럼 보이다가도 굴절, 점프, 당혹감, 의심, 모호함 그리고 과감한 생략, 숨겨있는 여운이 진술과 진술 사이에, 그리고 진술이 끝났음에도 여전히 희미한 자취를 남기기 때문이다.

누가는 복음서 끝에서 '너희는 이 모든 일의 증인이다'24:48라고 말하고 있고, 사도행전에서 배반한 제자 가룟 유다 대신에 마티아를 사도로 새로 뽑으면서 그 조건으로 '우리와 더불어 주 예수의 부활의 증인이 되기'1:22라는 조건의 충족을 언급한다. 사도행전은 그러한 증언자들의 누가복음 후속 이야기이다. 이렇게 누가복음의 처음과 끝, 그리고 사도행전의 시작은 증언의 이슈가 하나의 연결 끈인 '증인'으로 관통하고 있다.

증언자는 뭔가 일반 청자나 관객들은 알지 못하는 나름의 목격에 대한 중대함을, 그리고 자기 경험은 참이고 신뢰할만한 것임을 입을 열어 말해주어야 할 책임이 있음을 자신의 정체성과 역할에 관해 자각하고 있는 자이다. 증언자는 듣는 청자로 하여금 기존에 알고 있던 것에 대해 사실은 이와 다르며, 혹은 모호했던 것에 관해 사실의 진위를 판가름해 주는 증거를 자신이 지니고 있다는 것에 확신이 있다. 그래서 그의 말하기라는 내러티브를 통해 무언가 새로이 드러나는 것이 있게 된다.

도대체 청자나 관객이 그동안 간과하고 있었거나, 그 진실에 대해 미처 잘 못 생각하고 있었던 것에 대해 누가가 새롭게 드러내는폭로하는 사실로서 '우리에게 일어난 일'에 대해 무엇을 전달하고자 하던 것인가?

누가복음의 '시작 이야기'는 매우 위태하면서도 위험한 이야기로 시작된다. 1장은 노인사제 즈가리야에게 자녀가 없다는 점에서 거룩한 의무에 대한 삶의 결과가 수치라는 스캔들을 안고 있고 또한 나사렛 동네 마리아라는 약혼녀는 결혼 전 임신이라는 당황스런 스캔들로 시작 이야기를 꺼낸다. 이들은 어찌 보면 끝장난 자the last이기도 하다. 그러한 일상성의 낭패감 속으로 짧은 놀라운 고지告知에 의해 새로운 시작의 이야기가 출현하게 된다. 2장의 본문은 자기 터전에서 뿌리 뽑힌 자들의 이야기로 시작된다. 갓 약혼한 요셉과 마리아 부부와 목자들의 증언이 그것이다. 누가복음에서 계속 던져지는 일련의 한 쌍의 세트 이야기는 서로 간에 이질적인 긴장을 고조시키면서도 보완하거나 통합되어 무언가 그 정황을 넘어선 메타-내러티브에 대한 암시를 청자·관객에게 던져준다. 같은 주제를 심화시키고 변화를 주면서 말하는 것을 넘어 말하지 않은 그 무엇을 목격하게 만드는 주의력을 요구한다. 진술된 것에는 진술되지 않은 그 무엇이 내포되어 있다. 그 무엇은 우리 청자·관객으로 하여금 보이는 것을 넘어서 그 뒤의 것을 볼 수 있도록 잡아끈다.

누가에서는 마가복음의 서두가 지닌 '하나님의 아들 예수 그리스도에 관한 복음의 시작'1:1의 진술처럼 단도직입적으로 막이 오른다 하여 거룩한 장면이 금방 펼쳐지지는 않는다.[3] 막이 오르기 전에 뜸 들이는 시간이 존재하고, 평범하고 일상적이며 익숙했던 이세상의 장면 속에서 약간의 징조 –희미하면서 특이한, 작으면서도 이세상적이지 않은 징조– 를 그 일상의 장식들로 가려 놓는다. 그 희미한 징조를 주목한 자만이 그 표징을 통해 무언가를 목격하게 되고 그렇게 되어 숨겨져 있는 메타–언어 속으로 들어갈 수 있게 된다. 그 속으로 들어감으로써 다른 실존의 차원이 열린다. 이것이 바로 '우리에게 일어난 사실'로서 다른 청자/관객과 구별되는 증언자됨의 자질을 부여한다. 동료들 속에 함께 있었지만, 그에게 메타–언어의 차원에서 일어난 일에 대한 목격으로 인해 그는 무리와 독특하게 구별되어 뭔가 다른 주목해 볼 만한 자기 이야기를 할 수 있게 된다.

누가는 일상적인 이 세상적인 일들경험들 속에서 다르게 '일어난' 일에 대해 무엇을 말하여 더욱 확실히 하고자 하는 것일까? 보이는 것을 '넘어서' 무엇을 증언하고자 어떤 목격의 경험을 말하고자 하는 것인가? 목격의 대상이 되는 '표징'은 무엇이며, 그 표징은 어떤 '일어날 수 있는 사실'을 지시하는 손가락이

---

3) 누가복음은 마가복음처럼 그렇게 예수 그리스도에 스포트라이트를 이야기 무대에서 계속 일관되게 비추고 있지 않다는 것은 앞으로 좀 더 눈여겨봐야 할 중요한 관점이다. 누가복음에는 상호성이 존재한다. 이는 또한 증언이 지닌 메타–내러티브의 특징이다. 자신을 드러내는 것이 아니라 증언의 내용이 가리키고 있는 것이 주인공이며 자신은 수단이나 통로로 작동하기 때문에 그러하다. 또한 증언이 듣는 자의 관점과 태도의 변화를 요청하기 때문에 청자도 여기에 관여된다. 즉, 증언의 행위는 그 스포트라이트를 증언의 내용에서 보이지 않는 행위의 주체(신, 필자는 실재로 언급함), 그리고 청자에게 스포트라이트가 함께 비춰지고 있다.

되고, 그 손가락의 표징을 통해 어떤 목격의 사실을 말하고 싶어 하는가? 그리고 그 증언은 그 어떤 들려짐의 실존적이고 사회적인 정황이라는 세팅된 구조가 이미 있을 터인데, 어떤 실존적·사회적 정황의 내러티브 무대 앞에서 어떤 다른 이야기를 들려주고자 하는가? 눅 2:1-20의 두 증언의 이야기는 이러한 질문들에 대해 어떤 암시를 줄 수 있는지 탐구해 보도록 하자. 이에 대해 역시 그 내러티브 무대란 이미 1장에서 잠깐 알아차리게 된 바로 끝장남과 파국에 대한 이 세상적인 경험에 대한 것으로 시작된다.[4]

첫 번째 증언자들인 요셉과 마리아는 신성한 그 무엇에 대한 연결의 사회적 백그라운드 없는 일반 민중이다. 이미 처녀 임신으로 인한 파혼의 위기라는 파도를 넘어 다른 더 큰 파도를 만난다. 그것은 바로 신혼의 단꿈을 맛보기 전에 로마 황제의 강제적인 호구조사령에 따른 이동에 대한 버거움이다. 지배통치를 위한 세금징수와 징집을 위한 호구조사령으로 인해 '본고장을 찾아 길을 떠나는'2:3 여정이 시작되었지만, 임신한 아내와 더불어 여정의 위험과 불안을 견디는 '향함의 길'이었고, 그 결과는 '머무를 방이 없는' 유리하는 자로서 본고장에 있게 된다. 자기 삶의 정황이 사회정치적 동기로 인해 머무를 곳이 없는 실존적인 한계상황으로 내몰린다. 즉, 본고향으로 여겨진 공간에서 아이러니하게도 그들은 실제로는 유리하는 자homelessness로 남는다. 아마도 이들은 실존적으로 최악의 어둠에 직면한 상황을 직면하게 되었을 것이다.

두 번째 증언자들은 목자들이다. 유대 정결법에 따르면 죽은 짐승의 사체를 만지고 부정한 곳으로 의심되는 공간을 넘나드는 그들은 아함레츠'땅의 사람

---

4) 이 '시작(아르케)'는 어떻게 어디서 무엇으로 시작하는지에 대해 지금까지 우리가 기대했던 관점과 눈을 바꾸어 놓는다. 거룩이 시작되는 일반적인 이해의 조건을 완전히 누가는 뒤집고 있기 때문이다. 그리고 이것이 평화 활동가에게는 깊이 음미해야 할 성찰의 시작점이다. 이는 강한 의지력을 내고자 새롭게 결심하는 현장에서 무언가 시작이 일어나는 것과는 반대이다. 거룩의 영향력과 그 효험이 사라진 끝장남에서, 기대의 가능성을 갖지 못한 '마지막됨'에서 누가는 새로운 시작을 알린다.

들'라는 천민층 부류의 사람들이다. '들에서 밤을 새워가며 양을 지키고 있었던'2:8 그들도 역시 다른 의미에서 머물 곳이 없는, 혹은 다른 변화가 가능하지 않은 이미 예전에 끝장난 자들the last이기도 하다. 1장의 한 세트의 증언 이야기가 즈가리야의 배경에 긴 설명이 있었으나, 마리아에게는 별다른 설명 없이 갑자기 목격 이야기가 나온 것처럼, 여기서도 만삭의 부부의 여정에 대한 긴 설명과 대조적으로 목자들에게는 별다른 배경설명 없이 목격 이야기가 출현할 정도로 증언자들인 목자들의 익명성이들의 이름도 기억되지 않는다과 일상적인 평범성이 주된 음조로 흐른다. 한 가지 주목할 것은 그들도 머무를 곳이 없이 생계의 책무에 내몰려 어둔 밤에 들판에 거하고 있는 무명의 존재들로 있었다는 사실이다.

자신의 인생이 가장자리the edge로 내몰려 머무를 곳이 없는 상태로 전락할 때 무력감 외에는 경험할 내용이 없어진 비참함과 비천함이라는 한계상황으로 밀려, 끝에 거의 다다랐다고 느껴지는 순간에 무엇을 더 기대할 수 있는 것인가? 커다란 포식자인 맹수에게 쫓기던 작은 초식동물이 더 이상 도망갈 수 없는 한계상황에 다다랐을 때 무엇이 더 가능할 수 있겠는가?

바닥the bottom으로부터 표징

위 두 내러티브는 한계상황이라는 심연에로의 추락이라는 바닥the bottom의 실존 상황을 여과 없이 보여주고 있다. 한 쌍의 증언 이야기는 서로 결합하면서 증언이 태동하는 가장자리의 비참함이 어떠한지를 보여주고 있다. 그리고 여기서 누가는 '우리에게 일어난 사실'에 대해 자신을 포함한 '우리'라는 목격자의 낯설고도 믿기 어려운 '기이한' 진술을 들려주고 있다. 그것은 주님의 천사의 '에피파니출현'와 더불어 그 낯선 하늘의 존재가 지명하는 '표적'에 대한 것이다.

　　오늘 밤 너희의 구세주께서 다윗의 고을에 나셨다. 그 분은 바로 주님
　　이신 그리스도이시다. 너희는 한 갓난아이가 포대기에 싸여 구유(여물
　　통)에 누워 있는 것을 보게 될 터인데 그것이 바로 그분을 알아보는 표이
　　다. (2:11-12)

　　머무를 방이 없는 비참한 상황은 실존적인 어둠을 드리우고 있으나 거기서 기대하지 못한 사건이 일어난다. 낮은 아기를 말구유에 눕힌 장면이 표징의 목격으로 연결되어 결국 '주님께서 나에게 해 주신 큰 일'마리아 찬가;1:49의 일화로 전환이 된다. 여기서 내가 말하고자 하는 것은 결국 인생의 파국과 하나님의 행동하심의 결합이라는 '데우스 엑스 마키나Deus Ex Machina5)'라는 신학적 해결로의 제안을 말하고자 하는 것은 아니다. 그러한 교리적 설정이 인간의 궁지에 대한 빠른 해답으로 형이상학적인 해결이라는 신기한 일로 다가올 수는 있어도 그 개인이 물리적이고 사회정치적인 환경 속에서 증언자로 변화되기까지의 자기 가슴을 울리는 것은 아니기 때문이다.

　　비참함/추방당함/변방으로내몰림의 실존적 궁지라는 끝자리와 바닥에서 초월이라는 은총으로 단숨에 도약하기 전에 -결론이 설사 그렇게 보인다 할지라도- 목격자로서 무언가 '일어나고 있는'사건에 대한 표징signs으로 무언가를 주목할 수 있는가라는 질문이 필요하다. 끝장남과 바닥은 그 어떤 예언prophecy의 공간이 될 수 있는 것인가?6) 인간의 궁지에 대한 하나님의 은총이라는 직

---

5) 희랍연극에서 인간의 궁지를 해결하기 위해 때마침 신이 출현하는 것을 말한다.

6) 구약의 예언자 전통과 복음서 그리고 해방신학에 이르기까지 기독교 신학의 보이지 않는, 그러나 살아있는 영성의 샘은 바로 이 이슈 '끝장남과 바닥이 예언의 장소(locus)'였다는 일관된 신학적 성찰이 존재한다. 주류 신학과 달리 이러한 전통은 인간의 사유에 길들여지지 않은 야생성(wilderness)의 샘을 제공하며, 이를 통해 갱생과 변혁의 섬광이 일어나곤

접적인 해답의 방식이 아닌 곳에서 뭔가 삶의 진실에 대한 실마리를 찾으려면 '우회하는' 방식으로 비유메타포를 통해 빗대어 말하는 것을 선택할 수밖에 없다.

파커 파머는 「모든 것의 가장자리에서」라는 책을 통해 나이듦에 있어서 '가장자리에서on the brink'의 경험을 통한 온전한 삶에로의 추구에 대한 사색을 말하였다. 그중에 그는 '재앙에 의한 명상'을 제시하는 단상을 썼다. 명상이 '환상을 꿰뚫어 실재에 가닿는 방법'이라면 가장 파괴적인 경험이라도 자아와 세상의 기만과 재앙을 현실에 닿는 출입구로서 사용할 수 있다는 설명이다. 누가 기자가 전하는 목격자로서의 증언은 바로 파머처럼 가장자리에서 우리가 '비참함의 명상가'가 될 수 있다는 초대에 대한 것이다. 파괴적인 경험, 비참함, 섬뜩할 정도로 두려운 심연의 경험에서 무언가가 출현하여 진실에 대한 그 무엇을 드러낸다. 파머와 누가는 지금까지 고전적인 '직관에 의한 명상가'의 방식에서 '재앙·비참함에 의한 명상가'로서의 전환을 이야기한다. 불행의 사고 후에 그 잔해 속에서 빠져나올 길은 설사 아직은 발견하지 못한다 할지라도 여전히 그 사고 잔해를 응시할 수 있는 자로서 생의 길 위에 머물러 있을 수는 있다.

성전이 무너지고 로마통치라는 지배체제의 한가운데서 자신의 생이 무너지고 밀려서 가장자리로 떨어져 나가 머물 곳이 없는 유리하는 자로서의 비참함의 명상가·목격자는 한 가지 관심사에 집중하게 된다. 그것은 어떤 표적을 목격함으로 다시 일어나는 사건화를 출현시킬 수 있는가라는 질문이다. 궁지를 넘어서 일으킬 수 있는 메타포로서의 표적이 언제 어디서 출현할 것인가?

누가는 목격자이자 증언자로서 파괴와 환상을 넘어 실재에 가닿는 메타포이자 표적으로서 '구유에 누인 아기'가 그분그리스도을 알아보는 표징이 된다는

하였다.

설정을 청자와 독자들에게 제안한다. 표징·메타포는 언제나 최종적으로 명확히 알 수 없는 모호함과 다의적인 의미를 포함하고 있다. 표징은 일상적으로 친숙한 것을 통해 그 너머the beyond의 것을 혹은 더 깊이의 속에 있는 것을 드러낸다. 이렇게 겉의 것·속의 것 혹은 일상적인 것·너머의 것은 표징이 지닌 본래의 성격이다.

일상적이고 겉으로 드러난 것은 여물통구유의 현실[7]과 그 기능이고, 그곳에 아기라는 또 다른 일상적이고 겉으로 드러난 것의 병치를 통해 그 너머의 것·깊이의 것을 은연히 폭로한다. 여전히 다의적이고 모호한 차원들이 존재하지만, 표징을 통해 다른 것을 '보는'새로운 현실로 전환이 된다. 목격자인 나-표징사건-증언이라는 삼각 구도가 서로를 끌어당기면서 비참함의 명상이 가능해진다. 이것을 통해 '다른 것'이 보이기 시작한다. 머무를 곳이 없는 인간 실존의 가장자리에서 여물통에 눕힌 어린 아기라는 불합리하고 모순적인 최악의 상황은 희생자로서의 끝장남의 정수精髓가 되든지 아니면 새로운 가능성의 시작이 되든지 모순적인 것의 중첩을 통해, 자신의 일상적인 것을 깨부수고 다른 것을 여는 표징으로 목격을 하게 되었다. 이것이 표징이라는 점에서 객관적인 것이 아니라 목격자의 실존적인 주목과 자기-투신에 의해 일어나는 사건이다.[8] 표징이 사건으로 전환되면서 환상과 비참함은 그 존재의 너울을 벗어던지고 실재the Real에 대한 다른 무엇을 드러낸다.

표징-강보에 싸여 구유에 누운 아기-이 목격자의 눈에 사건으로 전환이 된다는 것은 그 표징으로 '그분을 알아보는'방식이 된다는 것을 의미한다. 이

---

7) 여물통(구유)의 현실은 삶의 변방, 즉 가장자리에로 내동댕쳐짐이라는 최대치의 비참함이라는 현실을 암시한다. 역설적이게도 이는 자기 고향에서 따스한 아랫목과는 정말 180도 다른 현실이다.

8) 따라서 표징의 역할은 이것이다. 보이는 일상적인 물체성이나 현상을 넘어 그 뒤에 눈에 보이지는 않지만 진정하고 궁극적인 것이 있다는 것에 대한 주목하기이다. 주목과 보이지 않은 것에 대한 신뢰로 인해 표징은 단순히 거기의 그것(it)이 있음을 넘어서 사건(event)이나 새로운 현실의 예고가 된다.

것은 과학적이고 객관적인 방식이 아니다. 그것은 목격자의 자기위임이라는 실존적 투신에 의해 일어나는 사건화의 방식이다.[9] 그 사건화의 방식을 통해 여물통이라는 먹이됨과 희생됨이라는 현실과 어린 아기라는 생명의 미래 가능성이 지닌 모순은 역설로 통합하면서 실재에 대한 다른 감각을 불러일으킨다. 그래서 그 사건화를 통해 목격자는 이제 증언자가 된다.

> 아기를 본 목자들이 사람들에게 아기에 관하여 들은 말을 이야기하였더
> 니 목자들의 말을 들은 사람들은 모두 그 일을 신기하게 생각하였다. 마
> 리아는 이 모든 일을 마음 속 깊이 새겨 오래 간직하였다. 목자들은 자기
> 들이 듣고 보고 한 것이 천사들에게 들은 바와 같았기 때문에 하나님의
> 영광을 찬양하며 돌아갔다. (2:17-20)

필자가 계속해서 말하고자 하는 것은 인간의 불행에 대한 신의 개입이라는 데우스 엑스 마키나라는 신학적 해결이 아니다. 우리의 재앙·비참함은 실재에 가닿게 하는 명상을 위한 징표가 되며 그것은 신의 개입이라는 객관적이고 형이상학적인 해결이라는 '저 위'의 개입이 아니다. 그 징표가 말하고자 하는 것은 이 땅 위에서 재앙·비참함으로 인해 가장자리로 밀려난 끝장난 자들에게

---

9) 누가가 초대하는 거룩의 의미는 징조적인 성격이 있다. 이는 거룩이 비유로 말하자면 선물로 포장이 된 거룩의 내용과 그 형식이 모두 쌈박하게 갖추어져 눈에 보이는 형태로의 거룩으로 증여됨을 말하지 않는다는 뜻이다. 대신에 겉으로 보기에 그럴싸하게 보이지 않은 포장된 그 무엇에 있어서 자기 모순된 현실(예, 여물통의 비참함과 새로 태어난 아기라는 두 모순된 상황)에 대해 궁극적인 그 무엇에 대해 자신을 투신하는 주목함과 신뢰를 통해 무언가 새로운 것이 발생된다는 뜻이다. 주목하고 거기에로 움직여나감으로써 그것이 진실임을 드러내는 것이 '징조적임'이란 말의 의미이다. 이는 평화활동가들이 항상 거의 국가권력이나 거대한 비참함의 현실에 대한 대응에 매번 만족할만한 성과 없이 패배했다는 생각을 넘어서서 무언가를 더 보고 움직일 수 있는 통찰을 준다. 징조가 보이면 단지 움직이는 것이 참된 것이다. 그 결과와 상관없이 그 움직임으로 인해 증명(증언)하는 것이 증언자의 역할이다. 이렇게 하여 거룩은 맞춤형 포장선물이 아니라 움직이는 '사건화'를 통해 거룩을 옹호한다. 즉, 거룩은 주어진 내용 자체의 형이상학적 선물이 아니라 표징과 사건화를 통해 그 자체를 입증한다는 말이다.

는 그 무언가의 목격에 대한 중요한 '관점의 우선적 특권'이 허용된다는 것이다.[10] 다른 것이 열리는 것을 보게 되면서 그는 그것을 실재에 대한 진실로 받아들여서 '듣고 보고 한 것'을 청자에게 이야기할 수밖에 없게 되는 실존론적 해석자의 지위를 갖게 된다.

문제는 여전히 남는다. 그들이 '듣고 보고 한 것'에 있어서는 일상적인 상수는 비참함의 지속, 곧 지배체제의 폭력, 머무를 공간으로부터의 계속된 소외, 공포와 두려운 현실의 포악성이라는 점이다. 그와 반면에, '우리에게 일어난 사실'은 잠시의 것이었다. 그들이 본 주의 천사의 출현, 구유에 누운 아기에 대한 목격은 예외적인 공간과 시간이라는 제한성과 일시성으로 경험된 것이다. 다시 말해서 '구유에 놓인 아기'의 표징은 '미약한' 혹은 '미흡한' 증거로서 존재한다. '그 분'그리스도; 실재의 함께하심을 알아보는 표징으로는 충분치 않음이라는 목격과 증언이 청자와 독자 혹은 관객에게 남는다. 목격자에게는 충분한 가슴 뛰는 증거가 될지는 모르지만 그 목격을 듣는 청자에게 그것은 충분할 수 있는가? 그것이 바로 증인이 주는 진술에 대한 청자의 결단과 의지를 요청한다. 목자의 아기에 대한 이야기를 들은 대중의 '신기하게 생각'함과 달리 마리아가 "모든 일을 마음 속 깊이 새겨 오래 간직"한 태도의 차이가 증언의 영향력에 대한 선택을 좌우하게 된다. 증언자의 목격담은 표징에 의한 사건화라는 '일어난 일'에 대한 것이지만 그것이 청자에게도 '일어난 일' 혹은 '일어날 수 있는 일'로 나중에 목격되기 위해서는 마음의 새김이라는 청자의 실존적 동의가 필요한 것이다.

이렇듯 증언은 실재의 법정에서 청자/배심원 사이에 증언하기와 실존적으로 동의하기라는 쌍방의 소통에서 진실로 밝혀지는 에피파니출현의 과정을 밟는다. 그렇게 해서 실존적인 사건화라는 시퀀스실존적 일화의 건네어짐과 자기 내러티

---

10) 이것도 객관적인 것이 아니라 목격이 있어야 하는 실존적 특성을 지닌다.

브로의 점화가 일어난다. 증언자의 '일어난 일'에 대한 기억remembering은 이제 상기reminding의 사건화로 전달되어 심장에 새겨진 사건이 되어 청자를 자기-소명에로 부른다. "너희는 이 모든 일의 증인이다."눅24:48라는 새로운 삶의 태도가 일어난다. 증언자는 그 목격자의 한 구성원이 다시 되어re-member 자신의 가슴을 뛰게 하였던 표징 사건에 다시 참여한다. 그 사건 목격에 대한 한 구성원으로 다시 서 있음re-member을 통해 청자/배심원은 마음에 다시 새김re-mind으로써 그 가슴에 있는 진실의 불꽃을 자신의 심장에로 옮겨 점화시킨다.사건 화한다 키에르케고르가 말한 '존재에서 존재로'의 전달이아니면, 불교의 전등록처럼 등불에서 등불로의 전승이 일어나면서 증언자의 무리가 일어선다. 그렇게 해서 지배체제의 이야기를 전복시키고 전승을 변화시켜 새로운 영혼의 불꽃을 일으키는 공공이야기the public narratives로 승화된다.

　　오늘 본문의 누가가 전하는 진술은 신적 존재의 개입에 관해 잘 정리된 객관적인 형이상학적 제안의 이야기가 아니다. 비참함과 어둠의 현장에서 가장자리로 밀려난, 그래서 이 세상에서 머무를 곳이 없는 자들의 일어남의 '신비롭고도 낯설은'이야기이다. 도대체 그 수많은 종교들 중 기독교인이라는 신앙집단의 구성원이 되면서, '구유에 누운 아기'와 '십자가에 처형된 자'가 그리스도로서의 표징이 될 수 있는가에 관하여, 이 스캔들에 대한 증언의 내러티브가 정당성을 어떻게 가질 수 있는가 하는 문제에 있어서 다시 깊이 숙고해야할 '우리에게 일어난 일'인 것이다. 이것이 나와 우리에게 일어난 실존적인 사건이 되는 것에 동의할 수 있는가? 우리의 비참함과 실패가 실재를 여는 징표가 될 수 있는가에 대해 동의할 수 있는가? 우리의 끝장남과 스캔들이라는 모순이 진실의 분별을 위한 역설로, 먹잇감이 된 인생이 실재의 암호가 된다는, 증언자로서 아직도 남아 있는, 그래서 일어날 수 있는 사건에 대한 새로운 듣기로 초대하는 우선적인 지위를 부여받았다는 것에 대해 자신을 허용할 수 있는가?

　기적은 '주의 천사'가 내 일상을 뚫고 들어왔다는 것에 있지 않다. 나의 끝 장남과 스캔들이라는 가장자리the edge에서 다른 그 무언가를 목도하게 되었다는 인식이 기적이다. 그래서 가장자리는 다시 중심을 찾고 일어나 증언자가 되어 말을 거는 자로 변모하게 된다. 우리가 일상적으로 '듣고 보고 한 것'이 이제는 다시 '우리에게 일어난 사실'로 변형되어 공공의 담론으로 '일어날 수 있는 일'로 증언하는 새로운 시작을 알린다. 뿌리 뽑혀 흩어진 디아스포라의 민중이 증언자로서 다시 흩어지는 -사도행전이 그러한 증언의 이야기이다- 새로운 정체성으로 변모한다. 증언은 새로운 이야기를 출현시킨다. 그분의 역사History는 이제 그 자신의 작은 이야기his-story; her-story로 뒤바뀌게 된다. 누가는 청자·독자들로 하여금 구원에 대한 다른 이야기를, 거룩함의 회복에 대한 다른 '기쁜 소식'을 말한다. 일상적인 이세상적인 일들비참함의 경험들 속에서 다르게 '일어난' 일의 가능성이 그것이다. 그것은 지금까지 우리가 일상에서 흔히 말하고 있던 이야기의 내용을 뒤집어 놓고, 다른 무엇에 대해 이야기를 할 수 있게 한다. 증언은 우리가 말하던 이야기의 내용과 그 질을 바꾸어 놓는다.

　　이것은 우리 하나님의 지극한 자비의 덕분이라….
　　죽음의 그늘 밑 어둠 속에 사는 우리에게
　　빛을 비추어 주시고
　　우리의 발걸음을 평화의 길로 이끌어 주시리라. 1:78-79

3. 징조로서 표징과 그 분별

본문: 눅2:15-50

일상의 변모를 위한 표징의 목격

삶이 흔들리고 모호할 때 그럼에도 불구하고 걸음을 걸어야 하는 상황을 맞이한다면 무엇에 의지해서 내가 제대로 나가고 있다는 것을 알 수 있는가? 그 목적이 최종적으로 자아의 정체성과 소명, 헌신의 참됨과 진정한 공동체라는 것이 처음부터 아니어도 좋다. 우선은 지금의 내 삶의 추락, 흔들림, 그리고 비천함의 경험[11]이라는 늪에서 나올 수 있는 그 무엇에 대한 간절함을 무엇으로 채울 수 있는 것인가?

그러한 흔들림과 모호함이 다가오는 것이 20대라면 이해가 되고, '그런 나이이니까!' 40대라면 용서가 된다, '그래 뭔가 해보려 하는 것이니까!' 아직은 시간이 많이 있는 것 같아 스스로를 위로할 수 있다. 그러나 나이 50을 넘어가면서도 흔들리고 모호하다면 초조함을 느낀다. 자신의 능력과 시간이 이미 소진되어버려서 더는 무언가를 할 수 있는 잠재된 능력의 부족이나 시간의 상실에 대한 위기가 찾아오기 때문이다. 대개는 다행일지 몰라도 그런 흔들림과 모호함에 대해 위로받을 수 있는 약간의 보상에 대한 대용품은 존재한다. 그래서

---

11) 실상 이 '비천함'은 누가복음의 주제이기도 하다. 그는 '여종의 비천한 신세'(1:48) 혹은 '죽음의 그늘 밑 어둠 속에 사는 우리'(1:79)라고 표현하였다.

더 큰 흔들림과 모호함을 미연에 방지할 수 있는 안전장치를 충분치는 않을지라도 내게 위로할 것이 있다는 것에 대해 시선을 돌리고 일상으로 돌아간다.

내가 60을 넘어 보는 진정한 흔들림과 모호함의 문제는 그러한 위기보다는 오히려 정상적으로 아무렇지 않게 일상을 살고 있다는 것에 대한 충격이다. 인간됨의 유한성은 당연히 흔들림과 모호함을 초래한다. 그러나 이를 어떻게 맞이하고 어떤 경험을 겪으며 그 경험에 대한 교훈이 무엇을 남기는가는 매우 중요한 차이를 발생시킨다. 경험의 내용만큼이나 그 경험을 어떻게 맞이하는가는 자기인식능력과 관련 있는 것이고 그 자기인식능력이 바로 성숙과 성장의 핵심이기 때문이다. 나는 나에게 다가오는 것을 피할 수 없고, 내게 주어진 삶의 상황을 대부분 이미 선택 이전에 주어져 버리기에 내가 선택할 수 있는 대부분은 어떻게 경험할 것인가에 대한 부분이 나에게 주어진다. 아니, 최소한 그런 태도는 거절과 저항으로 쓰는 수많은 에너지를 절약해서 그 경험의 질을 음미하여 그 이면의 깊이에로 나갈 수 있는 기회를 붙잡는 것이 나에게는 많은 위로와 힘을 준다는 것을 경험으로 알고 있다.

내가 초등학교그때는 국민학교라 불렀다 저학년 시절 보은에서 잠시 산 적이 있었다. 그 때 마땅히 볼거리가 없었던 나에게는 5일장이 매우 진기한 볼거리였다. 등에 엿판을 매고 가위질을 하면서 흥겨운 노래를 부르며 지나가는 엿장수와 그의 후한 인심이 생각난다. 때로는 여러 장터를 순례하며 정기적으로 오는 여러 악사들도 있었다. 그런데 내 눈을 사로잡은 건 엉성한 무대이지만 그곳에서 펼쳐지는 외줄타기 곡예사의 모습이었다. 부채를 양손에 들고 좌우로 흔들거리며 위태위태하게 공중 위 줄을 타고 건네는 모습은 언제나 아슬아슬한 전율과 신기함을 선사했다. 그 흔들림과 외줄은 참으로 오래 기억에 남았던 인상 중의 하나이다. 하나의 볼거리에 불과했지만 어찌 된 일인지 인생의 흔들림과 외줄로서 삶의 방향에 대한 여운을 주는 분별에 그 희미한 기억은 도움이 되곤 했다.

누가복음 기자의 이야기는 평범하고 일상적인 것에부터 시작된다. 그 일상의 작은 것, 평범한 것에서 그 무언가 흔들림이 발생하고, 그 흔들림으로부터 움직임이 일어나 결국은 낯설은 이상의 현상을 통해 다시 일상으로 돌아간다. 바로 그 일상적이고 평범한 시작과 결과 사이에 무언가가 발생하여 시작과 결과의 일상적인 것이 변모한다. 그 변모는 바로 일상적인 것에서 낯선 '징표'를 알아보는 것으로 온다. 이것은 마치 내가 어렸을 때 할아버지가 편지 등을 읽을 때 눈이 어두워 손에 쥐는 돋보기를 사용하셨는데 그것을 장난감으로 놀이할 때 오는 경이로움과 같다. 일상적인 것이 모두 커지면서 다른 실상들이 거기에 숨어 있었던 것들이 드러나면서 매우 신기하게 생각했었다. 애들과 집 뒤 야산의 산소에서 낙엽과 풀잎을 긁어모아 돋보기로 연기를 일으키는 장면도 기억난다. 직접적으로는 잘 안 되어 부싯돌에 쓰이는 약쑥더미를 대면 불이 잘 붙어서 그것으로 담배 만들어 어른 흉내 내곤 하였다. 돋보기와 일상의 변용 그리고 섬광을 일으키기는 매우 흥미로운 기억의 하나이다.

흔들림과 상실감은 분별을 위한 곳이다

분별은 일상적이고 평범한 것에 의식적인 주목을 통해 그 무언가 참되고 의미 있는 실상을 보거나 안내받는 것을 의미한다. 대개 우리의 삶은 목적과 과제 그리고 이를 위한 문제해결의 방법에 대한 의식의 지향성으로 인해 일상적인 것이 수단과 추상화의 통로가 되면서 분별의 순간의 필요를 잃어버렸다. 왜냐하면 분별은 과제와 그 실현을 위한 방법에 의식이 집중되기보다는 일상의 평범함 속으로 기이한 것의 출현을 통해 자기 삶에 대한 통찰과 방향의 재-정위에 관한 자각과 관련되기 때문이다. 그리고 이것은 목적이 아니라 일상에서 출현하는 그 무언가의 '징표'에 대한 주목하는 과정 그 자체를 통해 오는 것이어서 그 많은 분별의 순간을 놓치게 만든다.

일상의 흔들림 속에서도 걷게 만드는 허공에서 세워주는 부채와 가게 하는 가느다란 줄, 신기하게 작은 것을 크게 만들어 감동하게 하고, 접촉한 것에 섬광을 만들어 불꽃을 일으키는 돋보기. 이런 것들은 일상에서 범용의 것들을 다르게 보는 기이함의 순간을 포착하게 만든다. 흔들림과 부채/줄, 어지러움과 거울, 심심함과 돋보기는 서로 다르지만, 실존과 일상은 그 어느 순간 변모의 자원이 되어 그 일상을 열어 나의 흔들림, 어지러움, 그리고 심심함이 그 일상의 것으로 인해 흥분되고, 경이로운 순간 속으로 몰입하게 만든다.

그렇기에 징표는 더 '깊이에로의 초대'를 가져다준다. 그리고 그러한 징표의 출현이 언제 나에게 다가오는지를 아는 것, 그 징표에 안내를 맡기는 것이 바로 분별이다. 길이 안 보이는 순간 무언가 다가올 때 그것이 참된 메신저라는 것을 어떻게 알 수 있는가? 그리고 무언가에 안내받고 있다는 것을, 우리는 그 방향이 바른 방향임을 어떻게 알 수 있는가? 이것이 바로 징표와 분별에 대한 것이다. 이것이 중요한 이유는 우리는 나이 먹어감에 의해 저절로 성숙해지는 것이 아니라 분별에 의해 성장하기 때문이다. 나이 먹어감이란 바로 분별과 연결되어 있다. 눈이 떠져서 뭔가에 주목하게 되고 일상 너머의 것이 보이고 그래서 나의 걸음에 다시금 힘이 솟아나게 된다. 예를 들어, 만족滿足한다는 것은 무엇을 소유하거나 충족된 행복한 감정의 상태가 아니다. 한자어가 말해주듯이 그것은 다리에 힘이 솟아 길道을 가기에 충분한 에너지가 있다는 뜻이다. 만족은 분별하여 발에 힘을 얻는 것과 연관된다.

누가복음의 본문은 일상에 있어서 분별에 관해 다른 이야기를 제공한다. 그것은 일상의 징표–줄, 돋보기–가 없고 심리적 표상表象만이 있을 때 무엇이 가능한가에 대한 다른 종류의 이야기이다. 이것은 매우 예민한 영적 경청아우디오 디비나, audio divina에 대한 것이다. 여기에는 두 가지 스토리가 있다. 그 각각을 음미하도록 하자.

> 곧 달려 가 보았더니 마리아와 요셉이 있었고 과연 그 아기는 구유에 누워 있었다….목자들은 자기들이 듣고 보고한 것이 천사들에게 들은 바와 같았기 때문에 하나님의 영광을 찬양하며 돌아갔다.(1:16, 20)

이 내러티브는 정결법에 따르면 부정한 계급인 목자들이 비참함과 비천함의 영역에서 순간적인 '주의 영광'을 보고 '주의 천사'의 수태고지를 듣고 움직여서 가서 구유에 누인 아기에 대한 징표를 보고 영광을 찬양하며 돌아갔다는 내용이다. 여기서 주목할 것은 '서둘러 갔다'와 '되돌아갔다' 사이에 일어난 징표와 목격에 대한 것이다.

증언자들목자들은 자신들의 삶의 정황을 구성하는 만성적이고 지속적인 지루함, 비참함, 비천함의 상황에서 그 무언가 일어남의 경험을 통해 징표의 목격을 하였다. 그래서 그들은 자신들이 '듣고 보고한 것'을 하늘의 천사에 참조 referencing하여 찬양하며 삶의 일상으로 다시 되돌아간다. 많은 것들이 생략된 이 간단한 문장 속에서 우리는 그 어떤 분별의 실마리를 얻게 된다.

자신이 보고 있는 비참함의 모순적 현실 –여물통에 누운 아기[12]–의 극명함 속에서 그들은 자신의 모호함과 모순적인 경험을 하늘의 목소리보이지 않는 외줄에 참조하여 그 흔들림을 영광에 대한 찬양으로 바꾸고 다시 자기 삶으로 귀향 헬라어, 휘페스트렙산한다. 자신의 일상으로 돌아갔지만, 이제는 다른 눈으로 살

---

12) 기독교의 가장 중요한 절기인 크리스마스와 고난절은 가장 궁극적인 비참함의 현실 두 징표에 대한 성찰에 기반을 둔다. 그것이 어떻게 화려하게 그리고 거룩하게 포장되어 왔든지 간에 '여물통에 누운 신생아'에 대한 첫 원초적인 경험은 인간이라면 '어떻게 그럴 수가?'라는 비참함의 극치에 대한 느낌일 것이다. 십자가의 그리스도도 원초적인 경험은 마찬가지이다.

게 된다. 다른 스토리를 갖게 되었고 사람들에게 들려줄 스토리가 자기 삶에 생기게 되었다. 이것은 비록 그들이 아웃사이더로서 삶의 변방the edge에서 지내면서 오랫동안 일상적으로 보던 비천함과 비참함의 현실에 대해, 잠깐이지만 표징으로 온 것에 주목하고 그것에 자신의 현실을 연결하여 보이지 않는 외줄, 돋보기인 '천사들에게서 들은 바'와 상호 연결하여 나온 변모의 삶이다.

목자들의 분별은 모순의 극대칭인 말먹이통먹잇감이 됨과 아기연약함, 가능성, 생명사이의 모순적 징표에 대해 천사로부터 들은 바에 의거하여, 그것에 신뢰를 하고 상호 연결하여 찬양하며 일상으로 되돌아가는 변모의 과정을 보여준다. 이렇게 흔들리는 실존에 있어서 자신을 세우는 한 방식을 제시하는 분별은 자신의 보고 듣는 현실을 —그것이 모순된 현실일지라도— 보이지 않는 천사의 목소리에 연결하여 그 상호성에서 자기 삶으로 방향전환을 하는 것이다.

두 번째 내러티브는 전혀 다르게 흘러간다.

> 예수가 열두 살이 되던 해에도 예년과 마찬가지로 예루살렘으로 올라갔다… 어린 예수는 예루살렘에 그대로 남아 있었다. 그런 줄도 모르고 그의 부모는 아들이 일행 중에 끼어 있으려니 하고 하룻길을 갔다. 그제야 생각이 나서 친척들과 친지들 가운데서 찾아보았으나 보이지 않았으므로 줄곧 찾아 헤매면서 예루살렘까지 되돌아갔다. 사흘 만에 성전에서 그를 찾아 냈는데…. (2:41-46)

여기서 증언자들인 예수의 부모들도 '올라감'과 '되돌아감헬라어, 휘페스트렙산'의 움직임을 보인다. 그런데 이러한 올라감과 되돌아감의 움직임을 주는 표징과 그 주목은 다른 것이다. 바로 잃음·놓침이라는 상실의 표징과 이에 대해 찾아 헤매는 주목하기에 대한 것이다. 여기서 극대칭이자 모순은 예루살렘 성전으로 올라감과 어린 소년 예수의 잃어버림이다.[13] 목자가 징표의 명료함과 호기심으로 주목하기를 하였다면, 여기서는 '찾아 헤매면서' 하룻길이라는 시간의 품을 많이 들여서 하는 주목하기가 일어난다. 물론 다행히도 성전에서 어린 예수를 찾아내는 해피엔딩이 전개된다.

이 이야기는 다른 종류의 생생함의 경험에 대한 것이다. 물론 여기서의 생생함이란 찾아 헤매는 심정의 생생함에 대한 것이다. 마음 졸이며 오던 걸음을 되돌아 하루 동안 찾아 헤매는 시간을 통해 계속된 그 어린 예수 찾기라는 주목하기가 일어난다. 그리고 어느덧 처음 시작의 장소인 성전에 도달하여 그를 발견한다.

이 이야기에서 보듯이 혼란과 모호함 그리고 상실의 경험에 대한 다른 표징의 하나는 잃어버림에 대한 자각과 주목하기이다. 우리가 익숙하고 잘 알고 있던 일상 중에 – '일행 중에 끼어 있으려니' – 중심을 세워줄 만한 것을 확인할 때 어느 땐가 '낯설은 경험'에 봉착한다. 일행 중에 있을 것으로 생각한 그 생각에 의문이 생기는 것이다. '그제야 생각이 나서' 우리는 정상적이고 일상적인 생활 흐름 속에서 내가 친숙한 일행들에 대한 낯설은 자각을 하는 미묘한 순간을 맞이한다. 표징이 출현하는 것이다. 그러나 그 표징의 성격은 좀 더 미묘한 것으로 눈으로 보이는 대상적인 것이 아니라 주관적 현실잃음, 상실의 자각이다. 그래서 소중하다 생각하는 좀 더 구체적인 영역이자 지지받았던 영역 – '친척들과

---

13) 여기서는 성전을 중심으로 올라감과 되돌아감이라는 이야기의 메타포를 통해 삶의 실존 상황에 대한 분별로의 경고를 지니고 있다. 현대인으로 하여금 거룩함(이것이 자기 삶에 있어서 궁극적으로 무엇을 의미하던지 간에)과의 관련성에서 우리의 일상에서 함께 있을 것이라 추측한 그 본질(신성의 육화로서 그리스도라는 인간실존의 원형됨)를 잃고, 자각하여 찾아 헤매지만 그 찾음의 장소가 거룩함과 연관된 곳(물론 그 성전이란 의미는 누군가 다시 재해석한다.)이라는 통찰을 암시를 독자/청자들에게 주고 있기 때문이다. 찾아 헤맴과 되돌아감의 비유는 눅 15장의 잃어버린 아들의 비유에서 재촉발된다. 아버지의 몫을 가지고 개인의 자유를 추구한 것이 상실의 결과에 대한 자각을 통해 되돌아감을 이야기하고 있다. 상실과 낭비의 본질에 대해 독자/청자들은 이 이야기를 통해 깊이 자각하도록 초대된다. 증언이라는 내러티브는 이렇게 일방적인 전달이 아니라 청자의 주목과 성찰을 끌어들인다. 한 가지 중요한 포인트는 상실에 대한 자각, 끝장남에 대한 실존적 자각이 시작과 움직임을 일으킨다는 것이다.

친지들'—을 더 깊이 숙고하지만 더욱 당황스러운 결론을 얻게 된다. '줄곧 찾아 헤매지만' 여전히 '보이지 않음'이라는 결론이다. 찾아 헤맴의 결과는 의심을 확실하게 만드는 강한 부정적 결론을 얻는다.

목자의 내러티브가 위로 가는 방향에 대한 분별에 대한 것이라면, 아이부모의 내러티브는 아래로 내려가는 분별에 대한 것이다. 전자는 상승의 방식으로 분별이고, 후자는 추락의 방식으로 하는 분별이다. 아래로의추락의 분별은 이미 알고 있고 확실하다고 생각하는 것에 대한 불확실성의 국면에서 발생한다. 모든 것이 갑자기 모호해지고 당연했던 것이 낯설어지는 마음의 징표의 순간에서 일어난다. 만일 그가 그러한 순간에 '보이지 않음'과 '아님'에 대해 계속해서 주목한다면, 심리적 불안은 계속 증폭되겠지만, 어느 정도 충분한 시간이 흐르면 그는 자신의 주목하기의 끝에 다다라서 결국은 보게 된다. 불안과 흔들림의 끝에까지 다다름으로 오는 발견함이다.

누가의 내러티브 진술 중에 나에게 신비하게 다가오는 단어는 '되돌아감훼페스트렙산'이다. 두 내러티브를 종료하는 같은 단어 '되돌아감'은 자신의 현실이 장밋빛으로 전적으로 변모된 새로운 현실은 아니라는 것을 암시한다. 다시 자신이 있던 곳으로의 되돌아감이지만 그 주변은 달라지지 않은 현실임에도 불구하고, 그의 내면과 의식은 달라져 있다. 보는 눈이 달라졌고, 이야기도 달라졌다. 그는 이제 누구엔가 소중한 그 어떤 경험에 대해 말할 스토리를 지니게 되었다. 그 스토리로 인해 그의 삶은 달라진다.

그 징표가 천사의 목소리이든 아니면 익숙한 것에 대한 내면의 의심의 목소리이건 그것에 주목하고 거기에 자기 존재를 관여시켜 움직이고 가보았을 때, 문은 다르지만 하나의 것으로 도달한다. 인생은 원circle이기 때문에 하나에서 만나게 되는 것이다. 그것은 하나님의 영광을 찬양하든 아니면 성소에 다다르든 일상에서 거룩한 현존의 신비에 대한 만남과 그 여운에 대한 영혼의 떨림이다.

이 얼마나 아름다운 내러티브인가? 자신의 비참함에서 징표를 보고 따라 움직여 누구는 주의 천사초월의 암호를 참조로 인생을 살면서 찬양하며 삶의 처소로 되돌아간다. 누구는 뭔가 중요한 것을 잃어버렸다는 것에 주목하면서 철저히 그것을 탐구하여 결국은 거룩한 현존에 다다른다. 어느 방향이든 도달하는 곳은 한 곳이다. 위로를 받고 잃은 것이 없어졌으며 실상 그들은 자신이 주목한 것에 의해 풍성한 결과를 받았다.[14] 이것이 바로 분별이 주는 선물이다. 자신의 정체성과 가는 방향이 결국은 좋은 곳에 도달하게 만들었다는 선물을 받는다. 목표를 향해 가기보다는 징표를 음미하며 사는 것은 더욱 생생한 경험을 가져다준다. 인생도 자연도 원래 직선은 없다. 원처럼 우회하되 징표를 주목하며 그 안내에 자신을 맡겨보는 것도 벅찬 감동이 된다. 최소한 목표에 대한 성취는 아닐지라도 일상의 변모라는 위로는 최소한 경험할 수 있기 때문이다.

---

14) 이는 누가복음에서 계속해서 증언자들의 이야기를 통해 펼쳐질 자비로운 실재(하나님의 참되심과 신실하심 그리고 우리와 함께하심의 자비로움)에 관련한 일관된 증언이다. 신의 본성으로 인해 두려움과 상실이 그분의 활동 수단이 될 수 없다는 증언이기도 하다. 그리고 지배체제에서 가진 자, 성공한 자, 영향력 있는 자와 달리 망한 자와 상실한 자들, 미천한 자들이 누가 증언의 담지자들이기에 이는 더더욱 그렇다.

4. 가장자리에서 일어나는 궁극의 비전

본문: 눅 3장

억압과 희생의 체제를 해체하는 힘

목격자는 일반 대중이 보지 못한 것을 우연히 혹은 비밀히 본 사람이다. 다르게 보았다는 것으로 인해 그에게는 일상적인 사람과 다른 우연하고도 결정적인 기회가 주어진다. 누가는 이미 2장의 시작에서 첫 로마황제 아우그스토 2:1를 이야기의 시작으로 배경설정을 하고 '구유에 누운 아기'에 대한 표징-비밀히 본 것의 상징-을 설정하였다. 이는 또한 3장의 서두에서도 두 번째 황제인 '티베리오가 다스린 지 십오 년째'3:1를 무대로 이야기가 펼쳐진다. 그 무대에서 '광야의 외치는 이의 소리'와 예수의 세례 이야기가 등장한다. 신성로마제국이라는 '지배체제system of domination'와 이에 대한 해체는 누가의 핵심 주제이다. 제국으로서 지배체제는 신성화된 전쟁, 권위에로의 복종, 국가 이데올로기의 학습, 안보로서 군사적 방어, 강제와 폭력의 정당성, 엘리트 계급과 이들에 의한 공적 기관의 우선성을 사회적 관행으로 그 문화와 구조 속에서 그 힘을 행사한다.

제국의 통치와 그 힘 앞에서 어떤 새로운 시작을 볼 수 있는가? 신성화된 검과 법의 이름으로 억압과 수탈, 폭력과 전쟁의 견고한 체제 속에서, 마치 계란으로 바위치기와 같은 탈출구 없는 그 상황에 금을 내어 '틈의 공간'을 내는 징조는 어떻게 출현하는가가 목격자의 몫이었다. 누가의 증언에 따르면, 그 새로운 지평은 사방四方의 공간 그 어디에서 오는 지원이나 자원에서가 아니라 하늘과 개인의 내면에서 출현한다. 목격자 중의 한 사람으로서 누가는 그 체제를 무너뜨리는 새로운 행동에 대해 '우리에게 이루어진 사실'1:1이자 '그 모든 일을 근원부터 자세히 미루어 살핀'1:3 자로서 억압과 희생이라는 삶의 도식 scheme을 해체하는 그 이루어진 사실의 근원에 대해 자세히 살핀 자로서 새로운 내러티브를 소개한다.

그 내러티브를 듣는 청자이자 관객으로서 나는 누가의 증언에서 그 새롭게 일어나는 일의 근원을 내러티브에 나오는 주역들이 무슨 일을 하는가가 아니라 그들의 내면에 무엇이 일어나고 있는가 혹은 어떤 원리가 움직임의 에너지를 만들 수 있는가에 주목하고 있다. 제국의 통치를 신성화한 로마제국에 대한 다른 비전으로서 예수운동Jesus Movement은 다른 전례들인 이집트 제국의 '고역'에 대한 모세와 하비루라는 하층민들의 자유의 여정, 영국제국에 대항한 간디의 사티아그라하라는 비폭력운동, 그리고 흑인노예에 대한 마틴 루터 킹의 인권운동 등과 유사하게 그것을 촉발한 개인의 내면 자세, 곧 영혼의 일어섬에서 출발한다. 즉, 제국이라는 난공불락의 통치 속에서도 다른 꿈틀거리는 움직임이 일어나고, 그 움직임은 주변의 강력한 체제 속에서도 조금씩 모양을 갖추어간다. 그런 움직임은 사회정치적인 힘에 의해서가 아니라 소수의 내면 안에서 즉, 영혼의 각성에서 그 실마리를 얻는다. 나는 그 움직임의 원리를 누가의 1-3장의 증언에 따라 실재에 대한 의식, 예언이라는 거룩한 기억의 회상, 존재로의 축복 그리고 이로 인한 행동으로의 자각이라고 이해하였다.

물론, 일반인의 눈으로 보면 '우리'에게서 '일어난 새로운 일'에 대한 증언은 매우 낯선 것이다. 왜냐하면 눈으로 보이는 현상으로서 제국과 그것이 보여주는 현실의 견고함과 군대라는 직접적인 무력의 힘은 -누가 감히 제국에 대항하겠는가?- 눈으로 볼 때 정말 명확해 보인다. 현실의 실체로서 보이는 그러한 강력함은 그 어떤 희망의 징조를 품도록 하기엔 역부족인 듯 여겨진다. 그러나 그러한 지배체제의 눈에 보이는 현상이라는 지붕은 언제나 그것을 떠받쳐주는 공모의 지주支柱라는 시스템적인 관행들에 의해 일어나고 있고, 그러한 지주들은 또한 보이지 않는 신념체계라는 토대 위에서 세워지는 것이다. 이것이 모세의 십계명을 통한 해방에로의 여정, 예수의 탈지배체제 실행으로서 용서와 사랑의 제자직 수행, 간디의 비폭력실천, 그리고 마틴루터킹의 사랑받는 공동체를 향한 인권운동 등이 보여준 영혼의 점화, 바로 지배체제의 지붕과 그것을 떠받치는 지주들에 대한 근본적인 실천으로서 신념이라는 '토대를 갈기'에서 시작을 이루어내었다.

토대의 관점에서 볼 때, 지배체제의 가장 강력한 통치의 내면화인 희생자의 논리와 이에 대한 지배와 강제라는 힘의 필요성이라는 의식의 해체와 그 갈음은 가장 근본적인 것이다. 조직학습론자이자 '출현시키는' 리더십의 핵심 이론가인 피터 셍게의 다음 도표를 보자. 그는 현실을 이해하는 방식으로서 그리

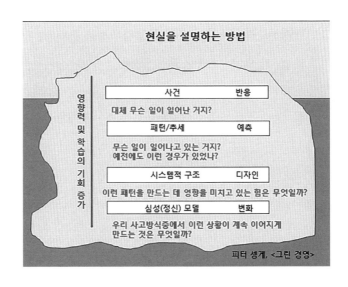

고 새로운 학습방식으로서 다음과 같은 사회분석이론을 제시한다. 바로 현실을 이해하는 새로운 논리, 곧 '시스템 사고'에 대한 소개이다.

첫 번째로, 우리가 눈으로 보이는 일련의 비참한 사건들, 인류의 미래를 지속가능하게 하지 못하게 만드는 사회적 관행들로서의 현상들에 대해 우리의 반응이 어느 기업이나 누구를 미워하는 반응에서 '대체 무엇이 일어난 거지?'라는 현상분석이라는 성찰로서의 사고실습을 요청한다. 두 번째 단계로, 그 사건의 패턴과 추세에 따른 예측사고이다. '무슨 일이 일어나고 있는 것이지?' 그리고 '예전에도 이런 경우가 있었나?'의 질문을 통해 단발성의 사건 뒤에 숨어있는 패턴을 파악하는 것이다. 세 번째로 패턴의 이해는 좀 더 들어가 지배적 관행을 가능하게 하는 공모로써 지주들을 파악하게 만든다. '이런 패턴을 가능하게 하는 힘/역동성/구조는 무엇인가?'에 대한 질문을 통해 지배체제 혹은 권력의 종속화를 지탱시키는 시스템의 구조를 이해하게 한다. 이것들이 사건의 반복과 패턴의 관행화를 일으키는 '사회적 디자인'의 역할을 하는 요소들이다. 그러나 네 번째 심층 분석의 단계로서 그러한 사회적 디자인으로서의 영향력/힘/구조는 바로 신념이라는 사고방식의 터전에서 일어난다. 신념적 사고라는 그 어떤 정신모델이 사회적 디자인의 힘과 그것을 운용하는 패턴을 통해 현상적인 결과로서 사건이나 현실, 혹은 현재의 조직이나 사회체계의 모습을 구현시킨다. 그러므로 더 깊이 들어가 질문해야 할 물음은 "우리 사고방식 중에서 이런 현상과 사건을 계속 이어지게 만드는 것이 도대체 무엇인가?"이다. 이렇게 토대가 되는 것은 우리의 정신 모델에 대한 근본 인식이고 이를 통해 변화가 일어날 가능성을 얻는다.

누가가 전하는 기쁜 소식의 증언은 피터 셍게의 이론에 대해 이중연계 double-link 방식을 취한다. 하나는 그가 말한 '우리에게서 일어난 일'에 대해 지배체제의 억압과 강제, 수탈과 희생이라는 사회적 관행에 대한 현상에서 그 심성 모델로 분석적 작업을 대중을 향해 하는 것이다. 지배체제를 의심하기와 공모의 중지 핵심 증언자인 예수를 통해 권력과 그 공모에 대해 비판하는 그의 말과 행동에서 보이는 부분이다. 이것은 마치 오토 샤머의 'U이론'처럼 현상에서 내면으로 내려가는 첫 번째 과정에 해당한다.[15] 다른 링크는 제자직에 대해 심성에서 평화의 선교라는 행동으로서 어떤 정신 모델을 통해 새로운 현실을 가져올 것인가에 대한 내부자inner circle들을 위한 가르침과 훈련에서 나타나는 제자화이다. 자각과 투신 이것은 오토샤머의 후반부 곧 심성에서 새로운 현실이라는 출현시키는 리더십에 대한 외부로 올라가는 과정이다.

누가는 사회에서 일어나는 일곧. 지배체제에 대해서는 간접적인 증언을 하고 있지만 그가 '우리에게서 일어난 일'에 집중하는 것은 바로 징표로서 '구유희생의 관행에 누운 아기'라는 역설적 실천, 곧 희생자가 아닌 자유를 향한 소명에 관해 어떤 생명적인 것이 태동하고 그것을 강화하며 번지게 할 수 있는가와 관련이 있다. 그것은 바로 피터셍게의 말처럼, 새로운 심성모드, 다시 말해서 '영혼 만들기soul-making'로서 아기라는 표징을 통해 다른 내러티브의 현실화에 대한 소개이다. 누가는 그예수라는 아기에게 일어난 일을 '우리에게 일어난 일'로 증언하는 것이며 그것이 바로 그가 쓴 누가복음–사도행전이라는 일련의 과정을 통해 '우리we의 영혼으로 일어섬'에 대한 증언을 통해 이루고자 하는 바이다.

가장자리광야에서 시작되는 들혼의 목소리

무엇이 일어나고 있는가에 대한 질문과 무엇이 일어나야 할 것인가의 질문

---

15) 오토 샤머, 카트린 카우퍼 공저, 「본질에서 답을 찾아라:MIT 대학의 18년 연구 끝에 나온 걸작 'U 프로세스'」, 엄성수 역, (2014, 티핑포인트)

은 같이 간다. 그리고 무엇이 새롭게 일어나고 있는지에 대한 표징들을 분별하고 그것에 주목하는 것이 바로 일어나고 있는 숨은 현상에 대한 목격자로서 증언자의 몫이다. 그의 증언에 대한 서문1-3장에 따르면 구유-광야-일상으로서의 성소라는 공간을 통해 영혼이 일어서며 다른 현실을 창조한다. 그 서문에서 영혼의 일어섬은 실재의식-예언거룩한 기억의 회상-축복-자각으로 펼쳐진다. 물론 변주곡으로서 다른 등장인물의 스토리가 첨가되기는 하지만 여전히 주음主音은 이에 대한 것이다. 이 '실재의식-예언-축복-자각'에 관해 들어가 보자.

'우리에게 일어난 일'의 시작은 억압과 지배의 힘을 가장 힘들게 느끼는 마지막된 자the last, 비천한 자the least 그리고 잃은 자the lost들로부터 오는 새로운 증언에서 출발한다. 그들은 주변 상황의 맥락에 대한 것이 아니라 실재에 대한 증언, 곧 신의 선제적 행동의 개시에 대한 징표를 목격한 것에 대해 전한다. 가장자리the edge는 다른 현실의 개시를 알려준다. '성령이 너에게 내려오시고 지극히 높으신 분의 힘이 감싸주실 것이다…하나님께서 하시는 일은 안 되는 것이 없다.'1:36 마리아와 즈가리야의 찬가에서 보듯이 비천한 자를 돌보시는 하나님의 '놀라운 자비'라는 실재에 대한 눈뜸이 시작을 알린다. 실재the Reality에 대한 눈뜸은 지금까지 일상에서 보던 주변의 참혹함이나 자신의 미천한 처지를 넘어 감춰지고 침묵했던 신적 실재주의 천사의 고지의 내용에 대한 목도와 들음을 통해 일어나는 것이다. 또 다른 미천한 자로서 목자들은 비로소 그 비참한 현실의 공간에서 '하늘의 영광과 땅에서의 평화'라는 다른 공간의식을 엿보게 된다. 그러한 실재 인식으로 인해 '구유에 누인 아기'라는 가장 비참한 현실인 먹이통에서의 생명의 탄생이라는 희생의 전복이라는 예고의 실마리로 볼 수 있었다.

비참한 현실을 가져오는 지배체제의 전복의 가능성은 그렇게 현실의 고통으로 가려져 있던 눈이 실재의 충격에 의해 눈이 떠짐으로 일어난다. 보이는 현실 전체가 진실이 아니고 이미 있어 온, 자신의 고통으로 눈멀어 보지 못하고 있었던, 그러나 언제나 이미 있어 온 '자비의 실재'가 진실이라는 그 눈뜸에 의해 알아보게 된다. 그것은 목격자가 준비하거나 성취한 노력으로 오는 것이 아니다. 무제약적인 '자비의 실재'는 고통 어린 현실의 장막을 찢고 나의 시간과 공간의 현실로 뚫고 들어와break-through 내게는 단지 수용되어지는 것이다.

그러한 실재의 충격은 예언prophecy을 통해 재확인된다. 늙은 예언자 시므온과 안나의 증언을 통해 '자비의 실재'는 "주님의 구원을 제 눈으로 보았습니다. 만민에게 베푸신 구원을 보았습니다."2:30라는 증언을 통해 신성한 기억에 대한 내러티브를 현실로 연결한다. 이 예언은 신성한 기억에 대한 재-연결이며, 이를 통해 지배체제라는 세상의 '추락의 힘'이 여전히 득세하는 곳에서 '은총의 힘'은 서서히 영향력을, 현실성으로서의 힘을 부여하게 된다. '아기는 날로 튼튼하게 자라면서 지혜가 풍부해지고 하나님의 은총을 받고 있었다.'2:40

'자비의 실재'가 자기 생에 돌파해 들어오는 그 어떤 순간의 경험과 더불어, 희미하게 잊고 있던 '거룩한 기억'신의 기억에 대한 회상과 재현을 통해 내면에는 알 수 없는 '은총의 작동'이 일어난다. 보이지 않는 어느 정도의 자율의 공간이 내면에서 생기면서 지배체제로부터 받는 희생자됨의 논리를 벗겨내기 시작하는 것이다. 점차 실재의 목소리와 잊었던 거룩한 약속에 대한 기억이 생생해지면서 이제 자신의 주의집중은 자신이 익숙했던 '일행'과 '친척들과 친지들'2:44의 끌어당김에서 벗어나기 시작한다. 그는 '아버지의 집'2:49에 대한 감각을 품으며, 그의 '아버지 집'의 내면화를 통해 일어서는 영혼은 이제 행동할 꿈을 꿀 수 있게 된다. 발생할 수 있는 최선의 것을 상상하고 꿈을 꿀 수 있게 되며, 이것이 새로운 실재에 대한 새로운 시야, 곧 '비전'의 형성으로 나타난다.

'비전'vision은 우리가 보고 있는 현실에 대한 일상의 지각perception을 갈음하며, 그로 인해서 보이는 현실도 다르게 출현한다. 주변광야이 행동의 시발점으로 새롭게 보인다. "광야에서 외치는 이의 소리, 너희는 주의 길을 닦고 그이 길을 고르게 하여라."3:4처럼 비전이 탄생하고 움직임에 대한 각성이 일어난다. 이 비전과 행동은 더욱 궁극적인 자기 정체성에 대한 새로운 확인으로 일어난다. 그 동기는 바로 자신의 내면에서 일어나는 '하늘의 열림'3:21의 순간을 말한다.

'자비의 실재'와 '거룩한 기억에 대한 회상'이 마음에 새겨지며 익숙하던 일상의 일행들과 분리되면서 '홀연히' 찾아오는 어느 순간의 내면의 열림, 곧 '하늘의 열림'을 통해 얻어지는 새로운 인식이 바로 비전이다. 그 비전으로 인해 이제야 비로소 그는 자신의 근원이 무엇인지를 발견하게 된다. '너는 내가 사랑하는 아들[존재], 내 마음에 드는 아들[존재]이다.'3:22 자비로운 실재와 직접적인 연결로서의 자기 정체성을 부여받는 축복의 순간이, 그 어떤 신성한 일치라는 영혼의 점화라는 새로운 정체성이 그 비전으로 수여된다. 여기서부터는 실재를 향해 노력하여 다가가는 자가 아니라 무한한 실재로부터 증여받고 안내받는 전방前方의 존재로 변모한다. 이제는 실재의 통로가 되는 것이다. 그는 무한하고 자비로운 실재 안에 자신의 영혼이 접속되면서 동심원처럼 영혼과 무한한 실재와의 접속이 일어나면서 분리로부터 오는 두려움이 사라짐을 확연히 알 수 있다.

누가복음의 증언에 따르면 세상의 참혹함과 지배 체제의 견고함은 그 자체로 절대적인 현실은 아니다. 그리고 그러한 참혹함과 지배체제의 힘을 전복할 수 있는 길은 같은 종류의 사회정치적인 그 어떤 물리적인 힘의 대항에서 일어나는 것은 아니다. 뜻밖에도 그것은 질적으로 다른 현실로부터 출현한다. 상징적으로 그것은 '태중의 아기가 기뻐하며 뛰노는'1:44 말이 암시하듯이, 자기 내면에서 영혼의 실재에 의한 각성에서 시작된다. 내 안에 있는 자비로운 실재와의 접촉점으로서 태중의 아기영혼가 움직임으로 일어난다. 그리고 '주님께서 약속하신 말씀이 꼭 이루어지리라 믿음'1:45이라는 자기의식의 주의집중, 곧 우리의 의식 속에 본래 심어진 거룩한 본성의 자각, 거룩한 전통에 의한 예언의 상기와 그 증거의 확인이라는 정신mind의 신실한 주목품음이 덧붙여진다. 그리고 더 나아가 '주님의 손길이 그 아기를 보살핌'1:66과 '몸과 지혜가 날로 자라면서 하나님과 사람의 총애를 더욱 많이 받는'2:52 자비로운 실재의 안내에 따른 자기 개방과 허용하기가 영혼의 힘soul-force을 더욱 강화된다. 그러한 영혼의 내적 과정은 결정적인 순간을 맞게 되는 데 그것이 바로 영혼과 신성이 접촉이 일어나는 축복, 곧 '너는 내가 사랑하는 존재, 내 마음에 드는 존재이다'라는 무한한 자비의 실재 안에 자기 영혼의 보금자리를 트는 순간이 도래한다.

자신의 삶이 세상의 지배체제에 의한 종살이가 아니라 자비로우신 신성과의 접속과 일치의 시각에서 자기 생이 전개된다는 실재의 감각을 되찾음으로써 이제 그는 그 축복으로부터 이해된 '자각awaking'의 단계가 온다. 이제는 자기 정체성과 삶의 본성, 그리고 심지어는 자신의 미래 가능성조차도 전적으로 다른 경로로 실재와의 연결성에서 찾아진다는 것이 그것이다. 이는 자신의 정체성에 대한 족보에서 누가가 말하고 싶은 '그 위로 거슬러 올라가면⋯ 에노스, 셋, 아담, 그리고 마침내 하나님께 이른다.'3:38는 진술의 뜻이다. 자신의 삶과 정체성이 그러한 '마침내 하나님께 이르는'연결지점 속에 있고, 그 궁극 실재와의 연관성 속에서 자기 삶의 위치가 본래 놓여져 있었다는 자각이 앞으로 새로운 길을 여는 근원으로 자리 잡게 된다.

'마침내 하나님께 이르는'자기 정체성과 생의 근본에서 일어나는 자각은 무한한 '자비의 실재'와의 통로를 잇는다. 그래서 실재와의 분리에서 일어난 에고의 작동은 더 이상 그 힘을 발휘하지 못하게 된다. 여기서 에고가 가장 강력하게 작동한 두려움과 결핍의 영향력이라는 족쇄는 벗겨지면서 파편으로서의

사고체계가 사라져 '온전성wholeness, 혹은 전일성'에 대한 삶의 감각이 출현하게
된다. 그동안 보아 왔던 현실의 비극 이면에 하나의 뚜렷한 길이 자각을 통해
보인다. 그것은 '마침내 하나님께 이르는' 길로서 존재, 생生, 그리고 세상에 대
한 보는seeing 차원이 열린다는 점이다. 그렇게 모든 것은 이제 하나님께 이르
는 길로서 자기 앞에 펼쳐지는 것이다. 각성된 영혼은 하나님께 이르는 길로서
모든 존재, 사건, 상황, 관계를 만나는, 다시 말해 세상을 새로운 성소sanctuary
로 만나는 여정을 시작할 수 있게 되었다. 이것이 지배체제를 바꾸는 – '모든
골짜기는 메워지고 높은 산과 작은 언덕은 눕혀져 굽은 길이 곧아지며 험한 길
이 고르게 되는' 3:5 길과 때를 연다.

5. 영혼의 단련과 영혼의 활동을 전개하기

본문: 눅 4장

재건의 기회로서 시련과 망가짐

누가복음이 전하는 인생의 비참함과 미천함이라는 삶의 현상들에 대해 다른 길로써 '계곡은 메워지고 높은 산은 눕혀지며, 굽은 길이 곧아지고 험한 길이 고르게 되는'3:5 방법에 대해 준비를 하는 것에 대한 증언에 주목하려면 이중의 장벽을 뚫고 들어가야 한다. 첫 번째 장벽은 우리의 일상에서 보는 현상들이라는 장벽이다. 그것은 사회정치적인 지배체제의 현실이다. 이는 검과 권력 그리고 지배 엘리트의 법이 지닌 강제의 힘이 쌓아올린 장벽이다. 두 번째 장벽은 종교의 견고성, 흔히 율법이라고 이름 지은 신성함에 대한 외부적인 규범에 대한 것이다. 이는 본래의 생명력을 지닌 영적인 차원을 잃고 습관화된 반복으로 경직성과 엄격함의 덫에 빠지게 됨으로써 거룩함에 대한 배타적 질서를 견고히 하는 정신적인 장벽이다.

흥미롭게도, 누가는 지배체제로서 종교적 권력, 종교적 공모라는 헤게모니의 작동에 의한 거대한 연쇄 고리에 관련하여 마사다 전쟁과 같은 용감한 전사들을 이야기 속에 등장시키는 것이 아니다. 오히려 무지렁이와 같으나 일상적인 현상을 다르게 보는 미약한 증언자들의 이야기를 통해 지배체제가 아니라 샬롬의 나라를 그리고 있다. 그가 말하고자 한 새로운 가능성을 막는 핵심문제는 전사warrior의 부재가 아니라 증언자witness의 부재이다. 이것이 그가 시카리 옷파처럼 단도를 품고 무력적인 혁명의 꿈을 꾸는 것도 아니고 그렇다고 종교적 규범에로의 순수한 헌신이라는 바리새파 전통이나 엣세너파 전통도 아닌 증언자에 대한 다른 상상력을 갖는 이유이다.

누가에 따르면 증언-"우리들에게 일어난 일"눅1:1, "우리와 더불어 주 예수의 부활의 증인이 되기"행1:22-하는 이는 마음과 몸이 산산이 부서진 상태와 그것을 복원하는 작업, 즉 실패와 재건을 잇는 연결자이다. 먹잇감이 된 인생, 부서진 몸, 그리고 황폐해진 고통의 심령들의 현실에 대해 다른 '일어난 일'에 대한 목도와 그 일어난 진실을 소중히 가슴에 새겨 품에 간직한 이들이 증언자들이다. 그러한 증언자들로 인해 새로운 시작이 열린다. 세상의 광포함이라는 거센 바람 그 자체에 대한 대항이라기보다는 부서져 망가진 언어, 몸 그리고 마음의 자유와 해방에서 열쇠를 찾는다.

부서져 망가진 언어, 몸 그리고 마음이 회복되는 데는 내면에서 무언가 달라짐으로 시작된다. 그러한 시작은 자신의 일상에 예기치 않게 뚫고 들어오는 break-through 뭔가 다른 현실의 엿봄으로 비롯된다. 우리의 삶에는 그러한 갑작스러운 낯설음이나 신비로움에 의한 그 어떤 영혼의 떨림이나,[16) 그 어떤 현시-목자들에게 영광의 빛이 두루 비추임-등으로 나타날 수 있다. 때로는 개인의 삶에서 부딪치는 스캔들과 절망-처녀의 임신이란 스캔들, 여행의 종착지에 머물 곳이 없음-등을 통해서도 무언가 다른 영감 어린 빛의 비추임을 느낄 수 있다.

인생이 원인과 결과라는 인과관계로 묶여있어서 서서히 성장과 변화가 이루어진다는 자연의 순리를 대부분은 당연히 여길 것이다. 그러나 여기에는 시

---

16) 이는 에고의 일상적인 판단의 깊이에서의 조우(遭遇)를 통해 일어난다. 어떤 이에게는 그 것이 메신저의 방문, 이를테면 사제 즈가리아와 마리아에 대한 '주의 천사'의 방문 등처럼 꿈, 환시, 일상에서의 만남, 혹은 갑작스러운 자각 등에서 일어난다.

간과 공간의 제한된 견고한 프레임으로 인해 과거의 무력감과 실패의 아픈 기억들에 대해서는 그다지 치유와 변화를 주기가 어렵다. 그리고 누가가 보는 것처럼 우리가 현실이라고 눈에 보는 현상은 지배체제에 기반을 둔 강제와 분리의 고통의 반복된 재현과 확산에 따른 것이다. 그리고 그것은 에고에 의한 투사의 반영이기에 참이 아닌 환상임을 이해한다면, 실재the Real는 눈에 보이는 현상과 다른, 은총에 의한 도약에 의한 시각에 의해 드러난다. 여기에는 비인과성과 비선형적non-linear 특성이 주어진다. 일상 안에서 무언가 낯설은 '깊이'의 차원이 열리면서 그것을 경험한 자는 갑작스럽게 변화되고, 치유되며, 더욱 참된 삶의 감각을 얻는 경우가 많다.

비인과적이고 비선형적인 실재의 특징에 대해 참고로 두 인식론자를 언급할 수 있다. 한 사람은 아인슈타인의 후계자인 데이비드 봄이라는 현대 물리학자이다. 그는 우주라는 실재는 입자형태의 원인과 결과라는 고전물리학적인 방식이 아니라 개별성과 전체성의 명시적 질서와 숨겨진 사이의 홀로무브먼트즉, 문자적인 해석으로는 전체성의 움직임이란 뜻라는 실재에 접근하는 새로운 상상력을 제시한다. 각각의 개별 존재자는 숨겨진 전체성에 참여하여 접혀 들어가고folding 또한 그 숨겨진 전체성이 개별화된 현상으로 펼쳐지unfolding는 유기적 관계를 가진다고 하였다. 드러난 개별화된 현상들은 또 다른 개별화된 현상들과의 관계보다는 숨겨진 전체성과의 관계의 입장에서 바라보아야 한다는 것이다.

한 예로 수소원자 H의 둘과 산소원자 O는 결합하여 H_2O라는 물분자를 만들어낸다. 물분자는 두 개의 H와 O를 개별적으로 총합한다하더라도 그 개별적인 것이 갖지 못하는 차원들 '촉촉함'이 존재한다. 이것은 전체성 안에서 그 개별성을 봐야 한다는 뜻이다. 물로 그 물분자도 또 다른 전체성에 접혀 들어가며, 더 큰 전체성에 의해 개별화되어 펼쳐져 나온다. 각 개별 조각은 원래의 전체성wholeness를 투영하고 있다는 그의 홀로그램 우주론은 두 가지 흐름에 영향을 준다. 하나는 대화의 의미로서 숨겨진 전체성의 가능성을 실현하기와 또 하나는 치유에서 새로운 조류인 양자의학이라는 영역의 출현이다. 후자는 동양의 심신의학을 현대물리학의 관점에서 새롭게 업데이트한 것이다.

또 다른 예로서 데이비드 호킨스는 원래 정신의학자이며 영성가이기도 하다. 그는 오랜 실험 끝에 근육테스트에 따른 '진실/거짓'의 객관적인 측정방식으로 실재를 보는 인식과 감정 그리고 세계의 경험 사이에 각각의 에너지 차원들이 존재한다는 것을 밝혀내었고, 이를 간단히 의식지도map of consciousness로 나타내었다.본장 끝 도표참조 아인슈타인이 모든 것은 에너지의 패턴화된 꾸러미임을 증명해내었지만, 호킨스는 의식지도를 통해 에너지의 수준이 어느 정도인가에 따라 자기에 대한 정체성, 실재에 대한 관점, 그리고 감정의 수준이 달라진다는 것을 여러 실험을 통해 입증해 내었다. 그에 따르면 에너지 200 로그수준용기에서 높아지면 전체성과의 조화와 일치 그리고 기쁨의 수준이 향상되고, 그 아래로 가면 분노와 두려움, 슬픔, 무력감, 증오, 죄책감과 수치심 등으로 감정 상태가 나타나게 된다. 그러한 상태에서 실재에 대한 인식능력은 점점 적대적인 분리의 형태를 취한다. 여기서 특이한 점은 에너지의 수준이 달라지면 실재의 변형도 −파괴와 노예화에서 초월과 변모까지− 가능하다는 점이다.

누가 기자, 데이비드 봄, 그리고 데이비드 호킨스는 서로 다른 지평에서 이야기하고 있지만 중요한 것은 전체인 실재와 의식간의 상호연결성에 대해서 유사한 견해를 밝히는 점이다. 그것은 실재the Real; 하나님와 의식의 내재적 일치의 중요성에 관한 것이다. 그리고 훈련으로서 실재와 의식의 일치를 통해 전적으로 다른 변형들이 일어난다는 것이다. 누가 기자는 의식의 고양을 통해, 봄은 사고 과정을 대화 속에 끌어들임을 통한 전체성이 지닌 잠재적 가능성의 실현에 대해, 그리고 호킨스는 제한적인 사고와 감정의 놓아버림이라는 방식을 통해 더 높은 에너지의 수준에로의 돌파에 의한 정신 수준의 변형방법을 이야기한다.

자신의 본성과 활동의 일관성에 대한 영혼의 자각

누가가 폭력에 맞서되, 그 적을 닮아가지 않는 방식으로 자신을 세우는 방식으로 제안하는 것은 증언자의 태도를 닮는 것이었다. 그것은 일상의 무거운 흐름에 '틈'을 내는 실재의 충격에 대해 주목하기가 그것이다. 그가 제안한 방식은 일상의 반복되는 지배체제의 압력을 뚫고 들어오는 실재에 자신을 개방하고 이에 조율하여 그에 일치시키는 주목함과 마음에 새김에 대한 제안인 것이다. 어떤 경험이 소중한 것인가? 어떤 기억을 되살리는 것인가? 다시 살아보려고 할 때 무엇이 그것을 가능하게 하는가? 이는 종종 있지는 않을지라도 나에게 다가오는 '주의 천사'라는 실재의 암호에 대해 주목함으로 시작된다. 그것은 지금 계속해서 일어나고 있는 것들과는 다른 특성을 지니고 있고, 부서져 무너지는 것들 속에서 솟구치는 생명과 희망에 대한 것이다.

누가는 억압체제 속에서 '하나님실재은 자비로우시다'에 대한 근본 인식을 되살린다. 그리고 그러한 자비로운 실재가 어떻게 자신들을 인도하시는지에 대한 증언을 놓치지 않는다. 이것은 누가복음에서는 주로 예수의 말과 삶에 초점을 두고 증언하지만, 사도행전에서는 부활의 증언자들에 대한 제자들의 말과 삶에서 어떻게 번져나가고 있는지를 증언하면서 갖는 일관성이다. 실재가 근본적으로 자비롭고 기대 이상으로 호의적이기 때문에 우리 주변의 일어나는 현상들보다도 먼저 자기 내면에서 의식의 영역에서 이에 대한 실재와의 접속과 그에 대한 신뢰의 헌신성을 요구한다는 것이다. 이것이 바로 공생애로 나가기 직전에 예수의 영혼 안에서 일어난 의식의 변형이다. 만일 우리가 예수에 대해 '믿기'라는 전통적인 대상화된 신앙 차원에서 예수의 모범실재 안에 거하기을 '살기'라는 실존적인 증언의 삶을 살기로 원한다면 이에 대한 의식의 메커니즘을 작동시켜야 한다.

의식 수준에서 실재와의 접속과 이에 대한 신뢰와 헌신이라는 두 과제는 바로 목자들이 목격한 '하늘 높은 곳에는 하나님께 영광이요, 땅에서는 그가 사랑하시는 사람들에게 평화'2:14에서 말하는 영광과 평화에 대한 세상의 변화와 내면의 변모를 뜻하는 것이며, 또한 하늘로부터의 세례와 3가지 땅의 지배자 마귀로부터의 테스트가 가리키는 의미이기도 하다. 그리고 이것은 제자들에 대한 주의 기도에서 나오는 두 주제인 '하늘의 아버지 뜻이 이루어지이다'와 '우리를 악에서 구하소서'가 함축하는 내용이다. 이 두 가지 의식의 내재화를 통해 영혼의 길이 마련된다. 간단히 그 훈련과정으로서 내면작업을 확인하면 다음과 같다.

첫 번째는 의식의 승화라는 단계이다. 즉, 부분이 전체성에 합류/일치함으로 실재와의 접속 상태에 있는 상태이다. 이는 나의 내적인 중심이 열려서 나의 선택이 아니라 실재의 현존성이 내 안에 중심이 되는 것이다. 이것이 바로 누가는 상징적으로 하늘이 열리며 "너는 내가 사랑하는 아들, 내 마음에 드는 아들이다"3:22의 들음과 접촉함의 상태로 표현한다. 하늘이 열렸다함은 에고의 장막이 벗겨져서 내면의 깊이가 열려 영혼이라는 내적인 생명이 움직이게 되었다는 것이고, 그 상태에서는 바로 이러한 신성한 실재와의 연결로 생긴 거룩한 임재의 주어짐이 일어난다.

물론, 이러한 내면의 신성한 고양됨은 그 전조가 있었다. 그것은 누가가 사전에 예고한 새로운 실재의 예고에 대한 것이었다. 자신의 비천함과 세상의 냉혹한 현실에서 돌파해 들어오는 '은총을 가득히 받은 이여, 기뻐하여라. 주께서 너와 함께 계신다'1:28라는 자비로운 실재에 대한 눈뜸이 그것이다. 그리고

"성령이 너에게 내려 오시고 지극히 높으신 분의 힘이 감싸 주실 것이다."1:35
라는 실재의 무제약적인 지지와 호의에 대한 각성이 추가로 부여된다. 이것이
바로 은총의 경험을 통해 주어진다. 그러한 은총의 경험은 인간의 단순한 응
답을 필요로 한다. "이 몸은 주님의 종입니다. 지금 말씀대로 저에게 이루어지
기를 바랍니다."1:38

    누가는 전조로서 누구에게나 실존의 가능성을 각성시키는 실재의 호의'주
께서 놀라운 자비를 베푸셨다'1:58에 관해 눈뜸과 각성 그리고 의지로서의 응답의 중
요성을 관객/청자들로 하여금 알도록 내러티브를 사전에 배치해 놓았다. 그
리고 그러한 눈뜸/각성/의지의 선택의 시작으로 우리 실존의 모호성, 혼돈,
그리고 고통 어린 비참함의 현실을 극복하고 이를 타자와 나누는 선례적 모범
archetype으로서 예수에게서 '일어난 일'을 주시하며 그것이 향후 '우리들 사이에
서 일어난 그 일들'눅1:1을 "땅끝까지 이르러 어디에서나 나의 증인"행1:8이 되
는 가능성의 현실화가 번져나가는 것을 증언한다.

    목격자이자 증언자로서 누가는 "일어난 일"이 바로 자비로운 실재에 대한
각성이며 그것을 더욱 철저화하여 이제는 머리가 아니라 가슴 깊이에서 '일어
난 일'로서 시야를 가렸던 장막이 벗겨지는 하늘의 열림과 그 핵심으로서 실재
의 사랑과 호의를 내재화하는 실재의식의 사건화"너는 내가 사랑하는 존재, 내 마음에
드는 존재다"임을 주목한다. 이것은 신성한 말씀logos과 존재가 결합을 하는 내밀
한 영혼 안에서 일어나는 연결과 소속의 사건이다. 이로써 그는 자비로운 실재
의 무제약적인 에너지로 인해 내적인 생명이 솟아오르며 흘러넘치게 된다.

    두 번째는 의지의 선택으로서 신뢰의 일관성coherence이다. 하나님의 아들
[딸, 존재]로서의 실재의식이 자기 영혼에서 내적인 생명으로 분출되는 경우,
그가 선택하고 행하는 모든 것들은 이제 그의 일이 아니라 그 실재가 자신을
도구로 하여 스스로를 펼치도록 자신을 열고 그 실재를 오롯이 신뢰하는 집중

과 헌신의 일관성이 행동과 그 결과를 참되게 한다. 이것이 바로 예수가 광야에서 겪은 마음의 3가지 유혹에 대한 거절의 의미이다.

사실상 의식에 있어서 실재 인식과 그 실재 안에 머무르기[17] 그리고 분리와 이탈 없이 의지에 있어서 그 실재에 대한 신뢰에 온전히 헌신하기는 새로운 인간성과 새로운 파트너십체제를 구축하는 데 있어 누가가 제시한 핵심 포인트이기도 하다. 그것은 실재의 자비로움하나님의 자비는 크시고, 미천한 자를 돌보신다에 대한 인식과 그에 대한 전적인 신뢰를 인간의 내면이라는 공간과 관계의 공간 그리고 공동체의 공간 안에서 실천하는 것이 누가가 예수 공생애와 사도행전에서 보여주는 증언의 핵심이기도 하다. 이것은 또한 목자들이 '하늘에는 영광, 땅에는 평화'라고 말할 때, 실재의식으로서 하늘이 열리고 모두가 신의 자녀가 됨에 대한 존재론적 인식과 악마의 3가지 유혹에 대한 몸, 마음, 영의 자기-과시와 자기-선택을 내려놓고 실재를 신뢰하며 그에 순명하기라는 의지가 각각 영광과 평화의 구축에 대한 영적훈련 커리큘럼으로 누가가 증언자들 혹은, '말씀의 일꾼들'에게 제시한 것이다.

세상이 요구하는 '돌을 빵 되게 하기'라는 육신의 요구, 세상의 왕국이 지닌 '권세와 영광을 위해 악마에게 절하기'라는 마음의 충동, 그리고 기적과 영원한 안전의 보장'성전꼭대기에서 뛰어내려 천사의 보호를 증명하기'이라는 영적인 탁월성의 과시 등은 실재의식을 지닌 존재가 언제나 선택할 수 있는 가능성이다. 그리고 이것은 바로 역설적으로 그러한 자유와 능력을 갖춤으로써 실재와의 분리 그리고 '나'의 특별성으로 다시 돌아갈 수 있는 전락轉落의 가능성이기도 하다. 이렇게 '하나님의 아들'이라는 특별한 자격의 주어짐에 대해 '빵만으로 사는 것이 아니고, 하나님만 섬기고 그분을 떠보지 말라'는 응답은 바로 그 어떤

---

17) 이는 요한복음의 핵심 장인 17장에서 하나님의 사랑 안에 머물러 하나되기, 그리고 포도나무와 가지 비유의 핵심이기도 하다.

실존적 조건과 상황에서도 신적 실재에 대한 전적인 자기 개방을 통해, 실재에 순명하여 그 실재가 자신을 통해 스스로를 펼치고 말하도록 하겠다는 실재에 대한 전적인 신뢰와 그 일관성을 뜻하는 것이다.

자신의 의식이 실재의 자비로운 호의[18])에 연결되어 있고, 그 실재 안에 자신의 존재가 중심을 잡고 있다는 것과 더불어, 이제 자신의 의지도 그 실재에 대한 전적인 신뢰 관계 속에서 응답한다는 의식과 의지의 일관성이 조율되면서 이제부터는 내적인 생명이 온전히 그 힘을 발휘하게 된다.

누가가 '일어난 일'에 대해 목격자로서 그리고 증언자로서 본 것에 대해 진술할 때, 그가 문제시 한 것은 폭력의 일상성이라는 지배체제의 이면에 무엇이 작동하고 있는가, 그리고 무엇이 근본적인 해결책인가에 대한 것이다. 복음이라는 기쁨의 소식이라고 말하고자 했던 것의 핵심이 바로 시스템과 구조에서 일어나는 폭력의 현상 뒤에 지배체제를 계속해서 출현시키는 근원적인 토대에 대한 제거와 대안적인 토대에 대해 상상하기를 제안한 것이다. 그에 따르면 영혼에서 '일어난 일'이 가장 중요하며, 그것이 우리 모두에게 '일어날 수 있는 일'로서 자리매김을 한다. 이것이 누가가 사도행전을 쓰게 된 이유이기도 하다.

자비로운 실재의 햇살에 자기 존재를 쬐면서 두려움과 결핍의 에너지로 뭉친 에고가 벗겨져 나가고 자신의 내적인 중심인 영혼이 지닌 의식과 의지가 그 자비로운 실재로 접속된다. 그렇게 되면 자비로운 실재전체성의 무한한 신성으로부터 오는 지성과 풍요로운 권능로부터 영혼은 일관된 안내를 받음으로 말과 행동을 그 실재의 작동에 의지해서[19]) 그 실재가 언어와 행동으로 작동하도록 자신을 펼치게 됨으로써 놀라운 일들이 일어난다. 그것의 예는 화난 군중이 예수를 산

---

18) 이것이 바로 아버지-아들의 관계의 메타포가 주는 핵심 의미이다. 참조: "그렇습니다. 아버지! 이것이 아버지께서 원하신 뜻이었습니다.-눅10:21.
19) 누가는 이를 '성령의 능력을 가득히 받음'(4:14)로 표현하였다.

벼랑까지 끌고 가서 밀어 떨어뜨리려 하여도 '그들 한 가운데를 지나서 자기의 갈 길을'4:30 가고, 병자들로부터 악마들이 떠나가며 "당신은 하나님의 아들이십니다!"4:41라는 현상들이 일어나게 한다. 가는 길을 오롯이 가고, 적이나 악마도 그의 정체성과 할 일에 대해 알려주는 메신저로 다가오는 일관된 비전의 식그리스도-의식을 지니는 것이야말로 그 길이 진실임을 드러내는 현상이다. 이것은 자비로운 실재가 작동하는 자연스러운 결과이기도 하다. 실재는 참되고 자유와 능력이 함께 하기 때문이다.

해방, 눈뜸 그리고 자유를 향해 굽어 있는 실재의 호의

실재the Real가 참되고 자비로우며 자유와 능력의 무한함을 펼친다는 내적인 확신은 공생애의 시작에서 잘 드러난다. 예수가 광야에서 사탄의 유혹을 통해 영혼의 연단을 받고 영혼 만들기soul-making; '너는 내 사랑하는 존재, 내 마음에 드는 존재이다'에서 더욱 강화된 영혼의 힘soul-force가 일관되게 채워지면서 ―누가는 이를 '성령의 능력을 가득히 받고'라고 표현함; 4:14― 이제 영혼의 활동을 이세상에서 시작한다. 물론 이세상이란 지배체제를 말한다.

영혼의 자각으로 움직여지는 활동의 특성은 무엇인가? 지배체제의 문화와 구조 속에서 어떤 특성을 갖고 있는가? 예수가 그 공생애 시작으로서 참조한 이사야 두루마리의 인용4:18-19은 다음과 같은 특성이 명료히 함축되어 있다.

먼저, '주님의 성령이 나에게 내리셨다'는 성령의 임재와 그 선도성에 관한 자비로운 실재에 기인한 동기부여이다. 이는 영혼의 점화가 등불을 켜는 것과 같아서 그 등불은 주변을 밝게 한다. 그 빛의 밝힘으로 인해 자연스럽게 행동이 일어나는 것이다. 그것이 '주께서 나에게 기름을 부으시어 가난한 이들에게 복음을 전하게 하셨다'는 뜻이다. 전하는 결과로서의 행동이 마치 호롱불에 기름을 채운 원인에 의해 저절로 일어난다.

두 번째, 영혼의 등불이 켜져서 주변을 밝힘복음을 전함의 목적은 자비로운 실재의 물질화와 내면화에 대한 것이다. 곧 묶인 사람의 해방, 눈먼 사람의 눈뜸, 억눌린 사람의 자유에 대한 것이다. 자비로운 실재는 박탈과 상실의 방식이 아니라, 해방/눈뜸/자유의 증식과 그 확장을 그분의 뜻과 의지로 삼는다.

세 번째, 총체적인 결과는 '주님의 은총의 해충만한 시간의 선포'라는 빛의 통치에 대한 것이다. 이는 내적인 고통과 외적인사회정치적인 억압과 지배라는 어둠의 시간을 밝음의 시간으로 전환하고 대낮의 통치의 실현을 위함이다. 여기서는 강제나 위협이 아닌 은총이 통치의 힘이다.

그리고 이러한 메시지는 예수에 따르면 즉시성과 최종성finality을 갖는다. "이 성서의 말씀이 오늘 너희가 들은 이 자리에서 이루어졌다."4:21 이 과감한 주장은 지배체제를 갈음하는 확실한 자비로운 실재이신 하늘 아버지의 즉각적인 개입과 그 활동성에 대한 확신을 의미한다.

물론 이것이 오히려 기존의 성전체제를 옹호한 이들의 분노를 일으키어 예수를 산벼랑으로 밀어 뜨리려는 충동까지 일으킨다. 그러나 예수께서는 '그들의 한 가운데를 지나서 자기의 갈 길을 가신다.4:30 그리고 다른 이들은 예수의 권위와 능력에 놀라워한다. 그 뿐만 아니라, 악마들도 예수의 정체를 알아보고 "당신은 하나님의 아들이십니다!"4:41를 외치게 만든다. 이렇게 영혼의 불꽃이 점화되면 권위와 능력이라는 영혼의 힘soul-force이 형성되어 최종적으로는 악마들까지도 알아보고 물러나는 새로운 현실을 도래하게 한다.

이것이 이제부터 누가가 본격적으로 '우리들 사이에 일어난 그 일들'개역-'우리 중에 일어난 사실':1:1에 관련하여 앞으로 펼쳐질 내용의 예증이다. 영혼 안에서 일어난 일로 인해 그리고 더 나아가 1:1 관계와 커뮤니티 안에서 일어나는 일에 대해 무엇이 전개될 것인지를 예고한다. 이는 이미 끝장난 자들인 사제부부인 엘리사벳과 즈가리아가 앞서서 증언한 것이다. 그것은 바로 '주께서 놀라운 자비를 베푸셨다'1:58와 '주님의 손길이 보살피고 계신다'1:66에서 말한 자비로운 실재와 그 실재의 돌보심에 대한 증언이 바로 일어난 일이요 앞으로 일어날 일들이다. 그 실재에 자신의 의식과 존재를 일관되게 거는 증인들에게는 자연스러운 '일어날 일들'이 될 것이라는 게 사도행전을 통해 증언하고 있는 것이기도 하다. 자비로운 실재와 그 실재의 돌보심이 우리에게 일어났다는 이 증언들이 이제 무리가 되어 영혼으로 일어나는 것을 누가는 보았고 그 일어난 일들이 참됨을 증언하고 있으며 그 가능성의 문이 열려있음을 관객·청자들에게 보여주고 있다. 그리고 그것은 또한 자비로운 실재가 현대의 지금 여기에 있는 나에 대한 초대이기도 하다.

데이비드 호킨스, 의식지도 그의 책 「의식혁명」에서 인용

신[실재]을 보는 관점	삶을 보는 관점	수준	로그 (에너지)	감정	과정
큰 나	존재한다	깨달음	700- 1000	형언 못 할 강도	순수 의식
모든 존재	완벽하다	평화	600	지복	광명 얻기
하나	완전하다	환희	540	평온	변모하기
사랑한다	상냥하다	사랑	500	존경	계시받기
지혜롭다	의미 있다	이성	400	이해	추상하기
자비롭다	조화롭다	받아들임	350	용서	초월하기
격려한다	희망적이다	자발성	310	낙관	마음먹기
가능하게 한다	만족스럽다	중립	250	신뢰	풀려나기
허용한다	해낼 수 있다	용기	200	긍정	힘얻기
무관심하다	부담스럽다	자부심	175	경멸	부풀리기
앙갚음한다	적대적이다	분노	150	증오	공격하기
부인한다	실망스럽다	욕망	125	갈망	사로잡히 기
벌주려한다	공포스럽다	공포	100	불만	물러나기
업신여긴다	비극적이다	비탄	75	후회	낙담하기
심하게 나무란다	절망적이다	무의욕	50	절망	팽개치기
앙심을 품고 있다	악의적이다	죄책감	30	원망	망가뜨리 기
하찮게여긴다	비참하다	수치심	20	굴욕	없애기

6. 실재의 현실화로서 분별과 능력

본문: 눅 5장

자비로운 실재의 현실화

누가 기자가 준비기인1~3장에서 역점을 두고 증언하듯이 그 핵심은 실재는 무한히 자비롭다-"주께서 크신 자비를 베푸셨다"-는 사실에 대한 자각으로부터 샬롬의 통치는 현실화된다. 이것은 지배체제의 사회정치적인 억압과 강제 하에서, 그것보다 더 심각한 정신적인 공모인 두려움, 결핍 그리고 한계의 내면화에 대한 새로운 움직임에 대한 증언이다.

'현실화한다'는 것은 증언을 통해 일어나는 '일어난 사실들'에 관해 주목함으로써 기존의 사회현상에서 일어나는 지배체제의 일들을 대치하는 것에 관련한다. 즉, 현실 속에서 일어나고 있는 지배체제와 그것에 대한 공모로서의 보편적으로 일어나고 있는 일들과는 다른 '일어난 사실들'1:1에 대한 목격을 진술하고 있다. 여기서 '현실화'라는 것은 누가가 신뢰할만하다고 여기는 새로운 삶의 스토리들이 진실이라고 여겨지는 삶의 증언들을 스스로가 '사는'경험에 대한 증언이었다. 이것을 우리는 보편적 성육신라 부를 수 있다.[20] 삶의 진

---

20) 여기서 말하는 보편적 성육신은 교리로 박제화한 삼위일체의 2위로서 The God-Incarnate라는 믿음의 대상화가 아니라 바울이 말한 그리스도의 마음을 품고 사는 실천을 의미한다. 누가복음과 사도행전을 쓴 누가 기자에 따르면, 그리스도란 실적 실재를 자아의식에 체화한 예수가 원형(archetype; 칼 구스타프 융의 용어)으로 보여 준 것으로, 이는 제자들이 예수의 그러한 마음("그리스도의 마음")을 품고 활동할 수 있도록 한 선례인 것이

실인 '무한한 자비로운 실재'를 목격만이 아니라 이를 주목하여 심장에 새기고 삶으로 전개하는 자들로서의 목격자라는 뜻에서 '현실화'를 의미한다. 그 점에서 그 증인은 자기 목격과 증언에 대해 책임을 진다. 그리고 그것을 산다. 그것을 누가는 '모든 것을 버리고 예수[자비로운 실재의 보편적 성육화를 이룬 자]를 따라갔다.5:11,28'로 표현하고 있다.

실재의 현실화는 두 가지 측면에서 진술될 수 있다. 우선으로는 인간 내면의 영역에 관한 것이다. 이를 현대물리학자인 데이비드 봄의 용어를 통해 말하자면 명시적 질서the explicate order인 물리적 세상과 숨겨진 질서the implicate order의 관계에서 설명될 수 있다. 즉, 숨겨진 전체성으로서의 자비로운 실재를 역사의 한 구체적인 인간 실존으로서의 예수가 자신의 의식과 삶에 구현한unfolding 것으로서 무한한 자비의 개성화[21]를 뜻한다.

누가는 이에 대한 종교적 상징과 표징을 통해 사제 즈가리야, 평민 마리아, 늙은 예언자 시므온과 안나, 그리고 예수의 사막에서의 세례와 악마의 테스트를 통해 보여주고 있다. 궁극적으로 참인간의 전형으로서 예수에게는 하늘이 열리며 '너는 내가 사랑하는 아들, 내 마음에 드는 아들이다'3:22에서처럼 내면에 자비로운 실재와의 인격적인 일치를 이루며, 그러한 일치가 그 어떤 삶의 조건들 − '만일..이라면if's'라고 말하는 악마의 유혹들−에서도 그 일치와 신뢰에 대한 신실성을 통해 '실재의 내면화'를 이룬다. 이렇게 됨으로써, 새로운 영혼, 참인간성의 차원을 누리게 된 그[자비로운 실재의 선례적 증언자로서 예

다. 물론 하나님의 뜻의 화육에 있어서 정도(degree)의 차이는 있지만, 성육신은 보편적으로 가능한 것으로 누가는 보고 있다. 그것을 사도행전의 제자들의 변화를 통해 입증한다. 하나님의 뜻에 대한 자신의 의식과 생활에 품는 것에 관한 보편성에 대해 복음서는 추호의 의심이 없다. 참되시고 자비로우신 하나님이시라면 아버지로서 모두가 아버지 뜻의 상속자가 되길 바라고 계시고, 진리와 사랑의 화육에 대한 기대는 종교, 인종, 성별에 차이 없이 가지신 그분의 뜻과 의지이다.

21) 개성화는 개인주의가 아니다. 이는 원래 구스타브 융의 용어로서 인간의 무의식 저층에 있는 원형(archetype)의 전체성을 내면화하는 것을 말한다. 누가의 관점으로 보면, 이는 자비로운 실재의 성육화를 말한다.

수는 두려움과 결핍 그리고 한계의 경계선을 갖지 않고, 에고가 지닌 공격, 분리, 상실을 극복한 자유인이 된다. 이는 악마의 두 번째 유혹인 세상의 왕국이 지닌 '저 모든 권세와 영광을 당신에게 주겠소.4:6에 대해 주기도의 끝부분처럼 '나라와 권세와 영광이 당신께 영원히 있사옵니다.'로서의 증언자의 내적인 자리매김이라는 궁극적인 신실성으로서 참된 인간성을 말한다.

실재의 현실화의 한 측면이 한 개인의 영혼에서 일어난 '실재의 내면화'라고 본다면 다른 하나는 삶의 공간에서 일어나는 '실재의 능력화empowerment'에 대한 것이다. 이 실재의 능력화는 공생애 기간에 일어난 '한적한 곳'4:42;5:16 cf:6:12, 9:18,28과 공적인 곳으로서 회당, 동네, 가정, 호숫가 등의 대비對比에서 드러난다. 참인간의 전형으로서 예수는 한적한 곳에서 기도하고 공공영역에서 자비로운 실재의 통로가 되어 인간 실존으로서 개인이 겪고 있는 두려움, 결핍 그리고 질병에 대해 지극한 자비를 확산시킨다. 그래서 즈가리야의 예언처럼 "죽음의 그늘 밑 어둠 속에 사는 우리에게 빛을 비추어 주시고헬라어, 에피파나이 우리의 발걸음을 평화의 길헬라어, 호돈 에이레네스로 이끌어 주시리라."1:79라는 예언을 현실화한다.

빛에로의 초대로서 '깊은 데로'의 부름

관객·청자로서 우리는 누가의 예수에 집중한 증언 이야기를 통해, 이 즈가리야의 예언에서 삶의 조건과 상황으로서 '죽음의 그늘 밑 어둠속에 살기'라는 현 지배체제에 대한 비판과 대안으로써 '빛을 비추어주시다'와 '발걸음을 평화의 길로 이끌다'라는 말에 주목해볼 필요가 있다. 이는 예수의 공생애 시작으로써 회당에서 이사야 예언서를 읽고서 이 말씀이 '오늘 너희가 들은 이 자리에서 이루어졌다.오늘 이루어졌다'라는 통시적이고 직접적인 강조를 하셨기 때문이다.[22] 즉, 단순히 예수의 공생애는 누가가 전하는 제자의 부름, 환자의 치유 그리고 소외된 자의 만찬이라는 새로운 종교로서의 기독교의 건설[23], 구제의 필요성과 소외자를 돌보는 윤리적 사역의 필요에 대한 교훈의 이야기가 아니기 때문이다.

예수의 오늘·지금 이루어졌다고 선언한 즉시성에 대한 공언은 '죽음의 어둠 속에 사는 자'로서 '묶인 사람,' '눈먼 사람,' 그리고 '억눌린 사람'에 대해 해방/눈뜸/자유라는 '평화의 길'을 가도록 하기 위함이었다. 그러나 여기, '죽음의 어둠'과 '평화의 길' 사이에는 보이지 않는 미묘한 것이 들어온다는 것을 관객·청자는 눈치 챈다. 즉, '평화의 길'로 안내된다는 것은 단순히 죽음의 어둠 속에 사는 이들의 필요를 충족하는 것을 넘어선다는 뜻이다. 평화의 길로의 안내는 과거와 지금의 필요와 부족에 대한 충족이 끝이 아니다. 그것은 미래를 여는 차원의 것이다. 그리고 그러한 평화의 길로 가기 위해서는 단순히 죽음의 어둠 속이 지닌 결과와 행동에 대한 제거와 소멸 그리고 결핍의 충족에 머물지 않는다. 바로 '빛이 비추어짐'이라는 과정을 통해 마련되는 길인 것이다. 이것이 바로 관객/청자로서 눈치 채야 할 '숨은 커리큘럼the hidden curriculum'이다. 전개되고 있는 이야기 장면 이면에 그 어떤 근원적인 원리나 본질의 안내라는 숨은 커리큘럼을 알아차리는 것이 증언자의 목적인 것이다.

5장을 다루기에 앞서 먼저 두 가지에 대해 언급할 필요가 있다. 결국은 하나로 수렴되는 이 두 가지는 다음과 같다.

첫째는 가장자리the edge에서 사는 일반 민중은 자신들의 '죽음의 그늘 밑 어

---

22) '빛이 비추임'과 '평화의 길로 인도됨'은 예수의 탄생고지에 있어서 목자들이 들은 천사들의 "하늘에는 영광, 땅에는 평화"에 대한 누가복음의 핵심어다. 그리고 '오늘 이 자리에서 이루어졌다'는 신적 실재에 의한 통치의 현실화는 그 두 가지의 능력화를 가져온다. 심장에 '그리스도 의식의 품음'이라는 자각과 손과 발의 활동이 '평화의 길(호도스 에이레네스)'로 입고, 지금 여기의 나의 삶의 실존에서 에너지로 작동한다는 이 확신은 단순히 예수의 공생애 시작의 특성일 뿐만 아니라, 평화의 일꾼에게 있어서는 활동의 핵심 원리이다.
23) 지금은 열렬한 기독교인 대다수가 끔찍한 기독교파시스트로 변해버렸다.

둠'속에 사는 작금의 현실 상황에 있어서 어떻게 삶의 억압과 무의미성의 그물과 덫을 깨치고 나와 자유와 의미의 역동성이 흐르는 삶의 중심을 살 수 있겠는가에 대한 능력부여empowerment에 대한 질문이다. 이들은 어디서, 어떻게 자각하는 영혼으로 일어설 수 있겠는가? 이것이 5장의 '깊은 데로 가서…4절'라는 권고의 의미이다. 이는 민중의 삶의 자리로서 두려움과 결핍 그리고 한계라는 가장자리와 삶의 충만함이라는 중심의 경계선을 어떻게 '길을 고르게 하고, 산과 언덕은 눕혀져 굽은 길이 곧아지고 험한 길이 고르게'3:5 되도록 세울 것인지에 대한 주체화의 문제이다.

둘째는 자비로운 실재가 하나의 추상이 아니라 실제로 작동하는 원리/에너지/힘/지혜로서 어떻게 경험할 수 있는가에 대한 질문이다. '오늘 이 시각에 이루어졌다'는 예수의 공언은 자비로운 실재의 효험성이 즉시성을 갖는다는 대담한 주장이기도 하다. 그러한 실재에 대한 경험이 하나의 추상적이거나 이상적인 아이디어가 아니라, 사실상 현실에 적용되는 실재성을 갖고 작동하여 변화를 일으켜 낼 수 있는가에 대해 그 효험성의 본질은 무엇인가에 관한 질문이다. 독자로서 나는 5장을 통해 누가는 그 효험성efficacy이란 실재에 대한 분별이자 치유이야기처럼 능력에 대한 것이라 확신한다. 그리고 분별과 능력이 바로 '깊은 데로 가서'라는 자비로운 실재의 부름이 지닌 핵심이라고 본다.

실재의 호의가 지닌 분별과 능력

이렇게 누가복음 5장은 의미의 이중성을 중첩시켜 관객/청자에게 자각을 가져온다. 죽음의 그늘 밑 어둠에 사는 민중의 삶의 자리로서 일상의 가장자리에서 일상의 깊이에로의 '중심'으로 나아가기와 자비로운 실재에 의해 일상의 환상인 두려움과 결핍 그리고 박탈과 한계라는 실존적 가장자리에서 더 깊은 삶의 깊이에로의 초대가 5장의 주제인 것이다. 전자는 일상의 삶의 조건에서 가장자리라면 후자는 무의미함의 경험이라는 가장자리에서의 '깊은 데로 가서'라는 부름이다. 즉 첫째는 물리적인 공간에서 가장자리이고 둘째는 정신적인 측면에서 가장자리를 말한다. 이 두 중첩된 가장자리가 5장에서는 서로 겹치면서 관객/청자로 하여금 전개되는 명시적인 내러티브 속에서 암묵적이고 간접적인 '숨은 커리큘럼감춰진 실재의 현실화'를 자각하도록 이끈다. 이 설명을 좀더 이야기 속으로 들어가 확인해보도록 하자.

첫째 이야기는 어부의 일상에 대한 것이다. 게네사렛 호숫가에서 일련의 어부들이 여느 때와 다름없는 고기잡이를 하고 있었고, 밤새워 노력했지만 한 마리도 못 잡은 상황 속에서 뭔가 다른 누가가 서두에 말한 '우리에게 일어난 일'이 펼쳐진다. 아무것도 못 잡은 상황에서 실재의 음성이 들린다. "깊은 데로 가서 그물을 쳐 고기를 잡아라"4절가 들리고, 그대로 하였더니 엄청난 물고기가 잡혔다.

누가는 우리의 일상에서 예측할 수 없는 -기대하지 못한- 사건이 일어남에 대해 진술하면서 일상에서 주의 천사의 방문과 더불어, 본문에서 보듯이 일상의 낭패/결핍에 있어서도 또 다른 뜻밖의 사건의 가능성을 제시하고 있다. 실재의 음성을 듣고 그대로 하니 -실재에 순응하기- 예상치 못한 일이 벌어졌다는 것이다. 중요한 것은 그다음이다. 바로 그러한 일어난 일 중에 또 다른 '일어난 일'이 생겼다는 것이다. 이는 일상의 낭패/결핍에 대해 '깊은 데로'라는 실재의 초청에 대해 두 가지 일이 일어난다. 기대하지 못한 성취/소득에 대해 한 무리는 '다른 동료들에 대해 도와 달라'7절는 응답이 있었고, 다른 응답은 시몬 베드로의 것으로, 이 현실을 보고 실재에 다가가 '주님, 저는 죄인입니다. 저에게서 떠나 주십시오.'8절가 일어났다는 점이다.

누가가 관객·청자로 하여금 진정으로 주목하기를 원하는 것은 기대하지 못했던 많은 물고기의 얻음에 대한 현상적인 것(물리적인 공간의 사건)이 아니라 시몬 베드로에게서 일어난 내면의 목격과 증거(내적인 공간의 사건)에 대한 것이다. 기존의 주석가들이 뭐라고 해석하든 간에, 여기서 중요한 것은 '일어난 일'(현상) 중에 다르게 '일어난 일'(내적 현실)에 대한 증언이며, 이것은 흔히 교회나 거리나 전철 안에서 듣는 죄인이라는 인정과 기독교인 되기라는 결론에 대한 것이 아니다. 이것은 자신의 물리적 공간 안에서 일상적인 것을 뚫고 '깊이'의 계시를 출현시키는 그 어떤 순간에 일어난 일을 자신 안으로 돌려 내적 성찰을 통해 자신의 실재와 분리의 상태에 대한 빛을 비추어 주는 방식으로 받아들여 회심하는 근원적인 의미에 대한 자각과 헌신에 대한 이야기인 것이다.

모두가 예수를 만나 그의 제자가 되어야 한다는 기독교 자기중심의 선교적인 관점이 아니라 자신의 일상과 자기 삶 −어부로서 고기잡이−에서 더욱 충실히 할 수 있는 그 '깊은'(본래적인 그 무엇)에로의 나아감에 대한 것이며, 그에게는 일상의 '고기 낚기'에서 '사람낚기'에로의 전환은 자연스러운 삶의 더 실존적인 깊이와 의미를 주는 방식에 대한 선택을 강화하였다. 이것이 자비로운 실재를 체화한 구체적인 한 인간 예수를 만나 그에게 일어난 빛의 비추임을 통한 분별의 선택이었다. 물론 다른 직업의 사람은 다른 삶의 영역에서 그에게 일어날 수 있는 잠재적인 가능성을 실현하는 더 깊이 있는 의미의 세계에 대한 선택이 있을 수 있다.

시몬 베드로는 어찌 되었든 간에, 어부로서 자신의 일상적인 삶에서 일어난 상실/낭패/실패의 순간에 '깊은 데로'의 목소리를 만나는 순간에, 삶의 조건들과 상황에서 자기 내면을 보게 되었고 '죄'[24)의 상태인 자신의 내면을 비추어 보는 순간을 갖게 되었고 이를 통해 그는 더 깊이에로의 분별을 갖게 되었다고

---

24) 죄의 원래의 뜻은 하마르티아 곧 '과녁을 벗어남'이란 뜻이다. 삶의 본래성으로서의 목표에 대한 벗어남과 분리를 뜻한다.

볼 수 있다. 이는 또 다른 직업인인 세리 레위에게도 일어났다.27-28절 [25] 베드로가 내적인 '죄인'즉, 실재의 목표로부터 벗어나 있는 존재이라는 깨달음을 얻게 되었다면, 레위는 세리로서 사회적 낙인을 받은 실질적인 '죄인'이다. 백성들의 돈을 로마제국에 바치는 직종에 있다는 것만 아니라, 세금을 하나님이 아닌 가이사에게 바친다는 점에서 그는 율법을 위배한 실질적인 죄인의 부류에 속한 사람이었다. 그도 실재의 목소리를 들음으로써 일상의 공간을 벗어나 전환의 순간을 맞이하게 된다. 이 둘은 사건의 물리적인 가장자리에서 정신적인 의미의 더 깊은 데로의 나아감을 갖게 되었다. 이것은 직업의 바꿈이 아니라 본래적인 참인간의 회복에 대한 상징적인 표현이라 볼 수 있다.

둘째 이야기는 나병환자와 중풍병자에 대한 치유의 장면에 대한 것이다. 이는 자비로운 실재의 접촉에 의한 능력화의 이야기이다. 이야기 핵심은 나병환자가 신적 존재의 은총으로 낫거나 중풍병자가 지인들이 도움으로 또한 신적 존재를 만나 치유되었다는 것보다 더 깊은 의미의 영역이 있다. 사회적으로 불결한 그리고 죄인으로 낙인이 찍힌 병자들에게 있어서 몸의 질병이라는 물리적이고 신체적인 차원에서 의미에로의 연결이라는 내면적인 차원에로의 전환의 과정이 치유이야기 속의 더 '깊은'의미를 내포하고 있는 것이다. 나병환자는 사제에게 몸을 보여 죄의 딱지인 질병이 나아진 것을 확인하고, 중풍병자의 경우 죄의 용서를 통해 일어나 요를 걷어들고 가는 상황이 일어난다. 이는 단순히 몸의 치료를 넘는 치유의 근본인 자기 내면의 분리에 대한 −우리는 이것을 하마르티아 곧 죄라고 부를 수 있다− 화해와 삶에로의 의지로의 회복이라는 능력empowerment에 대한 온전한 자아에로의 회복으로 말할 수 있다.

---

25) 기적은 자연적인 것을 넘어선 초자연적인 것의 일어남에 대한 이해가 아니다. 기적은 표징으로 주어지는 것이고, 그것은 발생한 것을 넘어 근원적인 것을 보도록 하는 것이다. 물고기가 많이 잡힘이라는 기적은 일어난 '그것'보다 그로 인해 내게 무엇이 일어나야 하는지에 대한 분별을 위해 주어진 표징으로 이해할 때 실존적인 변화가 일어난다.

나병환자와 중풍병자에 대한 치유 이야기는 자비로운 실재의 현실성에 대한 것이다. 신성을 지닌 예수가 나병환자와 중풍병자를 치유하는 그만의 신적인 능력과 권세를 지녔다는 믿음의 대상에 대한 이해가 아니다. 오히려, 참인간[26]의 전형典型으로서 자신이 접촉한 자비로운 실재의 무제약적인 활동이 몸의 한계와 결핍이라는 질병의 현상을 어떻게 넘어서는지를 보여주고 있다. [27]

치유라는 능력은 어느 카리스마적인 인물의 개인적인 특성과 그 소유에서 나오는 것이 아니다. 실재에 있어서 온전히 자신을 개방하여 연결된 자, 즉 '너는 내가 사랑하는 존재, 내 마음에 드는 존재'이며 내면의 육적인 필요, 마음의 충동, 그리고 영적인 특별성의 유혹을 떨쳐내어 온전히 자비로운 실재 안에 있고 그로부터 연결되어 있을 때 줄 수 있는 무한한 공급이 본래적 존재로서 가능해진다는 것의 증언이다. 자비로운 실재와의 열린 소통은 주변의 타자에게도 가능한 현실로서 능력이 공유되며, 그것이 실재의 본성이라는 것이 누가의 일관된 주장이다.

이것은 바로 사도행전에서 이제는 예수의 부재 속에서 여러 증언자들이 치유사역을 가능하게 했던 비결에 대한 증거이기도 하다. 오순절 사건을 통해 성령의 내적 감화를 받은 제자들은 예수와 함께 있던 과거의 기억을 생생히 되살려, 스스로가 '실재의 현실화'의 통로가 되어 분별과 능력을 행한다. 심지어는 감옥 문이 열려 밖으로 나오는 능력까지 증언한다.행16:16-34 그리고 이러한 능력의 핵심은 삶의 외적인 조건·상황의 결핍, 한계 그리고 상실과 상관없이 일어난다는 것이다.

---

26) 여기서 처음으로 누가는 스스로를 칭하는 말로 '사람의 아들'(24절)이란 말을 쓴다. 월터 윙크는 사람의 아들을 '참사람'으로 해석하였다. 그의 책 『참사람』 참조.

27) 이렇게 신적 실재가 치유를 한다는 이야기의 주인공들은 예수만 아니다. 이는 현대의 기독교적 치유사들에게도 볼 수 있는 능력이며, 자신이 치유하기보다는 실재가 치유한다는 이해를 가진 기독교인인 치유사로서 내가 아는 몇몇 이름을 대자면 데이비드 호킨스, 레스터 레븐슨, 찰스 해낼, 제럴드 잠폴스키 등이 있다. 이들의 책은 이미 한국어로 번역되어 있다.

그러나 그러한 자비로운 실재의 현실성에 대한 그 활동과 효험에 대해 알지 못하는 이는 믿기가 도무지 어렵다는 것도 사실이다. 그래서 그렇게 기대하지 않게 주변에서 생긴 '일어난 일'을 목도하고도 묵은 포도주에 고집부리는 사람처럼, "'묵은 것이 더 좋다'고 하면서 새것을 마시려 하지 않는다."39절는 것은 또한 흔하고도 보편적인 사실이다. 새 옷/헌 옷, 그리고 새 포도주/새 부대, 묵은 술/헌 가죽부대의 대비 비유에 대해 마태와 마가가 같이 예수의 내러티브를 인용하지만, 누가가 독특하게 자신만의 목격을 더 첨삭하여 증언한 것은 바로 이 '묵은 것이 더 좋다'는 주변의 반응이다. 그만큼 우리의 일상적인 인식체계와 정신 구조는 예수나 그의 주변 증언자들이 경험한 자비로운 실재의 현실성으로서 분별과 능력에 대해 이해를 하기에는 역부족이기까지 하다.

그리고 이러한 태도, '묵은 것이 더 좋다'는 인식의 태도와 행동이야말로 그대로 스스로가 초래하는 심판혹은 업보이기도 하다. 하마르티아, 곧 실재라는 원인으로서 궁수인 실재와 실재라는 목표로부터 벗어난 화살로서 인간의 실존이 그 자체가 '죄'라는 사실에 대해 누가는 우리에게 도전을 하고 있는 셈이다. 기적은 표징이며, 베드로가 물에 뛰어든 것처럼, 이는 실재의 충격에 의해 눈뜰 수 있는 기회를 제공한다. 그 표징 사건에서 자신은 어떤 실존적인 '과녁을 벗어남'에 대한 자각을 갖고 있는가라는 질문이 관객이자 청자인 우리에게 던져진다. 그러나 이것은 새 옷/헌 옷, 새 술/묵은 술만큼이나 인식의 패러다임이 달라서 대부분이 이러한 근본 인식의 요청에 관해 실족하기 마련이다.

증언자의 목표는 앞의 글들에서도 진술하였듯이 언제나 기적의 일어남 그 자체에 의미가 있기보다는 그 기적이 표징에 대한 초대라는 점이다. 시몬 베드로와 레위가 모든 것을 버리고 떠나고, 나병환자와 중풍병자가 치유만이 아니라 사제에게 떳떳이 자신을 보여주고 죄의 용서에 대한 증거로 모두 앞에서 일어나 요를 걷어들고 집으로 가는 기적은 눈에 보이는 기이한 '일어남'에 대한 것을 넘어 무언가 근본적인 것에 대한 자각을 요청하고 있다. 그것은 눈앞에 보이는 현실의 한계와 결핍, 그리고 경험하고 있는 박탈과 상실의 조건화에 대해 실재의 자비로움이 오히려 우리의 환경이며,[28] 그 자비에 기초한 이유로 인해, 우리가 경험하는 모든 성취와 상실 그 모두는 참인간됨의 여정을 위한 분별과 능력의 자원이 됨을 누가는 암시하고 있다.

이것이 그 어떤 현실에도 불구하고 언제나 우리에게 '일어나고 있는 일'이다. 인생을 낚는 '빛이 비추임분별'과 집으로 돌아가는 '평화의 길능력'은 이러한 자비로운 실재 안에서 계속해서 일어나는 사건이다. 자비로운 실재가 '죄인들을 불러 회개시키려'5:32 먼저 다가오는 것은 판결이 아니라 빛에로의 이끄시는 거룩한 실재의 선도적 행위로 인한 것이다. 이는 은총의 해/때에 머물도록 하려는 신의 무한한 의지와 뜻에 의거한다.

---

28) 가톨릭 신학자 테야르 샤르댕은 이를 신적인 환경(divine milieu)이라 칭했다.

7. 의식의 전환과 실재의 황금률

본문: 눅 6장

제자됨(일꾼됨)의 전제인 의식 전환

요한복음 기자와 마찬가지로 누가복음 기자에게 있어서 신앙은 신에 '대해' 사유하고 그를 위해 윤리적 행동을 하는 대상적對象的 사고나 신-언어God-talk 에 대한 교리적 확신의 문제가 아니다. 요한 기자가 '진리를 알지니 진리가 자유롭게 하리라'라고 말하고 누가 기자가 '주께서 놀라운 자비를 내게 베푸셨다'는 핵심 문장에서 드러나는 것처럼, 이는 실재the Real의 수용과 체화라는 이른바 보편적 성육화God Incarnate로서, 믿는 자 자신의 존재와 의식 안에서 실현증득, realization되는 의식의 일치와 그 헌신에 대한 것이다.

이것을 누가 기자는 '증언자'로서 자기가 보고 경험한 것"우리에게 일어난 사실"-1:1에 의식을 집중하고, 생을 거는 자들에 대한 것을, 다시 말해서 실재에 대한 증언자의 모범 선례로서는 예수를 그리고 사도행전에는 그의 제자들을 조명함으로 보여준다. 사도행전이 중요한 것은 다른 복음서 기자들과 달리 그것이 예수의 언행에 의해 혜택을 받은 대상자들수혜자들의 목격담만 아니라, 수혜자의 이야기를 넘어서서 똑같은 마음으로 일어서는 무리의 증언들에 대한 것으로, 그것이 보편적으로 누구에게나 가능하다는 것을 -그래서 어부, 세리, 갈릴리 민중들이 부름에 응답을 하였다- 보여준다. 이 점에서 신적 존재에 대한 숭배 이야기가 아니다. 오히려 예수는 예표이자 그렇게 사는 것이 가능하다는—자신들에게 운명을 넘어 최선의 것을 선택하기— 점에서 당시의 '비참함'이라는 사회정치적인 지배체제 이면에 있는 '비천함과 무력함'이라는 신념과 정신의 지배체제에 대한 매우 강력한 혁명적 전환과 대중화를 증언으로 선포한다.

이것은 단순히 그가 이어서 쓴 사도행전29)에서만 아니라 오늘 본문의 12사도의 선택6장과 파송9장만 아니라 누가복음에만 있는 72제자 파송10장이 그것을 증명한다. '자비로운 실재'의 보편적인 성육신은 이렇게 민중화 내지는 대중적인 실재의 현실화는 가능하다는 게 누가의 대담한 증언이고, 억압과 지배의 체제 속에서 샬롬나라의 담지자들의 출현 가능성을 누가는 매우 강력하고도 전염력 있는 속도로 번져나갈 수 있음을 증거하고 있는 셈이다.

이에 대해 맨 먼저 누가가 전하는 증언은 체제 전복에 앞서서 '사고의 전복'을 전한다. 우리가 일상적으로 보던 현실과 현상 그리고 그에 따른 일상의 사고를 뒤집는 것에 관한 것이다. 우리의 행동과 그로 인한 사회 현상이라는 결과는 사고/인식에 의한 것이므로 그 사고/인식에 대한 전환을 앞선 여러 이야기들을 통해 정리하면서 '새 옷/헌 옷', '새 술/새 부대', '묵은 포도주/헌 가죽부대'5:39라는 증언으로 패러다임 전환을, 5장이 끝나는 증언 이야기의 흐름 끝에 배치해 놓았다. 게다가 누가복음에서만 기록된 "또 묵은 포도주를 마셔 본 사람은 '묵은 것이 더 좋다'고 하면서 새것을 마시려 하지 않는다"는 말을 최종적으로 덧붙여 놓았다. 일상의 사고의식을 지닌 사람들의 완고함과 이해하지 못함의 수준을 강력히 비판한 것이다. 이 증언의 당시 청자이든 오늘의 관객이든 간에, 이 패러다임 상징의 장애물을 넘어서지 못하면 6장 속으로 들

---

29) 참조: "이 책을 데오필로님께 드린다. 나는 먼저 번 책에서 예수의 모든 행적과 가르치심을 다 기록하였다."(행1:1)

어가기가 어렵다. 왜냐하면 본격적으로 새 옷/새 술/새 가죽부대의 이야기가 펼쳐지기 때문이다.

'사고의 전복'에 대해 말하자면 누가 기자에게 신앙이란 내가 보고 있는 현실에 관해 그것이 상식에 맞는가 틀리는가가 아니라[30], 우리의 삶이 비참하고 비천하다면 무엇이 진실이어야 하는가, 그리고 신적인 실재-'무한히 자비로우신 아버지 하나님'-가 행동한다면 무엇이어야 하는가에 대한 주목하기에서 온다고 증언한다. 그 일어나고 있는 사실이 은밀하지만 명확하고, 그것으로 인해 너 자신을 가르치는 기회가 -무엇을 봐야 하는지- 되지 않으면 안 된다는 것이다. 그러므로 신앙은 무한한 자비로운 실재의 현실화를 뜻하는 것으로, 이는 보여진 현실의 원인과 결과라는 인과관계의 선형적linear 사고를 전복시키는 것으로 시작한다.

그것이 바로 1장과 2장에 등장하는 '주의 천사'라는 실재의 암호를 통해 자비로운 실재의 개입과 그 실재의 존재성isness에 대한 목격과 각성에 대한 증언자들과 그들이 전하는 내러티브들이 지닌 역할이다. 그리고 자비로운 실재는 실제로 능력힘, 뒤나미스를 발휘하며 일상의 의식을 넘어서 더 '깊은 데로 가서' 5:4 현실의 일상을 뒤집는다. 그것이 바로 마귀축출, 생존에서 소명으로의 회심, 그리고 질병의 치유라는 내러티브4장, 5장로 나타난다. 물론 여기서 '깊은 데로 가서'는 삶의 조건적인 환경을 넘어선 자비로운 실재와의 접촉을 뜻한다.

잠시 이해를 돕기 위해 이야기를 돌려서, 뉴턴식 고전물리학에 의하면 움직임과 변화를 그 어떤 물질에 원인A지점의 물질에 속도를 가하기과 결과물질을 B지점까지 이동시키기라는 방식에 의해 측정되었다면, 그러한 외부 입력이 아니라 자체의 에너지로 움직임이 가능한 현대물리학의 한 예시인 배터리혹은 칩을 이해

---

30) 참고로, 「창조적 대화론」의 저자 데이비드 봄은 사고는 가정과 표상으로 이루어진 추상적인 것이고 과거의 기억이라고 말한다. 신앙은 실재에 대한 현재의 실존적 응답이어서 사고와 다른 실재와의 연결에 따른 수행적(performative) 태도이다.

해보자. 에너지원인 배터리를 통해 빛, 열 그리고 전류움직임가 가능해진다. 이를 누가의 자비로운 실재에 대한 비선형적non-linear 사고에 따르면 참으로 실재함이라는 본성빛 그리고 치유라는 능력과 힘열에 대한 것이 지금까지 진술되었고, 이제부터 6장은 움직여나감이라는 작동원리와 이치전류에 대해 펼쳐진다. 누가의 내러티브는 겉으로는 매우 평범하고 주변적이며 인격적인 것보다 이야기 중심인 듯 흘러가지만, 천천히, 치열하게, 그리고 드러난 언덕과 평지 그 밑으로 깊은 골이 전개되어 있어서 단순히 마가복음 스토리의 차용을 넘어서 자신만의 깊고 넓은 고유한 세계가 펼쳐진다. 마치 〈이상한 나라의 앨리스〉처럼 평범한 일상에서 작게 보이는 토끼 굴에 빠져 예기치 않은 커다란 새로운 세계가 다가오는 것과 같다.

선한 결과와 실재의 황금률

다시 돌아와서 누가의 증언에 있어서 실재의 현실화는 흔히 종교학에서 말하는 영적인 길에 있어서 하나님의 본성, 하나님의 생명 그리고 하나님의 법이라는 이 3가지 통합적인 인식에 관련하여 나름대로 진술하고 있다. 하나님의 본성에 대해서는 자비로운 실재의 있음무한히 자비로운 실재로서의 본성; 예, "은총을 받은 이여 기뻐하라 하나님께서 함께 하신다.", 하나님의 생명능력에 대해서는 마귀축출, 운명으로부터 소명으로, 그리고 질병 치유라는 방식으로 그리고 이제 6장에서 본격적으로 그러한 본성과 능력을 잇는 하나님의 법이라는 작동원리에 관해 이야기할 차례이다. 그리고 이러한 것들이 바로 증언자가 전한 '우리에게 일어난 사실'이다. 그리고 다시 상기시키자면 이것은 우리의 '사고의 전복'이라는 새 옷/새 술/새 부대로 자신의 인식을 바꾸지 않는 한 그 스토리들은 내게 일어나지 않는 주지화알고 넘어감의 과정으로 끝날 것이다.

주지화intellectualization에 대한 경고는 6장에 적용될 때 특히 그렇다. 6장은 하나님의 법에 대한 매우 중요한 의식변형의 증언이다. 그렇기에 흔히 쉽게 생각하듯이–그러나 약간은 심각히 고려하면서– 6장의 진술들이 마치 예수 생애 당시 유대교의 융통성 없는 안식일법과 율법학자들의 고집스러움에 대한 비판, 원수 사랑의 보편적 윤리강령의 '숭고한' 도덕적 실천, 그리고 일상에서 남의 잘못을 지적하기 전에 자신의 잘못을 먼저 살피라는 자기–반성이라는 자기 규율적인 교훈에 대한 나열이 아니다.

6장에서 처음 대면하는 것이 바로 '하나님의 법'즉, 실재의 작동원리/이치에 대한 안식일 법/규정의 어김에 대한 사건이다. 밀밭 사이로 지나가다 안식일에 금지된 노동"밀 이삭을 잘라 손으로 비벼 먹음"–1절을 하고, 회당에서 오그라든 손을 치유한 것에 대한 율법학자들과 바리사이파 사람들과 논쟁이 붙게 된 이야기이다. 당시 유대교에 있어서 거룩함을 지키고 보존하는 중요한 것은 정결법과 안식일 규정이었는데 그 안식일 규정을 어겼다는 비난을 받은 것이다. 겉으로 볼 때 스토리는 그렇게 흘러간다. 그러나 여기에 틈이 있고 그 틈의 깊이에는 –이상한 나라의 앨리스의 토끼 굴 이야기처럼– 하나님의 법 혹은 실재의 작동 이치에 대한 근본적인 이해가 숨어있다. 이렇게 명시적인 것 속에는 여전히 감추어져 있는 것으로서 더 깊은 진실이 내재되어 있다. 이것이 누가복음의 특징이다.

누가가 전하는 실재의 작동 이치 혹은 하나님의 법의 핵심은 "사람의 아들 헬라어, 휘오스 토우 안트로포이 바로 안식일의 주인헬라어, 퀴리오스이다."5절에 있다. 율법학자들과 바리사이파 사람들[31]은 데이비드 봄의 용어로 표현하자면 '문자적/사실적 사고'를 하는 사람들의 태도라 볼 수 있다. 언어와 사고가 실재를

---

31) 율법학자들은 모세오경의 해석자들이고, '바리사이'란 분리하다는 뜻으로 세속적인 것으로부터 자신을 분리시켜 하나님께 자신을 바친다는 점에서 세상의 삶을 모세오경의 규례에 따라 사는 지도자들이다.

그대로 나타낸다는 입장이어서 언어와 사고를 중시한다. 데이비드 봄은 그러한 추상화抽象化는 사고내용을 중시함으로써 사고가 갖는 과정적 영향을 도외시하고, 인간관계에서 일어나는 혼란을 역설이 아닌 문제로 보며, 가정이 관찰자 안에서 작동하여 피관찰자현실를 보는 의식의 오염수를 끊임없이 배출하게 된다고 하였다.[32] 봄은 이와 달리 무한전체성, wholeness에 대해 자신을 여는 '참여적 사고'가 그러한 문자적이고 추상적인, 그래서 우상숭배적인 방향에로의 전락을 줄일 수 있다고 한다.

누가가 전하는 영적인 길은 매우 혁명적이고 비선형적인물리적 현상에 대한 원인-결과의 인과론적이지 않는 의식으로서 하나님의 법 곧 실재의 작동원리를 제시한다. 이것이 향후 7장부터 전개될 수많은 공적 사역의 밑바탕이 될 것이다. 그것은 바로 '사고의 전복'으로서 사회적 현상원인과 그것에 의한 무력화결과라는 일반적 사고의 해체, 그리고 맥락context과 내용text의 재배치라는 실재 중심의 혁명적 사고와 그 일관성에 대한 것이다. 일반적 사고에서는 사회정치적 지배체제라는 두려움과 결핍의 맥락 속에서 나의 정체성, 남과의 관계, 가족/공동체의 안전, 국가 안보 시스템이라는 사고내용의 결과물들을 담는다. 그 내용이 법이자 규율이 된다. 그래서 그러한 삶의 결과는 누가에 따르면 비참함, 비천함, 비통함 그리고 무력감이다. 우리의 삶의 내용들은 그러한 비참함과 무력감의 결과물로서의 표상들이다.

누가는 이를 전복하고 대체한다. 매우 혁명적인 사고이지만 단순하면서도 일관된 이치에 근거한다. 그것은 바로 자비로운 실재가 맥락context이 되고 그러한 실재의 현실화로서 그리고 생명으로서 능력화는 내용text이 된다. 그리고 이 '맥락-내용'관계를 선순환시키는 것이 바로 이치하나님의 법이다. 그것의 알짬은 바로 사람의 아들, 안식일, 주인으로 나타난다. 예수가 다른 주변 사람

---

32) 상게서, 3,4,5장 참조.

들이 붙여주는 칭호들과 달리 유일하게 자신을 지칭하는 '사람의 아들'은 참인 간에 대한 상징어이다.[33) 안식일은 원래 창조의 −존재하라, 충만하라, 참 좋 았다− 꽃이다. 그것은 인생의 목적이다.[34) 그리고 주인은 세상의 노예가 아닌 자유로운 존재로서 세상의 종살이가 아닌 '집'을 발견하고 거기서 사는 이를 뜻한다.

하나님의 법 곧 누가가 말하는 자비로운 실재의 작동 이치는 이렇게 참자아 로서의 인간됨, 안식을 풍성함을 누리고 기뻐하며 평화롭고 충만하여 참 좋 은 상태, 그리고 물리적 공간이라는 세상에서 자신이 '저자author'가 되는 주인 됨authorship으로 펼쳐진다. 그러한 펼쳐짐의 내용text은 바로 자비로운 실재의 본성이라는 맥락을 통해 분출되는 현실들이다. 그렇기 때문에 '인자가 안식일 의 주인이다'라는 선언은 어느 특정한 인간 개인의 특별한 신성한 지위에 대 한 선언도 아니요, 어느 한 개인의 신의 위치에서 행한 독단적인 가르침이 아 니다. 그것은 거룩한 실재의 보편적이고 잠재적인 가능성이라는 맥락 속에서 삶의 제 조건들이라는 것들을 개별적으로 만날 때 출현하는 내용들에 대한 일 관성을 의미하는 것이다. 무한한 자비로운 실재로서의 맥락context이 자기 삶의 터전임을 아는 참인간은 두려움이 지배하는 '해서는 안 될 일'2절보다는 살리고 풍성케 하는 실재의 목적에 따라 스스로를 '최선의 것을 선택하기'에로 행동한 다. 이것이 규정되지 않았지만 근본적이고 살아있는 법이치, 작동원리이다.

이렇게 하나님의 본성, 하나님의 생명 그리고 하나님의 법이라는 실재의 이 해가 펼쳐지고 나서야 "제자들을 불러 그중에서 비로소 열둘을 뽑아 사도로 삼으셨다"13절고 누가는 증언한다. 이러한 예수 12제자 선택의 이야기를 여기

---

33) 이는 평화신학자, 월터 윙크의 책, 「참사람」에 잘 진술되어 있다.
34) 창조론에 있어서 인간은 가장 나중에 창조된 창조물이자, 이미 존재하고 있는 창조물에 의존하는, 즉 환경이 갖추어져야 살아가는 민감한 존재이다. 창조의 목적은 인간이 아니 라 제 7일에 안식함이라는 휴식과 존재의 풍요로움에 대한 누림이다. 그것이 창조의 꽃이 다.

에 배치하는 것은 중요한 의미를 지닌 것이다. 이치를 알고 행동하도록 하기 위함이고 이것을 관객/청자가 눈치 채게 만든다. 그리고 또한 그들은 예수와 함께 '산에서 내려와 평지에'17절 이른다. 이러한 '평지'라는 공간이 중요한데, 왜냐하면 그러한 자비로운 실재의 있음, 그 생명과 법도가 증언자들에게 보편적으로 주어져 있음과 더불어 일터의 장소로서 평지이기 때문이다.

예수의 하나님의 법에 대한 설교가 산상수훈이 아니라 평지수훈이라는 것을 염두에 두고, 그 형상화된 원리들은 살펴보면 다음과 같다.

첫째, 인생의 길은 행복복이 있도다의 길과 불행화있도다의 길이 있다.

그러니 분별이 필요하고 또한 선택이 요구된다. 세상은 보이는 대로가 전부가 아니다. 보이는 지배체제대로 모든 것이 흘러가지 않으며, 샬롬의 통치는 언제나 여기에 존재하기에 선택이 남아 있다. 그 길을 가르는 것은 도덕적이고 윤리적이기보다는 지배체제와의 공모 여부에 달려 있다. 무한한 자비로운 실재의 것에 대해 결핍한 이들—가난한 자, 굶주린 자, 우는 자, 추방된 자—과 그것을 자기 것으로 전유한 이들—부요한 자, 배불리 먹고 지내는 자, 지금 웃고 지내는 자—을 가르는 것은 자비로운 실재에 대한 자기 개방과 그 필요에 대한 갈증에 관련된다.

둘째, 자비로운 실재의 '대로헬라어, 카토스=~as~'의 법칙, 예를 들어 '너희는 남에게서 바라는 대로 남에게 해 주어라'라는 '대로as'의 황금률을 가슴에 새겨 그것을 삶에 적용하라.

실재가 자비로운 것처럼 너희도 그러하라와 남에게 바라는 대로 남에게 해 주어라는 같이 간다. 이를 실재의 황금률이라고 칭하도록 하자. 원수, 미워하는 이, 저주하는 이, 학대하는 이들이 있을 때 −이는 삶에 있어서 가장 상대하기 힘든 사람들임에 틀림없지만− 제발 그런 짓 하지 말아 달라고 분노, 주장, 설득해주고 싶을 때 사고의 전환을 가져야 한다. 이는 그러한 불의한 이들에 대해 공격하기나 분노를 참고 내려놓으라는 주문을 넘어선다. 공격과 분노를 참거나 내려놓아도 내면의 폭력성은 그대로 남는다. 두 가지가 작동되기 때문에 그렇다. 먼저는, 불화, 미움, 저주, 학대가 정당하게 적용되는 상대방이나 환경이 설정되는 순간, 자기 가슴에 그만큼의 설득을 통한 자아의 구겨짐을 먼저 허락하고 자신이 납득되어야 하기 때문에 일차적인 희생자가 나 자신이 되기 때문이다. 그 다음은, 그러한 태도는 자비로운 실재라는 맥락을 벗어나 인과론의 일상 의식에로 가기 때문에 실재의 현실화를 잃어버리기 때문이다. 그래서 그러한 원수부터 학대하는 이에 대한 정당한 공격은 아이러니하게도 자신에게 그만큼 상처를 준다. 그래서 상대방의 행동을 그대로 닮아간다.

자신에게 삶의 조건들인 혼란과 힘듦의 여러 상황들이 −예로써, 불화, 미움, 저주, 학대 등− 전개될 때, '대로카토스; as'의 법칙을 잊지 않는다. 아무리 즉각적인 효과가 안 나타날지라도 '대로'의 법칙에 자신의 중심을 세운다. 그래서 무엇이 소중하고 원하는 것인지를 살피며 그것을 타자에게 행한다. 이것은 윤리적인 코드가 아니라 실재의 작동원리이기 때문이다. 안식일의 주인이 되려면 '죄인'이 하는 것을 넘어서야 한다. 죄인도 첫째, 자기를 사랑하는 사람만은 사랑한다.32절 둘째, 자기한테 잘해 주는 사람에게만은 잘해 준다.33절 셋째, 고스란히 되받을 것을 알면 서로 꾸어 준다.34절 그것은 인과관계의 선형적 사고방식이고 실재의 작동방식은 아니다. 무한히 자비롭다는 것은 이념이나 윤리적 태도가 아니라 실재의 렌즈이며 현실성이다.

원수를 사랑하기, 미워하는 자를 잘해주기, 저주하는 자를 축복해주기 학대하는 이에게 기도하기, 뺨을 때리면 다른 뺨을 돌려대기, 겉옷을 빼앗으면

속옷을 내어주기27-30절는 불가능한 것을 가능하게 하는 숭고한 도덕적 요구가 아니라, '대로'의 법칙에 대한 근원성으로부터 자발적으로 흘러나오는 행동이다. 그것은 바로 예수가 지닌 실재의 인식에서 출발한다. "너희의 아버지께서 자비로우신 것같이 너희도 자비로운 사람이 되어라."36절 실재가 그러한 '대로', 그러한 맥락에 참자아가 위치해 있으므로[35] '그러한 대로' 자비로울 수밖에 없다. 이것은 자연스러운 것이며 이치에 일관적인 것이다. 그러나 역시, 어쩌면 대부분은 '묵은 것이 더 좋다' 하면서 새것을 마시지 않을 것이다. 그래서 그 결과로, 이치에 일관적이지 않기 때문에 불안, 결핍, 두려움이 작동한다.[36]

셋째, 말과 행동에 있어서 그것이 출현하기 직전에 의식을 주목하여 '판단'이 작동하지 않도록 하라.

이는 '너희가 남에게 되어 주는 분량만큼 너희도 받을 것이다'38의 원리처럼 '대로as'의 법칙을 변형한 것이지만, 그 의미는 심오하기에 되새길 필요가 있다. 남을 비판하면 비판받기에, 단죄하면 단죄받기에, 그리고 용서하면 용서받기에, 그리고 주면 받기에37-38절 계산적인 공리 때문에 그 이유로 인한 것은 아니다. 상대방의 잘못이라는 '티'가 보일 때, 실상은 내 안의 자비로운 실재와의 연결지점에 '들보'만큼의 커다란 구멍실재와의 비접촉의 공간을 내기 때문에 그렇다. 실재의 접속공간을 상실하면 보이는 현상에 대한 착시와 혼란을 일으키

---

35) 세상이 지배하는 '대로' 우리의 자아라는 에고는 그렇게 대한다. 그러나 실재에 근거한 샬롬의 통치는 실재가 펼치는 '대로' 우리의 영혼(참자아)는 작용한다. 이렇게 에고(ego)와 참자아(Self)는 세상과 실재가 하는 대로 행동한다.

36) 실재와 연결되는 황금률은 하늘 아버지가 자비로운 것처럼 너희(하나님의 자녀)도 자비로워라는 말에 의거한다. 헬라어의 카도스(~as~; 대로,처럼)는 중요한 일관성의 이치를 지닌다. 이는 본성에서 자비로우신 분과의 연결만 아니라 그러한 활동으로서 실천적인 원리이기도 하다. 존재론적인 연결과 윤리적인 원리의 일치는 이 황금률에 의한다. 실재의 진리는 단순하면서 강력하다. 이 실재의 황금률이야말로 이후 스토리가 더 전개될 때 모든 인식과 실천의 토대가 된다. 당장, 다음 장에서 보복하지 말라, 판단하지 말라는 이 황금률의 180도 적용인 것이다. ~대로 해야 하는 것은 아버지가 하지 않는 대로 하지 않는 것을 요청한다.

게 된다.

그래서 선한 의도를 가지고 다가갔을지라도, 그러한 판단으로 인해 종착지는 '비극적인 결과'로 끝나게 된다. 원하는 결과를 빗나가게 되는 것이다. 이것이 바로 '죄인'의 본래 의미인 하마르티아의 작동 방식이다. 즉, 원하는 목표를 빗나감이라는 결과를 맛보는 인생이 된다. 원래의 목표에 도달하지 않는 실재에 대한 착시현상이 일어나는 법이다. 실상 판단하지 않기는 자비의 황금률을 뒤집어 놓은 것과 같다. 즉, 하나님이 자비로운 대로 너희도 자비로워라는 뜻은 하나님이 판단하지 않으시는 것처럼 너희도 판단하지 말라와 같은 의미이다.

실재의 황금률에 대한 또 다른 착시 현상 중의 하나는 결과로서 '좋은 열매'에 대한 주목하기라는 비극이 있다. 우리는 결과로서의 '좋은 열매'라는 부, 안전, 영향력, 성취, 명예를 추구한다. 이것들은 결과적인 현상들이며 그러한 드러난 현상들은 내용이다. 그 내용text이 어떠하든지 그 내용은 숨겨져 있는 '과정'으로서 좋은 나무라는 '숨어있는 커리큘럼/작동원리'라는 맥락이 없으면 효용성이 상실되고 그 실체가 없어진다. 왜냐하면 내용은 맥락context에 의존하기 때문이다. 실재의 맥락성을 주목하지 않고, 결과로서의 현상에 대한 그 어떤 내용– 좋은 열매들– 에 추구할 때 그것은 그 사람의 인간성이나 성격 혹은 재능의 문제가 아니다. 오히려 사고라는 판단이 그러한 내용을 전개하면서 어떤 영향을 주는지, 판단이라는 사고는 뒤로 빠지고 내용에 집착하게 만든다. 이것은 근본적인 인식의 오류로부터 오는 것들이다. 그래서 좋은 열매에 대한 추구와 노력의 힘겨움은 배로 들면서 실제적인 효능 있는 결과를 맛보지 못한다.

다시 말하자면, 좋은 열매에 대한 결과와 표징을 얻지 못하는 것은 당신의 성격, 능력, 재질의 문제가 아니다. 그것은 오히려 사고라는 판단이 주는 작동 과정에서 일어나는 인식의 오류로 인한다. 책임은 판단에 있지 당신의 정체성/재능에 있는 것이 아니다. 그러나 판단이라는 사고는 그 내용을 펼치며 우리를 유혹하면서도 무능한 과정을 전개하기에 좋은 열매에 대한 갈증은 계속 높이지만 실질적으로 도달하게 하지는 못한다. 왜냐하면 실재라는 맥락divine milieu을 잊게 만들고 내용에 집착하는 결과를 가져왔기 때문이다. 참자아의 선례로서 예수는 숭고한 도덕성을 우리에게 가르쳐 주려고 하는 것이 아니라 실재에 연결된 의식의 작동원리에 반하는, 비자연스러운, 그래서 비일관성이라는 인식의 모순을 지적하고 있는 것이다.

6장은 결론에서 주지화의 위험성을 경고하면서 실행praxis의 중요성을 강조한다. 결국은 우리의 모든 행동이 홍수에 대한 두려움에 대비해서 하는 행동이자, 그 어떤 경우에도 흔들리지 않는 안전에 대한 것 ─반석위에 지은 집48절─이라면 참자아로서의 하나님의 본성, 하나님의 생명 그리고 하나님의 법에 대한 지금까지의 가르침은 자연스럽고 일관된 실재의 본성, 원리, 그리고 그 능력에 의거한 것이기에 당연히 홍수로부터 진정한 안전함을 제공할 수 있다. 이 말은 실재에로, 즉 '모든 것을 버리고 예수를 따라 갔다'5:11, 28는 것이 세상을 버리는 이상한 행위로 이어지는 것이 아니라 반석 위에 지은 집처럼 세상을 온전히 살기 위한 것 ─참인간이 매순간 안식일처럼 그리고 주인처럼─ 사는 것에 대한 삶의 새로운 가능성으로 초대에 대한 것이다. 이는 무한한 자비로운 실재라는 맥락에서 영광, 평화, 조화, 기쁨이라는 내용을 사는 것에 관련된다. 이것을 거꾸로 말하자면 '큰 물'에 대한 염려와 두려움을 내려놓고, '집이 곧 무너져 여지없이 파괴되고 마는' 손상과 상실이라는 결핍을 극복하는 것에 대한 것이다. 죽음의 힘과 생명의 자원, 숙명과 소명, 무능력과 능력화 사이의 균열의 치유는 바로 사고의 전복을 통해 자비로운 실재로의 재맥락화에서 일어나는 자연스러운 결과가 된다.

우리는 그러한 실재의 혁명성을 이제 7장 이후로 넘어가면서 목격하게 된다. 그리고 그러한 증언의 각각의 내러티브들은 청자/관객인 우리의 심장을 쑤시며 들어올 것이다. 그리하여 지금의 나에게 질문할 것이다. 과연, 당신의 생은 무엇에 의해 흔들리고 있는가? 지금 무엇을 목격하고 있는가? 너의 목격이 자신에게 무엇을 내면에서 일으키고 있는가? 바람을 타고 귀에 속삭이는 이 음성은 이제 점점 커져만 간다. 이제 그 가랑비처럼 왔던 빗소리는 '홍수'를 가져온 폭풍우로 내게 몰아친다. 예수의 비유는 더 깊이에로의 역설로 남아 있다. 이것은 현재의 청자와 관객을 향한 사고의 전복이다: 너 내면에서 누가의 증언이 그러한 홍수와 같은 폭풍우로 다가올 때 '조금도 흔들리지 않는다'48절면 -그토록 무감각하다면- 결국 너의 인생은 '무너져 여지없이 파괴되고 말 것이다.' 이것은 저주가 아니라 이치의 과학이 주는 결론이다.

8. 자비로운 실재에 따른 혁명적 실천: 보복과 판단 금지

−평화형성 일꾼을 위한 누가의 특별 주제 성찰−

본문: 눅 6:27−38

정당한 몫을 향한 정의 실현의 비극 [37]

대화, 평화감수성, 갈등해결, 사회적 기획 등과 관련된 서클모임 영역에서 활동하고 있는 나로서는 혼란과 갈등 그리고 폭력에 대해 '존중과 돌봄'의 실천에 대해 워크숍 참가자들로부터 일반적으로 이해하고 있는 '정당한 정의/공정성'의 실현이라는 관점에서 이의 제기를 많이 경험한다. 특히, 학교폭력을 다루는 교사들이나 이웃 분쟁에 관여하는 경찰들에게 워크숍을 할 때나 자문을 할 때, 나의 존중과 돌봄의 일관성과 철저성에 관련하여 범죄자나 예외적인 인간유형예, 지옥에서 온 아이나 학부모의 사례에 대해 내 관점이 순진한 발언처럼 상대방에게 느껴지는 경험을 자주 느낀다. 시민사회 활동가로서 이제 50 후반을 들어서는 몇 명의 동료들은 과거 인권과 노조 활동에 있었던 경험자들이 있는 데, 마찬가지로 내가 하는 서클의 진행방식에 있어서 호기심을 갖고 워크숍에 들어오지만, 존중과 돌봄의 근본적인 태도에 대해 여전히 의구심이나 반박의 언급을 표현하는 경우를 만나기도 한다.

---

37) 여기서 비극이라 함은 그 의도나 목적은 선하지만 실제로 도달한 결과는 기대와는 못 미치거나 오히려 더 힘든 결과를 초래한다는 의미이다.

나 자신도 처음부터 이상적으로 그 어떤 굳건한 확신 때문에 '존중과 돌봄의 철저한 일관성'이라는 위치에 서 있었던 것도 아니고 실상 그만한 경지에 올라섰다고 볼 수도 아직은 없다. 그러나 이러한 입장에 다가가게 된 것은 서서히 그리고 갈등현장의 사례 경험의 과정에서 비약적인 도약으로 일어난 통찰이라는 것은 틀림없다. 학교폭력의 비극적 현실이라는 현장의 경험하면서 그리고 내 활동영역과는 멀리 있는 보수·진보의 양당정치의 각자의 정당한 주장이 만들어 놓는 분열과 에너지 소모의 현실을 보면서 그리고 더 나아가 최근의 누가복음의 연속적인 묵상을 통해서 확연히 드러나는 통찰이 그러한 존중과 돌봄의 일관성이라는 입장에 다다르게 하였다.

법法이 '각자에게 정당한 몫'을 주는 원리와 원칙에 기초해 있다고 한다면 이 원리에 따르면 소수의 인권과 제외된 자에 대한 고려의 입장에서 법 감정에 호소하는 것은 맞다. 그것이 바로 민주화에 있어서 중요한 정의에 대한 균형감각의 원리로서 소수자에 대한 배려와 특권자들에 대한 비난과 저항의 에너지이기도 하다. 그런데 아이러니하게도, 상처, 손상 그리고 범죄의 영역에 있어서는 각자에게 정당한 몫이라는 법과 원칙이 피해자와 가해자의 프레임을 강화하는데다가, 정당함과 정당치 않음에 대한 인식과 에너지의 덫에 갇혀서 그 당사자의 입장을 넘어 전체를 보지 못하게 하는 비극적인 결과로 아쉽게 끝나는 일이 너무나 많이 벌어진다.

예를 들면, 당사자의 자기-주장이나 상호 논쟁의 근거에는 선한 의도와 목적이 있었음에도 불구하고, 정당성/부당성의 인식과 에너지의 상호교류를 통해서 서로의 입장이 신념적으로 강화되고, 자기-주장과 태도의 경직성이 굳어지면서 처음의 사소하거나 단순했던 말싸움이 걷잡을 수 없을 정도의 미움이나 분노로, 혹은 중대한 결과로 치닫는 일들을 너무나 많이 발생하는 것이다. 그래서 몇 년 동안의 현장의 갈등과 폭력상황에 대한 개입의 경험을 통

해 내가 품었던 질문은 '선한 의도' + '?' = '비극적 결과'라는 공식에서 '무엇?'
이 '의도'와 '결과' 사이에서 비틀어지게 만들게 되었는가에 대한 궁금증이었
다. 나는 정당한 몫의 추구는 감정이 편하고 가벼운 때가 아니라 무겁고 힘든
감정의 상태와 상황 속에서는 원래의 취지와는 다르게 작동되는 것을 보았고,
나쁘거나, 옳지 않거나, 싫은 상대방이나 상황에서는 의외로 비난과 강제, 폭
력과 제외의 '정당함'과 '옳음' 그리고 '좋아함'이 더 작동된다는 것을 알게 되
었다.

　각설하고, '정당한 몫'에 대한 것을 넘어서서 기독교 평화활동가·갈등작업
자에게는 또 하나의 근원적인 물음이 존재한다. 자신이 믿는 신을 어떤 분으
로 생각하는가에 대해, 내가 누구인지, 내가 무엇을 행하는지, 내가 세상의 수
많은 사건들을 어떻게 만나는지를 이해하고 행동하는 데 근본적인 토대를 준
다는 점이다. 즉, 나의 존재론적 기반과 토대가 어떠한지에 따라 나의 인식과
행동의 태도와 방향이 정해진다는 점이다.[38]

　내가 신에 대해 죄를 징벌하고, 악에 대해 보복하며, 믿지 않은 자에게 저주
와 불행을 주는 자로 인식한다면 손상과 범죄를 일으키는 자에 대한 처벌과 증
오의 정당성을 당연하게 생각할 것이다. 심판관과 같은 신의 이미지는 이에 어
울리겠지만, 적어도 성숙한 사회에서 아이가 아닌 성숙한 성인의 차원에서는
이러한 이미지는 박제된 교리로서 그다지 효용성 있는 신의 이해는 아니다. 그
것은 99마리의 양과 달리 양무리를 박차고 나간 잃은 양 한 마리를 구하러 나
간 목자의 무책임함에 대한 비난을 할 경우는 바로 자신이 한 마리의 잃은 양
의 경험 속에 있을 때 그것이 목자의 마음의 진정성이 무엇인지 알게 되는 것과
마찬가지이다.

---

38) 물론, 여기에는 존재와 인식/행동의 이분법적 사고가 있기도 하다. 즉 일요일의 태도와
　주중의 태도가, 교회에서의 태도와 사업에서의 태도가 다를 수 있기 때문이다. 이에 대해
　서는 다시 아래에서 다루기로 한다.

두 번째의 입장으로는 이중성의 멘탈리티에 관한 것으로, 신은 선하고, 참되며, 그분은 무한히 자비로우신 분이시다라는 것을 대다수가 인식하고 있음에도 불구하고, '눈에는 눈, 이에는 이'라는 정당한 몫의 실행을 일상에서 하는 경우는 더 큰 문제가 된다. 이는 자신의 존재론적 터전과 실제로 하는 행위 사이에 분리나 이중성을 지니는 것으로, 이런 경우에는 자신의 존재론적 감각을 상실해 버리고 신앙을 윤리적 코드나 개념으로 추상화시켜 신의 실재에 대한 감각을 잃게 되는 비극을 맞이한다. 기억과 개념은 있으나 그 실재의 역동성은 잃어버리는 것이다. 이러한 존재론적 터전과의 일관성coherence을 상실하게 되면, 삶의 도전들에 대한 불안, 기대하지 못한 것에 대한 두려움이 증폭된다. 그렇게 되어 중심이 흔들리게 된다.

게다가 더 나아가 더 미묘한 것은 자신의 '능력'과 '앎·지식'에 기반을 두어 실천을 강화하는 수많은 노력들에 있어 알지 못하게 지침·소진이 생기게 된다는 것이다. 이것이 바로 누가가 6장 끝에서 말한 '기초 없이 맨땅에 집을 짓기'와 '반석 위에 기초를 놓고 집을 짓기'6:48-49의 비유가 의미하는 바이다. 자신의 능력과 앎·지식에 기초하는 방식은 저수지처럼 가두어 두고 쓰는 방식이어서 가뭄의 뜨거운 햇살에 고갈되거나 폭우로 인한 둑의 무너짐으로 인해 쉽게 상실감을 느끼거나 모으려는 긴장감을 늦출 수가 없다. 그러한 수고스러움은 인간적인 혹은 더 좋게 말하면 인격적인 점은 유지될 수는 있을지 몰라도, 전체성이 주는 흐름[39]을 타지 못하게 된다.

---

39) 원래 법(法)이란 한자의 뜻은 정당성의 규율이라기보다는 물(水)이 흘러가게(去) 하는 생명력과 관련된 것이다.

실재의 본성을 거스르는 보복과 판단

누가복음의 기자는 그 시작부터 '실재의 자비로움'과 '실재의 자비로운 베푸심'- "주께서 놀라운 자비를 베푸셨다";1:30,54-55,58, 72,78; 4:19-에 있어 일관성 있는 증언을 하고 있다. 자비로운 실재, 그리고 그 실재의 풍성하심과 베푸심giving & sharing에 대한 인식과 그 실천이 제자도의 핵심이라고 본다면, 열 두 사도를 선택한 후6:12-16에 보복하지 말라와 판단하지 말라고 하는 것은 '자비로운 실재의 베풂'에 대한 제자직의 핵심에 일관성을 갖는 가르침이된다. 따라서 이것은 세상 사람들보다 '더 나은 윤리적 태도'의 요청이 아니라 실재에 대한 '일관성'의 요청인 것이고 샬롬의 통치에 있어서 그 백성이 되는 핵심 원리가 되는 것이다.[40]

나는 이것을 '실재의 혁명성'이라고 표현한다. 이것은 사회주의나 좌파의 용어가 아니다. 혁명革命이라 함은 가죽·껍데기의 벗겨냄과 더불어 살라고生 명하신命 것으로서의 소명召命에 대한 것이며, 궁극 실재하나님의 자기 전개와 그 확장에 따른 것이다. 실재가 본질적으로 자비롭고 그리고 베푸는 아버지됨과 같다는 누가복음의 실재에 대한 참증언자로서 예수 그리스도의 초대는 그 부르심에 대한 응답으로서 두 가지 핵심적인 실천을 명命으로 받아 살도록生 하는 생명生命이 되어, 이제는 생존生存을 넘어 살도록 생의 명령/원리/법生命이 되게 하신다.

첫째는 '보복하지 말라'이다.

원수, 미워하는 자, 저주하는 자, 뺨을 치는 자, 겉옷을 빼앗는 자, 달라는

---

40) 샬롬나라의 일꾼이 뽑히고 거기에 주어진 예수의 가르침은 그냥 나온 배치가 아니라 의식적이고 우선적인 의미가 있기 때문임을 당시의 청자나 지금의 독자는 이해할 필요가 있다. 이는 매우 주의 깊게 선택된 것이다.

자6:27-30의 직면은 대부분 자동적인 반응으로는 '하지 말라'는 나의 의식과 말로 상대방의 부정적인 면을 집중하여 대응할 것이다. 그렇게 되면 상대방의 거친 태도, 불손한 말, 불의한 행동에 대한 교정하기와 반박하기에 에너지와 의식이 집중된다. 선한 의도로써 상대방의 '옳지 않은, 부당한, 싫어하는'말/태도/행동을 막기 위해 너의 반응이 나간 것은 이해가 되지만 직면하게 되는 현실은 '비참한 결과'로서의 싸움, 분열, 상호 상처 혹은 파괴의 현실일 것이다. '선한 의도'는 정당하고 옳고 좋았을지는 몰라도 최종적으로 보는 현실은 아이러니하게도 '비극적인 결과'이다. 그것은 바로 그 선한 의도와 비극적 결과 사이에 '무엇?'에 있어서 선한 의도에 결합한 '보복'이라는 에너지의 문제가 그런 예기치 않은 현실을 보게 만들기 때문이다.

그러므로 그러한 직면에 있어서 어렵고 쉽지는 않겠지만 일관성이 중요하다는 것을 이해한다면 나의 에너지와 의식의 초점은 상대에 대한 보복이 아니라 '남에게서 바라는 대로 남에게 해 주어라'6:31에 집중하는 것이 낫고 바람직하다. 이것은 내가 나의 진실과 소중한 것에 대해 이 관계/사람/상황/도전에 대해 무엇을 바라는지를 반응reaction 이전에 자기-인식을 하고 그것에 대해 집중하여 상대하게 나-메시지를 전하는 '가슴에서부터 말하기speak from the heart'를 실천함을 뜻한다. 그렇게 되면 우선은 기대하지 않은 나의 응답에 그는 놀라거나 주목하게 되고, 상대에 대한 비난이 아니라 나의 진실이 말해짐으로 강력하며, 하지 말라는 추상보다는 소중하게 바라는 것에 대해 집중하므로 그 방향으로 이야기가 전환이 될 가능성이 매우 크다. 물론 언제나 그렇게 된다는 것은 아니다. 그러나 최소한 나 자신의 진실, 나의 심장의 중심, 나의 일관성에 있어서 잃는 것은 없다. 그리고 그것이 태도가 되고 습관이 되면 매우 강력한 힘이 된다. 그러므로 우선은 반응할 때 최소한 보복의 충동을 내려놓을 필요가 있다.

둘째는, '남을 판단/비판하지 말라'는 것이다.

보복의 충동적인 반응은 더 근원적인 것에서 나온다. 그것은 판단이라는 사고이다. 이는 실재로부터의 분리에 대한 가장 명확한 증거이다. 더 나아가, '남을 단죄하지 말라'6:37는 것은 그러한 남에 대한 판단/비판/단죄가 객관적인 증거와 사실의 축적에 따른 정당한 것이어서 그 상대방에게 말하거나 행하는 것이 맞는다는 생각이 들 때, 우선적인 희생자는 바로 내가 되기 때문이다. 즉, 상대방이 그렇다는 판단/단죄의 옳음·정당함·좋아함이 있으려면 먼저 자신의 내면에 자기에게 먼저 납득과 설득이 되어야 하기 때문이다. 그렇게 함으로써 내 자신의 가슴에 상처/분리/파괴의 공간을 확보하고 나서야 상대방에게 반응하게 된다.

'자비로운 실재'와의 분리는 이중성의 '나'와 '남,' '세상'을 만들어 놓는다. 자비로운 실재로부터 분리되었다는 사고는41) 내 '안'의 것을 '투사projection'하여 세상/남이라는 스크린에 내용물로 비추어 현실화현상화한다. 그리고 그 투사된 스크린의 내용물들이 '사실'로 인식되어 나의 인식에 '내사introjection'하여 인식의 오류는 패턴화되고 덫이 되어 현실로 경험하고 증폭하며 살아간다. 이것은 가상현실이나 증강현실가상이미지와 현실의 중첩처럼 살면서도 실제현실로 이해하며 사는 것과 같다.

"너희가 남에게 되어 주는 분량만큼 너희도 받을 것이다"6:38라는 말은 분리됨이라는 사고의 오류가 지닌 현실에서42) 자기충족 예언의 법칙을 이야기한 현실의 상황을 말한 것이지 미래의 보복을 말하는 신의 약속이 아니다. 대화론자이자 현대물리학자인 데이비드 봄은 가정과 사고가 '자기Self'를 빼고 상황

---

41) 실재는 분리되지 않는다. 이는 기독교 신비주의자의 말만 아니라 현대물리학의 얽힘과 비국소성의 물리적 원리이다.
42) 실재는 하나됨(oneness)에 있으나, 사고는 그러한 분리라는 인식의 오류를 작동시킨다. 이것은 현대물리학자 데이비드 봄의 말이다

에 반응한다는 점에서 사고의 파편화fragmentation의 문제를 심각하게 제시하였다.[43] 실재는 베풂giving에 의해 작동되는 것처럼 자신이 주는 것이 자기 정체성이 될 것이다. 그러므로 판단/비판/단죄를 주면 그대로 자기 정체성이 되어 버리는 것은 당연하다.

누가 기자는 이제 자유, 해방, 눈뜸 그리고 평화의 사역을 제자들을 모으고 이제부터 본격적으로 시작함에 있어서 '자비로운 실재'와 그 '실재의 조건 없는 베푸심'에 대한 기준과 측량을 바로 '보복'과 '판단'하지 말라는 두 저울을 제시하였다. 그것이 실재와의 접촉에 대한 가늠을 확인하는 실천적인 표증이라는 것이다. 이것은 단순히 해야만 하는 '윤리적인 코드'나 '도덕적 권유'가 아니다. 그것은 어떤 실재를 만나고 참된 자기-정체성을 이해하는 신뢰할만한 자발적인 수행의 초대인 것이다. 그리고 실제적인 것이기도 하다. 왜냐하면 우리가 만나는 홍수에서도 집을 튼튼하게 지어서 흔들리지 않는 중심을 주기 때문이다.6:48 따라서 이것은 분별과 능력에 대한 지혜로운 삶과 풍성한 삶으로 직결되는 것이기도 하다.

한편으로는 사실상 보복과 판단은 실천의 영역에 있어서도 지배체제를 강력하게 떠받치는 이념적 기능을 한다. 정당한 몫에 대한 특권과 힘의 필요성과 이 체제를 유지하는 핵심 이데올로기이다. 지배체제를 싫어하면서도 다른 형태라 할지라도 보복과 판단을 다른 대안으로 사용한다면 기존의 지배 프레임에 저항하는 안티-프레임이라 할지라도 자연스럽게 기존 프레임을 강화하는 기능을 하게 된다. 마치 비유로 말하자면, 적의 행위를 싫어하지만 적을 닮아가는 꼴이 되는 것이다

이것이 불가능한 요청인가? 그렇다면 문제는 가능성과 불가능성의 문제이기보다는 나를 어느 정도까지 끌어올리고 싶은 열망이 있는 것인가에 대한 충

---

43) 데이비드 봄 저, 강혜정 역, 「창조적 대화론」 (2011, 에이지21).

실성integrity [44])의 문제이다. 불가능성에서 문제보다 얼마만큼 나와 사회를 '승화'시키고 싶은가에 대한 기대의 정도가 더 절실하고 정직한 질문이기도 하다.

---

44) 실재와 나의 의식 간에 얼마만큼의 일관성(coherence, 정합성)을 지니며, 그 일관성에 따라 내 헌신이 어느 정도 가능한지에 대한 충실성을 나는 줄 수 있는가의 문제는 활동가에게는 필연적인 중요한 질문이다. 사회에 대한 내 행동이 내 존재와 어떤 연결을 얼마만큼 갖기를 원하는가? 필자에게는 늦었지만, 이 일관성과 충실성은 가면 갈수록 절실한 문제가 되고 있고, 내 자발성의 동력과 참됨에 대한 감각의 기원이 여기에 있다는 것을 체감하고 있다.

9. 새로운 힘의 권위와 그 기원

본문: 눅 7장

지배체제 권력의 정체

누가 기자가 그리는 현실의 '가이사의 나라'에 대한 변혁적 대안으로서 '하나님 나라헬라어, 바실레아 데오'는 그 통치에 있어서 전적으로 다른 성격과 방식을 취한다. 미리 전제하는 것은, 모든 지배체제가 그 자체의 생명을 지속하는 것은 그 폭력성의 견고함 때문만은 아니다. 그것을 받아들이는 최소한의 반대 급부가 존재하며, 진리의 짝퉁이라 할지라도 통치자로서 그 시민을 모을 수 있는 이상과 가치가 존재하기 때문이다. 진리를 7이란 숫자로 표현하고 사탄을 6으로 표현하는 것은 거짓도 진리인 7에 가장 근사하게 접근해 있기 때문이고, 그만큼 자신의 가치와 이상이 그럴듯하게 보이기 때문이지 계시록의 순진한 눈으로 흉측한 몰골/짐승으로 백성을 괴롭히기 때문만은 아닌 것이다.

6이 7에 거의 다다르지만 못 미치는 한 가지의 차이로 인해 예언자들은 지배체제의 화려한 수사 어구와 업적과 성취, 그리고 미래에 돌려줄 것이라는 그 어떠한 만족한 보상에도 불구하고 이에 대한 거리두기와 저항을 했으며, 그 모자라는 하나에 대한 갈망을 놓지 않았다. 이는 현대인인 우리에게 단순히 고대의 한 제국주의나 국가주의에 대한 미개했던 과거의 유물이 아니라 오늘날 우리에게 끊임없이 '진리에 대한 분별'의 시금석이 되는 좌표가장 완전에 가까이 그럴듯하고 화려하지만, 가짜요 거짓됨가 된다. 오늘날도 유효한 가이사의 나라에 대한 표징을 먼저 살펴보기로 하자.

인간 생존에 있어서 가장 힘들게 다가오는 것은 당연히 죽음에 대한 두려움과 생존을 영위하는 데 필요물의 결핍에 대한 것이다. 도스토옙스키가 그의 소설 『카라마조프가의 형제들』에서 대심문관 이야기하면서 예수의 재림에 대해서 민중은 달가워하지 않는 것은 이미 만족과 안전에 대한 것을 주게 되면 영혼의 갈망 따위는 쳐다보지 않을 것이고 다시 예수를 못 박을 것이라 간파한 것과 같이 생존에 대한 보장은 지배체제의 존립에 있어 매우 핵심적인 터전이다. '로마의 평화pax romana'는 그러한 두려움/위협과 결핍/재난에 대해 방어막이 되는 법과 질서의 통치를 내세웠다.

누가가 생존한 당시에 로마의 평화는 두 가지 시스템에 의해 움직였다. 그 하나는 검과 말에 의한 무자비한 진압과 적의 마을을 불태워버리는 전멸의 방식으로서 위협과 공포의 방식이다. 그 군인들이 주둔하면서 예속민의 노동력 차출과 조공제도를 통해 분봉왕을 두어 대리통치를 하는 방식이다. 또 하나는 현장의 문화를 건드리지 않으면서 공모와 예속을 통해 로마의 통치를 이용하는 법적 규율의 방법이다. 즉, 성전국가temple-state로서 예루살렘 엘리트 사제들에 의한 성전세와 종교적 권위를 이용하여 반란을 거세시키는 이념적 통로로 제사장들을 이용하고 있었던 것이다. 물론 여기에는 채찍과 더불어 당근이 있었으며, 그 당근은 성전세 등을 통한 지위유지와 이익의 사유화를 눈감아주되. 이를 법적인 합법성으로 위장하는 방식이었다. 그래서 로마제국에 헌신하는 자는 자유인으로서 혹은 특권층으로서 특별한 지위를 받게 되며 나머지 사람들은 복속하고 노동력을 제공하고 위험한 세력으로부터의 안전을 보장받는다.

모든 권력은 자신의 몸과 신분이 폭력적이라는 것을 드러내지 않는 방법으로 옷치장제복과 행사의 화려함 그리고 웅대한 프로젝트공사 등으로 자신의 본성을 그럴듯하게 위장한다. 그리고 권력이 호혜를 베푼다는 것을 보여준다. 그것이 바로 특정한 신분을 나타내는 화려한 복장의 통치자에게 복종하고 헌신하는 사람들에게 주는 전쟁승리의 전리물들노예포함의 분배와 오락을 통한 볼거리와 소일거리였다. 특권이 이 지배 체제에 헌신하는 엘리트들에게 주어졌고 비교우위의 문화 속에서 노예의 고통을 통해 자신들의 구별됨이라는 특별한 신분 표시의 옷과 소유물, 그리고 특권층에게만 허용되는 오락문화의 달콤함 그리고 문화적 상징물들의 화려한 장식에 의한 상징적인 특권의 향유가 지배체제의 수단들이었다. 즉, 구별되고 선택된 특이한 복장과 소유물로 자신의 신분을 드러내고 높이며, 자신들이 즐기고, 누리고, 노는 문화의 특별성으로 자신은 다른 종류의 인간이라는 권리의 구분과 고통의 전가를 타자들인 예속민과 노예에게 부여하는 것이었다. 그래서 그들의 고통은 곧 나의 신분과 특별함의 가치를 증명하는 관행이 된다.

새로운 권위의 증언

이와 반대로, 누가가 전하는 하나님 나라의 증언은 새로운 힘의 통치에 대한 것이다. 그것은 자비로운 실재하나님의 베푸심이라는 통치에 관한 것이다. 이를 누가 7장에만 국한하여 살펴보면 다음과 같다. 가장 특징적인 것은 힘 곧 권력이란 무력한 자들 곧, 마지막된 자the last, 미약한 자the least 그리고 잃은 자the lost들에게 힘을 부여하는empowering 것이고 연결과 나눔으로 그러한 무력한 자들을 향한 관심으로서의 힘이 행사된다는 것이다.

이스라엘에게는 하나님의 선민으로서 거룩의 울타리를 치는 율법의 가르침에 따라 이방인에 대한 배척이 강하다. 로마제국의 통치하에서도 순수혈통의 결속과 자신들의 문화를 유지시키는 것은 정통 유대인에게는 중요한 관심이자 의무이기도 하다. 그런데 이방인이자 지배자의 앞잡이인 백인대장은 그들에게 있어서는 관심의 2차장일 뿐이다. 그나마 그가 호의를 보였고, 회당까지 지어 준 사람이니까 특별한 요청의 시기에 관심을 가질 수 있었다. 그런데 그 백부장의 요청이 자신의 문제가 아니라 자기가 거느리는 종노예의 중병에 대한 것이었으니, 이것은 관심의 3차장에 해당하는 이슈였다. 그러한 종노예는 죽으면 다시 얻을 수 있으니 – 그당시 관습이 그러했다– 그다지 신경 쓸 일이 아니었다. 이런 연유로 종, 그것도 중병을 지닌 종은 관심으로 보면 마지막된 자the last여서 관심밖에 있기에 딱 좋은 자의 위치에 그 종은 있었다. 다시 한 번 확인하거니와, '나/우리' 대 '너/그들'이라는 관심의 범위에서 백인대장의 종은 2차장의 밖이라는 3차장이요, 그 종의 중병이라면 그 종의 가치의 관점에서 보면 쓸모있음이 사라진 마지막된 자라 칭할 수 있다.눅7:1-10.

관심이 설령 이스라엘 안에서 '나·우리' 속으로 눈이 돌려진다 하더라도 관심이 가지 않은 대상 중의 또 하나의 예는 '과부'이다. 당시 성인 남성의 노동력을 중심으로 결속된 사회에서 과부란 자신의 인격적인 존재가치에 의해서라기보다는 공동체의 선의善意나 그 당시 문화로 보면 어느 남성의 도움에 붙어서 사는 의존적인 대상이라 할 수 있다. 자신의 삶이 그녀의 선택에 따른 것이 아니라 그 어떤 남성이나 마을공동체의 호의에 의해 전적으로 주어져 있다는 말이다. 그런 점에서 이 과부는 그 '우리'라는 이너 서클inner circle에서 가장 미천한 자the least로 여겨질 수 있다. 그러한 미천한 자로서 과부는 '나·우리'의 생존이라는 관심에서는 당연히 2차장이며, 그 과부의 아들의 상여죽음는 그 과부에 대한 의무를 더욱 무겁게 하는 혹을 책임 맡은 이에게는 붙이는 꼴이었으니 3차장의 문제 혹은 거추장스러운 짐이라 생각될 수 있다.눅7:11-17

사회적 관심이나 그 사람의 가치에 있어서 2차장의 존재the farther에게 '속해

있는' 대상인 3차장 존재the farthest의 문제인 중병과 상여죽음의 문제가 관심이 되고 거룩한 실재의 마음을 움직여 연결을 갖는다는 것은 지금까지 경험한 권세·권력에 대해 전적으로 다른 힘의 종류를 드러내는 것이다. 권세는 자신의 특별한 지위와 우월한 위치 그리고 구별된 문화로 인해서 그 사회의 80 프로가 넘는 예속인과 종에 대한 부림과 소유권을 주장하며, 이들 2차장이나 3차장의 부류에 자신의 짐을 떠맡겼으며, 후자의 고통에 대한 사적인 적선과 호의를 베풂에 있어 자신의 특권과 신분의 필요성을 오히려 강화해왔다. 그것이 가이사의 나라를 영위하는 통치의 메커니즘이다. 즉, 단순히 흉폭한 폭력과 억압의 순진한 실천으로서의 통치가 아니라 너의 고통에 대한 나의 호의로서, 나의 지배의 정당성과 내 신분의 독특성이 당연하고 나의 호의에 의해 너의 섬김과 충성이 당연하게 요구된다는 것이다. 이 교묘한 공모의 통치는 눈에 보이는 제복과 화려한 퍼포먼스의 연례행사 그리고 위압감을 느끼게 만드는 건축물로, 혹은 공간에서는 위와 아래를 만들어 윗자리에서 내려다보게 하는 상징적 실행을 통해 그 구별과 차이를 민중에게 실천되었다.

사회적 공간으로서 구별된 특별한 지위나 위와 아래의 공간을 통해 암묵적인 지배와 복속을 통해 '나'가 아닌 '그' 혹은 '우리'가 아닌 '그들'을 관심의 2차장 혹은 3차장의 존재로서 타자the Others로 밀어내게 된다. 그래서 우리의 관심사의 영역에서 사라진다. 결국 민중의 일부는 마지막된 자나 미천한 자로까지 전락轉落시키는 고통의 짐의 부과라는 권세라는 통치의 필요성은 특별한 신분과 화려한 행사나 건축물 등의 상징적 표시물로 특권을 보호하고, 약간의 호의를 타자의 무거운 짐과 고통에 보여줌으로써 그 특권의 필요성을 유지한다. 이에 반하여, 한 가지를 더 살펴봄으로써 '하나님 나라'의 통치는 권세force; 혹은 hard power가 아니라 부드러운 힘power의 본성을 확인하도록 하자.

눅 7장에 나오는 또 하나의 내러티브 증언은 바리새인[45] 시몬의 집에서 일어나는 만찬에서 초대받지 않은 한 여인, 곧 '행실이 나쁜 여자'개역은 '죄인'에 대한 이야기가 추가로 나온다. 36-50절 행실이 나쁜 여자 혹은 죄인으로서의 한 여인이라면 그 당시 건장한 남성의 인력과 노동력으로 움직이는 사회에서 추측컨대 자기 생존을 한 남성에게 속하지 못하고 여러 남성편력에 의존하여 살아갔다는 뜻으로 이해된다. 그녀가 마을에서 행실이 나쁜 여자/죄인으로 낙인이 찍혀 있다는 뜻은 그녀의 존재성이 공동체에는 부담이 되고, 일부 수상한 남성들 소수를 제외하고는 모두가 손가락질을 하는 대상이 되었다는 뜻이니 사회적 살인을 통해 그녀의 존재가치는 없었다는 뜻이기도 하다.

낙인을 통한 사회적 살인을 통해 존재가치가 없었고, 그런 점에서 그녀는 필자가 말한 '잃은 자the lost'라고 볼 수 있다. 그러한 잃은 자의 신분으로서 모임에 그녀의 출현은 부담스럽게 느껴지는 상황에서, 가장 정결하게 산다고 공표하는 바리새인 가정의 만찬에 초대받지 않는 존재로서 출현한다는 것은 의심과 분노를 일으키기에 충분한 분위기라고 볼 수 있다. 잃은 자의 그 어떤 일말의 선한 의도의 한 표현인 머리카락으로 예수의 발을 씻고 옥합에서 향유를 꺼내 붓는 그 행위조차 의심스럽고 불편한 행위로 보일 정도로 그녀는 자신의 존재 가치에 대해 '잃은 자'였다.

실재의 자비로움이라는 의식awareness을 지닌 예수는 '하나님 나라'의 통치에 대해, 그리고 그것을 목격자로 증언하는 누가 기자는 그 통치의 성격에 대해 이렇게 마지막된 자the last, 미천한 자the least, 그리고 잃은 자the lost라는 '미약한 증인'[46] 속에 얼마나 강하게 그 부드러운 힘soft power을 실질적으로 느끼고 누리

---

45) 하나님을 위해 자신의 삶을 성별하고 바쳤다는 사회적 계급이며, 바리사이란 '구별하다'라는 뜻이다.

46) '미약한 증인'은 지배체제의 힘/권력으로부터 자율성을 박탈당하거나 힘이 거세된 바닥이나 주변의 인생들로서 그러한 미약성 속에 자비로운 실재의 활동하심이 그/그녀를 통해 드러나는 역할을 뜻한다. 누가복음은 미약한 증인에 대한 일관되고 치열한 자각이 있다.

게 하는지에 대한 새로운 통치를 드러내 주고 있다. 앞의 두 사례는 '자비로운 실재하나님'의 다가감·베푸심에 대한 것이요, 세 번째 사례는 다가옴·접촉함의 허용에 대한 것이기도 하다.

여기에서 하나님 나라의 통치는 자신의 구별됨과 특별함이 아니라 마지막 된 자, 미천한 자, 잃은 자에 대한 주목하는 연민과 공감이 일어난다. 2차장과 3차장의 존재들인 이방인 백인대장의 종과 과부의 아들이 당한 중병과 죽음에 대한 연민과 공감이 그것이다. 그리고 '행실이 나쁜' 여자라는 2차장의 분리되어 떨어져 나간 자에 대한 치유와 포함이라는 새로운 연결이 있게 된다. 그래서 이러한 마지막된 자, 미천한 자, 잃은 자들은 자신의 두려움, 결핍, 그리고 이를 통한 무력감, 곧 세상을 살 수 있는 내적인 힘과 관계의 상실이라는 무력감이 치유되고, 일어서고, 자신의 삶의 스토리가 그대로 공동체에서 주목받는다. 그렇게 해서, 자기 내면에서 그리고 공동체에서 자기 존재에 대한 가치를 부여받는 능력부여의 변화가 일어난다. 그것이 하나님 나라의 새로운 통치의 방식이었다.

'로마의 평화'를 약속한 제국으로서 가이사의 나라의 통치방식과 달리 '그리스도의 평화Pax Christi'의 하나님 나라는 누가 기자가 처음부터 증언한 작은 자, 곧 마지막된 자, 미천한 자, 그리고 잃은 자에 대한 연민과 공감, 치유와 포함, 능력부여라는 방식으로 탈지배체제의 파트너십 실천을 통하여 하나님 나라 백성이 됨을 보여준다. 먼저 마지막된 자와 미천한 자의 내러티브이야기를 가져오고 나서, 다음과 같이 제자들, 청자, 관중들에게 분별과 자각을 고취하며 더 확실한 증거로서 잃은 자의 이야기가 던져지는 것은 자신이 그 스토리를 듣거나 목격하고 있는 우리에게 ―예수 당시의 인물이거나 지금의 신앙인이든 간에― 던져진 강력하고도 직접적인 질문을 통해 우리의 응답을 초대하고 있

왜냐하면 결국 하나님의 자비로움의 본성상 일차적 관심 대상이 그들이 되기 때문이다.

다. 그 질문이란 이것이다.

"너희는 무엇을 구경하러 광야에 나갔었느냐?"
"무엇을 보러 나갔었느냐?"(24-25절)

무엇을 보러 세상에 왔는가라는 이 질문은 본다는 것이 사건에 대한 구경꾼이 아니라 누가가 시작에서부터 일관성을 띠고 말한 증언자witness, 곧 '말씀의 목격자 되고 일꾼 된 자'1:2로서의 목격자이자 그것을 실행하는 활동가일꾼로서 삶의 본원성에 대한 것이기도 하다. 우리의 생이 무엇을 보고 경험하기 위해 초대받은 것이라면, '무엇을 보고 있는 것인가'라는 질문은 누가가 말한 것처럼 가이사 나라의 지배체제의 기획자나 공모자들의 "화려한 옷을 입고 사치스럽게 사는 사람들"25절의 특권에 대한 부러움이 아닐 것이다. 오히려 우리가 목격하고자 하는 것은 바로 '갈 길을 미리 닦아 놓는'27절 이 지상에서의 '가장 작은 이'28절의 미약한 증언tenuous witness이 지닌 하나님 나라의 표징에 대한 것이다. 그러한 작은 이들의 미약한 증언은 사실상 하나님 나라에서는 미약하지 않고 '세례 요한의 증언보다 더 크다'28절 이것이 과연 현재도 우리가 진정으로 보고자 하는 열망이 될 수 있는 것인가?

누가 기자는 '목격자'로서 그리고 그것을 넘어 '일꾼된 자'로서 두려움과 불안, 힘듦과 결핍의 삶에서 구별된 특권과 특별함을 누리며 남의 고통을 비교하여 자기 존재의 우월성이나 존재의 당위성을 지니는 그 문제에 대한 '인식의 전복'에 대한 치열함과 일관성을 지니고 있다. 이미 그는 전장인 6장에서 행복한 사람과 불행한 사람에 대해 가난하고 굶주리고 울고 욕을 먹는 자에 대한 '복있을진저'와 지금 부요하고 배불리 먹고 웃고 지내며 칭찬을 받는 자에 대한 '화있을진저'20-26절에로 향한 분명한 길을 설정하고, 가이사 나라의 특권적인 신분에 대해 '하나님 나라'에서의 전복顚覆을 꾀하고 있기 때문이다. 놀랍게도 그 복과 화의 구분은 작은자들—마지막된 자, 미천한 자, 잃은 자—의 도덕적이거나 윤리적 덕목으로 기준되는 것이 아니다. 그 기준은 바로 가이사 나라의 공모를 통한 타자의 고통과 구별된 특별함의 문제 그 하나만 문제시 되는 것이었다. 누가의 그러한 전복과 판결은 어디서 나오는 것인가?

그것은 놀랍게도 우리가 삶에서 어떤 노력과 성취의 결과물을 얻었는가가 아니다. 오히려 우리 삶과 세상이 근본적으로 무엇에 의존하는 것인가에 대한 근원적인 성찰과 신앙에서 출발한다. 누가는 우리의 눈으로 보는 현실이, 보이는 현상 그대로가 진실이 아니라고 말한다. 그는 더 근원적인 현실을 우리가 보지 못해서 보이는 현상을 현실로 이해하고 있을 뿐, 진정한 현실은 우리가 대낮과 일상이라는 잠에서 깨어나야 보인다는 것이다. 그것의 단초는 바로 미천한 여성이었던 마리아가 "은총을 받은 자여, 기뻐하여라. 하나님이 너와 함께 있다"1:28라는 수태고지에서 그 실마리가 시작된다. 사실상 이 수태고지는 육신이라는 마리아가 이제 영혼이라는 아기를 탄생시킬 때 일어나는 첫 자각이다. 파편화된 세상에서 추락을 가져오는 중력의 삶이라는 일상에서 영혼의 탄생은 은총, 기쁨 그리고 신적 실재의 함께하심이라는 근원적 현실의 접촉에서 일어난다.

우리가 보는 형상으로서의 세상의 수많은 사건과 현상들은 두려움과 결핍의 에너지에 의해 일어난 중력의 현상들로 그것은 근원적 실재가 아니다. 근원적 실재는 '자비로운 실재' 곧 "여종의 비천한 신세를 돌보시고….주님은 약속하신 자비를 기억하시어… 그 자비를 영원토록 베푸실 것입니다."마리아의 찬가, 1:46-55에서처럼 보편적이고, 무한하며, 진실하다는 것에 대한 자각을 통해 온다. 플라톤의 동굴의 비유처럼, 그 새로운 현실은 만들어지는 것이 아니라 이미 주어져 있는 선물로서의 실재이며 보이는 동굴 너머에 이미 현존해 있는 것이다. 이는 즈가리야의 노래에서도 반복되어 나타난다. "…이것은 우리 하나님의 지극한 자비의 덕분이라…우리의 발걸음을 평화의 길로 이끌어 주시리라"1:78-79절 그래서 실재가 자비롭고 무한히 베풀고 있기에[47] 그에 대한 우리의 응답도 당연히 그 실재의 자비로움과 풍성함에 따라 행동을 요청한다. 그것이 누가복음의 바로 '말씀의 목격자 되고 일꾼된 자'의 핵심이다:

"그러니 너희의 아버지께서 자비로우신 것같이 너희도 자비로운 사람이 되어라"(6:36)

무엇을 보러 우리가 세상이라는 광야에 왔던가? 그것은 바로 우리를 떠받치는 실재는 자비로움이라는 것, 실재는 자비로움으로 이루어져 있다는 것에 대한 목격자됨을 위한 것이다. 두려움과 결핍의 혼돈카오스에 대한 통제로서의 가이사의 검과 법의 통치에 대한 만족과 일시적 '단물'에 의한 화려함과 사치스럽게 사는 모양에 대한 열망에 동참하는 것은 아니다. 실재의 자비로움에 대한 증거들에 대한 목격을 위한 것이었고, 이를 통해 나의 존재 의미도 자비로운 사람이 되는 '일꾼된 자'로서의 소명에 대한 것이기도 하다. 화려함과 사치스러움을 통한 지배체제의 공모와 달리 그 지배체제의 희생에 의한 작은자들에 대한 주목과 관심은 '의무'로서가 아니라 실재가 자비롭고 베풀기에 그 선물을 받은 자로서 자발적인 자각에 의해 그러한 연민과 연결의 수행은 저절로 일어나는 것이다. 그것의 의무나 책임으로 느껴진다면 여전히 신은 자비로우신 분이 아니라 무서우신 분이라는 것을 무의식적으로 드러내는 것이기 때문이다.

---

47) 이것이 '하나님은 아버지이시다'라는 뜻이다. 남성이라는 뜻이 아니라 자비의 무한히 베푸심의 비유이다.

그 실재의 풍성함은 이미 주어져 있고 넘치기 때문에 자발적으로 그것은 타자에게로 확장된다. 그 선물이 너의 것이기도 하기 때문이다. 우선은 나의 것이 본래 없었기 때문이요, 그것이 나의 성취나 노력에 의한 것이 아니라 무제약적으로 주어진 것이기에 그 자발적 연결과 나눔은 물이 낮은 데로 그 본성에 의해 흘러들어 가듯 작은자에게 본성적으로 흘러가게 된다. 그러나 이러한 실재의 자비로움에 대해 여전히 귀를 막고 있는 지도자나 자칭 선택된 자들이 있다. 그래서 누가는 예수의 말을 인용한다. "이 세대의 사람들을 무엇에 비길 수 있을까? 도대체 무엇과 같을까?... 피리를 불어도 춤추지 않고 곡을 해도 울지 않는다"7:31-32 실재의 호의에 대해 움직이지도 않고, 실재의 경고에 대해 울지도 않는다.

코로나19는 실재의 경고에 대한 자각을 요청한다. 그것은 예측하기 어려운 미래의 변화에 대한 재빠른 변신과 변모를 통해 생존해 살아남기를 넘어 어떤 춤이나 어떤 슬픔을 느껴야 할지를 자각하게 하는 근원적인 통찰을 요청한다. 포스트코로나 시대는 항상 위험을 안고 사는 시대로 우리가 들어가고 있다는 것을 자각한다면, 그것이 두려움과 결핍에 대한 스마트한 생존도구의 활용에 의한 두려움과 결핍의 자기 안전의 프랙티스를 강화하려고 실재가 피리를 불거나 곡을 하는 것은 아니다. 오히려 자비로운 실재와 그 베풂에 대해 어떻게 새롭게 의식적으로 자각하고 이를 실현하는 자비로운 삶을 살 것인가를 결단하도록 초대하고 있다. 하늘의 두려움과 이 땅의 결핍에 대한 안전과 생존의 수행이 아니라, 누가가 증언하는 '하늘의 영광과 땅의 평화'2:14를 어떻게 누리며 살 것인가를 주목하게 만들며, 마리아가 처음 만난 천사처럼, 질병의 옷을 입고 다가온 하늘의 전령으로 받아들일 수 있을까라는 문제의식을 제시하는 것이다.

이처럼 복음서는 죽어버린 고대의 유물로서 텍스트가 아니라 지금 여기서 응답을 요청하는 살아있는 실재로서 나를 직면하고 있다. 나의 삶의 맥락con-text은 이러한 텍스트text를 직면할 때만 살아있는 실존이 된다. 실재의 피리 소리에 과연 어떤 응답을 할 것인가?

10. 샬롬나라 일꾼의 커뮤니티 형성과 그 소명

본문: 눅 8장

위기의 현실에서 새로운 징조

지금까지 계속해서 누가복음을 읽어오면서 누가복음이 혁명적이라 함은 환상과 실재에 대한 전복에 관련하여 인식의 교정과 연관되어 있음을 보게 되었기 때문임을 알게 되었다. 우리가 보고 있는 현상들의 현실이라는 가이사 나라의 지배체제와 달리 누가 기자는 처음부터 마지막된 자the last, 미천한 자the least, 그리고 잃은 자the lost들의 미약한 증언들이자 하늘나라 씨앗의 담지자들을 통해 '우리에게 일어난 일'눅1:1의 새로운 현실인 자비로운 실재의 새로운 현실성-해방, 눈뜸, 자유, 평화, 기쁨-의 도래를 이야기하고 있다는 점에서 혁명적이었다.

자비로운 실재의 화육자이자 전형典型으로서 예수의 말과 행동에 대한 앞에서의 목격과 증언들이 이제는 '말씀이 목격자이자 일꾼된 자들'1:2의 스토리텔링 흐름 속에서 목격자에서 일꾼된 자들인 제자들의 선택으로 전환되어가는 것을 6장에서부터 소개하고 있다. 즉, 예수에 관한 초기의 이야기에서 '예수의 일행'으로 표현된 제자들의 '일꾼됨'의 준비와 훈련으로 초점은 바뀐다. 목격자의 진실성이 이제는 섬김service으로서, 하나님 나라의 담지자로서 그 역할에 대한 중요성의 전환이 출현하고 있다.

6장의 열두 사도의 선택 이야기는 매우 치열한 분별과 자각의 훈련을 요구하고 있었다. 즉, '복있을진저'와 '화있을진저'라는 두 정반대의 삶의 길이 우리에게 놓여짐6:20-26, 그리고 하나님 나라의 행동 원리인 보복과 비판의 금지27-42와 더불어 말씀을 실행하라는 점에서 이는 추상적인 이슈가 아니라 향후 '홍수가 나서 큰물이 집으로 들이치는' 상황에서 '무너져 여지없이 파괴되는' 경우를 방지하기 위한 '반석 위에 기초를 놓고 집을 지음'46-49의 실천성을 답보하기 위한 것임을 말하고 있다.

이는 진정성의 문제를 넘어서 위험과 고통에 대한 실효적인 복지well-being을 위한 살아있는 지혜와 능력에 대한 것이라는 권고도 두드러진다. 관심 밖의 이방인인 백인대장에 대해 그리고 우리 공동체 안에서 추방된 자인 과부와 '죄 많은 여인'이라는 사회적 살인의 이슈에 대해 주목하는 돌봄의 철저성도 확대되고 있다. 주목의 한계와 경계선을 확대하거나 혹은 그것을 허물어뜨리는 인식의 확장에 대한 실천을 보여주고 있다.

이쯤에서, 2천 년 전의 성서 이야기와 지금의 현실을 연결하는, 생생한 목격에 따른 증언자의 삶이자 활동가라는 '일꾼됨'의 문제라는 살아있는 이슈에 직면하고자 할 때 잠시 우리가 지금 경험하고 있는 코로나19를 누가 기자가 말하는 새로운 비유로서 '홍수가 나서 큰물이 집으로 들이치는' 상황에 대해 확인하고 8장을 다룰 필요가 있다. 코로나 19는 세상의 나라가 지닌 통치와 질서의 허구, 속빈 강정의 리더십과 권력의 오용으로 인한 비참함의 현실, 사회적 약자의 차별과 불행의 시스템적인 구조화, IT의 장밋빛 환상과 권력의 재편, 사회적 안전망과 복지인프라의 건강한 토대의 필요, 시민사회의 참여와 민주역량의 긴급성, 소통의 리더십의 출현의 요청, 자연의 통제에서 자연과의 상생적 공존 등등의 이슈에 있어서 과거의 수정적인 접근을 넘어서서 아예 패러다임 전환의 도약이 필요한 전례 없는 위기를 가져왔다.

그러나 문제는 중세의 흑사병이 사천만 명이 넘는 사망자와 더불어 르네상스를 가져온 문명의 패러다임 전환이라는 과거 역사와 유사하게, 인류가 경험해보지 못한 새로운 문명 속으로의 진입을 코로나19가 가져온 것이 종교의 영역에도 중대한 변화를 요구하고 있다는 점이다. 이는 단순히 화상 예배로의 전환과 그 긍정적인 가능성, 형식적인 종교권위로부터의 자율적 개인 공간과 선택의 확보, 작은 신앙공동체의 중요성과 같은 신앙의 '겉옷'의 바꿈에 대한 것만 아니라 본질적인 물음을 가져왔다는 점이다. 우리의 신앙의 본질적인 것은 무엇이고 그것은 어디에 토대를 구축하고 있는 것인가에 대한 근원적인 질문이 그것이다. 양파껍질을 벗기듯이 신앙의 겉옷을 벗기면 무엇이 본질로 남는 것인가? 그리고 어떤 방향이 진정성의 토대 위에서 가능한 선택이 될 수 있는 것인가? 이런 질문이 다가오는 이유는 보이지 않는 코로나 질병의 상시적인 위협과 이에 대한 두려움의 일상화[48]는 우리 삶의 리얼리티가 두려움과 결핍에 기초하고 있다는 환상을 계속 의식적으로 심어주게 되어 있기 때문이다. 또한, 이는 신앙인에게 신앙의 본성에 대해 무엇이 우리를 안내하고 있는가에 대한 나침판에 있어서 혼동과 착시의 안내를 주게 되기 때문이다.

재건자·일꾼됨으로의 선택과 공동목표로서 '건너감passing-over'

지배체제의 억압과 고통은 혁명곧 껍데기를 벗겨내고 소명을 위해 일어서기의 시간과 공간을 가장자리와 바닥에 마련한다. 실재의 부름에 응답하는 창조적 소수, 곧 일꾼이 나타나는 것이다. 이에 대해 누가복음 8장은 12제자남성제자를 포함한 "예수의 일행"과 예수운동을 돕는 여성들이라는 무리지음, 곧 일꾼된

---

48) 방송과 언론의 일상적 정보의 '홍수'와 이에 대비하는 안전을 위한 문화와 구조의 시스템화는 일시적인 효과뿐인 '맨땅에 집짓기'(6:48-49)와 같을 것이다. 이는 두려움의 일상화를 벗겨내지 못한다.

자들의 조직형성의 단계로 넘어가고 있고, 그러한 광의의 입장에서 실천공동체가 형성될 때 무엇에 주목하고 어떤 행동을 해야 할지에 대한 발전적인 전개를 하고 있음을 보여준다. 일꾼된 자의 조직과 활동 방향에 관하여 필자는 8장이 매우 지혜로운 안내를 제공하고 있고, 이것은 2천 년 전의 상황이나 지금의 삶의 맥락에도 적절한 나침반으로 작동하고 있다는 이해에 도달하였다. 그것은 다음과 같은 요소들이다.

1) 하나님 나라의 재건의 주체자들은 지배체제의 억압, 눈가림, 덫에 희생이 되었던 마지막된 자, 미천한 자 그리고 잃은 자들의 파트너십 체제를 통해 이루어진다.(8:1-3)

열 두 남성제자들의 민중성과 사회·정치적 지배체제로부터 얻은 '악령이나 질병으로 시달리다가 나은 여성들'의 파트너 리더십으로 '예수의 일행'이라는 돌봄과 섬김의 리더십을 꾸린다. 이들은 자신들의 구체적인 희생 경험으로부터 가장 직접적이고 직관적인 지혜와 열정을 통해 '육화된 앎embodied knowledge'을 갖고 있는 이들이다. 삶의 가장자리the edge에 있던 자들과 '악령이라 질병'의 고통을 알고 있는 여성 경험자들은 변혁 담론의 주체가 되고, 그들은 가장자리에서 중심인 그리스도를 섬기고 돕는 서번트의 역할을 파트너됨이라는 방식으로 모색한다.[49] 예수운동에서 뒤따름은 그러한 자들의 결합과 포함을 통해 "하나님 나라를 선포하고 그 복음 전하는"8:1 데 있어 핵심역량을 세운다.

2) 그 핵심역량이 알아야 할 첫 번째 인식은 이것이다. 즉, 씨뿌리는 자의 비유(4-15절)에서 신앙이란 철저하게 그리고 일관성을 갖고 인식해야 하는 '자

---

49) 이는 국내에서도 동학운동, 3.1운동 등을 통해 그리고 코로나 대응의 시민의식 등을 통해 위기에서 지혜와 힘을 발휘하는 저력이 있음을 보여주는 것이 예이다.

비로운 실재의 제약 없는 베푸심'에 대한 자각의 수행을 말한다는 것이다.

우리는 두려움과 결핍의 실재가 아니라 자비로움과 풍성함의 베푸심의 실재가 우주와 세상의 터전임을 안다. 이것은 우리의 지각perception으로서는 보이지 않는 것이지만 하나님은 자비로운 실재로서 자신의 베푸심을 중단하지 않고, 씨앗이 떨어지는 토양에 대한 조건이 없으며, 변함없이 이루어지고 있는 현실이다. 물론 먼저는 길가나 자갈밭이라는 소리들이 먼저 들릴 것이고, 세상의 염려도 일어나는 반응이 보일 것이다. 그러나 그들 뒤에 옥토는 끝까지 존재한다. 이는 '들을 귀가 있는 사람'8절에게 보이는 '하나님 나라의 신비'10절; 씨앗처럼 보이지 않지만 곧 드러날 실재로서 신비이다.

악마가 와서 그 말씀을 마음에서 빼앗어가는 길가의 조건이나, 믿음이 오래가지 못하는 돌멩이, 혹은 세상 걱정과 재물과 현세의 쾌락의 가시덤불의 상황이 어떠하든 그 자비의 베푸심이라는 씨앗뿌림은 조건 없이 주어진다. 그것이 보이는 현실보다 더 참된 실재이다. 실재가 자비롭다는 것은 절대적인 것이며, 변화하지 않는다. 하나님나라 운동은 그러한 실재에 대한 자각─보이는 현상에 대한 지각을 넘어 비전vision에 기초한 깨달음─에서 시작되고 확장된다. 이런 점에서 징벌하는 두려운 하나님 개념은 오류이며, 십자가의 처형과 대리적인 희생의 논리 또한 두려움과 결핍의 지각에서 해석한 오류이다.[50] 실재가 참되고 자비로우며 무한하시다 함은 우주와 이 세상에서 그러한 선과 자비의 궁극성과 변함없음을 뜻하며, 원죄나 희생의 보상과 처벌에 대한 실행들은 두려움과 결핍에 따른 인식의 오류라는 것이다. 그것은 지배와의 공모에서 나중에 기독교 역사의 제국주의적 발상에 따라 ─어거스틴 이후의 신학에서─ 나온 교의적 해석이지 복음의 원의原意는 다르다.

---

50) 예수의 십자가에서 죽음의 의미에 관해서는 23장에서 다뤄진다.

3) 또한 핵심역량으로서 제자가 알아들어야 하는 점은 실재가 자비롭고 풍성함과 동시에 우리의 본성은 원래가 거룩한 빛(등불)이 내재되어 있다는 것이다.(16-18절) [51]

우리의 내면은 괴물이 아니라 신성한 불꽃이 있는 영원히 꺼지지 않는 등불과 같다. 우리의 본성이 원래 그러한 신성한 빛이 있음에도 불구하고 그것이 작동하지 않는 이유는 '그릇으로 덮어 두거나 침상 밑에 두는'16절 것과 같이 우리의 의식이 그러한 외적인 방해물에 의해 가리어 있거나 그 등불을 사용하지 않는 습관으로 인한 것이다. 그래서 내면의 신성한 빛에 의해 안내를 받는 사람과 달리 그것을 갖고도 우리가 불행하고 고통스러운 것은 바로 그것을 갖고 있는지 아닌지에 대한 자각의 결과로 일어난다. 따라서 "내면의 등불을 가진 사람은 더 받을 것이고, 가지지 못한 사람은 가진 줄 알고 있는 것마저 빼앗길 것이다."18절의 작동원리는 자연스러운 예측이다.

이 내면의 빛은 자비로운 실재를 비춘다. 그래서 두려움과 결핍의 세상됨이 아니라 자비로움과 풍성함의 현실을 보고, 세상이 종살이와 얽매임의 감옥이나 여인숙으로 인식하는 것이 아니라 살아야 할 집으로 볼 수 있게 한다. '그 방에 들어오는 사람들은 그 빛을 볼 수 있는'16절 상호 조명이 일어나게 되어 빛의 안내를 받아 삶에서 실족하지 않는다. 자비로운 실재와 내면의 빛은 동심원처럼 서로 연결되어 삶에서 풍성함을 가져오는 '더 받는'삶으로, 그리고 그렇지 못한 사람은 원래 있는 것마저 '빼앗기는'결과의 삶을 초래하게 된다. 이 원래 주어진 내면의 빛은 성취나 재능의 특별성에 의해 주어지는 것이 아니다. 하늘로부터 보편적으로 주어진 본성적인 것이며 여기서 나의 온전함과 창조성과 무제약적인 나눔의 본성이 있는 것이다. 이는 원래 있는 것의 사용 여부

---

51) 우리 주변의 실재(리얼리티)가 그러하고 우리 내면이 그 실재와 연결되는 신성한 의식(등불)이 존재한다는 사실은 시간과 공간 안에서 변화할 수 없는 절대의 이치이다. 이것이 일꾼된 자의 지혜와 힘의 메마를 수 없는 원천이다.

에 있는 것이지, 나중에 도달하여 성취될 차원이 아니다.

4) 그 다음으로는 개인 인식에서 실천커뮤니티 소속과 연대로 나아감에 대한 것이다.(19-21절)

신앙공동체는 친밀함과 혈연적 소속이라는 육체의 위치성이 아니라 말씀의 새김과 실행이라는 영적 가족됨이라는 제자직을 요청한다. 이상적인 목표로서 영적 가족됨이라는 것은 "하나님의 말씀을 듣고 그대로 실행하는 사람들이 내 어머니이며 내 형제들이다"21절라는 점에서 의식적이고, 비개인적인비혈연적인 우정 어린 실천 공동체를 말한다. 그것은 혈연, 학연, 지연의 혈과 육의 친소관계 중심이 아니라 그것을 넘어선 보편적 이상에 대한 우정어린 헌신과 투신을 요청한다. 그렇다고 시민사회의 가치중심의 윤리적 선택의 범위도 넘어서는 것이다. 그것은 바로 자비로운 실재인 하나님의 말씀에 기초하여 이를 실행하는 근본적인 자각과 일관성 있는 말씀의 자장력 '안'에 있는 실천의 커뮤니티를 말한다.

영적 가족됨은 나와 우리를 둘러싼 외부환경이 자비로운 실재의 베푸심이라는 자장력 안에 내가 살아가고 있고, 내 안의 중심도 또한 내면의 빛이라는 등불에 의해 내 정체성이 이루어져 있으며 그것에 의한 점화가 나를 이끌어 간다는 점에서 타율과 자율을 넘어선다. 화살이 시위에서 떠날 때, 화살인 나는 시위를 당기는 '자비로운 실재곧 하나님'의 선제성과 시위를 벗어난 화살로서의 나의 내면의 빛이 조화되어 과녁을 향해 나아간다. 이것이 바로 창조이다. 반대로, 과녁을 벗어남이 죄하마르티아이며 이는 분리됨을 의미한다. 구원은 이러한 분리됨, 곧 양극성을 해체하고 다시 자비로운 실재와 내면의 빛의 '거룩한 관계'를 복원하는 것이다. 이렇게 양극성이 해체되고 자비로운 실재와 내면의 빛이라는 거룩한 관계에 따라 "하나님 나라의 신비"10절에 들어가는 길헬라어,

호도스을 가는 자들이 연결되는 것이 바로 영적 가족됨이라는 것이다.

영적 가족의 공동 미션으로서 '건너감passing—over'

누가 기자는 이렇게 실재의 자비로움과 내면의 빛의 거룩한 관계를 형성하는 영적 가족으로서 신앙공동체를 통해 어떤 미션을 구체적으로 감당할 수 있는지를 그 잠재적인 가능성에 대해 다음과 같이 아름다운 표현을 하고 있다.

어느 날 예수께서
제자들과 함께 배를 타시게 되었다.
예수께서 "호수 저편으로 건너가자"
하고 말씀하시자 제자들은
배를 젓기 시작하였다. (8:22)

신앙공동체라는 배의 공간에 예수와 제자들이 함께 타고 있음이란, 자비로운 실재의 무제한적인 베푸심의 화육인 예수와 '말씀의 목격자이자 일꾼된 자'1:2인 증인들로서의 제자들이 함께하는 이상적인 공동체의 모습을 말한다. 즉, 실재가 방향을 말하고 그 공동체는 그 방향으로 함께 마음을 모아 행동한다. 그리고 그러한 함께 함의 목표는 '저편으로 건너가기'let's go over the other side; 헬라어, 디엘도멘[우리는 건너가자] 에이스[으로] 토 페란[그 건너편]의 실천에 있었다. 이편 this side이라 생각되는 것이 그간 익숙한 가이사 나라의 통치 방식분리와 힘의 지배이라고 한다면 저편은 하나님 나라의 삶의 방식연결과 힘의 분배라는 파트너십체제일 수 있다. 아니면 에고의 두려움과 결핍의 일상생활에서 자비로운 실재에 따른 참자아의 내적인 차원으로의 건너감일 수도 있을 것이다.

자비로운 실재의 인식과 내면의 빛의 자각 그리고 그 둘의 거룩한 관계의 실천으로서 영적 가족됨이라는 신앙공동체의 회복은 샬롬의 실천에 있어서 토대와 자원이 된다. 그리고 하나님 나라의 신비라는 샬롬의 실천은 그러한 토대구축인 '배에 함께 탐'으로 그 시작을 가져온다. 그리고 그 시작은 '저편으로 건너가자'라는 움직여 나아감을 일으킨다. 그러한 저편으로 건너감passing-over은 어떤 결과를 보고자 하는 것인가? 누가는 이에 대해 두 가지 이야기를 보여준다.

그 하나는 바로 '갈릴래아 호수 건너편에 있는 게르게사 지방'26절에 사는 '군대헬, 레기온;로마군인 부대의 명칭임'라는 마귀 들린 사람의 치유에 대한 이야기이다. 그 사람은 발작을 일으키고, 쇠사슬과 쇠고랑으로 단단히 묶였으나 번번이 부수어 버리며, 집없이 무덤들 사이에 살고 있었다. 추측건대 잦은 전쟁과 약탈 그리고 무자비한 진압의 군대들의 방화나 저항하는 거주민들에 대한 억압에 의한 결과로 얻은 트라우마를 지닌 추방자에 대한 온전함을 회복하는 이야기이다. 그는 온전함을 찾아서 '옷을 입고 멀쩡한 정신으로 예수 앞에 앉아 있는'35절 상태로 회복되었다. 그리고 자신의 목소리를 되찾아서, 집/마을로 돌아가 자신에게 일어난 일을 온 동네에 알리게 된다.39절

다른 하나는 살아난 야이로 딸의 스토리의 중간에 가미된 '열두 해 동안 하혈병을 앓고 있는 여자'의 치유 이야기이다.40-56절 군대귀신 들린 자의 치유는 갈릴래아 호수 건너편에서 일어난 이방인에 대한 이야기이지만, 야이로 딸의 소생과 하혈병 치유의 이야기는 다시 갈릴래아호수 이편으로 돌아와 유대인들 중에 일어난 이야기이다. 이편으로 돌아와 자신들의 의사나 자신들의 자원으로는 치유가 안 된 중병과 거의 죽어가는 처지에 대해, 공통으로 가망 없는 -열두 해나 고치지 못함과 거의 죽게 됨의- 상황에 있어서 변화의 이야기였다.

저편the other side으로 '건너감'은 거룩한 관계의 분별실재의 자비로움과 나의 꺼지지 않는 내면의 빛의 자각 후에 오는 능력뒤나미스이다. 그 능력은 아웃사이더로 처리된 타자the Others에 대한 돌봄과 온전함으로의 회복이며, 그 목표는 '하나님 나라의 신비'8:10라는 현실의 경험이다. 한편으로 그 새로운 통치는 나/우리/신앙 공동체의 저편에 있는 아웃사이더인 사회정치적 지배체제의 희생자에 대한 회복에 관한 것이다. 또 다른 면으로는 그 새로운 통치는 나/우리/신앙공동체의 이편에 있는 내부자의 출혈에 대한 회복이다. 외부의 억압과 내부의 출혈이라는 비극적 현실에 있어서 '건너감passing-over'이라는 행동은 그러한 비극적 현실을 온전함에로의 회복으로 "예수께서 제자들과 함께"8:22 돌려놓고 있음을 보여준다.

우리는 여기서 신앙인들이 누가복음이 제시하고, 또한 전례 없는 코로나19의 새로운 상황에서 가야 할 목표가 명료해짐을 이해하게 되었다. 그것은 인식-구축-실천의 메커니즘에 대한 것이다. 인식이란 포스트코로나 시대의 위험/두려움의 일상적인 자기-보호와 타인에 대한 의심의 실천에 있어서 자비로운 실재와 내면의 빛에 대한 신뢰하기의 중심을 세우는 것이다. 구축이란 그러한 거룩한 관계의 인식을 새기고 실천할 영적인 가족됨의 세움을 말한다. 그리고 실천은 바로 외부의 억압과 내부의 출혈에 대한 온전함으로의 건너감경계를 넘어섬이라는 공동적인 수행praxis을 말한다.

"사나운 바람이 내리 불어 배에 물이 들기 시작하여 사람들이 위태롭게 된"8:23 지금의 현실에 나의 신앙과 내가 속한 신앙공동체는 무엇을 할 수 있는 것인가? 자비로운 실재에 대한 신뢰 속에서 내면의 빛을 켜서 건너감의 질문을 해야 할 때라고 보인다. 주변에서 비참함의 희생자를 볼 때는 다가가서 묻는다. "네 이름이 무엇이냐?"8:30 당신의 정체는 무엇인지에 대한 질문을 통해 비인간화의 억압 시스템을 제대로 보게 만든다. 내부의 손상과 출혈에 의한 희생자에게는 우리 내부에서 스스로에게 묻는다. "누가 내 옷에 손을 대었느냐?" 8:45, 누가 우리에게 자기 필요에 대한 도움을 요청하는 손길을 내밀고 있는지에 대한 민감성을 계속해서 확인할 때이다.

다시 강조하거니와, 실천 커뮤니티로서 일꾼된 자들의 영적인 가족됨이라는 것은 자비로운 실재의 자장력 안에 머물러 실재의 인도하심을 듣고 행함을 말한다. 그 과제는 어떻게 '저편으로 건너감'을 실현할 수 있는가이다. 비인간화되고 출혈의 고통이 있는 저편의 영역을 향해 공동으로 움직여 나가는 미션이 있는 것이다. 저편으로 건너감은 존재의 이유가 되고 열정의 에너지를 부어주며, 방향에 대한 분별을 가져온다. 이 시대에 건너가야 할 저편은 어디인가?

11. 변형된 의식: 뒤따르는 자의 일과 소명

본문: 눅 9장

주변에서 일어나는 기적: 목격에서 소명으로

계속되는 강조이지만, 누가는 자신의 주장대로 지배체제의 삶에서 -"가이사의 나라"에서- 새롭게 생성되는 삶의 가능성이 어떻게 시작되는지에 대한 증언이 자신의 관심임을 서두에서 밝혀놓았다. 그것은 바로 새롭게 생성되는 삶의 가능성이란 탈지배체제에 관한 '하나님 나라의 신비'8:10에 대한 증언에 대한 것이다. 이것이 서두의 '우리 중에 이루어진 사실'1:1이고 그것에 대해 '목격자되고 일꾼된 자들'1:2이 전해준 그 내력이 '확실함을 알게 하려'1:3는 취지에서 진술한 목적이다. 그러한 이유와 목적이 서서히 밝혀져 가고 있는 것을 우리는 스토리 전개에 따라 목격하고 있다.

미약하고 보잘것없는 증인들tenuous witness을 통하여 개시된 '우리 중에 이루어진 사실·일들'은 "은총을 가득히 받은 이여, 기뻐하여라. 주께서 너와 함께 하신다"1:28라는 천사의 고지로부터 시작된다. 실재the Real; 하나님의 자비로움, 기쁨 그리고 함께하심에 대한 자각이 열리고, 이를 통해 거룩한 수태고지라는 -하나님의 아들을 낳음- 새로운 거룩함을 품음이 현실화된다.

일상에서 자비로운 실재의 현존에 대한 증언은 예수의 탄생과 그분의 행태行態에 -유혹받음과 말씀 및 치유사건들- 대한 목격이야기로 나타나지만, 누가 증언의 핵심은 생존자라는 무리들 중에서 어떻게 그중 일부는 목격자가 되어 무엇이 우리에게 일어나고 있었는지를 주목하게 하고, 점차로 일꾼됨이라는 제자로 되어가는지를 기술하고 있다. 목격자들을 통해 '자비로운 실재'의 현실화혹은 성육화에 대한 참됨이 어떻게 일어나고 이것이 누구에게 이루어지고 있는지를 우리로 하여금 주목하게 한다.

생존자에서 목격자에로, 즉 실재의 현실화라는 증언의 역할에 대한 누가의 증언 이야기를 따라가다 보면 어느덧 목격의 차원을 넘어 불러내심이라는 소명의 증언으로 넘어간다. "깊은 데로 가서 그물을 쳐 고기를 잡아라"5:4라는 일상에서의 부름을 통해 '소명'이라는 하늘의 뜻과 연관되어 자기가 하는 일을 보게 되는 순간이 오는 것이다. 그 일은 좋은 열매6:43를 맺는 좋은 나무가 됨에 대한 것이며, 장차 "홍수가 나서 큰물이 집으로 들이치더라도"6:48 반석 위에 기초를 놓은 집을 세우는 근원적인 중심세우기의 능력에 대한 초대에 관한 것이었다.

수고와 노력의 궁극적인 열매없음과 집상실의 노예화된 현실에 대해 목격자를 넘어 일꾼된 자로서 새로운 '일'에 대한 부여와 그 일을 실천하는 새로운 정체성은 이렇게 자비로운 실재의 능력화를 소개하고, 초대하며, 맛보고, 수확하여 이를 기뻐하는 자로서의 변형에로 나아간다. 이러한 목격자의 '실재의 현실화'를 넘어 일꾼된 자로서 제자됨이라는 '실재의 능력화'에로의 나아감은 누가 기자가 소개하려는 이야기의 핵심에 자리잡고 있다. 즉, 우리의 삶과 세상은 자비로운 실재가 은총으로 우리에게 주어져 있고, 그 실재는 우리와 분리되지 않은 함께하심의 특성을 지니며 이것이 기쁨이 되는 복음유앙겔리온에 응답할 수 있는 삶의 길은 실재의 현실화와 능력화에서 이루어진다는 뜻이다. 그리고 이렇게 실재의 현실화라는 삶의 본성과 실재의 능력화라는 실천의 결합은 다음 한마디로 정리된다. 그것은 "너희의 아버지께서 자비로우신 것같이 너희도 자비로운 사람이 되어라"6:36는 실재의 황금률이다.

실재의 본성과 삶의 실천은 6:36의 "~한 것 같이 ~하라"는 일관성 속에서 이루어지는 일이다. "~한 것 같이"는 실재-존재-행위를 이어주는 동일성의 원리를 부여한다. 존재가 실재로부터 연유된 것처럼 존재도 실재처럼 하라는 의미이다. 그렇기에 그것은 세상에서 해야 하는 '일'처럼 보이지만 그 동일성의 원리에 의존해 보면 더 이상 일이 아니라 '은총'이요 '선물'이다. 그것은 또한 '내가 해야 하는' 일이 아니다. 그것은 '아버지'의 일을 대신하며, '내'가 도구나 통로가 되는 것이다. 혹은 그 일을 함으로써 더는 노예의 종살이가 아니라 아들[딸]로서 자유인의 신분을 자각하게 만드는 본래의 정체성을 자각하도록 만든다. 그러기에 그것은 노역이 아니라 배움과 성장의 표징이 되는 성격을 갖는다. 행위를 통해 나의 존재와 실재의 본성의 진실을 자각하도록 돕는 것이며, 귀향, 곧 집으로 돌아가는 행위인 것이다. 그렇게 해서 자신의 정체성인 '하나님의 아들[딸]' 됨을 회복한다. 이렇게 집을 짓는 것으로서의 일이 결국은 그것이 아버지로부터 나를 위해 선물로 다시 주기 위함임을 깨닫게 된다. 일이 더 이상 부담burden이 아니라, 이 세상에서 거할 집home을 구축하는 소명으로 바뀐다.

실재의 능력화와 소명

9장에서부터 이제 부름을 받은 제자들은 목격자이자 또한 새로운 정체성인 일꾼된 자로서의 훈련을 받는다. 실재의 현실화라는 목격자됨을 넘어 실재의 일꾼된 자로서 실재의 능력화를 나누는 파송을 받는다. 하나님 나라의 선포와 모든 마귀를 제어하는 권세와 병을 고치는 능력을 부여받고 이를 실천하도록 초대를 받는다.9:1-6

일꾼된 자는 소명이 주어져 있음을 자각한다. 그는 목격을 넘어 '두루 다니며 이르는 곳'6절이 있으며, 머물러야 할 곳과 떠나야 할 곳도 자각한다. 그는 자신의 지팡이/식량자루/빵/돈/여벌내의에 신경 쓸 겨를 없이 소명에 집중하여 파송한 자자비로운 실재, 하나님를 염두에 두며 다니도록 부탁을 단단히 받는다. 자기 '일'에 신경을 쓰다 보면 보내신 분의 '일'을 놓칠 가능성이 있기 때문이다. 무엇보다 이는 '길을 떠나', '길을 가는', '길에서 일어나는'그리고 '길에서 하는 알'에 대해 장애물들을 형성할 수 있기 때문이다.

그 소명의 길을 가면서 '일어나는 여러 가지 일들'7절이 무엇인지 누가는 기록하고 있다. 첫 번째는 권력자에게 불안을 일으킨다. 그와 그에게 결탁한 자들은 심사가 좋지 않게 되고, 자신들이 지켜온 자리에 대한 보존에 대해 두려움의 일들이 일어난다. 빛의 일은 그 스스로 빛을 발하고 있어도 멀리 있는 그림자들은 그 빛의 존재만으로도 흔들리고 두려움을 느낀다. 진실은 자신이 "목베어 죽여도"9절 죽지 않고 되살아 돌아온다는 것에 대한 무의식적인 두려움을 씻어버릴 수 없기 때문이다. 이렇게 길을 가는 일꾼의 일은 권력자를 태생적으로 불안하게 만든다.

두 번째 일은 결핍에 대한 인식의 전환인 것이다. 권력자나 지배 엘리트의 힘은 결핍에 대한 보장으로부터 얻어진다. 일꾼이 실재의 능력화에 대해 배우는 중요한 교훈 하나는 오병이어의 기적이야기9:10-17처럼 우리의 삶에는 결핍이 존재하지 않는다는 것과 겉으로 보이는 결핍의 현상은 그 초라함·부족함에 대해 자비로운 실재의 풍성함과 연결하여 전환이 가능하다는 경험적 학습이었다. "예수께서는 빵 다섯 개와 물고기 두 마리를 손에 들고 하늘을 우러러 감사의 기도를 드리신 뒤에 그것을 떼어 제자들에게 주시며 군중에게 나누어 주도록 하셨다."16절 이미 은총이 주어져 있고, 자비로운 실재는 함께하시며 이것이 우리의 기쁨의 근거가 된다는 목격은 그것을 나누고 현실화하는 과정을 통해 실제로 "모두 배불리 먹고 남은" 현실로 능력화되는 것임을 배운다.

일꾼된 자가 배우는 교훈의 핵심은 두려움의 지배라는 현실로부터 은총의 지배라는 실재성에로의 전환이며 −이는 목격자의 증언 내용이다− 또한 동시에 결핍의 현상은 우리 지각의 오해이며, 궁극적으로 삶의 결과는 결핍이라는 현실이 아니라 '배불리 먹고 남는' 실재의 풍성함에 대한 것이다. 일꾼은 보이는 결핍과 모자람의 현상에 대해 그것을 손에 들고 하늘을 우러러 감사로 실재와 연결함과 함께 나눔으로 어찌 되었든 실재의 풍성함을 출현시킨다. 이는 실재는 자비롭고, 무한히 베풀고 있다는 자각에 기반하여 일어나는 일들이다.

누가 기자에 따르면 제자된 자로서 영혼의 길을 걷고자 할 때, 새롭게 나타나는 두려움에서 은총으로, 결핍에서 풍성함으로 안내되는 실재의 자비로운 인도하심은 '우리에게 일어나는 일들'을 통해 거기에 머물지 않고 그것을 넘어 본질을 볼 수 있는 표징 사건으로 맞이하도록 초대한다. 일어나는 일들이 표징 사건이 된다 함은 결국 마귀의 제어, 병의 치유, 굶주림의 해갈이라는 '일어난 일들'을 통해 삶의 궁극적 나침판에 대한 감각을 회복하는 것이다. 이는 다음과 같은 질문으로 귀결된다. "그러면 너희는 나를 누구라고 생각하느냐?" 9:20 두려움과 결핍의 껍질이 벗겨지면 실존의 알몸이 드러나게 마련이다. 그리고 그 실존의 알몸은 실재의 본성에 노출된다.

'일' 과 '행위' 는 영광을 드러내는 길이다

생존자로서 일어나는 일들의 경험에 대해 '말씀의 목격자되고 일꾼된 자들'인 '우리 중에 일어난 일들' 눅1:1-2; 개역참조로 전환될 때, 일어나는 일들은 징표를 보여주는 표징 사건이다. 그래서 일어나는 현상들은 초월과 궁극의 의미, 혹은 실존 의미의 궁극적 근거를 가리키는 창문이나 손가락이 된다. 그래서 실존의 알몸이 드러나고 이를 통해 궁극적인 질문을 만나게 된다. 그러면 너희는 나를 누구라고 생각하는가? 이 질문이 나를 뺀 특정한 과거의 인물이나 내 앞에 서 있는 분에 대한 것으로 이해한다면 아직도 실존의 겉옷이 벗겨지지 않은 것이다. "당신은 하나님께서 보내신 그리스도이십니다"20절라는 대답이 절묘한 대답이면서도 아슬아슬하게 과녁을 빗나가버린 대답이 된다. [52]그래서 누가는 이렇게 기록에 남겨두었다: "예수께서는 이 일을 아무에게도 말하지 말라고 단단히 당부하셨다."21절 [53]

누가가 보기에 아직도 자신 밖의 그 누구에게 일어난 일로 여기는 한 그 일은 무엇이든 간에 과녁을 빗나간 것이고 그러므로 말할 때가 아직 안된 것이다. 그리고 드러나야 할 진실이 너무나 파격적이어서 당분간 부활이라는 강력한 충격의 목격함이 있기 전까지는 비밀로 남겨질 필요가 있었다. 부활을 경험함으로써 비로소 일꾼된 자들은 눈이 떠져서 "나는 하나님께서 보내신 그리스도입니다. 나는 거룩하고 자비로운 실재의 일부입니다. 자비로운 실재는 무제약적으로 풍성하게 우리와 함께 있습니다. 우리의 삶은 그러한 자비로운 실재에 기초해 있습니다."라고 말할 때까지는 아직 일어나야 할 일들을 목격할 일이 남아 있는 것이었다.

---

52) 전통적인 주해서들과 달리 필자가 보기에 절묘하면서도 아슬아슬하게 빗나간 응답이라 함은 '그(He)'에 대해 맞추었어도 '나'와 연관된 내면의 연결이 없었기 때문이다. 나를 누구라 생각하는 가에 대해서는 대답이 될지 몰라도 너희(you)라는 질문과의 연관성에 대해 누가는 아직 부활사건 이후로 남겨놓는다. 게다가 3번씩이나 부인도 있지 않았는가? "너희는 내가 누구라고 생각하는가"라는 질문은 나의 심장과 관련된 실존적인 질문이지 예수의 신분에 대한 정답 맞추기가 아닌 것이다. 이 질문은 일꾼된 자의 가장 궁극적인 질문이자 가슴에 품고 살아야 할, '하나님 나라의 신비'(8:10)를 여는 열쇠 질문이다.

53) 다시 강조하자면, 마틴 부버의 '나-당신(I-Thou)'의 관계적 이해처럼 내가 그리스도의 신분(정체)를 이해한다는 것은 또한 나됨의 본질을 이해하는 것을 초래한다. "너희는 나를 누구라고 생각하는가?"는 예수가 자신에 대해 궁금해서 한 호기심의 질문이 아니다. 앞에서 여러 차례의 기적을 통한 표징적 사건을 통해 자신의 일상적인 의식을 실재의식으로 초대하는 기회를 맛보고 결정적으로 껍질이 벗겨진 알몸이 되어 실재를 만나고 있는지를 묻는 질문인 것이다. 예수의 실재의식에 대한 동의는 일어나고 있으나 그것이 자신에게 어떻게 연관되는지를 성찰하지 못한 제자들에게 아직은 부활 이후로(특히 사도행전으로) 그 적극적으로 말할 기회를 넘기고 있다.

목격자이자 일꾼된 자에게 일어나야 할 일에 관련하여 또 하나 배워야 할 교훈은 다음과 같다. "사람의 아들은 반드시 많은 고난을 겪고 원로들과 대사제들과 율법학자들에게 배척을 받아 죽었다가 사흘 만에 다시 살아날 것이다."22절 삶의 고통과 쓰라림은 소위 삶의 궁극적인 대답을 안다는 전문가들의 권위에 대한 환상을 내려놓고, 고난과 배척 그리고 수난에 대해 어떻게 생각해야 하는가에 대한 인식의 재고를 요청한다. 내가 전제한 인식이 옳은 일, 가치 있는 일을 하는 것은 고난, 배척 그리고 수난이라는 결과를 직면하게 만든다라고 생각한다면, 인간적인 면모 이상의 초월적인 용기가 필요한 것처럼 보여서 길을 떠남에 대한 장애물로 다가온다. 혹은, 더 나아가 옳은 일, 가치 있는 일은 고난, 배척, 수난에 의해 증험된다는 마조키즘적인 생각은 무의식적인 희생자의 논리를 강화시킨다. 이는 기쁨보다 무거움을 선사한다. 그래서 누가의 본래적인 신념인 우리의 삶의 기반이자 세상의 터전은 본래 은총이 부어짐, 자비로운 실재의 언제나 풍성히 동행하심, 그리고 이로 인해 무조건적인 기쁨이 우리 실존의 핵심이라는 '우리에게 일어난 사실/일들'을 망각시키거나 그러한 신념을 위반한다.

'예수의 일행'으로 표현된 일꾼된 자들에게 자비로운 실재의 화육으로서 한 전형인 예수는 자기 심장의 진실을 말하고 있다. 사람의 아들[하나님의 아들, 내면의 신성 의식]은 죽지 않는 영원한 것이라는 것과 고난과 배척, 수난으로 죽어 사라지는 것처럼 보일지라도 영원한 본성이기에 다시 출현해 보이는, 본래적인 영원한 것이라는 점을 이야기한다. 그래서 목격자이자 일꾼된 자들에게 알아듣기를 바라서 말한다. "나를 따르려는 사람은 누구든지 자기를 버리고 매일 제 십자가를 지고 따라야 한다."

여기서 역설이 일어난다. 드러낸 의미보다 숨겨진 의미가 더 진실하게 여운으로 남는다. 이는 내부의 사람 즉 일꾼된 자라면 말해진 것 뒤에 숨겨진 의미에 의해 가슴으로 전달되는 진실을 듣는다. 즉, 나를 따르려는 사람인 일꾼된 자됨은 첫째로 누구든지 가능한 것이다. 이는 이미 자비로운 실재의 무제약성과 보편적 현존의 주어짐을 통해 입증된 사실이다. 둘째로 조건이 있는 데 그것은 자기를 버림이다. 자비로운 실재로부터 분리된 자기ego는 유일한 망상이자 일꾼됨의 가장 큰 무거운 짐이어서 내려놓아야 할 것이다. 예수가 전형archetype으로 보여주는 것은 가능성으로서 누구에나 일어날 수 있는 일들이다. 즉 하나님 아들의 수태성육신 -누가 기자의 증언이자 마이스터 에크하르트의 용어- 에 대한 분리로서 자기는 내려놓아야 할 것이다. 셋째로 제 십자가를 짐이란 세상의 멍에보다 가벼운 소명의식을 말한다. 이는 동일성의 자각인 '하늘 아버지가 자비로우신 것처럼 자신도 자비로워라'는 소명의 자각을 짊어지는 것을 말한다.

이는 높은 고공에서 줄을 타는 사람에게 주어진 긴 막대와 같다. 그 막대는 줄 위에서 제대로 휘청이지 않고 걷도록 돕는 균형을 준다. 마찬가지로 하늘 나라라는 줄 위를 걷는 일꾼은 그러한 동일성의 의식이라는 십자가를 통해 균형을 잃지 않고 걸을 수 있는 힘을 얻는다. 그러므로 십자가는 무거움을 느끼라고 주는 것이 아니라 '제 목숨을 잃거나 망해 버리는'25절 것을 방지해주는 선물이자 삶의 안내자가 된다. 십자가는 희생자나 순교자를 만들기 위한 것이 아니다. 그 십자가는 "죽기 전에 하나님 나라를 볼 사람들"27절로 일꾼된 자가 영원을 보도록 하려는 의도와 관련된다. 그 영원이란 자기를 버리고 제 십자가를 짊이란 제 목숨을 잃거나 망하거나 자연적인 죽음이 있기 그 이전의 하나님 나라의 신비를 사는 평화와 기쁨을 위한 것이다.

일꾼된 자 -'나를 따르려는 사람'-에게 또 하나의 일어나는 일에 대한 목격은 바로 영광됨으로의 변모에 대한 것이다.28-36절 예수의 모습이 변하고 그 옷이 눈부시게 빛나며, 모세와 엘리야가 영광에 싸여 나타났다는 변화산상의 이야기는 죽음에 삼키어지지 않는 영광됨의 본래성에 대한 것이다. 이는 이미 가브리엘이라는 천사의 고지를 통해 목자들을 움직여 나가게 만든 하늘의 메시지와 연결이 된다. '하늘에는 영광, 땅에서는 평화!'2:14라는 천사의 메시지는 영광됨과 평화로움이 하나님 나라의 신비의 핵심이자 누릴 수 있는 현실로 주어져 있고 이를 위해 일꾼들이 소명을 받음을 보여주고 있다. 그러기에 영광의 현시와 더불어 악령에게 사로잡힌 아이를 치유하여 그 아버지께 돌려주는 평화의 사역이야기37-43절에 대해 누가는 증언을 한다.

'나를 따르는 자'가 되려고 한다면, 즉 일꾼된 자가 되고자 한다면 이렇게 소유 −지팡이, 식량자루, 빵, 돈, 여벌내의 9:3−만 아니라 자기를 내려놓아야9:23 하고 제 십자가라는 동일성의 원리를 지고 따라야 한다. 그렇게 소유와 실재와 분리된 자기를 내려놓는다면 자신의 역할도 마지막으로 내려놓아야 한다. 그것은 누가 제일 높은가에 대한 역할의 문제에 대해 낮은 사람이 되어 섬기는 것이다.46-48절 그렇게 소유, 분리된 자기라는 자기 가치와 역할에 대한 기대를 내려놓음으로 뒤따르는 자의 자격이 주어지게 된다. 그렇게 될 때 다음과 같은 아름다운 일화가 출현한다. 기적중의 기적 같은 이야기이다.

> 예수의 일행이 길을 가고 있을 때 어떤 사람이 예수께
> "저는 선생님께서 가시는 곳이면 어디든지 따라 가겠습니다"
> 하고 말하였다.(9:57)

기적 중의 기적 이야기라 함은 첫째로 이제는 예수 혼자가 아니라 '예수의 일행'이 생겼다는 것이다. 뒤따라야 하는 조건의 엄중함과 특이함에서도 이제는 예수가 혼자가 아니라 '예수의 일행'이라는 일어난 일에 관심을 갖고 자신을 헌신하는 소수의 무리가 함께하는 움직임의 실천공동체가 생긴다. 응답하

고 헌신하는 존재들이 형성되어 함께 일행으로서 '소속됨'이라는 움직임을 만들어 낸다.

두 번째로 기적중의 기적은 바로 같은 방향으로 '길을 가게 됨'이라는 새로운 움직임에 대한 것이다. 생존자로서 삶의 흐름에 휩쓸려 떠내려가지 않고 거꾸로 길을 내어 가는 존재로 자신들을 자각하였다. 예수의 일행이라는 그 일꾼됨의 공동체는 고난/배척/수난의 장애물을 넘어 영광됨이라는 삶의 궁극성에 −자비로우신 거룩한 실재의 풍성함[실재의 아버지됨]을 나누는 자[아들/딸]됨'− 대한 분별discernment과 마귀의 제어와 치유라는 능력으로서 평화라는 두 방향의 합일이라는 소명의 십자가를 지고 길을 가는 자들이 생겨난 것이다.

세 번째로는 기적중의 기적은 특정한 재능 있거나 초인적인 용기의 소수 무리가 아니라 그 예수의 일행에 합류하려는 '어떤 사람'57절이 생기고 있다는 점이다. 초대에 대한 자발적인 응답이 일어난다. 물론 이는 누가만 가지고 있는 10장의 72 제자의 파견 이야기에서 합류된다. 특정한 사람이 아니라 누구에게나 어떤 사람이든 가능한 잠재적 현실성으로 우리에게 주어지고, 영광수직과 평화수평라는 지평의 결합이라는 십자가의 두 방향의 합류에 대한 이야기에 관심을 갖고 하나님 나라의 신비에 들어서려는 자들이 확산된다는 기적이다. 그가 누구이든 간에 그 사람의 유일한 관심은 이제 "저는 선생님께서 가시는 곳이면 어디든지 따라 가겠습니다"로 향한다.

그러나 참으로 아름다운 이 이야기는 그 어떤 사람의 선한 의지에도 불구하고 두 가지 주의할 것을 남긴다. 그 두 가지는 그의 의지의 가상함에도 불구하고 첫째는 '예수께서 가시는 곳'은 여우의 굴이나 하늘의 새가 지닌 보금자리처럼 우리의 육신의 지각perception에는 보이지 않는 −머리 둘 곳조차 없는− 곳이라는 점이다.59절 이는 특정화되기 어려운 곳이면서도 그러기에 어디에도 있을 수 있는 곳이기에 육신의 지각을 넘어선 성령의 안내하심이 절실히 필요하다. 둘째는 '뒤돌아보는 것'을 하지 말라는 것이다.62절 하나님 나라의 밭에서 일을 하려고 쟁기를 잡았으면 자꾸 뒤를 돌아보는 것은 하나님 나라에 들어갈 역량을 앗아버린다는 교훈이다. 이것은 그 행동이 지닌 '자기-충족 예언의 법칙'이 만드는 자동적인 결과이다.

여기까지 진술한 것처럼, 하나님 나라의 신비에 들어가려고 자비로운 실재가 움직이는 곳은 어디든지 따라가려는 가상한 마음에 있어서 목격자이면서 일꾼된 자로서의 제자직은 일과 소명에 대한 비전을 다르게 갖는다. 이미 여러 차례 글들에서 밝혔듯이 자비로운 실재와 연관된 징표로서 일어나는 일에 대한 목격이 '일'의 중심이자 그 일의 정체임을 아는 것이다. 자비로운 실재의 다가옴은총, 언제나 함께하심, 그로 인한 무제약적인 기쁨이 삶에서 일어나고 있는 것에 대한 목도하기가 나의 일이 된다.

그러한 하나님 나라 권세가 일상에로의 침투하는 것을 보는 것이 자신의 정체성과 할 일에 대한 소명을 불러일으킨다. 그것은 일꾼된 자로서의 부르심에 응답하는 소명에 대한 것이다. 그 핵심은 거룩한 실재와의 분리됨이 아니라 자비로운 실재의 아버지됨과 그 분의 풍성하심을 나누는 자녀됨으로서의 영광에로의 눈뜸이다.[54] 그리고 악마화된 현실의 고난, 배척, 수난을 넘어 그러한

---

54) 이것이 산에서 예수의 영광스러운 변모(9:28-36)에 대한 증언이야기의 핵심이다. 모세와 엘리야는 '영광에 싸여 나타난 그들은'(31절) 이를 증거한다. 사회적 박해와 중세 신학적 경향이 수난과 희생을 정통으로 만들면서 이세상성에 깃든 신의 창조 작업이 지닌 기쁨, 웃음, 책임보다는 자발적 열정 등의 에너지를 상실하게 만들었다. 누가의 신학적 모티브는 영광과 평화이다. 두 가지 점에서 이를 지지한다. 첫째는 자비로운 실재로서 하나님은 그분의 본성상 상실과 희생을 요구하지 않으며, 자비에 의한 기쁨, 자유, 평화를 주시는 분으로서 아버지이자, 그것을 무한히 어떤 조건(죄)에서도 공급하시는 분이라는 점이다. 인간의 제한된 사고가 이를 오해한다. 둘째로는 이미 마지막된 자, 미천한 자, 잃은 자들은 억압과 희생에 대해 신물이 나도록 경험한 자들이다. 누가는 이미 그러한 사회적·정치적 경험으로서 상실과 희생이 충분한 것으로 보고 해방, 눈뜸, 자유라는 '주님의 은총의 시간/해'(4:19)를 공생애 사역의 핵심으로 삼았기 때문이다. 기존의 신학은 예수가 보통 인간들이 감당하기 어려운 수난, 고통, 희생을 얼마나 잘 감당했는지에 대해 그분의 신성과 초월성을 드러내는 증거로 삼는 설명을 하였지만 이는 누가 신학의 중심과는 다르다.

일을 하는 힘을 거세시키는 마귀의 제어라는 치유와 회복이라는 평화의 능력에 대한 소명의 부여받음과 연관된다.

'일'이 더 이상 짐이 아니라 통찰과 선물이 되고, 생존자에서 목격자이자 일꾼된 자로서의 자신의 시간과 활동 공간이 소명으로 다가오는 것은 자비로운 실재의 무제약적인 풍성함을 통해 일어나는 사실들이다. 아버지의 일을 배우면서 아버지를 알고, 아버지를 알면서 자신이 누구인지를 알게 된다. 그래서 일은 소명이며 선물이 되는 것이다. 그래서 뒤따르는 자로서 일꾼됨은 고난, 배척, 수난이라는 삶의 조건에도 불구하고 하늘 위를 걷는 줄 타는 자처럼 길을 간다. 이는 바로 소명이 자신의 정체성으로 부어지는 현실을 살기 때문에 가능한 일이다.

12. 일꾼을 위한 행동강령: 평화가 목적이다

본문: 눅 10장

일꾼됨의 의미

눅 9장과 10장은 각각 열두 제자의 파송과 일흔 두 제자의 파송에 집중되어 있고, 이들의 훈련 시작에 관한 것이다. 그리고 그 파송은 이미 6장의 남성 열두 제자의 선택과 8장의 여성 제자들섬기는 이들의 선택 이후에 나온다. 이러한 누가 이야기의 배치를 보면 1장부터 전개되는 남성 증언자와 여성 증언자의 목격 이야기를 포함할 뿐만 아니라, 본장에서는 샬롬 사역에 있어서 계급화를 넘어선 대중화로써 일흔 두 제자 이야기를 넣고 있다. 그리고 이 일흔 두 제자는 자비로운 실재하나님의 보편성과 풍성함에 따른 누가복음만의 이야기로서 다른 복음서에는 나와 있지 않다. 그만큼 누가는 샬롬나라의 일꾼이 되는 가능성에 있어서 열어놓고 있다. 이처럼 샬롬나라를 위한 리더십의 대중화와 민중화에 누가의 진술은 파격적이다.[55]

눅 10장은 눅 9장을 심화하고 확대하기 때문에 여기서 필자는 제자직의 내

---

55) 누가복음을 깊이 성찰하면 샬롬의 나라를 건설하는 데 있어서 제자직에 대해 열려져 있음을 볼 수 있다. 12 남성 제자만 아니라 여성그룹의 선택, 72제자들의 선택이 그 예이지만, 이미 마지막된 자, 잃은 자, 미천한 자의 증언자로서의 확인, 그리고 산상 설교가 아닌 평지 설교의 세팅 등의 예시를 통틀어 볼 때도 그러하다. 이는 자비롭고, 참된 실재(아버지 하나님)의 본성에 기인하며 모두에게 자녀와 일꾼됨의 가능성은 열려 있는 것이다. 이에 대한 각자의 신실한 응답이 자비롭고 참된 실재의 능력을 현실화하고 내면화하는 조건일 뿐이다.

용을 확대하고, 그 파송의 의미를 더욱 명료화하고자 한다. 다시 요약하여 앞으로 나가자면 다음과 같다. '미약하고 보잘 것 없는 증인들'은 천사의 고지에 대한 목격의 증인으로 나선다. 그것은 "은총을 가득히 받은 이여, 기뻐하여라, 주께서 너와 함께 하신다"1:28라는 실재the Real; 하나님의 은총자비로움, 기쁨 그리고 함께하심에 대한 자각에 대한 것이고, 그것을 가슴에 품은 존재로 변형된다.

이들의 선택은 다음 한 가지에 대한 소명의 삶을 위한 것이다. 즉, 자비로운 실재의 능력화empowerment에 대한 사명에 대한 것이다.

> "너희의 아버지께서 자비로우신 것같이 너희도 자비로운 사람이 되어라"
> (6:36)

희생자가난, 질병과 악령과 마귀로부터의 종살이됨에서 생존자로마의 지배체제하에서 생존의 보장이나 특권을 누림로 살아가는 무리들주로 바리새파나 율법학자들을 지칭의 길에서 나와서 은총, 기쁨, 그리고 신의 뜻과의 일치라는 목격자의 삶으로 초대하는 것은, 바로 '자비로운 사람되기'라는 일꾼된 자로의 부르심을 목적으로 한 것이다. 이것이 누가의 고백이자, 그의 증언 이야기가 중반부를 들어서면서 하고자 했던 중심 테제이다.

자비로움을 나누는 삶은 거룩하고 유일한 실재의 자비로운 본성과 연관되어 있다. 즉, 6:36의 "~한 것 같이 ~하라"는 실재와 존재의 본성적인 일관성 속에서 이루어지는 일이다. "~한 것 같이카도스"라는 행동은 실재-존재-행위를 이어주는 동일성의 원리에 따른 자발적인 열정과 헌신에 관련되어 있다. 실재가 그러한 것 '같이'내 존재와 삶도 그러하라는 일관성이 일꾼됨의 자질이 된다.

앞선 눅 9장에서 이미 진술한 것처럼, 카도스~처럼로서 '일'은 강제나 당위 혹은 의무가 아니라, 자비로운 실재와의 동일성의 원리에 따라 실재의 무제약적 베푸심에 기초하기 때문에 −씨뿌리는 자의 비유처럼− '은총'이요 '선물'이다. 즉 '내 것'을 주는 것이 아니다. 또한 '내가 해야 하는'일도 아니다. 그것은 '아버지'의 일을 대신하며, '내'가 실재/전체성/신의 도구나 통로가 되는 것이다. 그러기에 그것은 이 세상 지배체제의 노역에서 하나님의 일이라는 노역으로 바뀐 것이 아니라, 실재의 자비로운 호의에 의해서 그리고 그 자비를 확장하는 목적으로 자비로운 일을 하는 것은 오히려 나에게 자유, 눈뜸, 해방이 되는 배움과 성장이 되기 때문이다. 자비의 베풂이라는 일·행위를 통해 실재가 무엇으로 되어있고 나의 존재가 누구이고 무엇을 할 수 있는지를 자각하도록 돕는다. 희생자나 생존자를 넘어 목격자이자 일꾼된 자로서의 하나님 나라의 신비 속으로 '길을 가는 자'로 바뀌는 온전한 삶의 구현과 관련이 있는 것이다.

이 세상의 이리떼 속에서 어린 양으로 살기

목격자는 삶이 자비로운 실재의 무제약적인 베푸심이 현실로 주어져 있고, 그러한 통치가 흔들림 없이 영원히 그리고 제약 없는 시간과 공간에 활동하고 있음을 알아차린다. 그리고 자신이 그러한 실재의 자비와 연결된 존재하나님의 아들[딸]임을 안다. 그것을 세상의 현상들과 사건들 속에서 체질하여 사금을 골라내 듯 '분별'할 눈을 부여받는다. 목격자가 지닌 그러한 분별의 일시성을 넘어 일꾼된 자는 자비로운 실재에 대한 주목하기와 기존 가치체계에 대한 사고의 전복이라는 훈련을 받는다. 그러한 의식 전환의 훈련을 통해 분별의 일관성이라는 시야를 가짐으로써 자비로운 실재의 '능력화empowerment'의 도구가 된다. 즉, 질병 치유와 마귀 축출의 권능을 행사하게 된다. 이것이 일꾼됨의 사역이다. 이렇게 능력화는 분별과 다른 차원이 아니라 거룩한 실재와의 동일성과 일관성에서 나오는 행동의 결과물이다.

열 두 제자들, 섬기는 여인들, 그리고 칠십 이 명의 제자들은 '우리에게서 일어난 일'에 대한 '목격자되고 말씀의 일꾼된 자'눅1:1, 개역로서의 증언자들이다. 이제 10장의 72 제자 파송을 통해 일꾼됨이 무엇인지 누가 기자의 진술은 확연히 드러난다.

수동적이었던 그들은 이제 길을 걷고 찾아가는 '자비로운 사람'어린 양으로 바뀐다. 즉, 두려움이 없이 자비로운 실재의 뜻과 그 움직임에 자신을 맡기는 존재로서 자기-인식이 생긴다. '어린 양을 이리떼 가운데 보내는 것과 같은'10:3 상황이지만 이리떼에 대한 두려움이 없이 나서게 되는 이유는 바로 어린 양이지만 자비로운 실재의 인도함에 대한 신뢰가 있기 때문이다. 이로 인해 희생자나 생존자로서의 위치를 내려놓게 된다. 생의 의미나 목적이 생기고, 열정이 올라오게 되는 것이다.

이를 위해 우선 그들은 자비로운 실재를 신뢰하는 배움을 요청받는다. 두려움 이외에 또 하나의 장애물은 결핍에 대한 것이다. 그렇기 때문에 일꾼된 자는 이제 9장의 열두 제자 파송처럼 '지팡이나 식량자루나 빵이나 돈은 물론 여벌 내의도 가지고 다니지 않고'9:3, 또한 일흔 두 제자 파송처럼 '돈주머니도 식량자루도 신도 지니지 말 것'10:4을 요청받는다. 자비로운 실재의 무제약적인 풍성함과 공급에 대한 신뢰로 인해 그러한 미래 결핍의 염려를 가질 필요가 없는 것이다. 이렇게 두려움과 결핍감은 자비로운 실재의 무제약적인 풍성함과 베푸심에 대한 신뢰의 부족이나 그 실재로부터의 분리를 뜻하는 것이며, 그 실재와의 결속과 연결은 그러한 두려움과 결핍을 상쇄시킨다.

일꾼됨의 사명은 평화 세우기이다

일꾼됨의 가장 근본적인 조건인 두려움과 결핍을 내려놓게 될 때, 무엇이 그들에게 주어지는 것인가? 어떤 차원이 그들에게 펼쳐지게 되는가? 먼저, 가장 중요한 것은 자신이 뭔가 새로 시작하는 것이 아니라 이미 거룩한 실재가 뿌려놓은 씨가 자라서 결실을 앞두고 있기에 '추수할 자'로서 자신이 존재한다는 것을 아는 데 있다. "추수할 것은 많은데 일꾼이 적으니 주인에게 추수할 일꾼들을 보내 달라고 청하여라."10:2 일꾼이 할 일은 기초공사의 것이 아니라 이미 행한 일의 수확할 것에 대한 것이다. 그리고 이미 주인이 대부분 수고하여 개간하고 씨뿌리고 성장하도록 돌보았으니, 추수하는 일에 거들면 되는 것이다. 즉, 주인이 이미 상당히 많이 행해 놓은 상태이다. 그러니 마무리로 거들면 된다.

두 번째로, 일꾼의 일은 평화의 인사를 나누는 것이다. "어느 집에 들어 가든지 먼저 '이 댁에 평화를 빕니다!' 하고 인사하여라."10:5 하나님 나라 속으로 함께 들어가는 일이 핵심이라면 그것은 평화를 나눔으로 시작된다. 그 집이 평화를 원하게 하고 그러면 평화가 그 집에 머물게 된다.6절 수확은 삶의 염려라는 두려움과 필요한 것에 대한 결핍감을 상쇄시킨다. 그러한 일용할 양식과 더불어 일꾼은 찾아간 집에 평화와 안식이 깃들게 한다. 평화가 소득所得이자 결과가 되게 한다.

셋째로, 수확하기와 평화를 줌으로써 일꾼이 누리는 것은 '기쁨'이다. 이는 단순히 목격자로서 하나님이 하신 일에 대한 경험만이 아니라 분쟁이라는 마음의 가난의 극복, 질병의 치유 그리고 악령추출이라는 능력과 권세의 힘에 대한 실질적인 현실 상태의 변형에 대한 기쁨이다.

일흔 두 제자가 기쁨에 넘쳐 돌아와 "주님, 저희가 주님의 이름으로 마귀들까지도 복종시켰습니다"하고 아뢰었다. "그러나 악령들이 복종한다고 기뻐하기보다도 너희의 이름이 하늘에 기록된 것을 기뻐하여라"하고 말씀하셨다.(17절, 20절).

바로 '일꾼의 품삯'10:7은 바로 이러한 기쁨에 대한 것이다. 그 기쁨의 핵심은 무엇인가? 바로 평화에 대한 것이다. "뱀이나 전갈을 짓밟는 능력과 원수의 모든 힘을 꺾는 권세"19절가 주어졌다는 것이다. '뱀', '전갈', '원수의 모든 힘'은 매우 광범위한 메타포로서 삶을 무겁게, 힘들게, 혹은 독성이 있어서 생명을 앗아가게 하는 물리적이고 정신적인 모든 것에 대한 것을 포함한다. 착취와 억압 그리고 약탈이라는 로마 지배체제의 경제수탈체제에 대한 것이기도 하고, 삶의 풍성함을 제거하는 비난과 모욕 그리고 불화의 모든 힘에 대한 것일 수도 있다.

그 기쁨의 핵심은 바로 '이 세상에서 너희를 해칠 자는 하나도 없다'19절라는 확신에 깃들어 있다. 해함이 없음no harm은 지배체제의 종식을 뜻한다.[56] 그것은 적어도 일꾼된 자들의 마음에는 작동하지 않는 신념이 된다. 더 나아가 그 기쁨은 더욱 깊은 근원에서 일어나는 것이다. 바로 자신의 이름이 하늘에 기록된 것과 더불어 '철부지 어린이들에게 나타내 보이심'21절, 즉, 아버지를 알고 아들로서 자신을 아는 계시의 기쁨을 말한다. "아들이 누구인지는 아버지만이 아시고 또 아버지가 누구신지는 아들과 또 그가 아버지를 계시하려고 택한 사람만이 알 수 있습니다."22절

---

56) 평화를 위한 최소한의 측정 기준은 '해침이 없음'이라는 상태의 실현이다. 이것이 이 '땅에서 평화'의 조건이다. 그러나 평화의 최대치의 측정 기준은 더 나아간다. 이는 '하늘에는 영광'이라는 자신의 존귀함에 대한 실현이다. 이는 아들이 누구인지, 아버지가 누구인지 아는 존재의 상태(22절)가 됨을 뜻한다.

일꾼된 자의 기쁨의 본질은 이렇게 이 세상이라는 삶에서 '해함이 없음'이라는 자비로운 실재의 무제약적인 통치의 영원하심에 대한 자각과 아버지와 아들/딸로서의 자기 정체성에 대한 자각conviction에 놓여있다. 일꾼의 품삯은 보상으로서 나에게 돌아오는 소유, 질병의 치유 혹은 마귀축출이라는 능력의 행함이라는 행위 속에 있지 않다. 그러한 행위들은 모두 하나님 나라에 들어감의 징표이며, 또한 그 하나님 나라는 자비롭고 거룩하신 실재하나님의 무제약적인 베푸심의 본성과의 연결과 그 곳에 머무름이라는 본질적인 기쁨에 비한다면 온전한 기쁨이 아닌 것이다.

일꾼을 위한 궁극적인 보상의 본질

거룩한 순간은 거룩한 관계를 통해 일어난다. 행위는 그러한 관계의 표징이다. 그 거룩한 관계는 바로 아들이 누구이고 아버지가 누구인지 아는 살아있는 상호 소속의 관계holy communion를 통해 일어난다. 그럴 때 지고한 기쁨, 지고한 행복의 상태는 다음의 원리에 의해 이루어짐을 알게 된다.

너희가 지금 보는 것을 보는 눈은 행복하다.(10:23)

외적이고, 물리적인 조건의 충족이 아니라 보상과 손실의 결핍이 씻겨 나간 눈에 의해 행복은 펼쳐진다. 일꾼된 자의 보는 눈 그 자체의 행복이란 영화관의 스크린에 펼쳐지는 상황, 인물, 사건이라는 외적으로 보여진 것들의 지각知覺에 대한 것이 아니다. '보여진 것'이 아니라 자비롭고 거룩한 실재와의 동일성과 속함이라는 일치 속에서 외적인 조건의 그 어찌됨과는 상관없이 실재와의 일치 속에서 보고 있음이야말로 기쁨의 유일한 조건이 된다. 보고 있는 판단자나 보여진 그 무엇의 소득과 손실의 결과 없이 오직 실재와의 거룩한 관계/연결 속에서 보고 있음의 눈이 될 때, 보여지는 현실은 실재 세상의 본래성을 드러내며, 육신으로 보였던 지배와 상실의 세계라는 환영 뒤에 실재의 지속적인 창조 작업이 드러나게 되는 것이다.

지금 일어나고 있는 것을 보는 새로운 눈의 행복은 나중에 누가의 성령의 소개를 통해 그 확실성을 보장하지만특히 누가가 쓴 사도행전에서 그렇다, 10장에서는 '지금 보는 것을 보는 눈의 행복'을 위해서 다음과 같은 두 가지 예화를 통해 일의 본성과 보는 것의 핵심을 정리하고 있다.

그 첫째는 율법학자가 예수를 떠 본 "선생님, 제가 무슨 일을 해야 영원한 생명을 얻을 수 있겠습니까?"10:25라는 질문이다. 예수는 말한다. 일이 아니라 관심의 궁극상태 곧 사랑에 주목하는 것이 요점이라는 것이다. "네 마음을 다하고 네 목숨을 다하고 네 힘을 다하고 네 생각을 다하여 주님이신 네 하나님을 사랑하라. 그리고 네 이웃을 네 몸같이 사랑하라"27절 일이 아니라 존재의 상태로서 사랑하기헬, 아가페세이스; '너는 사랑하라'; 아가페는 에고의 분리없는 무제약적인 증여로서 사랑을 말한다를 통해 이루어진다고 설명한다.

누가 기자가 다른 복음서에 없는 자신만의 이야기인 선한 사마리아인 비유를 하나님과 이웃 사랑하기 이야기에 집어 넣은 것은, 자비로운 실재의 보편성과 하나님의 아들/딸됨의 보편성으로서 이웃의 자기 몸됨이라는 실재의 불가분리성이라는 깊은 인식을 보여주고자 하는 핵심통찰과 관련된다. 거룩하고 자비로운 실재의 무제약적인 보편성과 풍성하심이 없는 곳이 없으시며, 우리 각자의 존재성은 실재의 자비로움과 연관된 본성을 가진 하나님의 아들이자 딸됨이 맞는다면, 그것은 나 한 사람에게만 주어진 것이 아니라 타자들에게도 부여된 것이기에 개별적인 몸의 경계선은 없어지게 된다.[57] 타자들에게도 하

---

57) 자비로운 실재의 호의와 실재의 영향력은 어느 곳(everywhere)이고, 누구나

나님의 아들/딸됨이라는 논리적인 확장이 맞으므로, 실재에 대한 사랑과 이웃에 대한 사랑은 분리될 수 없다. 따라서 해침없음의 수준에서 더 나아가 마음/목숨/힘/생각을 다하여 하나님을 사랑하고 네 이웃을 사랑하는 것은 기쁨의 최고 상태를 이룬다는 의미이다. '다하여 사랑하기agape-ing'는 소극적인 해침없음을 완성하면서도 그것을 넘어서는 궁극적인 기쁨이 된다.

이 선한 사마리아 사람을 통해 일꾼된 자의 '일'의 새로운 차원으로서 '다하여 사랑하기'의 내적인 차원의 중심을 세우기라는 비유를 설명하면서 더욱 확실한 또 하나의 비유를 든다. 그것은 마르타와 마리아의 이야기이다. 마르타는 '시중드는 일'에 관심이 있어서 예수께 청한다. "주님, 제 동생이 저에게만 일을 떠맡기는 데 이것을 보시고도 가만 두십니까? 마리아더러 저를 좀 거들어 주라고 일러 주십시오"10:40 예수께서 다루고자 하시는 것은 일꾼된 자에게 시중드는 일이 필요 없다는 것이 아니다. 오히려 일의 성격과 그 일을 하는 '마음의 중심'이 어디에 있는가에 대한 것이다. 예수가 "실상 필요한 것은 한 가지뿐이다. 마리아는 참 좋은 몫을 택했다. 그것을 빼앗아서는 안 된다"42절고 말한 의미는 해야 할 '많은 일'폴루스 보다 '한 가지'헤노스를 강조한 것은 바로 '지금 보는 것을 보는 눈의 행복'에 대한 것이기 때문이다. 해야 하는 많은 일에 대해서 '염려'많은 일에 다 마음을 쓰며 걱정하기;10:41보다는 '참 좋은 몫'인 한 가지라는 '다하여 사랑하기'라는 마음의 중심이 어디를 향하고 있는지를 보여주고 있기 때문이다.

선한 사마리아인의 비유는 사제와 레위인의 신분과 가서 해야 할 일의 당위성의 지체함이라는 두려움과 마르타의 많은 일을 어쩔 수 없이 해야만 한다는 결핍에 대한 에고의 수행에 대해 다른 길을 가는 법way과 이치에 대한 비유이

다.(everyone, all)에게로 향한다. 이렇게 실재의 자비로움은 무제약적이고 제외를 하지 않는 특성을 지닌다는 게 누가복음의 증언이다. 그러한 무제약성은 미천한 자, 끝장난 자, 그리고 잃은 자에 대한 잔치의 비유 이야기의 핵심이다.

다. "내가 너희를 보내는 것이 마치 어린 양을 이리떼 가운데 보내는 것과 같구나"10:3는 외부의 적대적 세력과 다른 신념의 사람들에 대한 비유로서 이리떼만 아니다. 내 안의 내가 '다하여 사랑하기'라는 내면의 어린 양이라는 영혼의 뒤따름을 방해하는 당위와 책임의 '논리'라는 내면의 이리떼도 존재하는 것이다. 그러므로 다음의 문장을 다르게 읽을 수도 있다.

> 내가 너희에게 뱀이나 전갈을 짓밟는 능력과 원수의 모든 힘을 꺾는 권세를 주었으니 이 세상에서 너희를 해칠 자는 하나도 없다. 그러나 악령들이 복종한다고 기뻐하기보다는 너희의 이름이 하늘에 기록된 것을 기뻐하여라. (눅10:19-20)

그렇다. 거룩하고 자비로운 실재의 무제약적인 베푸심에, 씨뿌리는 자의 비유이 사실이라면, 이 세상에서 외적外的으로 나를 해칠 자는 하나도 없는 것은 맞다. 뱀, 전갈, 원수는 그리 문제가 되지 않는다. 그러나 그러한 외적인 측면에서 악령들이 복종한다는 것이 기쁨의 근거가 되는 것은 아니다. 인과관계에서 그것은 결과의 측면이기 때문이다. 원인은 이름이 하늘에 기록된 것, 즉 판단없고 무제약적인 자비의 베푸심과의 연결됨과 그 샬롬의 영역에 소속함이 기쁨의 근거가 될 필요가 있다. 그 이유는 나를 해칠 자는 내적으로 내 안에 존재할 수 있기 때문이다. 일꾼이 주목해야 하고 진실로 염려해야 하는 것은 따라서 내 안의 두려움과 결핍이 실재성을 갖는 것이다. 그러한 두려움과 결핍은 밖으로부터 오는 것이 아니라 내 안의 마음의 작동으로 오기 때문이다. 따라서 그러한 두려움과 결핍을 제거하기 위해 다하여 사랑하기agape-ing가 요청된다.

'다하여 사랑하기'는 그러한 두려움과 결핍에 대한 사고가 들어올 수 없게 한다. 그 뿐만 아니라 '다하여 사랑하기'는 하는 일과 행위를 자발적이고 진정성 있게 한다. 또한, 그러한 행위를 통해 거룩한 실재로부터 오는 에너지를 계속 자신 안에 움직이고 있는 것을 알게 한다. 이로 인해 자신의 정체성과 가능성이 재확인된다. 자비로운 실재에 연결하여 존재로 있게 될수록 행위는 저절로 상황에 맞게 펼쳐져 나간다.[58] 이것이 필요한 한 가지 일이며 '참 좋은 몫'이며 그것을 빼앗겨서는 안 된다.

---

58) 이에 대해 흥미로운 책을 소개하면 다음과 같다. 레스터 레븐슨, 헤일 도스킨 저, 아눌라 스님 역 「세도나 마음혁명」 (2016, 쌤앤파커스) 번역자가 스님이어도 저자는 기독교 문화 속에 있는 분이다. 일반 리더십에서는 다음 책을 추천한다. 조셉 자보르스키 저, 강혜정 역, 「싱크로니시티, Synchronicity」 (2021, 개정판, 에이지21) 명상과 일에 대한 관련 서적으로는 다음이 있다. 마이클 싱어 저, 김정은 역, 「될 일은 된다」 (2016, 정신세계사)

13. 일꾼의 역량강화와 그 훈련

본문: 눅 11장

일꾼을 위한 실천역량강화 가이드

자신의 생을 증인으로 살고, 세상에 자신의 생으로 자비로운 실재의 풍성하심을 증언하기라는 누가복음의 대담한 인식−행동의 치열한 고뇌는 이제 11장으로 들어오면서 그 전개되는 관심의 핵심축이 바뀐다. 증인의 문제는 서서히 목격을 넘어서 이제 일꾼됨이라는 하나님 나라의 신비에 대한 실천역량에로 넘어가고 있다. 12 제자 파송과 72 제자 파송 등의 이야기를 거치면서 예수 자신의 자비로운 실재의 화육incarnation과 그 실천에 관한 이야기가 '예수의 일 행들'이야기로 바뀌면서 '직접 눈으로 보고목격 말씀을 전파한 사람들일꾼된 자들'1:2로서 제자들에 대한 내밀한 가르침이 점점 더 강력해지고 있다.

누가 기자가 보는 인생의 4가지 존재방식은 희생자질병과 악령에 들린 자, 생존자무리들과 종교교사들, 목격자자비로운 실재에 대한 접촉과 영감을 받은 증언자들 그리고 일꾼된 자하나님 나라의 신비에 참여해서 이를 나누는 자이다. 누가 기자에게는 일꾼된 자의 훈련과 샬롬의 리더십 형성에 자신의 누가−행전의 저술목적의 중요성을 두고 있으며, 이는 누가복음서만의 독특한 72 제자 파송10장에서부터 자비로운 실재의 보편적 현존과 샬롬 리더십의 민중화라는 그의 전략에서 매우 두드러지는 스토리 전개 부분이다. 지배체제의 견고함과 그 작동 시스템의 강력한 위력은 목격자를 넘어 일꾼된 자라는 핵심역량의 구축을 필요로 하기 때문이다.

일꾼된 자의 평화역량은 이미 치열한 집중력과 헌신성에서 예고되어 있었다. 10장의 72 제자의 선택제자됨의 민중화, 만인의 평화일꾼화에서는 악령들의 복종에 대한 단순한 기쁨을 넘어서 마음/목숨/힘/생각을 다해 하나님을 사랑하고, 네 이웃을 네 몸처럼 사랑하기10:27; 헬라어 아가페세스는 하나님과 이웃에 동시에 적용되는 같은 동사임을 주목하라로 평화일꾼의 자세를 소개하고 있다. 결과의 수확보다도 마음 자세에 신경쓰라는 이야기이다. 뿐만 아니라 마르타/마리아의 이야기를 통해 한 가지 교훈을 평화일꾼의 전형인 마르타자비로운 실재에 시중드는 자에게 당부한다.

"마르타, 마르타, 너는 많은 일에 다 마음을 쓰며 걱정하지만 실사 필요
한 것은 한 가지뿐이다. 마리아는 참 좋은 몫을 택했다. 그것을 빼앗아서
는 안 된다."(10:42)

11장에 연결되는 이 10:42 절의 참 좋은 한가지 몫은 평화일꾼이 시중드는 자로서 활동할 때 그 어떤 상황에서도 빼앗겨서는 안 되는 것임을 말해준다. 그렇게 해서 평화일꾼의 온전한 활동을 강화시키고 있다.[59] 마르타처럼 하나님 나라의 실현을 위해 시중을 드는 평화일꾼에게 '많은 일에 대해 다 마음을 쓰며 걱정'하지 않고 필요한 한 가지라는 참 좋은 몫에 신경써야 하는 것은 무엇일까? '예수의 일행'8:23이 되어 자기 인생이라는 호수에 사나운 바람이 내리 불어 자기 삶이라는 배에 물이 들기 시작하여 위태로울 때, '길을 떠날 때'

---

59) 대부분의 주석들이 비유로 마리아가 마르타보다 지위·역할의 높음과 우선성을 강조하는
   것으로 설명하지만 나에게 있어 희생자–생존자–목격자–일꾼된 자의 누가복음 이야기 전
   개에 따르면 이런 해석은 신뢰할 수 없는 것이다. 마르타는 중요한 몫을 하고 있다. 그것이
   참 좋은 몫이 되려면 무엇을 상실해서는 안 되는지를 알려주고자 하는 사랑의 권면인 것이
   다.

9:3 지팡이, 식량자루, 빵, 돈, 내의에 대한 필요의 염려가 올라올 때, 그리고 '이리떼 가운데 보내지는'10:3 어린양처럼 자신이 무력하게 느껴질 때, 필요한 좋은 몫 한 가지는 무엇인가? 그것을 어떻게 움직이면서활동하면서 실습하는 것인가?

그것은 '주의 기도'11:1-4와 세상에서의 실천11:5-13에서 보듯이 하나님의 뜻/의지와 나의 뜻/의지의 일치에 있다. 주의 기도는 평화일꾼을 위한 의식-행동의 하나됨unity에로의 초대이다. 거룩한 실재의 아버지됨참되시고, 무한히 베푸시는 공급자에 대한 자각과 아버지의 나라가 오게 함이라는 신의 평화와 풍성함을 오게 하는 의지/뜻에 자신을 연결한다. 그와 동시에, 이 지상의 삶에서는 그러한 참됨과 풍성함을 빼앗아 버리는 결핍에 대해 '일용할 양식'의 허락과, 잘못, 죄, 유혹이라는 두려움에로의 추락에 대해 용서와 건져내심을 의식-실천 속에 담는 것이다. 먼저는 아버지라는 자비로운 실재의 풍성히 베푸심이라는 실재의 근원적인 뜻/의지의 내적인 수용과 그 실재로부터의 분리에 따른 탐욕, 잘못, 죄, 유혹이라는 두려움과 결핍이라는 일상 의식을 전복顚覆하는 치열한 일관성의 실천에 대한 것이었다.

실천역량과 줌giving, 기여의 본성

이러한 주의 기도의 이해는 예수의 한밤중에 찾아온 친구에 대한 이웃집에서의 빵의 구걸에 대한 비유로 연결된다. 두려움"한밤중"과 잠자리의 "귀찮음"-11:7, 8과 결핍"내어 놓을 것이 없음"-11:6에 있어서 이웃의 문을 두드리는 이유는 우정필로스의 이유로는 그 두려움과 결핍을 극복할 '일용할 빵'을 얻는 능력이 나오지 않는다는 것이다. 그러한 두려움과 결핍의 제 조건들을 -한밤중, 빵이 떨어짐, 이웃 친구의 귀찮아함과 무관심- 전환하는 그 근본된 한 가지는 무엇인가?[60]

그러므로 나는 말한다.

"구하여라. 받을 것이다. 찾아라, 얻을 것이다. 문을 두드려라 열릴 것이다. 누구든지 구하면 받고 찾으면 얻고 문을 두드리면 열릴 것이다."(9-10절)

이러한 행위가 한 가지 '참 좋은 몫의 택함'10:42이 되기 위해서는 한밤중에 이웃 친구 집에 가서 응답없어도 인내하며 문을 두드리라는 뜻은 아니다. 이는 오히려 구하고 얻고 열리는 근원인 아버지의 뜻의 헤아림에 있는 것이다. 곧, 실재하나님/신는 자비롭고 무한히 풍성하다는 인식에 대한 자각의 문을 여는 것을 말한다. 그 자각의 문은 두려움과 결핍을 넘어선 아버지의 뜻/의지에 대한 접속·연결connection에서 발생한다. 무한한 자비의 실재에 대한 철저한 자기 개방으로서 마음/목숨/힘/생각의 한가지에로의 집중과 이웃과 내 몸의 한가지에로의 집중에 대한 것이기도 하다. 한밤중에 찾아온 친구를 위한 빵의 제공은 내가 공급자가 되는 샬롬의 실천을 이야기하는 것이 아니다. 그것은 자비로운 실재의 무한한 베푸심에 대한, 즉 자비로운 실재가 공급자라는 인식의 일관된 확장으로서의 실천을 말한다. 내가 그러한 아버지의 일에 도구가 되는 것이다.

---

60) 마르타와 마리아 이야기와 한밤중 찾아온 친구를 위한 이웃으로부터의 빵의 구걸의 이야기는 한 짝으로 보아야 한다. 이 이야기를 하나의 발전적 스토리로 보면 스토리의 주인공은 '일'하는 마르타에게 있다. 일을 하는 그녀에 대한 긍정과 더불어 더 좋은 한 가지를 보완할 필요가 있다. 두 스토리 모두가 시중(service)하는 '일'로 연결되고 있고, 중요한 것은 일의 목표 실현이 아니라 그 일을 왜 하는지에 대한 자비로운 실재와의 연결이라는 '마음가짐'이 다루어지는 것이다. 만일 전통적인 주석의 이해처럼, 마리아의 기도나 관상의 우선성을 다루는 문제라면 빵의 구걸 이야기는 등장할 필요가 없었다. 이야기 전체 흐름이 일꾼된 자를 위한 가르침에 집중하고 있기 때문에 '좋은' 혹은 제대로 하는 '일'의 성격(본질)에 대해 이야기가 흘러가고 있는 것이지, 일을 내려놓는 것의 이슈는 아니다. 게다가 구하고 찾고 두드리는 것은 '일'(행동)에 대한 것이다.

거룩한 실재는 일상에서 우리의 '잘못' '죄' '유혹'에 대해 자신의 풍요로운 줌을 거두거나 뺏는 법이 없다. 무한한 공급자로서 자비로운 실재는 그 본성이 '줌giving'에 있으며, 그래서 아버지이다.[61] 그리고 그러한 실천의 일관성 안에서 자신과 타자에 대한 경계선을 넘어 타자에게 베풀어진 것을 통해 자신이 누구인지를 재확인한다. 나는 아버지의 아들·딸이며, 내 안에 무엇이 진실로 있고, 그래서 무엇이 더욱 가능한지, 자신 안에 있는 잠재적 가능성을 깨닫게 된다.

누가 기자의 사고는 다음과 같이 혁명적인 사고를 동반한다.[62]

생선을 달라는 자식에게 뱀을 줄 아비가 어디 있겠으며 달걀을 달라는데 전갈을 줄 사람이 어디 있겠느냐? 너희가 악하면서도 자녀에게 좋은 것을 줄 줄 알거든 하늘에 계신 아버지께서야 구하는 사람에게 더 좋은 것 곧 성령을 주시지 않겠느냐? (10-13절)

'뱀'과 '전갈'은 이미 10장에서 72 제자들에게 예수가 말한 비유에서처럼 마귀들이 갖고 있던 지배의 힘이었다. '뱀이나 전갈을 짓밟는 능력과 원수의 모든 힘'-10:19 실재의 존재성이 참이자 자비이며 무한한 공급원으로 작동하고 있고, 그것이 종교적으로 하나님은 아버지이고 나는 하나님의 아들이라는 의미라고 한다면, 주고 베푸는 실재8장 씨뿌리는 자의 비유 참조는 그 어떤 조건에서도 그 주는 것

---

61) 하늘 아버지라는 메타포는 신이 남성이자 아버지라는 젠더를 가지고 있다는 것은 당연히 아니다. 아버지는 주고 베풀며 보살피는 속성에 대한 인간적인 상상력(인간이 그렇게 할 진대 당연히 신께서는 더욱 충분히 그리고 완전히 하실 것이다)의 메타포이다. 메타포는 그 자체가 아니라 달을 가리키는 손가락처럼 자신의 실체성을 넘어 보이지 않는 진실의 차원을 가리킨다.

62) 좋은 것을 주는(giving, serving) 일과 행위는 거룩한 실재의 아버지됨(fatherhood; 이는 하나님이 남성이라는 뜻이 아니라 풍성히 주는 자로서의 아버지란 뜻임)에 비추어 황금률(~대로~)을 따라 하는 것이다. 전제는 내 의지나 뜻이 아니라 아버지의 뜻과의 일치 혹은 아버지의 마음을 헤아려 행함이다.

을 멈추지 않는다. 평화일꾼은 그렇게 실재의 무한한 자비의 지속적인 줌/베 품에 있어 '더 좋은 것'13절이라는 근원적인 그 한 가지의 '참 좋은 몫'에 대한 자 각을 통해 '좋은 것을 주는'사회적 실천을 행한다.

그러므로 평화 일꾼은 철저히 '한 가지'의 일관성과 그에 따른 헌신을 빼앗기 지 않는다. 그것은 '더 좋은 것'참 좋은 몫-10:42에 내가 기반하고 있기 때문에 나 는 좋은 것을 타자에게 주는 것이 내 할 일이다라는 것이다. 즉, 자비로운 실재 의 무한한 베푸심이 실재의 근본 본성이고, 거룩한 실재의 아버지됨임을 자각 하고 있기에, 나의 행함은 '좋은 것'을 주는 평화 사역도 이로부터 나온다는 것 을 안다. 참된 좋은 근원이 좋은 일하기service로 확대되는 것이다.

참된 좋은 근원과 좋은 일에 대한 일관성 있는 인식과 그 실천이야말로 '베 엘제불의 힘'11:15을 알아보고 그것과 구분되는 능력을 행사할 수 있다. 왜냐하 면 베엘제불의 힘은 그 결과가 '갈라져서 서로 싸우고 망하게 하는 법'17절에 따 라 작동하고 있기 때문이다. 갈라져서 서로 싸우고 망하게 하는 세상의 현상 들에 대해 베엘제불·마귀 등은 사람들로 하여금 힘을 소유하도록 부추긴다. 그렇게 하는 논리는 "힘센 사람이 빈틈없이 무장하고 자기 집을 지키는 한 그 의 재산은 안전하다"21절라는 그럴듯한 하지만 궁극적으로는 거짓된 자기-방어의 논 리를 심어주기 때문이다.[63]

아이러니한 것은, 그렇게 자기-보호를 위한 무장과 재산의 안전을 위한 무 장의 논리로서 힘의 소유와 그 축적은 그 반대의 결과를 가져온다. "그러나 그 보다 더 힘센 사람이 달려들어 그를 무찌르면 그가 의지했던 무기는 모조리 빼

---

63) 지배체제의 논리는 이토록 간단하다. 자기 방어(무장), 집의 소유, 그리고 물질적인 안전 (재산)은 힘을 소유한 자의 몫이라는 가르침이 그것이다. 그렇게 해서 힘(영향력, 돈, 소 유, 성취, 명예, 지위)을 소유하는 '힘센 사람'이 될 것을 종용한다. 힘이 센 사람이 세상에 서 살아남고 안전할 것이라는 논리가 지배체제를 받드는 정신적인 지주이다. 샬롬의 평등 체제는 이와 다르다. 주는 것(giving, serving)이 힘(능력)을 준다. 그것이 명예와 존귀를 가져온다. 샬롬나라의 일꾼은 그러한 자유와 영광을 위한 목적으로 일한다.

앗기고 재산은 약탈당하여 남의 것이 될 것이다."22절 힘의 소유는 더 큰 힘의 소유의 필요성을 불러내고, 자기 보호로 가졌던 무기는 오히려 남에게 위협이 되거나 타자를 찌르게 되어 또 다른 강력한 무기의 행사를 불러들인다. 무기와 공격으로 보호를 한다는 것은 진실이 될 수 없다. 왜냐하면 망치를 들고 있으면 결국 박을 못만을 생각하게 만들기 때문이다. 그래서 '약탈당하고 남의 것이 되는' 현상이 반복되는 것이다. 결국, 힘을 행사하는 상황에서는 중립자는 존재할 수 없게 된다. 오히려 치열하게 주는 것service이야말로 베엘제불의 힘의 자장력이 아닌 자비로운 실재의 자장력에 있게 만든다. 그것이 자신을 보호하는 안전이 되고 행동하는 능력의 기원이 된다.

> 내 편에 서지 않는 사람은 나를 반대하는 사람이며,
> 나와 함께 모아들이지 않는 사람은 헤치는(영어:scatter) 사람이다.(23절)

힘의 소유와 그 확대가 문화와 시스템속에서 작동될 때 중립자는 없다. 아무것도 안함은 오히려 그에 대한 공모자가 된다. 뱀과 전갈이라는 해침과 갈라져 서로 싸우고 망하는 상황에서는 좋은 일을 안하는 것은 이미 실재에 대한 반대편에 있는 사람이 되어버리고 만다. 자비로운 실재에 따른 좋은 일을 함께 하지 않는 사람은 갈라져 흩어져 망하게 하는 사람이 저절로 된다. 그러한 갈라져 싸우고 망하게 하는 힘의 역장力場에서는 '내 편자비로운 실재의 베푸심을 실천하기'에 서지 않거나 '나와 함께 모아들이지 않는 사람'은 반대자이자 헤치는모아들임의 반대 사람으로 전락하게 된다. 그렇기 때문에, 평화일꾼으로의 소명에 대한 초대로의 응답이 필요하게 되는 것이다.

그러한 자비 형이상학과 자비의 경제학의 실천가로서 평화일꾼됨의 요청은 또 하나의 비유로 자기 강화self-enforcing된다. 그 비유는 되돌아 온 악령의

비유11:24-26이며, 실천의 최종성에 대한 최종적인 변론의 역할을 한다. 목격자로서 희생자나 생존자로의 마음과 그 생활습관을 청소하고 산다고 할지라도 얼마 못 가는 것은 그 추방된 악령이 '자기보다 더 흉악한 악령 일곱'을 데리고 들어와 자리잡고 살기 때문이다. 그렇게 되면 그 목격자에게 있어서 삶은 더욱 힘들게 된다. 예수는 말한다. "그러면 그 사람의 형편은 처음보다 더 비참하게 된다."26절 자신의 형편이 처음보다 더 비참하지 않고 성장과 배움으로 가기 위해서는 자신이 경험한 진실에 대한 자기-투신이 필요한 것이기 때문이다.

그러므로 힘의 소유와 이를 위한 자기-보호의 확장에 대한 것을 넘어서 평화일꾼에게는 일관되게 다음과 같은 질문을 상시적으로 자신에게 던지는 것이 중요해진다. "나는 요즈음 내 영혼에 어떤 진실이 나를 움직이게 하고 있는가?" 자신의 행복이 '하나님의 말씀을 듣고 그 말씀을 지키려는'11:28 곳에, 즉 자비로운 실재의 의지/뜻과 자신의 의지/뜻을 연결시키려고 할 때 '행복마카리오스'은 출현하게 된다. 그리고 그것이 '기적의 표'30절가 된다. 혈육과 세대의 요구를 넘어 자비로운 실재의 원리에 대한 연결이 솔로몬의 지혜보다 더 큰 배움31절인 것이다.

자비로운 실재와의 연결을 위한 뜻/의지의 일관성을 지키는 것은 '눈의 성함'에 있다. 자기에게 이미 본성적으로 부여된 '네 안에 있는 빛'35절은 마귀의 힘을 꺾는 권세/힘을 준다. 자기 안의 등불을 켜고 살 때 평화일꾼은 분별과 능력을 동시에 행사할 수 있게 된다. 하나님의 능력으로 마귀갈라져서 서로 싸우고 망하게 하는 힘를 쫓아내고 있다면 이미 하나님의 나라는 자기 안에 와 있는 것이다.20절 그러한 능력은 제대로 보는 분별을 통해 온다. 즉, 주는 능력을 행할 때, 일꾼은 이제 삶의 지혜와 통찰이라는 눈을 얻는다. 그리고 그러한 분별과 능력을 통해 이미 자기 안에 '하나님의 나라'가 와 있음을 알게 된다. 하나님의 나라는 미래의 것이 아니라 지금 누려야 하는 영역이고, 이는 평화일꾼에게 거하는 마음과 활동의 장소이다.

평화일꾼에게 명심해야 하는 것은 내 안의 빛은 내 능력의 소유 여부에 있지 않다는 것이다. 그 등불은 이미 본래 실재로부터 주어져 있었으나, '숨겨 두거나 됫박으로 덮어 둔'33절 상태의 제거를 통해 그 등불의 힘과 밝기는 저절로 드러나기 때문이다. 숨겨 둔 것을 드러내거나 덮어 둔 것을 치우기만 하면 그 자체의 밝기와 힘은 스스로 드러난다. 이미 주어져 있는 빛은 스스로 감추거나 덮개로 가리는 장애로 인해 그 빛을 막고 있을 뿐이다. 이는 자비로운 실재의 자기-줌으로부터 이미 전제된 진실이다.

일과 행동을 통해 자비로운 실재와의 연결과 내면의 등불을 켬이라는 평화일꾼의 삶은 엘리트 지도자들의 겉모습 치장을 반면교사로 하여, 자신에 대한 경종으로 더욱 어린 양으로서 이리떼들 속으로 들어갈 때 자신의 행동거지를 제대로 볼 수 있게 해 준다. 엘리트 지도자들은 '잔과 겉은 깨끗이 닦아 놓지만, 속에는 착취와 사악이 가득 차 있음'39절을 보게 될 때 그 위험을 알라. 이는 '화를 입게 하는'44절 삶이다. 왜냐하면 이들은 '예언자의 무덤을 꾸미고 있기'47절 때문이다. 예언자의 삶을 이야기는 하고 있으나 그 생명은 잃고 장식裝飾으로 산다는 것은 자비로운 실재를 아는 '지식의 열쇠'를 잃어버리고, 자신도 들어가지 않으면서 남들이 들어가는 문을 막아버린 꼴이 되기에 화를 입히는 위험한 것이다.52절

> 예수께서 그 집을 나오셨을 때 율법학자들과 바리사이파 사람들은 몹시 앙심을 품고 여러 가지 질문을 던져 예수의 대답에서 트집을 잡으려고 노리고 있었다. (53-54절)

필요한 것은 예수처럼 그 집을 나오는 것이다. 그리고 알게 된다. 그들이 점점 앙심을 품고 질문을 하며 트집을 잡으려고 당신을 흔들려고 노리고 있음을 보게 된다. 그들이 그렇게 앙심과 트집잡기로 성이 난다면 일단 당신은 그로 인해 당신이 어느 길을 가야 할지를 더욱 분별할 수 있게 될 것이다. 그들의 분노와 앙심으로 인해 참과 거짓, 실재와 환상, 신의 뜻과 이 세상이 요구하는 기적의 차이가 더욱 선명히 보일 수 있게 된다. 어찌보면 오히려 감사할 수 있는 상황이기도 하다. 더욱 가는 길과 해야 할 일이 명료해지기 때문이다.

평화일꾼에게 참된 한 가지 좋은 몫은 내면의 빛을 밝혀 나의 온 몸과 삶이 밝도록 하는 것이다. 그것은 다음과 같은 깨달음 속에서 일어난다.

자비로운 실재가

더 좋은 것을 주시기에

나는 남에게 좋은 것을 주리라.

내 주변이 자비로운 실재신의

풍요로움으로 나를 지지해 주고 있다.

내 안에는 꺼지지 않는

거룩한 등불이 타오르며 비추고 있다.

이 자비로운 실재와 거룩한 내면의 등불이

내가 가야 하는 길과 하는 일을 밝혀 주리라.

이것이 나의 평화일꾼됨을 위한

참 좋은 한가지 몫이고

나의 일용할 양식이 되게 할 것이다.

14. 평화역량의 실천: 실재의 현실화

본문: 눅 12장

이리떼 속에서 어린 양으로서 사는 전략

2020년 8월 말의 현재 상태에서 나에게 비춰지는 국내 현실의 모습은 매우 암울한 상태이다. 코로나19의 재확산의 조짐에 대한 강력한 정부당국의 긴장과 이로 인한 일반시민의 생계와 자영업자들의 고통, 게다가 여름과 가을에 새로운 현상으로 몰아치고 있는 강력한 태풍들의 계속적인 위협이다. 여기에 조국사태로 특수부 검사와 정치검사들이 벌이는 조국가족의 전방위 압박의 올가미 조사와 기소들, 공공의료 정책구상에 대한 의사와 전공의들의 집단적 반발, 8.15집회를 통해 드러난 한국 개신교의 대형교회와 부흥사 및 정치 장로들이 펼치는 공공성의 상실과 문재인정부에 대한 종교 이데올로기적인 증오심이 강력한 현상으로 부각되고 있다. 게다가 이미 경제로는 세계 9위, 군사력으로는 세계 6위의 위치에 오른 한국에 대한 미국의 계속적인 주한미군 군사비 증액과 남북관계의 개선에 대한 제국적인 압박이 지속해서 펼쳐지고 있다. 사회적 재난, 엘리트집단의 기득권 포기에 대한 저항, 극우보수세력과 연결된 대형교회 목회자들의 편향적인 경직성 등의 그동안 묵혀있던 것들이 한꺼번에 총체적으로 올라오면서 한국사회에 감추어져 있던 민낯들이 드러나고 있다.

그러한 한국의 현 상황은 누가 기자가 살았던 시대와 그 정도의 차이는 있지만 그 본질적인 역할자들의 행동과 그 영향력의 방향은 다르지 않다. 현대의 법치 시스템에도 그러하건대 과거 시대는 얼마나 지배체제가 노골적이고 집요한지를 상상할 수 있기 위해 한국 상황의 예시를 든 것이다. 제사장과 지식인 공동체의 기득권 행사와 정치 엘리트와의 공모 그리고 외부세력인 로마제국의 강력한 수탈과 억압의 지배체제는 서로 연결되면서 당시의 이스라엘 민중들아함레츠–"땅의 사람들"을 힘겹고 절망적인 상태로 몰리고 있었다. 누가가 복음의 전령자, 곧 목격자이자 일꾼된 자들로 세운 미천한 자the least, 마지막된 자the last 그리고 잃은 자the lost의 선택은 물론 자비로운 실재의 강력한 현존과 그 활동에 대한 것이기도 하지만 다른 한편으로는 그 당시 경제정치체제가 지닌 폭력성과 비인간성으로 인한 절망과 무력감에 대한 상징적인 표현이기도 하였다.

누가 기자에 따르면 그러한 지배체제의 권력과 특권의 엘리트들이 만들어 놓은 구조화된 시스템 속에서 더 이상 희생자나 생존자의 삶이 아니라 목격자나 일꾼된 자로 사는 것은 예수의 말대로 "이제 내가 너희를 보내는 것이 마치 어린 양을 이리떼 가운데 보내는 것과 같구나"10:3라는 진단과 똑같았다. 삶의 숭고함과 의미 있음을 망쳐놓고 소수의 전유물과 줄 세우기로, 그리고 그들의 그룹 속에 들지 않은 타자들을 비인간화와 비존재화로 만드는 '이리떼'속에서 어떻게 '어린양'으로서, 이리의 논리 속에 빠지지 않고 어린 양의 역할로 살아갈 수 있을 것인가? 이는 순진한 생각이 아니라 이리떼의 세상을 깊이 성찰한 비극적 상황들의 숙고 속에서 나온 치열하고도 간절한 염원이기도 하였다. 이리떼의 공격의 발톱논리과 희생자의 피를 좋아하는 습성 그리고 자기 보호를 위한 무리지음이라는 삶에 빠지지 않고, 어떻게 어린양으로서 가는 곳마다 평화를 기원하며10:5, 기쁨을 삶으로 가져오고10:17, 심지어는 뱀과전갈을 짓밟는 능력과 원수의 모든 힘을 꺾는 권세를 지니며, 결국은 이 세상에서 어린양인 자신들을 해치지 못하게10:19 할 수 있는 것인가?

가이사 나라의 지배체제 속에서 희생자나 생존자가 아니라 하나님 나라의 탈지배적인 돌봄 체제로의 목격자나 일꾼된 자로의 초대는 6장의 열두 사도 선택에서 말한 아버지께서 자비로운 것같이 너희도 자비로워라6:36에서 명확히 나타나 있다. 증오와 판단을 내려놓고 자비로운 사람으로서 일꾼되기라는 그 선택과 파송은 이리떼의 삶의 방식과는 달리 어린양의 삶의 방식에 대한 전환을 요청한 것이다. 이리떼의 무기인 소유, 힘권력, 지위, 그리고 수탈조직의 일원되기를 내려놓고 어린 양으로 −다 성장한 양도 아닌− 살도록 보낸다는 것은 그러한 이리의 문화와 삶의 양식과는 다른 것을 필요로 한다.

자기 생으로 진리를 증언하기

앞서 언급하였듯이 이리떼 속에서 어린양으로의 대안적 행동은 자비로운 실재에 대한 응답으로서 자비로운 존재가 되는 것에 대한 메타포이다. 그러나 어린 양으로 누가 기자가 예수운동의 참여자들에게 알리는 것은 더욱 명확한 되새김을 뒤따르는 자들에게 주고자 함이다. 전체 24장 중에 절반까지 증언 이야기를 따라오면서, 누가가 12장에서 어린 양의 메타포를 언급한 것은 바로 다음과 같은 강조를 통한 치열한 일관성의 삶을 위한 것이었다. 그것은 바로 "너의 생을 통해 나자비로운 실재의 현실성를 증언하라"는 것이다.

> 잘 들어라. 누구든지 사람들 앞에서 나를 안다고 증언하면 사람의 아들도 하나님의 천사들 앞에서 그를 안다고 증언하겠다. (12:8)

누가는 여기서 복음서 첫 장 머리말에서 밝힌 자신들에게 일어난 사실에 대한 목격자이자 일꾼된 자로서의 증언testimony ⁶⁴⁾이 자신의 이야기 진술의 절반쯤에 다다라서, 다시금 재확인하고 심화시킨다. 자신의 이야기는 단순히 진술들의 모음집이 아니라 자기 생으로 피와 목숨의 심장 고동을 통해 전달되는 생의 증언이라는 것이다. 기쁜 소식복음을 전달하는 단순한 매개자가 아니라 자신의 몸과 삶으로 메시지 자체가 되는 것, 그것이 바로 증언의 성격이다.

'화 있을진저'6:6:24-26라고 말했던 엘리트, 부유한자 그리고 종교지도자들의 권력과 특권이 민중의 삶에 가져온 망쳐 버린 것들 그리고 산산이 부수어 놓은 비참한 잔해들 속에서 어떻게 희망을 위한 재건을 할 것인가? 이들, 이리떼들이 가져 온 고통, 질병, 죄책, 망함, 억압, 폭력, 숙명을 어떻게 전환시킬 수 있는 것인가? 비인간화와 비존재화에로의 사회구조적 시스템을 어떻게 중단시키고 여기에 희망과 존재의 힘을 북돋을 수 있을 것인가? 빈곤한 비전과 바닥난 에너지 속에서 희망의 재건을 어떻게 해야 하는가?

이스라엘의 오랜 전통에서 신은 두렵고 떨린 존재이기에 '신을 경외하라'는 전통적인 패러다임과는 달리, 누가 기자와 그의 신앙공동체는 비참한 현실에 대한 깊은 숙고를 통해 다른 신성한 경험을 대안으로 내놓는다. 그것은 신은 자비롭고 우리와 함께 하신다.God is merciful, God with us는 것이다. 실재는 자비롭기에 이에 따라 우리도 자비로워야 하며, 어린 양으로서 우리는 자신의 생을 그에 대한 증언으로 살아가야 뱀과 전갈 그리고 이리떼의 '해침'이 없는 비폭력적인 세상을 볼 수 있게 된다는, 실재와 인간 행동 간의 철저한 일관성으로 일꾼된 자들에게 주문하고 있다.

---

64) 증언(testimony)는 언약(testament)과 연결된다. 성서를 testament 곧 성약(聖約)으로 부르는 것은 자기 생으로 증언하는 것에 대한 헌신과 이에 대한 신실성이라는 신과 나/공동체간의 약속에 대한 의미를 지니기 때문이다.

어린 양으로 살기는 순진함이 아니라 치열함을 요청한다

이리떼의 세상에서 자비로운 실재의 세계를 초대하는 증언자는 그동안 익숙히 보아온 폭력의 현실과 지배의 현상들에 의해 왜곡된 실재의 본모습을 드러낼 필요가 있다. 그렇게 해서 보이는 현실이 실재의 전체라는 인식의 왜곡을 교정한다. 시간과 죽음, 몸과 소유, 역할과 관계의 보이는 현상들을 실재의 참모습으로 바꾼다. 강제와 수탈의 시·공간 속에서 은총을, 죽임을 열어 영원한 생명을, 육체의 욕망에 영혼의 길을, 소유보다 존재의 기쁨을, 특권의 역할에서 평등과 베풂을, 그리고 지배 관계에서 자비로운 우정 관계로의 변혁을 몰고 온다.

'사람들 앞에서 나를 안다고 증언하기'는 그동안 정상적으로 보였던 현실과 보이지 않았던 실재의 전복을 가져온다. 그렇기 때문에 "감춰진 것은 드러나게 마련이고 비밀은 알려지게 마련이다"12:2라는 진술은 적절한 말이다. 실재와의 화해와 그에 기초한 삶의 재건을 위해 무시되고, 진압되고, 거세된 목소리들인 땅의 사람들아함레츠의 목소리가 희망을 이야기하게 된다. 공공 담론에서 배제되어 골방에서 이야기된 것들이 지붕 위에서 선포된다.12:3 그리고 지도자들의 위선도 드러나게 마련이다.12:1 가려지고 비밀로 있던 곳으로 들어가는 이야기는 두 쌍방향을 요청한다. 하나는 보이는 현상 뒤의 자비로운 실재에로 들어감이다. 또 하나의 방향은 엘리트, 지도자, 전문가의 베일 뒤로 들어가는 것이다. 어린 양으로 살기는 실재와의 재연결과 보이는 위선의 해체라는 치열함이 요구된다. 어린 양 살기는 단순하기는 하지만 지배체제의 말에 넘어갈 정도로 순진하지는 않다는 뜻이다.

엘리트, 지도자, 전문가가 감춘 것을 드러나게 하고, 어둔 곳에 말한 것을 밝은 데서 드러내게 하는 것은 실재의 두 가지 근원적인 지원 때문에 가능해진다. 첫째는 참새 한 마리도 잊지 않고 계시는 하나님이 너희의 머리카락까지도 낱낱이 세어 두셨다는 지원이다.12:6-7 두 번째는 회당이나 관리나 권력들 앞에 끌려가도 성령께서 해야 할 말을 일러 주실 것이라는 지원이다.12:11-12 자기 생으로 자비로운 실재를 증언한다는 것은 이렇게 실재와의 연결 속에서 진행되는 행동이다. 우리는 이를 자기 실존의 양심화라고 말한다. 양심conscience의 영어가 말해주듯이, 나와 실재라는 둘이 함께con 보는science=see 것이 양심이란 뜻이다. 그 양심화의 조건은 참새처럼 자기 생존이 위태로울 것이라는 생존의 두려움과 권력자의 공격에 대한 자기 보호의 문제는 자신이 감당해야 할 문제가 아니라 실재와의 협력이 필요함을 보는 것을 요청한다.

더 나아가, 자기 삶으로 진리를 말하기에 있어서 거듭 놓치지 말아야 할 대목은 소유에 관한 관심에서 영혼에 대한 돌봄이다. '어리석은 부자'이야기 12:13-21와 '재물창고를 하늘에 마련하기'의 권고12:33-34는, 이미 영원한 생명에 대한 질문에서 예수가 말한 마음/목숨/힘/생각을 다하여 하나님을 사랑하기와 네 몸처럼 이웃사랑10:27에서 언급된 것을 기반으로 한다. 이는 영혼의 문제가 '먹고 마시며 즐기기'12:19나 '무엇을 먹고 살아갈까, 또 몸에다 무엇을 걸칠까 하는 걱정'12:22과는 다른 차원의 것이기 때문이다. 자기 영혼에 대한 돌봄은 한가지로 귀결된다. 그것은 '너희는 먼저 하나님의 나라를 찾아라. 그러면 이 모든 것도 곁들어 받게 될 것이다.'12:31 이렇게 영혼과 하나님 나라는 서로 긴밀히 서로를 포용하며 서로에 의존하여 있다.

아이러니한 것은 하나님 나라와 영혼의 문제는 기독교인들이 자기 신앙에서 익숙하게 들었으면서도 가장 익숙하지 않게 건너뛰거나, 주목받아 오지 않아 왔다는 것이다. 마치 일반인들이 평화가 가장 그리워하는 상황이면서도 가장 접근하기 어려워하는 낯선 주제인 것과 같다. 자신의 신앙 전통 속에 있었으면서도 매우 낯설어하고 등한시하는 이 문제의 핵심은 바로 충성스러운 종과 불충한 종의 이야기 속에 나오는 충실성의 여부, 곧 '허리에 띠를 띠고 등불을 켜 놓고 준비하고 있음'12:35의 여부와 관련이 있다. 충실성의 상실, 곧 이미 있었던 주인의 부탁에 대해 신실한 실천의 힘을 잃은 이유로 인해 기독교 정통 신앙에게는 이제 낯선 주제가 된 것이다.

특권과 소유를 위한 공격과 자기 보호의 이리떼 속에서 '해침' 없는 어린 양으로 살기는 머리의 논리로 사는 것이 아니라 심장의 언어로 사는 것을 요구한다. 특히 자기 삶으로 진리를 증언하는 –그리스도를 안다고 증언하기– 것은 영혼의 민감성과 충실성을 요구하는 것이다. 구체적으로 그 방법에 대해서는 아직 소개되지 않았지만, 영혼의 민감성과 충실성을 강화시키는 것에 있어서 예수는 두 가지 언급을 하고 있다. 그 첫 번째는 이것이다.

나는 이 세상에 불을 지르러 왔다. (12:39)

비인간화와 비존재화라는 현실의 비참한 상황 속에서 무엇이 이러한 참화를 오히려 불길로 솟아오르게 하고 있는 것인가? 우리는 뱀과 전갈, 그리고 이리떼들이 만들고 있는 버거운 사회정치적 지배체제에 대해 어떤 희망의 노래를 배울 수 있는가? 증언자는 문제에 대한 명료한 해답을 갖고 있는 것도 아니고, 하나님에 대한 지식의 전달자도 아니다. 단지 그는 영혼과 실재 간의 접촉에서 튕긴 불꽃의 섬광에 사로잡힌 자이다. 그 이글거리는 불길이 심장과 눈에서 솟아오르면서 영혼의 불꽃을 일으킨다. 마치 모세가 나이 120세에 죽을 때 '그의 눈은 아직 정기를 잃지 않았고 그의 정력은 떨어지지 않았었다'신34:7고 한 것처럼 실재에 의해 점화된 내면의 불길을 가둘 수 없게 되어, 주변에 영향을 미친다. 기존 체제에 편승하거나 공모하던 인생들로부터 새로운 변화를 받아들이기 원하는 사람들을 분리해 낸다. 기존 세대와 새로운 세대가 당분간 반대하여 갈라지는 일이 벌어질 것이다.12:53 왜냐하면 이들 새로운 세대가 일어서고 있기 때문이다. 두 번째 언급은 이것이다.

너희는 하늘과 땅의 징조는 알면서도 이 시대의 뜻은 왜 알지 못하느냐?(12:56)

비와 날씨라는 하늘과 땅의 징조를 아는 자와 이 시대의 뜻을 아는 자 간에 거리두기는 불가피하다. 그리고 이 시대의 뜻은 지금 우리에게 긴급하게 다가온 징조이다. 이리떼의 날뜀에 대해 똑같은 이리떼가 되거나, 더 힘센 사자나 호랑이가 되는 것이 아니라 공격의 발톱을 뺀 비폭력의 어린 양이 되어 자기 생으로 자비로운 실재를 증언하기, 그리고 공공영역에 진실을 말하기는 '이 불이 이미 타올랐다면 얼마나 좋았겠느냐?'라는 예수의 말처럼 긴급히 평화일꾼에게 전해지는 살아있는 요구이다. 어린 양은 예수 당시의 정치지도자들처럼 군사적인 강제나 위협의 무기를 들지 않는다. 당시의 종교지도자들처럼 도그마로 논쟁하려 하지 않는다. 비인간화되고 비존재로 전락한 민중들의 존엄성을 돌보고 자비를 나누는 잔치와 공동체로 초대한다. 누가가 예수를 통해 모델로 보이는 것은 의식화, 대화경청과 질문, 연결, 일치, 헌신, 연대의 실천이다.

세상이 어두운 것은 이리떼가 득실하며 많다는 이유도 있겠지만, 오히려 어린 양의 모습이 보이지 않는다는 게 더 핵심일 것이다. 설교자의 부재가 아니라 증언의 실존들이 부족하기 때문에 기독교에 대한 실망이 높아진다. 증언은 보지 못한 사건에 대한 목격과 진술을 통해 청중이 본 것처럼 이해하게 만든다. 그러므로 증언은 자비로운 실재를 현실화시키는 표징이다. 자신의 실존이 자비로운 실재를 증언하는 삶으로 변모시키는 것은 일꾼된 자에게는 감격스러운 일이 되기도 한다. 그 이유는 예수가 충실한 종의 비유에서 말한 것처럼

"틀림없이 주인은 그에게 모든 재산을 맡길 것"12:44이기 때문이다. 상속자가 되는 것이다. 이는 엄청난 권한위임이 틀림없다.

그러나 자비로운 실재의 꿈과 열망은 이토록 큰 데, 이를 받을 수 있는 인간의 가슴에는 이에 내어줄 공간이 없다는 게 아쉽고 실망스러운 일이다. 증언의 시대적 요청은 메가톤급으로 울리는 데 응답은 왜 그리 조용한 것인가? 주식의 흐름과 변화의 징조는 매일같이 주요 관심이고 날씨의 변화에는 예민한데, '시대의 뜻'에는 왜 그리 무지한 것인가? 그것은 바로 다음 질문에 놓여져 있다.

너희는 무엇이 옳은 일인지 왜 스스로 판단하지 못하느냐?(12:57)

아마도 판단 못하는 그 이유는 나의 관심이 유용성에 두기 때문에 주식과 날씨에는 눈이 가지만 옳음이라는 진실성과 진리에는 눈이 안가기 때문이다. 그렇기 때문에 '형리는 너를 감옥에 가둘 것이다'58절라는 자기 충족적 예언은 그대로 성취되고 만다. 세상이 지배체제로 변하여 결국은 감옥이 되어 나를 붙잡아 매게 되는 셈이 된다. 이는 이 시대가 어떻게 돌아가는 지, 시대의 뜻을 알지 못함56절의 비극적인 결과이기도 하다. 결국은 '마지막 한푼까지 다 갚기 전에는 결코 거기에서 풀려나지 못할 것이다'12:59라는 예언은 그대로 적중한다. 마치 비유하자면, 도박에 빠져서 돈을 따도 잠시의 흥분일 뿐, 거기 동료들은 본인이 돈을 다 잃을 때까지 달라붙게 되고, 마지막 한 푼까지 다 털리고 나서야 벗어나게 되는 것과 같다. 유용함을 위해 모은 것이 마지막 한 푼까지 없어지고 나서야 풀려난다 하더라도 집착은 여전히 남아 있어서 돈만 없어지는 것이 아니라, 사람도 중독되어 폐인 수준으로 전락하기 십상이다.

풀려나지 못함이란 결국 영혼의 상실을 의미하는 말이며, 세상으로부터 자유롭지 못하게 되는 결과에 관련하여 어떤 원인이 그러한 결과를 초래하는지에 대한 경종은 일꾼된 자들에게 자신이 가는 길에 대한 충실함에 대한 불쏘시개가 된다. 이는 결국 불충한 종과 충실한 종의 이야기12:35-48의 연장인 것이다. 마지막 한 푼까지 갚기 전에 풀려나지 못한다는 강한 비유는 결국 48절의 충실성이 얼마나 중요한지를 다르게 보여주고 있다.

> 그러나 주인의 뜻을 몰랐다면 매 맞을 만한 짓을 하였어도 덜 맞을 것이
> 다. 많이 받은 사람은 많은 것을 돌려주어야 하며 많이 맡은 사람은 더 많
> 은 것을 내어 놓아야 한다.(12:48)

은총은 이렇게 주어진 것에 대한 선한 책임이 요구된다. 이는 일꾼을 무섭게 대하려고 하는 것이 아니다. 자신의 무제약적인 가능성과 힘을 자각하라는 뜻이기도 하다. 그리고 많이 받은 사람, 많이 맡은 사람에게 이미 주어진 한 가지 약속 때문이기도 하다. 그것은 "너희의 아버지께서는 이 모든 것이 너희에게 있어야 할 것을 잘 알고 계신다. 너희는 먼저 하나님의 나라를 찾아라. 그러면 이 모든 것도 곁들여 받게 될 것이다"라는 약속이다.12:30하-31

15. 일꾼을 위한 인식의 전환

본문: 눅 13장

일꾼의 자기 스토리의 중요성

　자비로운 실재가 내 의식의 어둠과 세상의 폭력을 뚫고 다가왔다는 누가 기자의 무언가 일어남에 대한 목격은 그 목격자 자신을 가만있게 하지 않는다. 왜냐하면 이미 11장에서 말했듯이 '더러운 악령'이 나가고서 주인이 거주하고 지키고 있지 않으면 '더 흉악한 악령 일곱을 데리고 들어가 자리잡고 살게 되기'때문이다. '그러면 그 사람의 형편은 처음보다 더 비참하게 된다'24-26는 경험을 초래하기 때문이다. 현실적으로 우리의 삶이 그러한 처지에 놓이게 되지만, 더 중요한 것은 자비로운 실재에 대한 목격은 그 목격자로 하여금 '눈을 성하게'하고 '빛을 볼 수 있게 하여' 마치 등불이 그 빛을 너에게 비출 때와 같이 너의 온 몸이 밝을 것'이어서 그를 빛의 사역·일로 초대하기 때문이다.11:33-36

　눈이 성해지고 존재가 밝아진 인생은 결국은 알아듣고 행동하게 된다. '나는 이 세상에 불을 지르러 왔다. 이 불이 이미 타올랐다면 얼마나 좋았겠느냐?'12:49라는 예수의 증언과 권고처럼 영혼의 섬광을 일으키게 만든다. 그래서 '사람들 앞에서 나자비로운 실재를 안다고 증언하기'12:8라는 **네 생(生)으로 진리를 말하라**는 내면의 신성한 부름 앞에 설 수밖에 없다. 이것이 바로 목격자에서 일꾼된 자에로의 변모이다. 이 일꾼된 자란 단어에서 주목해야 하는 것은 일꾼이라는 처음부터의 존재적 지위의 부여받음이 아니라, 자신이 희생자 혹은 생존자라는 일상의 의식이 자비로운 실재와의 접속으로 인해 목격자가 되고 이제는 일꾼된 자라는 의식과 삶의 변형과정이 일어난 의미에서, '일꾼된 자'라는 단어가 가진 생성적 과정生成的 過程이 강조된다는 것을 뜻함을 염두에 둘 필요가 있다.

일꾼된 자란 사람들 앞에서 그 실재를 안다고 증언하기로 인생이 바뀌는 변모가 일어남을 뜻한다. 그렇게 되면, 이제는 '하늘과 땅의 징조氣象'를 넘어서 '시대의 뜻'여기서 시대라는 헬라어는 카이로스, 즉 '때/시간의 충만'을 말한다을 알아차리고, 무엇이 옳은 일인지 스스로 판단하는 분별력을 지닌다. 그렇게 되면, 고소자–재판관–형리라는 세상의 중력의 법칙, 즉 우리의 영혼을 가두었던 내적인 감옥에 갇히지 않는다. 일꾼된 자는 마지막 관문인 지배체제의 역할자들인 고소자–심판관–형리라는 감옥의 체제로부터 풀려나오게 되는 것이다.12:54-59 이렇게 일꾼된 자는 이제 풀려난 자로서 자유로운 영혼과 내면의 불꽃을 지니게 된다. 눈이 성해진 그는 일상의 기후에 매이지 않고, 시대의 뜻인 시간의 충만으로서 '주님의 은총의 시간·때'4:19 앞에 서게 된다.

우리 인생이 스토리내러티브에 대한 것이라면, 일꾼된 자는 이제 자신과 세상에 일어나는 그 모든 일에 대해 근원, 신, 실재와의 연결 속에서 자세히 미루어 살핌을 통해 현상적인 스토리들을 넘어선 근원적인 스토리를 간파하고 이를 증언할 수 있게 된다. 지배체제의 수많은 스토리의 패턴, 덫, 감옥을 벗어나 엘리트들의 고발자–심판관–형리–감옥 체제의 스토리를 끊어내고斷, 그 체제에 의해 부서져 버린망한 인생들을 감싸 안고, 파편화된 심장을 치유하며, 막혀있던 기혈들을 뚫어, 일어서는 존재가 되도록 추수의 일을 기꺼이 감내한다. 왜냐하면 이는 기쁨과 평화의 수확을 위해 이리떼 속에 어린 양으로 보내진 것이기 때문이다.10:1-12 기존의 지배체제의 역사history, 곧 엘리트의 이야기

his-story로 이루어진 세상이라는 감옥을 헐어내고, 마지막된 자the last와 미천한 자the least들이 눈이 성해져서 자신들의 변형된 스토리로 권력에 말을 걸 수 있게 된다. 이제 눅 13장의 세계로 들어가 보자.

비참함의 현실성은 우리를 자각시킨다

"바로 그 때 어떤 사람들이 예수께 와서 빌라도가 희생물을 드리던 갈릴래아 사람들을 학살하여 그 흘린 피가 제물에 물들었다는 이야기를 일러드렸다."(13:1)

시대의 뜻을 알아차리라는 예수의 권고가 있자마자 '일어난 일'은 단순한 보고가 아니다. 두 가지 중첩된 함의含意를 갖고 있다. 그리고 영혼에 불길이 일어나서 새로운 스토리를 일으키는 중요한 시작점에서 최악의 사태가 벌어지고 있다. 즉, 학살과 피가 제물에 물들음이라는 스토리의 출현이다. 갈릴래아 민중의 학살 소식은 그들이 최소한 겉으로 보기에는 정치적 반란 때문이 아니라 종교의식의 과정에서 일어난 것이고, 신께 드리는 제물의 신성한 봉헌이 학살된 피로 물들었다는 신의 침묵과 무력성최소한 유대민족의 기존의 신앙관에서 볼 때는을 드러내는 사건이 '바로 그 때'를 구성하고 있다. 그리고 누가 기자는 이 '바로 그 때'가 단순히 무언가 일어난 시간time에 대한 이슈를 제기하는 것이 아니라 '바로 그 때'의 헬라어인 카이로스의 때timing를 언어로 쓰면서 일꾼된 자가 지닌 시대의 때에 대한 징조·징표에 대해 새로운 스토리를 전개한다.

학살의 비참함이 민중들에게 두려움과 무기력함의 표징이 아니라 그것을 넘어서는 때의 충만카이로스으로 새롭게 분별하고 '모두 그렇게 망할 것'13:5을 향한 철저한 변화의 주문으로서 회개메타노이아를 요청하고 있다. 이는 고소―

법정-감옥의 지배체제의 악순환적인 덫을 끊고斷, 외부적인 조건과 상황의 비극적 현실에도 불구하고 하나님 나라의 신비에로의 마음의 변화라는 회개의 근본적 정향正向에 대한 자각과 분별로 우리를 초대한다. 학살의 비극적 현실이 주는 지배체제의 스토리에 주눅이 들지 않고, 기쁨과 평화의 수확이라는 일꾼된 자의 일관된 미션에 의거하여, 기존 체제의 지배 스토리를 해체하고 새로운 스토리의 형성이라는 충만한 시기의 무르익음이라는 '바로 그 때카이로스'의 징조로 변형시킨다. 즉, 일꾼된 자는 외적인 비참함은 무력성의 시기가 아니라 때의 충만함이라는 새로운 각오와 열정의 불길이 일어나는 전환점으로 이해하여, **근원(divine source)으로부터 미루어 살피는** 알아차림을 실천할 무르익은 때timing, 카이로스로 받아들인다.

그러한 마음의 재-정향으로서 회개라는 스토리는 무화과나무의 열매없음에 대한 이야기로 강화된다. 이들에게 무화과나무는 다른 나무들보다 신성하게 성별되어진 부류를 지칭하며, 이는 곧 당시의 종교지도자들이나 성전엘리트들에 대한 비유메타포이다. 13장의 세 가지 스토리인 학살당한 갈릴래아인들, 열매 없는 무화과나무, 그리고 안식일에 병고침의 비유들은 누가복음만 있는 이야기들이다. 이들 각각의 비유는 서로를 끌어당기며, 점층적으로 그 의미를 강화하고 서로를 보완하고 있다. 누가의 이러한 독특한 편집은 구전으로 이야기를 전달하면서 들은 즉시 청자들로 하여금 그 뜻을 깊이 이해하게 만든다. 그리고 이중화법인 드러낸 것과 숨은 뜻을 모호하게 감추어 이 스토리가 지배엘리트의 심기를 건드려 스토리 담지자들에 대한 직접적인 박해를 최대한 늦추거나 방지하도록 일상의 언어로 포장하고 있다. 그리고 일상의 비유나 언어로 포장함으로써 말씀의 안內에 들어와 있는 이들에게는 그 숨은 뜻이 무엇인지 확연히 알도록 하되 외부관찰자는 쉽게 간파할 수 없도록 빗장을 걸어 잠금장치를 마련한다.

실재의 자비로움과 자각된 행동

누가 기자는 12장에서 '주인의 뜻'48절과 '시대의 뜻'56절에 대한 주목하기를 말하고 있다. 어떤 사람주인이 포도원에서 당연히 포도나무들만 있는 곳에 다른 종류의 나무인 무화과나무 한 그루를 심어 놓은 것은 그 '뜻'헬라어, 델레마이 중요하기 때문이라는 것이다. 세상이라는 포도원 자체와 포도나무도 물론 뜻 있어 심겨진 것이다. 그렇지만 특히 다른 종인 무화과나무가 심겨진 이유는 포도나무와는 다른 뜻이 부여돼 있기 때문이기도 하다. 최소한 종교지도자 및 성전엘리트들의 존재 그 자체가 비합리적·비이성적인 것은 아니고 그 나름의 자체의 목적·이유를 가질 수 있지만, 그 결과로서 열매맺지 않음이라는 책임의 문제에 대해서는 포도나무보다 엘리트를 나타내는 무화과나무의 책임이 더 크다. 왜냐하면 "많이 받은 사람은 많은 것을 돌려 주어야 하며 많이 맡은 사람은 더 많은 것을 내어 놓아야 한다"12:48는 주인의 뜻이 있기 때문이다.

무화과나무의 열매 없음이 베어버림의 위기를 자초하기는 하였으나, 누가 기자의 제안은 고소–법정–감옥의 고통 부여와 배제의 맞대응으로서 보복–회피의 덫에 빠지지 않고 일꾼된 자가 해야 하는 일은 '쓸데없이 땅만 썩힐 필요가 어디 있겠는가?'7절라는 기존의 사고방식에 대한 대안으로써의 근본 사유, 곧 '미루어 살핌'이 필요하다. 쓸데없이 땅만 썩이지 않고 쓸데가 있도록 보살핌·돌봄을 일으키는 것은 일꾼된 자의 중요한 선택이다. 한 해를 더 기다리고, 그동안 '그 둘레를 파고 거름을 주기'8절를 통해 돌봄을 수행해 나간다. 이렇게 판단이 아니라 필요에 대한 살핌과 돌봄이 먼저이다. 이는 일꾼된 자에게 필요한 판단·비판하지 말라6:37와 씨뿌리는 자의 비유8:4-8에서 땅과 관계없이 씨뿌림이라는 낭비의 스토리에서 이미 예견된 것들이었다.

열매 맺음의 철저성과 일관성은 단순히 무화과나무의 열매 맺지 못함에 대한 새로운 기회의 스토리에 끝나지 않는다. 이는 바로 계속해서 연달아 나오는 안식일 규정인 수백 개의 '하지 마라'라는 규정에 대한 도전에서도 주인과 시대의 '뜻딜레마'에 대한 분별의 이야기로 심화된다. '십팔 년 동안 병마로 허리가 굽어져서 몸을 제대로 펴지 못하는 여자'11절의 고통에 대해 안식일의 존재 이유와 안식일의 주인의 '뜻'을 알아차리기에 대한 이슈로 가져온다. '사탄의 사슬에서 풀어주기'16절가 안식일의 본래의 '뜻'이 아닌가? 규정의 그 어떤 보호의 합법성보다도 '뜻'에로의 충실성에 대한 자각과 이에 대한 실제적인 살핌이 중요하다는 이해이다.

새로운 가능성의 자원은 충분히 네 안에 있다

일꾼된 자는 삶의 현실에서 현상적으로 지각되는 생의 비참함에 대해 그 거대한 비인간화하고 파괴시키는 현상의 규모에 따른 무력감에 갇히거나, 혹은 반응으로서 비난·증오의 고소자–법정재판관–감옥형리의 덫의 논리에 갇히지 않고, 미루어 살핌이라는 수행을 통해 근원Divine Source을 드러내는 실마리표징로 변형시킨다. 지배 권력과 규모의 거대함은 일꾼된 자의 미약함과 희망이 보이지 않음이라는 비존재화의 세력에 대해 눈멀어 있는 것은 아니다. 오히려, 하나님의 나라에 대한 일관성과 그에 대한 주목하기를 잃지 않는다. 그 근원에 대한 집중은 들판에서의 겨자씨 한 알겨자씨는 좁쌀 크기이다 혹은 밀가루 서 말 속의 작은 양의 누룩과 같아서, 들판이나 밀가루 서 말의 규모와 그 현상적 모습에 비하면 눈여겨 자세히 살피지 않으면 그 존재를 알아차리지 못할 만큼의 작은 크기이다.

중요한 것은 현상적인 크기가 아니라 '뜻'의 일관성이고 이는 주인의 뜻과 시대의 뜻의 연결이다. 자비로운 실재의 본래적인 뜻자비로운 실재에 의한 진실과 사랑의 일치와 그 풍성함으로의 초대 그리고 시대의 비극과 비참함이 요청하는 돌봄자비의 공유와 필요의 충족에로의 초대에 대한 근원에서부터의 미루어 살핌이다. 이는 모든 현상적인 비참함의 크기와 영향력에도 불구하고 창조적인 힘을 지니고 있다. 그래서 성장하고 부풀어 오르는 자연적인 능력을 지닌다. 그래서 그 성장은 큰 나무가 되지만 '공중의 새들이 그 가지에 깃들일 만큼'의 성장을 한다. 그 성장의 목적이 유리하는 존재에 대한 보금자리와 돌봄의 능력을 작동시키는 성장·성숙을 지향한다. 또는 밀가루 서 말을 부풀려 일용할 빵이 되도록 변모시킨다. 그래서 의미의 굶주림에 대한 세상의 허기를 채우도록 전환시키는 성장/성숙으로 나아간다.

여기서 중요한 것은 창조적 힘의 요체에 대한 것이다. 즉, 그 근원은 자비로운 실재로서 근원Divine Source에 대한 연결에서 나온다는 것이다. 그리고 그 근원과의 연결은 저절로 자신을 자라고, 부풀리는 내재적 능력을 작동시킨다. 그러한 내재적 능력의 활동은 성장을 가져오지만 절제된 성장을 위한 것이다. 즉 무한한 크기로의 성장이 아니라 땅을 빼앗긴 '공중의 새'들이 깃들이는 보살핌 혹은 밀가루들이 빵의 재료로 변화하여 일상의 굶주림을 채우는 변화로서의 그만큼 만의 절제된 성장을 의미한다. 그 성장은 결국 타자를 위한 돌봄의 능력을 실질화 하는 정도의 성장인 셈이다. 미루러 살핌은 이렇게 근원의 접촉, 과정에 대한 자기 허용, 그리고 성장의 목적에 대한 명료함이 일어난다.

겨자씨와 누룩의 이야기는 일꾼된 자에게 무력성이나 외부 환경의 거대함에 대한 핑계 대기가 불가능함을 알려준다. 이미 내 안에 있는 근원과 그 작동 원리 그리고 미션의 분명함이 주어져 있어서 그것에 대해 자신을 허락하는가 아닌가의 문제이지 외부환경의 비참함이나 어려움에 대한 문제가 아니다. 창조적 소수로서 일꾼된 자는 기쁨과 평화의 수확10;1-12, 일흔 두 제자의 파견 이야기 참고에 대해 그 근원적인 자원으로부터 충분히 부여받았으며, 자비로운 실재의 보살핌이 있기에, 적절히 큰 나무가 되고 부풀려지는 빵이 되기에 충분한 능력과 작동의 힘이 본래 주어져 있다는 것을 의식한다. 그 어떤 결핍의 악조건 속에서도 절대적 긍정성을 지니고 우주와 자연 그리고 인간의 본성은 상실하지 않고 지닌다.

겨자씨와 누룩의 작음이 큰 나무와 밀가루 서 말을 부풀리게 하는 것은 그 미약함과 연약성에도 불구하고, 본래 내재한 보편적이고 창조적인 생명력 때문이다. 그 본래적 생명은 개별성이라는 겨자나 누룩의 형상과 크기에서가 아니라 그 근원, 곧 자비로운 실재의 본성을 공유함으로 그 생명력이 출현하는 것이다. 이는 이미 보편적으로 개별자들이 부여받은 생득적인 것이다. 그러므로 크기와 규모에 상관없이 홀로그램처럼 아무리 작아도 각자는 충분히 질적으로 본성적인 생명을 부여받는다. 그뿐만 아니라 자비로운 실재의 풍성함은 이를 감싸고 보살핌으로 인해 성장의 과정에 함께 참여한다. 왜냐하면 자비로운 실재는 살아 움직이고 있고, 나누어 줌이 그 본성이기 때문이다. 그래서 성장의 순간순간에 참여하여 과정 신학에서 말하는 것처럼 잠재적 가능성을 현실화하는 계기를 촉발시킨다. 본래의 생명은 자비로운 실재와 본성에서 그리고 보이지 않는 과정에서 협력하고 지원받으므로 그 충만함으로 나아간다. 그리고 그 충만함은 타존재의 쉼공중의 새들이 깃들임과 발효된 음식이 되는 정도의 충만함이다. 즉, 타존재의 복지wellbeing를 위해 사용되는 한도 만큼 성장의 한계가 있는 것이다. 이는 열매 없는 무화과나무에 대한 경종에서 밝힌 '쓸데없이 땅만 썩힐 필요가 없다'는 문장과 연결되어 어떤 성장인지를 뚜렷이 밝혀주는 대치의 비유이다.

자비의 형이상학과 삶의 전복: 꼴찌와 첫째의 전환

무화과나무처럼 자신의 지위와 역할을 뽐내고 귀중한 존재로 나대지만 열매 없는 존재로서 사는 것과 달리 겨자씨와 누룩은 그 존재의 미약성과 세상에서 이것들에 대한 취급이 그다지 가치 있게 보여지지 않는 것이 일반적인 경향이다. 전자는 첫째로 취급받고 후자는 꼴찌로 취급받는 게 현실이다. 하지만, 하나님의 나라에서는 그 꼴찌와 첫째는 입장이 바뀐다. 이 세상에서의 첫째는 꼴찌가 되고, 이 세상에서의 꼴찌는 거기서는 첫째가 된다. 이렇게 자비의 형이상학은 체제의 전복顚覆을 가져온다.

그러한 전복은 하나님 나라의 본성, 작동 이치 그리고 힘·통치를 고려해 볼 때 당연한 결과이다. 우선, 본성적인 입장에서 보면, 실재의 호의와 무한한 자비로움의 본성이 그러하다. 하나님 나라의 잔치에서 호스트는 자비가 실재이고, 그 자비가 진실이며, 자비로움과 진실의 본성으로 말미암아 초대는 당연히 꼴찌에 대해 관심연민을 지닌다. 둘째로, 자비가 참이고 참된 것이 작동의 이치이며, 자비로운 줌이 우주의 작동 이치이기에 꼴찌는 그러한 작동 이치를 자장력처럼 끌어당기기attraction에 그렇다. 셋째로, 자비는 그 힘을 강함, 굳셈, 세력화라는 지배적인 힘에서가 아니라 부드러움, 연약함, 드러내지 않은 겸비에 대한 능력부여의 힘으로 작용하기 때문이다. 그렇기에 지배체제에서 첫째가 된 자는 이미 그 지배체제의 논리에 가장 순응하고 이를 사용하여, 생존하고 또한 번성한 자이기에 꼴찌가 될 수밖에 없다. 하지만, 그런 지배체제에 가장 순응하지 못한 꼴찌는 하나님 나라의 본성, 작동 이치 그리고 힘/통치에 가장 가까이 있기에 그 나라의 첫째가 된다.

첫째와 꼴찌의 전복은 단순히 하나님 나라의 잔치에 모두 들어가 지위와 역할이 바뀌는 정도가 아니다. "사실 많은 사람들이 구원의 문으로 들어가려고 하겠지만 들어가지 못할 것이다. 그러니 좁은 문으로 들어가도록 있는 힘을 다하여라"24절의 말은 이 지상의 첫째로서는 구원의 문으로 들어가려고 해도 그 구원의 문이 가짜이기에 즉, 문을 잘못 골랐기에 이치의 측면에서 구원의 문으로 들어가지 못한다. 이것은 호스트의 의지가 그들에 대해 문을 닫은 것이 아니라, 그들이 문을 잘못 택한 자신들의 선택 문제이다. 그 책임이 전적으로 자신에게 있게 된다. 좁은 문은 꼴찌the last, the lost, the least들이 가는 길로서, 이들 첫째들은 처음부터 염두에 두지 않기 때문이다.

　첫째들에게 구원의 문이 닫히는 이유는 무엇인가? 앞서 말했듯이 꼴찌의 부류에 끼고 싶지 않은 이 세상에서 자신들의 위치에 대한 고려와 영향력 때문이기도 하다. 또 하나는 이 세상의 지배질서의 가치들인 성공, 부, 역할, 성취에 자비의 영향력이 현저히 떨어지기 때문이다.이는 16장 부자와 거지 나사로의 비유에서 다시 출현한다 셋째로, 마태복음의 8복과 달리 누가복음에서 복과 화의 선언 6:20-26에서 보듯이 지금 부요하고, 배불리 먹고, 웃고 지내며, 모든 사람에게 칭찬받는 사람의 길이 만든 사회체제가 결과적으로 모두에게 세상을 '죽음의 수용소'빅터 프랭클의 책 제목처럼라는 비극적 결과로 만들어 버리기 때문에, 모두에게 화禍가 되는 과정을 만들기에 그렇다. 세상을 강한 자의 적자생존이라는 정글의 법칙을 작동시키는 첫째들의 영향력으로 인해 연민과 자비를 상실하게 만드는 비극적 결과에 대해 하나님의 나라는 당연히 멀 수밖에 없기 때문이다. 누가 기자는 첫째들이 잘 되는 것이 배가 아파서가 아니라 본성, 이치, 그리고 힘에 있어, 그 자연스러운 법도의 흐름에 따라 그럴 수밖에 없다는 사실을 간파하고 이를 일꾼된 자들이 명심하도록 하게 한다.

자비의 길이 실재의 길이다

13장의 서두가 빌라도가 희생자의 피를 제물에 묻히는 학살이야기로 시작되었다. 그만큼 누가 기자는 자신이 목도하고 증언하는 자비로운 실재에 대한 소개가 장밋빛의 비전이 아닌 철저히 이 지상의 현상에 대한 '근원으로부터 미루어 살핌'의 작업에서 나온 심각한 이야기라는 것을 청자들에게 보여주고 있다. 그런 학살 이야기에 겨자씨와 누룩이야기는 겉으로 영향력이 없는 것 같은 비유이지만 학살 이야기를 깔고 이야기하기 때문에 청자들은 전개되는 표면적인 진술 뒤의 진정한 메시지에 민감성을 갖고 더 깊이 들어야 할 내용이 있다는 것을 안다. 함부로 가볍게 이야기하는 것이 아니라는 사실을 이해하고 주목해야 할 것이 있음을 간파한다. 그렇게 전달되는 이야기의 더 '깊이'에 무엇이 더 있는 것인지를 청자는 미루어 살피는 작업을 요청받는다.

그 어떤 철저함과 일관성에 대한 감각을 지니고 따라가 보면, 구원의 문이 닫힘과 꼴찌와 첫째의 전복의 비유에서 출발해서 다시 만나지는 장면은 바로 이제는 헤로데가 예수를 죽이려는 두 번째 학살이라는 두려움의 전조前兆이다. "어서 이곳을 떠나시오, 헤로데가 당신을 죽이려고 합니다."31절 그러나 이러한 학살의 예고 이야기 앞에 서서, 예수는 자신의 심장에 있던 이야기를 꺼낸다. 그리고 앞서 나온 이야기들의 의미가 이 예수의 말에 초점이 모아진다. 내 일을 마치는 것과 계속해서 내 길을 가야 한다는 것이 그것이다.32-33절 이것이 바로 자신의 심장의 열정으로 세상에 불을 지르러 온 이의 고백이자 자기증언이다. 자비의 길은 막을 수 없다. 외적인 그 어떤 방해도 이 길을 방해하지 못한다는 것과 실재의 요청 앞에 책임적인 응답을 하는 이는 그 요청이 유일한 자신의 길임을 알기에 자신의 일을 해야 하고, 자신에게 주어진 길을 가야 하는 것임을 자기 영혼은 안다.

중요한 것은 종교지도자들과 성전 엘리트들이 있는 예루살렘이 '예언자를 죽이고 하나님께서 보내신 사람들을 돌로 치는'34절 상황에도 불구하고 —이는 예루살렘의 빌라도와 헤로데가 보여준 학살이야기가 이를 증명하고 있다— 자비로운 실재는 암탉과 같아서 자기 병아리들을 자비의 품으로 모으려 하며, 일꾼된 자는 묵묵히 자기 길을 가며 이를 위한 도구·수단이 되고자 한다는 점이다. 상황이 악화되거나 어찌 되었든 간에 실재는 변함없이 자비의 품으로 모두를 향해 열려져 있다. 이를 수용하여 '주의 이름으로 오시는 이여, 찬미 받으소서'35절라고 마음을 바꾸어 고백하지 않는 한, 실재의 자비와 그로 인한 진실과 사랑, 기쁨과 평화의 문은 열리지 않을 것이다. 이것은 실재의 진노와 처벌 때문이 아니라 스스로 '응하지 않음'34절이라는 자기 선택의 문제이다. 그리고 그러한 예루살렘의 태도가 어찌 되었든, 암탉이 병아리를 품는 것은 일관성 있게 지속되듯이 그렇게 자신의 길은 계속해서 가는 것이 일꾼된 자의 모범이 되는 예수의 모습이다.

> 오늘과 내일은 내가 마귀를 쫓아내며, 병을 고쳐 주고 사흘째 되는 날이
> 면 내 일을 마친다.오늘도 내일도 그 다음날도 계속해서 내 길을 가야 한
> 다."(32-33절)

자비로운 실재의 하나님 나라의 신비와 만찬에로의 초대에 대한 약속은 그 길을 가는 사람을 방해하지 못한다. 왜냐하면 마귀와 질병이 그 자비로운 실재에 대한 인식의 오류와 무지에서 온 것임을 아는 연민자비을 더욱 불러일으키기 때문이다. 어둠은 빛을 더욱 그리워하게 한다. 이 세상의 참혹함과 비극적인 현상들의 경험은 역설적으로 내가 할 일이 무엇인지 더욱 명료화하게 하며, 계속해서 내 길을 가야 한다는 열정을 불러일으킨다. 일꾼된 자에게 이는

특별히 진실이다.

12장에서 살펴보았듯이 삶의 불안과 걱정근심의 현실에 대해 일꾼된 자는 그러한 현실에도 불구하고 '먼저 하나님 나라를 구하라'는 주목하기의 일관성을 이해한다. 이는 13장에 와서는 박해라는 더 참혹한 현실에서 그 요구는 더욱 치열하다. 즉, '좁은 문으로 들어가기 위해 있는 힘을 다하여라'13:24라는 강한 권고를 받는다. 이는 세상을 모르고 순진하게 살라는 의미는 아니다. 그러한 현실적인 불안과 외적인 비참함에 있어서 일꾼된 자에게 마음을 다지도록 하는 것은 암탉이 병아리를 모으려 하듯이 자비로운 실재가 그대를 품고 있는 것에 대한 실재의 치열한 주도권신의 선제권이 내게 부여된다는 인식으로부터 온다. 그러한 자비로운 실재의 인도가 먼저 있기에 나의 각오는 자연스럽게 흘러나오게 된다. "오늘도 내일도 그 다음날도 계속해서 내 길을 가야 한다." 13:33 자비로운 실재에 대해 핑계를 댈 것이 없기 때문이며, 그 길이 환상을 벗겨내고 진실, 평화 그리고 기쁨의 길이 됨을 자각하기 때문이다.

16. 일꾼된 자의 변혁적인 순명

본문: 눅 14장

샬롬나라의 리더십으로써 미약함과 연약성

누가 기자의 일꾼된 자로의 삶의 여정은 "사람들 앞에서 나를 안다고 증언하기"12:8에서 극명하게 그 전환이 일어난다. 즉, 목격자에서 일꾼된 자에게로 스토리가 전환한다. 그리고 자기 생生과 목숨으로 세상과 사람들에게 자비로운 실재를 증언하는 삶은 누가 기자가 처음에 밝힌 복음서 기록의 의도인 "근원으로부터 자세히 미루어 살핌"1:2; 개역본이라는 소명과 연결되어 있다. 즉, 먼저는 신적인 근원Divine Source으로서 자비로운 실재라는 토대에 대한 확실성이라는 의식의 문제이다. 그것은 바로 자비로운 실재라는 나를 둘러싼 신성한 자비의 다가오심실재의 아버지됨과 내 내면의 깊이에서 알게 되는 신성한 본성하나님의 아들됨과의 연결에서 오는 실재의식이 그것이다.

둘째는 그러한 근원에 비추어서 일상과 현상을 살피는 삶의 태도이다. 우리의 이지상적 삶은 그러한 실재의 목격과 그것을 자기 삶으로 표현하는 증언이라는 분별과 헌신의 장場이기도 하다. 이 두 번째가 일꾼된 자의 영역이다. 즉, 일꾼된 자는 자비로운 실재의 목격을 넘어서 일상과 현상들을 살피고 헌신하는 삶의 태도를 갖춘다. 우리의 일상성 속에서 자비로운 실재에 대한 분별과 이를 위한 헌신의 행동이 일꾼된 자로 하여금 목격자와는 어떻게 다른지를 가른다. 지배체제의 작동 메커니즘 하에서 희생자와 생존자로서의 삶이 아니라, 그 희생과 생존의 덫을 넘어서, 자비로운 실재의 이 지상성에로의 침투를 경험한 목격자수혜자의 수준을 또한 넘어선다. 그래서 일꾼된 자는 본 것을 증언하기 위해, 본 것을 삶으로 사는 일관성과 충실성을 지닌다. 이것이 12장 이후 '충실한 종'이나 '열매 맺지 못하는 무화과나무'의 비유에서 계속 누가가 역설하는 충실성과 열매맺음의 강조에 대한 이유이기도 하다.

그런데 놓치지 말아야 하는 것은 그러한 증언을 방해하는 장애를 뚫어내기 위해 그리고 강한 자들의 지배와 폭력체제라는 상황 속에서, 누가 기자는 증언자들을 강력한 카리스마를 지닌 영혼의 자이언트들이라는 모범으로 제시하는 것이 아니라는 점이다. 그가 일꾼된 자로서 소개하는 이들은 미약한 증언자들, 곧 마지막된 자와 비천한 자를 내세워 새로운 과제를 도모한다는 점을 유의할 필요가 있다. "하나님 나라의 신비"8:10의 담지자들은 이렇게 마지막된 자예, 즈가리야와 엘리사벳, 시므온과 안나나 비천한 자예, 목자, 세리, 과부, 죄많은 여인, 어린이로 구성된다. 그 하나님 나라의 역동성과 현실성도 이 지상에서는 드러나지 않은 미약한 징조에 불과하다.예, 겨자씨와 누룩 이렇게 '미약한 증인tenuous witness'과 '빈약한 증거'로 누가 기자는 무엇을 청자들에게 설득시키고 있는 것일까?[65]

비통한 현실의 세상에서 누가는 자신이 역점을 두고 있는 일꾼되는 자들로 하여금 그러한 미약한 증인들과 빈약한 증거들로 무엇을 알리고자 하는지를

---

65) 이렇게 미약한 증인과 빈약한 증거들로 누가복음의 메시지가 전개된다는 것은 매우 파격적이며, 우리의 일반적인 예측을 뒤집는다. 드라마에서 보듯이 강한 장애물에 대해 강하고 확실하며 카리스마 있는 인물의 출현에 대한 일반적인 기대와 다르기 때문이다. 이에 대해 이유를 추측하자면, 그 첫째는 자비로운 실재의 강력한 자기—증여의 활동이 전제되고 있다는 점이다. 둘째는, 리더십은 인도하는 것이 아니라 실재를 뒤따르는 것임을, 그럴 때 누구도 리더십을 얻을 수 있다는 사실에 근거한다. 이에 대한 극명한 예시는 파송에서 '이리떼 속으로 들어가는 어린 양'에서 핵심적으로 잘 나타나 있다. 어린 양의 리더십이야말로 비폭력 실천의 가장 강력한 상징이며, 리더십의 혁명적인 전환을 뜻한다. 지배체제가 없는 자비로운 실재의 목소리를 알아듣고 순명하며 가는 일꾼의 삶의 모습을 가장 확실하게 드러내는 상징이 바로 어린양으로 세상에 들어가기인 것이다.

곰곰이 생각할 필요가 있다. 그는 겉모양이 미약하고 빈약한 것들이지만 '자기 안의 빛'11:35이 밝으면 제대로 그 증언과 증거들을 볼 것이라는 교훈을 알리려고 하였을까? 어느 점에서 그런 요인이 있기도 하다. 영혼의 불길이 섬광같이 타오르면참조 12:49-"나는 이 세상에 불을 지르러 왔다", 겨자씨나 누룩 그리고 불꽃처럼 그 결과는 커질 수도 있다. 그러나 누가와 그의 신앙공동체는 비통한 비극적 현실로서 이지상적인 삶의 경험을 뼈져리게 알고 있기에 그렇게 순진한 말로 일꾼이 됨을 설득하지 않는다. 오히려 역설적이지만, 이러한 마지막 된 자와 미천한 자를 일꾼되는 자들로 변형시키는 데 있어서, 그들로 인해 자비로운 실재의 강력함과 무한한 지혜와 힘의 작동을 나타내고자 한다. 즉, 그러한 미약하고 빈약한 자비로운 실재에 대한 증언의 토대와 힘이 자신에게서가 아니라 실재로부터 부여받는다는 철저성을 드러내고, 이에 대한 진술의 일관성을 보여주는 것이다.

이는 마치 예언자 엘리야가 자신의 소명이 상실되어 가는 상황에서 강렬한 천둥이나 지진에서가 아니라 세미한 소리에서 위로와 힘을 받은 것을 상기시킨다. 누가는 이렇게 미약하고도 빈약한 증언의 목소리를 통해 구경꾼으로서의 외부인들과 일꾼되는 자로서의 내부인의 차이의 기준을 알아차림과 주목하기의 차이로 구별한다. 게다가 그러한 미약한 증인과 빈약한 증거가 역설적으로 개인의 본성과 그 힘에서가 아니라 자비로운 실재의 무한한 지혜와 힘의 작동에 대한 신뢰에 있음을 알린다. 내가 공급자가 아니라 자비로운 실재신가 공급자이며, 실재를 안다는 것은 또한 능력도 함께 수반된다는 것이다. 이렇게 분별과 능력은 같이 가며, 실재에 순명한다는 것은 자유와 해방의 무한한 현실성을 창조함을 보여준다.

따라서 삶에서 '나를 안다고 증언한다'는 것은 개인의 헌신과 의지의 결단이 선행함에 대한 문제가 아니다. 오히려 자비로운 실재가 먼저 주도권을 쥐고 나를 찾아오심과 그 실재의 호의가 우리 생의 기반을 이루고 있다는 이해와 수용에 대한 것이다. 증언은 이렇게 나의 강한 의지와 결단의 문제라기보다는 인식awareness의 문제이다. 자비로운 실재가 이미 활동하고 있으며, 나를 인도하고 있고, 나내적인 신성한 본질로서 하나님의 아들/딸됨와 결합되어 함께하고 있다는 것, 그리고 상속자에게는 실재의 풍성함이 이미 주어져 있다는 것을 깨닫고 수용하는 것이다. 내 안에 빛이 켜지면 온 몸·온 생이 밝아질 것이라는 말11:34처럼 증언은 그러한 내면의 빛의 자연스러운 결과가 된다.

누가가 제시한 것은 우리가 사는 세상의 비참함과 폭력 그리고 지배체제의 작동은 신의 무력성과 부재의 증거가 아니라, '증언의 부재'혹은 '증언의 위기'에서 오는 것으로 본다. 강력한 카리스마적인 선포자로서 모세나 예언자들의 특출한 능력자들이나 선택된 자들의 이야기의 호출이 필요한 것은 아니다. 비통한 현실과 지배체제의 메커니즘의 해체는 그러한 능력자들의 강한 카리스마를 다시 호출하는 문제가 아니라, 자신의 삶이 망쳐졌다.undone는 두려움과 결핍에 대한 불안을 담지한 마지막된 자 혹은 미천한 자로서의 자기 자신을 어떻게 다시 추슬러서 실재의 자비로움과 풍성함 그리고 그 호의에 응답하는 증언자가 될 것인가에 대한 초대에 관한 응답의 여부가 일꾼됨의 대열 속으로 들어갈 수 있는지 아닌지를 결정한다. 이는 개인의 소유나 재능이 아니라 실재의 본성과 그 초대에 대한 응답에 달린 문제이다. 이러한 연유로 인해, 누가는 "하나님 나라의 잔치에 참석"13:29하는 초대에로의 응답에 대한 이슈와 꼴찌와 첫째의 전복13:30을 이야기한다.[66]

증언의 부재나 증언의 위기로부터 증언의 회복은 – "삶에서 나를 안다고 증

---

66) 분별과 힘에 있어서 위대한 카리스마적인 영혼을 초대하지 않고 우리 삶에서 볼 수 있는 민초들, 특히 끝장나고, 초라하고, 상실한 존재의 온전함의 가능성을 제시하는 누가 기자의 '성성(惺惺)한' 통찰은 가히 혁명적인 것이다. 이것은 바닥을 하늘로 세우는 것이며, 그 근거는 유일하게 자비로운 실재의 무제약적인 호의와 풍성함에 대한 치열한 깨달음과 전적인 헌신이다.

언하라"- 신적 실재에 대한 지식과 앎의 문제라기보다는 내면의 수용과 세상에서 프라시스실천의 문제이다. 실재에 대한 내면의 수용이란 지금까지 계속해서 누가 기자가 진술해 왔듯이 실재the Reality- 하나님는 진실하고, 자비로우며, 풍성하고, 완전하시고, 강력하다는 인식과 이에 대한 받아들임을 뜻한다. 세상에서 실천이라 함은 그러한 근원으로부터 자세히 살피는 성찰과 증언의 삶을 말한다. 실재의 자비로움은 현실성과 구체성을 갖는다. 이는 다음과 같은 질문들에 대해 일관된 실천에로의 응답과 그 방법에 대한 실마리를 제공한다.

- 우리는 진실로 누구이고 어떻게 우리 자신이 되며, 해방될 수 있는가?
- 새로운 힘으로서 어떻게 타자에 대한 지배가 아니라 타자를 돌보는 힘을 발휘할 수 있는가?
- 생존과 경쟁이 아니라 상호 사랑과 존엄성을 세우는 데 있어 공동으로 나누는 연대를 어떻게 지원할 것인가?
- 정의를 위한 투쟁에 있어서, 자신들을 지배하는 이들에 대항하는 민중의 주체성을 어떻게 강화할 것인가?
- 신앙이 추상적인 정신의 영역인 영혼만이 아니라, 물질적인 세상의 타락에 어떻게 물질적인 회복으로서의 새 창조를 이룰 수 있는가?

실재로의 순명이 지닌 변혁성

"안식일에 병을 고쳐 주는 일이 법에 어긋나느냐? 어긋나지 않느냐?..너희는 자기 아들이나 소가 우물에 빠졌다면 안식일이라고 해여 당장 구해내지 않고 내버려 두겠느냐?"(14:3,5)

"너는 초대를 받거든 오히려 맨 끝자리에 가서 앉아라. 그러면 너를 초대한 사람이 와서 '여보게. 저 윗자리로 올라앉게'하고 말할 것이다. 그러면 다른 모든 손님들의 눈에 당신은 영예롭게 보일 것이다."(14:10)

일상에서 그리고 세상에서 나를 안다고 증언하는 실재 수행Reality-praxis은 자기 삶에서 일어나는 증언의 위기나 증언의 부재를 의식적으로 그리고 충실함으로 재설정하는 것과 연관된다. 증언은 삶이 망하고, 산산이 부서진 상태를 재복원하는 것과 연관된다. 따라서 증언은 실패, 망함, 무너져버림이라는 삶의 실존 상황에서 하나님 나라의 신비에로의 재건을 잇는 연결고리가 된다. 그리고 그러한 증언의 삶은 실재에로의 순명順命, surrender에 안내되어 일어난다.

실재에로의 순명은 먼저 시간을 변혁시킨다. 누가의 신앙공동체가 직면한 시간의 가장 정점인 '안식일'이라는 거룩한 시간에 대한 새로운 패러다임의 변혁이 일어난다.14:1-6 '안식일의 법·규정'이 지닌 '~하지마라'의 규정어들이 해체가 되고, 새로운 행동어들이 촉발되어진다. 성별되어진 시간은 자유와 충만함을 위한 것이라는 근원으로부터의 사고가 창발 되면서, 새로운 창조를 위한 시간으로 전환된다. 이렇게 해서 무거운 짐처럼 느껴진 시간은 자신의 실존에 있어서 새로운 가능성과 자유에로의 소명으로 부여받는다.

실재에로의 순명은 또한 공간을 변혁시킨다.14:7-11 공간은 소유, 힘, 지위의 영향력이 감지되고, 그것들이 표상으로 가시화되는 곳이다. 공간에 들어간다 함은 그러한 소유, 힘, 지위가 전개하는 관계의 역동성 안으로 자신이 어떠함을 그리고 타자를 어떻게 수용하는지를 여실히 보여주는 장場이기도 하다. 일꾼된 자는 '손님들이 저마다 윗자리를 차지하려는'14:7 공간사용에 대한 사회적 관습에 대해 다른 관점을 지닌다. 즉 '윗자리에 가서 앉음'이나 '더 높은 사람의 초대'의 공간에서 물러나 '맨 끝자리에 가서 앉음'의 위치를 찾는다.14:8 윗자리나 더 높은 사람은 말하고 가르치는 공간을 점유하고, 끝자리에 앉음은 듣고 수용하는 공간을 형성한다.

실재에로의 순명이 추상화나 내면화로 전락되지 않고, 삶의 실존적 상황이 전개하는 시간과 공간의 구체적 실존성을 새롭게 조명하여 재배열한다는 것이 바로 '근원에로부터 자세히 살핌'의 핵심이다. 어떻게 시간을 인식하고 공간에서 어떻게 움직이는가라는 것은 땅에서 매는 것이 하늘에서도 매이고, 땅에서 푸는 것이 하늘에서 풀리는 것과 같은 동시성의 문제이다. 그러기에 예수는 사람들 앞에서 나를 안다고 증언하거나 모른다 하는 것이 하나님의 천사 앞에서 안다 혹은 모른다와 직결된다고 한 것이다.12:8-9

실재의 충만함과 초월성은 시간과 공간에서 어떻게 지내는가와 연결되어 있는 구체적인 현실성의 이슈이다. 창조에 있어서 시간의 면류관인 안식일을 평화의 시간으로 돌리고, 인간을 세상이라는 공간에서 창조물 중의 으뜸인 면류관이 아니라 창조물 중에 가장 마지막으로 공간에 초대된 막내 피조물임을 자각하여 다른 피조물을 존중하게 하는 방식으로 새 창조new creation가 다시 가능하도록 한다. 시간의 무거운 규제를 풀어 주고 공간을 타자에게 허용하는 것은 이러한 창조 질서의 감각을 회복시키는 것이다.

샬롬 통치의 메타포로서 '잔치'의 의미

"너는 점심이나 저녁을 차려 놓고 사람들을 초대할 때에 친구나 형제나 친척이나 잘사는 이웃사람들을 부르지 말라….너는 잔치를 베풀 때에 오히려 가난한 사람, 불구자, 절름발이, 소경 같은 사람들을 불러라."

(14:12-13)

'잔치feast'는 누가 기자만의 독특한 상상력의 정점을 알려주는 하나님 나라의 신비에 대한 구체적인 비유이다. 이는 당연한 것으로 자비로운 실재와 그 실재의 풍성한 호의에 대해 우리가 일꾼된 자로서 일상이라는 시간과 공간에서 가장 적절히 경험할 수 있는 것이 바로 잔치이다. 누가 기자는 자신의 증언들에서 수많은 잔치 이야기들을[67] 통해 하나님 나라의 구체성에 대한 상상력을 청자에게 전하고 있다.

'잔치'자리는 각 인간 실존이 구체적인 시간과 공간의 결합을 통해 특별한 카타르시스내적 정화와 기쁨의 희열가 일어나는 '사건적 행위'의 장소이다. '사건적 행위'라 함은 우리의 일상이 이 잔치를 통해 정서적으로 승화되고, 시간과 공간이 갖는 실존의 무거움이 내려놓아 지는 가벼움과 해방됨의 경험을 하게 하며, 그 경험이 나와 너 그리고 우리가 누구이고, 어디로 가고 있으며, 무엇이 우리에게 중요한지를 경험하게 하는 시간과 공간의 차원이라는 뜻이다. 잔치에는 호스트의 '호의환대, hospitality'가 있고, 나눔의 풍성함이라는 사건이 있으며 초대와 수용, 포함과 일치, 축하와 블레싱, 간절한 소망과 유쾌함, 기존 질서의 해체와 갱생된 질서, 스토리의 전개와 진실의 확인, 실패의 위로와 희망의 격려 등의 역설적인 긴장이 숨을 쉬는 곳이다.

누가 기자는 거룩한 실재에 의한 하나님 백성의 안내를 기록한 신명기의 내용을 뒤틀어 그 스토리를 잔치에로 재편입시킨다. 신 20:1-9절의 원수를 치러

---

67) 예, 어리석은 부자의 잔치, 혼인 잔치에서 돌아온 주인, 돌아온 탕자에 대한 잔치 등; 잔치에 버금가는 음식먹음이라는 스토리와 오천 명을 먹이심과 같은 잔치의 대용적 사건들이 누가복음 스토리에 그 핵심을 이룬다. 잔치는 삶의 호스트로서 자비로운 실재가 구체적인 현실에서 베풀 수 있는 가장 상징적인 이미지이며, 누가복음만이 지닌 잔치의 다양한 이미지는 실재의 풍성함과 그 실재의 현실성, 그리고 호스트로서 샬롬의 리더십이 무엇이 되어야 할지를 극명하게 보여주는 메타포이다. 잔치의 비유로 인해 신적 본성이 어떠한지만 그려내는 것이 아니라 잔치의 초대라는 소명으로서 해야 할 일과 행동의 성격과 방향이 현실화되어 명확히 그려지게 한다. 그리고 잔치를 통해 이 땅에서 공동체, 조직이 어떤 성격의 일이나 방향을 함께 나가야 하는 지에 대한 실마리도 알게 된다.

전쟁터에 나가는 군사들의 예외조항들인 새집 구입, 포도원 마련, 약혼한 이, 두려워 겁나는 이들에 대한 것이 잔치자리에로의 초대에 관한 핑계조항으로 바꾸어 놓았다. '원수를 치러 싸움터로 나가는'신20:3 것에 대한 예외가 '하나님 나라의 잔치에로 초대'에 대한 핑계거리로 삼는 것에 대한 경종을 주고 있다. 밭을 산 이, 겨릿소를 산 이, 장가간 이의 초대에 대한 핑계는 결국 초청의 자리를 빼앗기게 되고 그들 대신에 '가난한 사람, 불구자, 소경, 절름발이들'과 '길거리나 울타리 곁에 서 있는 이들'이 초대된다.14:21,23 68)

'억지로라도 데려다가 내 집을 채우도록 하여라'14:23라는 잔치의 호스트의 요청은 잔치의 중요성과 그 잔치의 수혜를 나누게 하려는 호스트 주인의 간절하고도 확고한 마음신의 뜻을 엿볼 수 있다. 이러한 잔치 비유를 통해 실재의 '파토스열정'이 무엇인지를 깨닫게 해준다. 실재가 먼저 잔치 자리를 마련했고, 그 잔치 자리는 원수를 쳐부수러 나가는 병사로서의 희생과 전혀 달리 함께 먹고 마심, 교제함, 덕담을 나눔, 위로와 감사를 맛보기 위한 초대이다. 그러한 실재의 초대에 대해 일상의 일로 인한 핑계가 자신에게 얼마나 큰 새로운 실존과 관계의 가능성을 상실하게 만드는지 알 수 있다. 그러한 손실을 계산하고 보면 명약관화한 이치가 드러난다. 초대는 상실의 확인과 잘못 살아온 것에 대한 판결이 아니라 위로와 회복, 그리고 더 나아가 평화의 누림과 기쁨을 위한 것임을 알게 된다.69)

---

68) 신명기의 내용을 누가가 뒤집어 사용하고 있는 것은 놀라운 패러다임 전환을 보여주는 것이다. 적을 치는 전쟁터의 공간을 미천한 자, 상실한 자, 끝장이 난자의 초대라는 잔치의 공간으로 바뀌는 것은 단순히 사고의 전환 문제가 아니다. 싸움에서 능력을 발휘할 수 있는 용감한 자가 아니라 미천한 자를 끌어들이는 것은 파격적인 인식의 전환을 보여준다. 이는 실재에 대한 새로운 이해 곧 무서운 하나님이 아니라 자비로운 하나님에 대한 철저한 갱신된 자각에서 나오는 것이다. 신명기라는 하나님의 뜻이 이러하다고 당부한 내용을 누가가 끌어와서 그것을 전복시키는, 즉 전쟁에서 잔치로의 변형이라는 모티브를 보여준다는 것은 무언가가 근본적인 전환의 인식을 누가와 그의 신앙공동체에서 일어났음을 보여주는 양자도약과 같은 사건이 의식에서 일어났음을 알려준다.

69) 삶은 결국은 잔치에로의 초대일 뿐이다는 누가의 획기적인 패러다임 전환은 자비로운 실재의 본성, 이치 그리고 그 힘에 대한 일관성을 보여주는 구체적인 표현이다. 신은 두려운

누가가 인용한 예수의 말은 그러한 '근원으로부터 미루어 살핌'[70]이 희생과 상실의 비용을 요구하는 것이 아니라 실재의 호의와 자기 실존의 기쁨과 축하라는 자리에로의 초대임을 역설한다. "너희 가운데 누가 망대를 지으려 한다면 그는 먼저 앉아서 그것을 완성하는 데 드는 비용을 따져 과연 그만한 돈이 자기에게 있는지 곰곰이 생각해 보지 않겠느냐?"14:28 즉, 일꾼되는 자로의 초대는 단순히 상실과 희생을 감당하기에 대한 것이 아니라, 그 일꾼됨의 비용보다 더 큰 차원인 실재의 호의에 따라 살아가는 기쁨과 평화를 위한 것이라는 점이다. 그렇기 때문에 다음과 같은 예수의 말은 새롭게 이해될 필요가 있다.

> "너희 가운데 누구든지 나의 제자가 되려면 자기가 가지고 있는 것을 모두 버려야 한다."(14:33)

이 말은 제자직에 대한 코뚜레를 매는 희생의 길이 펼쳐진다는 것이 아니다. 실재의 호의에 따라 사는 자유와 기쁨에로의 초대인 셈이다. 그렇기 때문에 실재/전체성의 안내를 방해하는 '자기가 가지고 있는 것'이 그동안 내가 가진 장난감에 불과하였고, 이제 더 성숙한 자로서 다른 것이 주어지고, 안내 되어짐에 마음을 열도록 하기 위한 권고인 셈이다. 나는 실재의 호의에 의해 초

분이 아니라 자비로우시며, 실패와 잘못에 관한 판단과 정죄가 아니라 위로와 평화를 뜻하신다는 극명한 이해를 잔치는 보여준다. 고통 받는 자는 그의 윤리적 성과와 실패에 상관없이 우선적인 초대를 통한 갱생과 평화를 통해 인간적인 존엄과 삶의 기쁨에 대한 누림은 조건없이 펼쳐짐을 호스트로서 일꾼은 자신의 소명에 대해 무엇을 해야 하는지를 알아들어야 한다. 잔치는 지배체제와 달리 샬롬체제에서 무엇이 일어나야 하는지에 대한 상상력을 구체적으로 제공한다. 그러기에 필자에게 잔치는 대안적 사회에 대한 상상력을 발휘하는 데 있어 혁명적인(즉, 근본적인 패러다임 전환인) 실천의 메타포로 다가온다.

70) 누가의 참된 제자직은 이 한 문장의 철저한 실천에 있다. '근원으로부터 미루어 살핌'은 생의 근원자(설계자이자 공급자)에 대한 확고한 뿌리내림과 그 근원에서 마음과 행동, 관계, 소유, 방향을 살피는 것은 일꾼된 자의 핵심 수행이다. 그 근원은 두 가지이다. 하나는 나를 둘러싼 신적인 환경(Divine Milieu)인 자비로운 실재, 그리고 내 안에 있는 거룩한 빛(등불)을 지침으로 삼아 사는 것이다.

대받았고, 잔치라는 삶을 누리도록 천부天賦적인 권리가 내게 주어졌다. 일꾼 됨이라는 제자직은 멍에자기의 십자가처럼 보이기도 하지만, 그 목적은 실재의 호의에 따라 순명하며 산다는 것에 비하면 지극히 작은 것이다. 왜냐하면 자기의 십자가의 비용과 실재의 호의의 혜택에 대한 '비용을 따져'14:28-세심히 살 핌 감당할 수 있는 역량이기도 하지만, 궁극적으로 실재의 호의가 주는 무한한 기쁨과 자유 그리고 평화에 비하면 아무것도 아니기 때문이다.

그렇다면, 내가 세상의 소금처럼 일꾼된 자로서 선다는 것은 '소금이 좋은 물건'14:34인 것처럼 좋은 선택이다. 그럼에도 감당할 수 있는 일이자 또한 좋은 선택으로서 하나 명심해야 하는 것은 '짠 맛'14:34에 대한 놓치지 않음이다. 왜냐하면 그 맛을 잃는다는 것은 이 세상에서 소용없이 되고 내버려 지는 상황을 가져오기 때문이다.14:35 그 맛이란 바로 실재의 호의에 따른 순명의 맛이다. 실재를 따르기에 내가 자유로워지는 이 맛에 대해 잃지 않는 충실성이 요구되는 것이다.

본문: 눅 15장

거룩함의 전복으로서 잃어버림을 재중심화하기

세리들과 죄인들이 모두 예수의 말씀을 들으려고 모여 들었다. 이것을
본 바리사이파 사람들과 율법학자들은 "저 사람은 죄인들을 환영하고 그
들과 함께 음식까지 나누고 있구나!"하며 못마땅해 하였다.(15:1-2)

누가 기자에 따르면 자비로운 실재의 자족성, 충만성 그리고 초월성은 스
스로 작동하시기에 민중을 '하나님 나라의 신비'를 위한 사역자로 선택하는 데
있어서 그 능력의 경계선을 두지 않는다. 지식, 부, 힘권력, 지위, 특정한 장소
에 대한 경계를 깨뜨린다. 이것이 13장에서 본 겨자씨와 누룩의 비유와 14장
의 '가난한 이, 불구자, 절름발이, 소경'의 혼인잔치에로의 초대 이야기에서
보여주는 예시이다. 자비로운 실재가 스스로 자신을 채워가는 실재의 선제적
인 이끄심은 10장에서 일흔두 제자의 파송에서 이미 추수할 것을 예비한 상황
에서 '추수할' 일꾼에로의 부름과도 일맥상통한다.

그러므로 일꾼된 이는 "아버지께서 원하시는 뜻"10:21과 "하나님의 능력"
11:20에 대한 접속을 통해 일상과 세상에서 "사람들 앞에서 나를 안다고 증언"
12:8하는 역할을 부여받는다. 일꾼된 자는 세상의 지배체제, 고통, 질병, 악령

의 힘에 휘둘리는 '희생자'와 '생존자'의 삶을 지나서, 그리고 또한 실재의 호의에 눈을 뜬 '목격자'의 수준에도 머무르지 않고, 더 나아가서 사람과 세상에 대해 자비로운 실재를 증언하는 삶에로 초대받는다. 이렇게 '목격자'와 '일꾼된 자'의 차이는 자비로운 실재의 경험이라는 공통점에도 불구하고, 충실함에, 충성스러운 종과 불충한 종의 비유-12:35-48이라는 실재에로의 응답이 이 둘을 구별시킨다.

일꾼된 자의 충실함은 '자기 주인의 뜻을 알고'12:47 준비하는 사람이자 '시대의 뜻'12:56을 아는 이이다. 일꾼된 자가 '근원으로부터 세세히 미루어 살핌' 1:2-개역을 통해 기쁨과 평화의 수확을 하는 소명은 이렇게 신적인 근원Divine Source로서 아버지·주인의 뜻과 이지상적인 삶에서 시대의 뜻을 서로 조율하는 가운데서 그 충실성을 확보한다. 그 충실성은 누가에 따르면, "분부하신 대로 다 하고"14:22, "사람들을 억지로라도 데려다가 내 집을 채우는"14:23 기쁨의 잔치 자리에로의 초대와 관련된다.

누가의 상상력은 기존의 전통적인 언약궤의 성소로서의 성별된 자들의 특권적인 장소로서 아버지의 집이 아니라, 혼인 잔치라는 평화, 기쁨, 친교, 영광이라는 자비로운 실재의 경험과 그 자리로의 기꺼이 그리고 억지라도 함께하는 간절함이라는 신의 파토스열정로 가득한 민중의 삶의 현장으로의 초대로 향하고 있다. 일꾼된 이는 초대의 심부름을 하며, 그 손님으로는 "가난한 사람, 불구자, 절름발이, 소경"14:21만이 아니라 "길거리나 울타리 곁에 서 있는 사람들"14:23까지였다. 이러한 초대를 통해 이제 눅 15장 시작은 "세리들과 죄인들이 모두"1절 예수의 말을 들으려 모여들게 된다. 그렇게 해서 공관복음서들 중에서 누가에서만 나오는 잃어버린 것들잃은 양, 잃었던 은전, 잃었던 아들에 관한 이야기가 출현한다.[71]

---

71) 상실, 잃음, 혹은 박탈당함은 지배체제의 권력의 사나움을 가장 명료하게 알 수 있는 중

거룩함에 있어 구약의 전통에 대해 누가는 두 가지 점에서 거룩함에 대한 본질의 이해를 바꿔버린다. 그 하나는 성전하나님을 위해 제사지내는 곳이나 혹은 포도원하나님의 분부에 따라 결실을 위해 일을 하는 곳이 아니라 혼인 잔치라는 축하와 나눔, 쉼과 위로의 공간으로 바꾼다. 두 번째는 그 공간의 호스트가 접대하는 손님들이 잃은 자들 ─가난한 사람, 불구자, 절름발이, 소경, 세리, 죄인─이라는 점이다. 이러한 설정의 이유는 지배체제에 있어서 성전은 특권층성전엘리트가 있는 공간이며, 포도원은 지배체제의 주인이 쓸모 있다고 선택한 일꾼들이 있는 공간이기에 가난한 자 불구자 죄인 등과 같은 부류의 인간은 접근하기 어려운 공간이기 때문이다. 누가의 입장에서 보면, 이 두 공간에서 소외된 이들을 위한 잔치의 공간에서 샬롬이 시작된다는 것은 근원자비로운 실재으로부터 삶을 살피는 올바른 실천이자 당연한 것이다.

이러한 거룩함의 전복이 가능한 근본 이유는 바로 자비로운 실재아버지이신 하나님의 자족성, 충만성 그리고 초월성에 기인한다. 그러한 자비로운 실재의 뜻과 선제적인 행동은 누가복음 전반을 통해 이미 나왔던 마지막된 자the last, 미천한 자the least의 포함과 더불어 이제 15장에서 확인하고 있는 잃은 자the lost로 확산한다. 자비로운 실재의 영향력이 미치는 능력은 현실에서 가장 무가치하게 여겨지는 존재에 대해 예외가 없다는 실재의 무제약적인 베푸심과 풍성함을 증언한다.

거이다. 이세상 나라의 지배체제에는 그러한 상실이나 잃음을 개인의 정체성('못난 나')에 부여해서 분리와 지배를 강화시킨다. 반면에 하나님 나라에서 통치는 그러한 상실이나 잃음이 실재의 자비로움에 대한 자기 출현을 가장 힘 있게 하는 방식이기도 하다. 또한 상실과 잃음은 지배체제의 거짓과 허세에 대한 가장 강력한 반증이며, 샬롬 체제의 복구를 위한 중요한 개시의 문이기도 하다. 눅 15장의 잃어버림에 대한 비유들은 매우 강력한 다른 현실성에 대한 상상력을 구체적으로 제시하는 누가 기자의 증언의 핵심을 담고 있는 곳이기도 하다.

상실·잃어버림의 의미

잃어버림의 비유[72]로 나오는 세 이야기는 양, 은전, 아들에 대한 것이다. 양과 은전은 소유에 대한 것이며, 아들은 관계에 대한 것으로 소유와 관계는 하나님 나라의 이 지상에서의 경험과 일꾼된 자됨이라는 정체성에 중요한 표징의 시험대가 된다. 좀더 이야기를 들여다보면 잃었던 아들의 관계 이야기도 실상 '제 몫으로 돌아올 재산'과 '자기 재산'의 사용으로 인한 것이기에 소유의 의미문제로 귀결될 수 있는 이야기이기도 하다.15:12-13

이 잃어버림의 비유에는 비유의 대상은 달라도 두 가지 특성이 공통점이다. 그 하나는 잃은 양, 은전, 그리고 아들에 대해 되찾은 결과로서 친구들과 이웃을 불러 모아 기뻐함이며, 심지어 아들의 경우에는 '성대한 잔치'까지 벌어진다. 특히 바리사이파 사람들과 율법학자들의 "저 사람은 죄인들을 환영하고 그들과 함께 음식까지 나누고 있구나!"라는 비판을 받고 나서 한 비유이기에 함께 음식까지 나눔잔치이 세 비유에 전제될 수 있다. 두 번째는 주인의 뜻·마음에 대한 것이다. 그는 잃은 양 한 마리에 대해 '찾아 헤매고' 찾은 양을 '어깨에 메고' 집으로 돌아와 친구와 이웃을 불러 모아 함께 기뻐한다. 은전에 대해서는 '등불을 켜고 집 안을 온통 쓸며 그 돈을 찾기까지 샅샅이 다 뒤져 보고' 마찬가지로 친구들과 이웃을 불러모아 함께 기뻐한다. 아들의 경우도 '멀리서 본' 아버지가 먼저 '측은한 생각이 들어 달려가 아들의 목을 끌어안고 입을 맞

---

72) '잃어버림'은 지배체제의 엘리트들이 중심(the center)을 차지하고 있는 실천 메커니즘에서 나온 부적응과 배제라는 결과물이다. 이는 주변(the marginal)과 바닥(the bottom)의 삶의 특징적인 삶의 현상이다. 그러므로 잃어버림은 주변과 바닥에 있는 이들을 위한 인식론적 특권과 현 체제가 어떠한 지를 드러내고 저항할 수 있는 실천적 우선성을 제공하는 중요한 용어이자 인식의 프레임이다. 잃어버림이 일꾼의 실천전략의 인식론적인 렌즈를 제공한다함은 두 가지 의미를 뜻한다. 하나는 본래 있는 것, 생득적으로 부여받은 보편적인 선물과 그것을 주는 자(곧, 자비로운 실재, 신)에 대한 기억을 떠올리는 것이다. 다른 하나는 잃어버림 그 자체가 무엇을 어떻게 해야 하는지에 대한 실천적인 방향과 의식의 집중이 어디에 있어야 하는 지에 대한 실천적 전략을 가리켜 주고 있다는 점이다.

추고' 성대한 잔치를 베푼다. 잃은 것에 대한 간절한 찾기와 되찾은 기쁨의 함께 나눔이 주인의 뜻이자 마음인 것이다.

이 잃어버림의 세 비유를 통해 누가 기자는 매우 파격적인 제안을 하고 있다.

첫째는, 바로 자비로운 실재의 풍성함이 다수와 많음 중에 '하나'의 상실에 대한 무관심으로 이어지는 것이 아니라 오히려 더욱 치열하게 그 잃어버림을 다룬다는 것이다. 심지어 되찾음·회복을 위해 자신의 풍성함을 더욱 아낌없이 사용한다는 이중의 풍성함에 대한 것이다. 자비로운 실재의 뜻은 잃은 자로 하여금, 혹은 그로 인해 실재의 풍성함을 잃어버린 자도 최종적으로 누리는 것에 대해 자신의 뜻과 행동을 멈추지 않는다. 이렇게 실재의 호의는 그 치열함과 일관성을 잃지 않는다.

둘째는, 실재의 자족성, 풍성함 그리고 초월성은 상대의 노고, 재능, 지위라는 그 어떤 특정한 영역에 대한 수혜 조건의 한계나 경계선을 치지 않는다는 점이다. 이는 스스로 넘치는 무한한 줌giving이라는 실재의 본성에 기인한다. 그렇기에 실재가 펼치는 호의는 수혜자의 자격과 지위, 사회적 역할과 행동을 전제로 하지 않는다. 오히려 찾아 나서는 이에 대한 초대의 수용 여부에 있는 것이다. 사실상, 초대는 언제나 열려져 있고, 그 어떤 경험과 행위의 예외성에 의해 그 초대가 사라지지는 않는다. 왜냐하면, 그 작동은 나의 행위와 자격의 여부보다는 실재의 본성, 곧 실재의 자비로움과 호의에 있기 때문이다.

셋째는, 주인의 뜻이 위의 두 전제와 같다면, 즉, 자비로운 실재로서 주인의 뜻이 자신의 풍족한 풍성함을 누리지 못하는 잃은 자 소수에게 치열한 관심을 두시며, 자신의 풍성함을 누릴 자격요건을 설정하지 않는다는 사실은 분부대로 하는 종·일꾼된 자에게 무거운 짐이 아니라 자각과 선물로서의 은총을 가져다준다는 점이다. '자신의 십자가를 지고 따르기'14:27는 무거운 멍에나 엄격함이 아니라 흔들리는 자신의 실존에 중심을 세워주는 것이며, '자기가 가지고 있는 것을 모두 버리기'14:33는 박탈이 아니라 은총의 풍성함을 누리는 자유와 해방의 능력을 부여받는 길이 된다.

지배체제에서 샬롬체제로 어떻게 살 수 있으며, '이리떼 가운데 어린양처럼 살기'10:3를 실행할 수 있는 방식은 근원으로부터 미루어 살핌이라는 실천의 철저함, 곧 자비로운 실재에 대한 영혼의 감각 회복과 연결된다. "세리들과 죄인들이 예수의 말씀을 들으려고 모여 들었다"1절는 진술에는 누가 기자의 중대한 소개와 새로운 차원의 흐름이 담겨져 있다. 성전엘리트들인 랍비, 특권층, 그리고 정치가들 대신에 공동체에서 추방되고, 잃어버린 자들로서 세리와 죄인들이 누가의 스토리텔링 무대 위에 주인공으로 출현하고 있다는 진술이다. 그리고 이것은 일꾼됨의 훈련과정에 중요한 새로운 포인트이다. 민중의 리더십을 세우는 일꾼됨이라는 영적인 커리큘럼의 새로운 차원으로 스토리가 넘어가고 있다. 누가에 따르면 자비로운 실재의 참됨과 그 풍성함 그리고 그 실재의 효능성에 대한 담지擔持를 실증할 수 있는 곳이 바로 '세리와 죄인들'인 것이다. 이 잃어버린 자들the lost인 세리와 죄인들은 실재의 자비, 참됨 그리고 그 힘의 미침이 어디까지 인지를 확인해 준다.

결핍에서 상실로의 의식 전환

그제야 제 정신이 든 그는 이렇게 중얼거렸다. '아버지 집에는 양식
이 많아서 그 많은 일꾼들이 먹고도 남는데 나는 여기서 굶어 죽게 되
었구나!..'. 마침내 그는 거기를 떠나 자기 아버지 집으로 발길을 돌렸
다. (15:17, 20)

눅 15장이 잃은 자들에 대한 자비로운 실재 곧 아버지이신 하나님의 은총의 무한한 베푸심이라는 교훈이구나라는 윤리적 통찰로 끝나기엔 아직 남은 중요한 주제가 있다.

그것은 바로 지배체제의 에토스에 대한 샬롬체제의 대치에 있어서 삶의 목표에 대한 전복이다. 자본주의 사회적 제도의 그 근저에는 인간의 자유 추구라는 '이기심'이 전제되어 문화와 시스템으로 작동한다. 그리고 그 '이기심'과 '자유'의 환상적인 결합은 '자신의 몫을 추구하기'라는 기본적인 욕망을 자연스러운 본성으로 간주하도록 문화로 포장한다. '자신의 몫'이 무엇이든 간에 —이는 정의론에 대한 오랜 비평적 논쟁을 가져왔다— 각자에게 정당하게 돌아가야 할 몫에 대한 추구는 자유와 정의justice의 개념을 발전시키는 기본 기조를 이루게 된다. 그리고 그러한 기본적인 추구붙잡음에로의 열망은 정당한 몫에 대한 경쟁, 권리와 특권에 대한 의식, 성취에 대한 갈망을 추동시킨다.

뿐만 아니라, 이러한 추구에로의 인생 목표의 설정의 그 핵심에는 바로 '결핍'에 대한 근본적인 이해가 자리잡고 있다. '부족함충분치 않음,' '불완전함,' 그리고 '결여'에 대한 자기 의심이 바로 그것이다. 이러한 결핍에 대한 인간 실존의 이해는 추구하기에 대한 에너지를 제공하고, 따라서 그 추구에 따른 '소유'의 몫을 정당하게 여기는 의식을 가져왔다. 누가는 그러한 인생관이 가져온 현실 세계에서의 생존자와 승리자들을 '이리떼'라는 단어로 정리하였고, 이에 대항하는 새로운 인생을 '어린양'으로 표현하였다.10:3.

추구와 소유제 몫의 가치에 의해 문화화 되고 시스템화 된 지배체제의 전복자로서 '어린양'의 삶은 이와는 전적으로 다른 삶이다. 어린양으로 비유되는 하나님 나라를 향한 일꾼된 이의 삶은 잃음과 관계에 대한 치열하고 일관된 자각에 의해 형성된다. 그것은 이미 실재의 풍성함에 대한 전제와 그 자비로운 실재와의 관계에 대한 것이며, 우리의 삶은 '추구'가 아니라 실재의 풍성함과 관계에 대한 '누림'을 위해 초대된 것이며 −이것이 식사/잔치/향연의 비유가 갖는 핵심 의미이다− 그 본래적인 실재의 풍성함과 누림에 대한 초대에 대한 '잃음/상실'에 대한 자각이 우리의 진정한 '몫'인 셈이다.

'잃어버림'의 자각은 '그제야 제정신이 드는' 실존의 전환에서 일어난다. 자신이 외로움, 힘의 소진, 영원히 지속되는 고향상실homelessness의 감각, 생의 전락顚落과 자기 정체성의 혼란은 추구에서 '잃어버림'에 대한 자각을 통해서 무엇이 문제였는지를 깨닫게 된다. 그것은 자비로운 실재와 그 호의에 대한 단절과 분리로 오는 자연스러운 결과들이었다. 잃었던 양, 은전 그리고 아들은 자기 자신에게서가 아니라 주인의 품으로 되돌아감으로 자신의 정체성과 자신의 역할을 되찾는다. 그리고 안식과 평화, 기쁨과 축하의 실존으로 변형된다. 우리의 삶의 목적은 바로 다름 아닌 풍성함이라는 잔치feast에로의 초대와 이를 누림이라는 근본적인 전망을 얻는다. 누가의 신앙공동체는 그러한 변혁적 전망을 통해 지배체제로부터 샬롬체제로의 실천적 전망을 지닐 수 있었고, '이리 떼'들 속에서 '어린양'의 삶에 대한 확신과 그 궁극적인 비전을 얻게 되었다.

누가 기자는 이미 서두에서부터 미천한 자the least에게 내린 '은총을 가득히 받은 자여, 기뻐하라, 주께서 너와 함께 하신다'는 실재의 자기−증여와 마지막 된 자the last인 노인 사제부부의 임신을 통한 예언의 지속과 노년의 예언자들의 축복을 자기 스토리의 시작에서 알린다. 그리고 이에 이어, 잃은 자the lost의 꼴찌 된 자들이 하늘나라의 첫째가 되는 전복의 이야기들을 통해 그 궁극적인 목적인 '하늘에 영광, 이 땅에는 평화'의 재회복을 위해 천천히 그리고 심도깊게 민중을 훈련시킨다. 이는 실재에 대한 순명, 곧 어린양의 삶이라는 충실한 종의 비유에서 보는 전망이다. 그리고 그 전망의 터전은 씨뿌리는 자의 비유에서 보듯이 자신의 풍성함을 터길가, 자갈밭, 가시덤불, 옥토에 상관없이 풍성함을 주고 '죄인과 세리'까지 잔치에 초대하는 실재의 '거룩한 낭비'의 본성에 대한 이해와 그 접속connection에서 나오는 것이다.

누가에 따르면 지금의 억눌림, 보지 못함, 포로됨의 현실 문제는 실재 그 자체의 힘과 실재성이 존재하지 않고 환상인 것이며, 오히려 그 근원으로부터 자세히 미루어 살피면 오직 빛, 은총자비 그리고 온전함풍성함이 존재할 뿐이고 그것이 진실임을 밝힌다. 누가가 보는 우리 삶의 근본적 문제의 진실은 그러한 빛의 진실성, 온전함, 그리고 실재성을 일관되게 자각하지 못한 자각의 '잃어버림'의 문제였다. 따라서 '그제야 제 정신이 든'인생이야말로 그러한 잃어버림의 자각으로 인해 아버지되는 실재와의 관계 회복과 그분의 집에 머무는 안식과 평화, 기쁨과 생기 있음을 되찾게 된다는 진술이다.

실재의 '거룩한 낭비'가 우리를 구원한다

누가복음이 제시하는 소유와 성취라는 추구의 인생관에 대한 근본적인 비판이자 새로운 인간관의 대안적인 전망인 실재의 풍성함과, 실재의 호의에 대한 누림으로서 '잃어버림'에 대한 자각은 아직 그 전망이 지닌 또 하나의 신비가 담겨져 있다. 그것은 자기 추구에서 잃어버린 자들the lost에 대한 실재의 집요한 초대와 거룩한 자비의 수고스러운 낭비에 대한 주목과 그 전망의 폭scale에 대한 것이다.

즉, 자비로운 실재는 잃은 한 마리 양을 위해 들판을 헤매며 찾고, 잃어버린 은전 한 닢을 위해 등불을 켜고 온 집안을 샅샅이 찾으며, 잃은 아들을 멀리서 보고 먼저 달려가 포용한다는 점에서 풍성함의 본질과 그 전망이 잃은 자들에게 주어지는 몫이라는 점이다. 그리고 그 전망은 잃은 자의 되찾음에 대해 친구들과 이웃을 불러 모아서 같이 기뻐하고15:5-6,9 심지어는 하늘의 천사가 기뻐하는15:7,10 수준에 이른다. 이렇게 지상의 친척과 동료만 아니라 하늘의 천사까지 포괄되는 '함께 기뻐함'이 바로 잃어버림의 자각이 가져오는 스토리의 클라이맥스이다. 땅과 하늘이 함께 기뻐함, 그리고 이를 위해 성대한 잔치까지 베푸는 거룩한 낭비의 기쁨이 펼쳐지는 것이다. 기쁨은 샬롬체제 안에서 느낄 수 있는 최고의 덕목이자 온전한 삶으로의 회복을 알려주는 중요한 측정의 바로미터이다.[73]

잃은 자의 귀환을 기뻐한다는 것, 그리고 함께 기뻐한다는 것은 지배엘리트나 성전엘리트에게는 도전이자 받아들일 수 있는 전망은 아니다. 게다가 이미 기득권을 주장하는 첫째 아들처럼 분노를 자아낼 수 있는 위험하고도 도전적인 패러다임이기도 하다. 잃은 아들이자 동생의 돌아옴은 심지어 아버지 집 밖으로 뛰쳐나가게 만드는 상황까지 만들 정도로 심각하다. 이들의 시기와 비판은 정당한 이유가 있기도 하다. 질서의 무너짐과 낭비의 비합리성, 그리고 정당한 몫과 그에 따른 대우의 공평성, 그리고 수고의 대가에 대한 무보상의 이유들이 존재한다. 그러니 아버지의 다음과 같은 말이 이해되지 않는다. "애야, 너는 늘 나와 함께 있고 내 것이 모두 네 것이 아니냐? 그런데 네 동생은 죽었다가 다시 살아 왔으니 잃었던 사람을 되찾은 셈이다. 그러니 이 기쁜 날을 어떻게 즐기지 않겠느냐?"15:31-32 큰 아들이 이에 대한 어떤 응답을 했는지 누가 기자는 청자에게 남긴 채, '그제서야 제 정신이 드는' 메타노이아참회의 문제에 대한 망각이 -큰 아들은 그제서야 제 정신이 들었는지 질문으로 남긴다- 얼마나 철저히 우리를 덮고 있는지 암시할 뿐이다.

---

73) 샬롬의 나라의 통치의 유효성은 평화, 기쁨, 영광됨(존귀해짐)으로 귀결된다. 특히 기쁨은 생득적 권리이자 샬롬 통치의 목적이다. 잔치의 초대가 지닌 그 핵심도 기쁨과 연관된다. 기쁨은 신의 창조에 있어서 '보기에 좋았다'는 미적인 환희에 연결된 안식과 완성을 표현하는 존재의 상태이다. 기쁨은 그 어떤 상황에서도 박탈될 수 없는, 그러나 우리가 잃어버렸다고 무의식적으로 생각하는 자아의 망각이기도 하다. 샬롬의 통치가 기쁨의 상실에 대한 회복이라는 것은 샬롬의 정치학에서 매우 중요하게 다루어야 할 내용이다. 개인 자신의 기쁨만 아니라 이웃이 함께 기뻐함이라는 공동의 기쁨은 누가가 전하는 온전한 사회의 핵심적인 특징이다. 이것은 물리적인 소유의 의미를 역전시킨다. 기쁨을 소유로 이해하는 것은 지배체제를 해체하고 샬롬체제를 건설하는 핵심 모티브가 된다.

각설하고, 일꾼의 충실함은 이제 '잃어버림'에 대한 자각에로의 주목하기로 들어간다. 누가가 제시하는 제자직의 충실함에 대한 본성은 자기 의의 추구가 아니라 자비로운 실재의 풍성함에 대한 자각의 상실과 이에 대한 치열한 주목하기에로 향하는 것이다. 그러한 잃어버림의 자각에 대한 이유는 −그제야 제 정신이 듦− 잃어버린 것이 오히려 역설적이기는 하지만 실재의 온전성/전체성wholeness을 확인해 주는 샬롬의 경지에 들어가는 문이 되기 때문이다. 게다가 실존의 궁극 경지인 '함께 기뻐함'이라는 존재의 최고 상태를 맛보기 때문이기도 하다. 그 함께 기뻐함이란 바로 잃어버린 것을 통해 이웃과 친척도 기쁨을 맛보게 하고, 하늘의 천사까지도 기쁨을 맛보게 하는 자기 줌giving의 새로운 경지를 모두에게 수혜자로 전환시키기 때문이다.

이렇게 잃어버린 자the lost가 샬롬의 인도자가 된다. 이토록 실재의 자비로움과 호의는 풍성하다. 그러므로 누가 기자는 우리를 초대한다. 나의 잃어버림에 대한 철저한 자각이 실재로 들어가는 문이 된다는 것을. 그리고 이것은 자비로운 실재의 호의에 따른 진실임을. 실재는 자비롭고, 참되고, 무제약적인 힘을 지닌다. 그러므로 추구의 덫에서 나와 단지 잃어버린 것에 주목하기만 한다면, 그제야 제 정신이 드는 그 어떤 경험이 있다면, 하나님의 나라의 신비는 어느새 와 있었고 이를 조건 없이 맛보게 될 것임을 속삭인다.

18. 일꾼을 위한 자비의 경제학

본문: 눅 16장

잃어버림에 자비를 현실화하기

누가의 이야기 전개는 초기의 목격자 진술에서 중반 이후로 넘어오면서 일꾼된 자에 대한 이야기에 대해 더욱 집중하고 있다. 목격자가 보는 것은 비참한 현실을 넘어선 새로운 현실에 대한 증언이라고 할 수 있다면, 일꾼된 자는 땅에 발을 딛고 사는 이지상적 삶에서의 충실성에 대한 자비로운 실재의 요청에 대한 응답을 가슴에 품는다.

지상에서 삶이 고달프고 힘들며, 박탈당하고 소외된 삶이라는 현실에 대해 새로운 '하나님 나라의 신비'8:10의 시작과 그 실현은 '하늘의 영광과 땅의 평화'라는 비전에서 시작하여 겨자씨와 누룩의 비유13:18-21처럼 여리고 약한 징조로 그 샬롬나라의 현실을 품는다. 확실히 이 새로운 현실은 자비로운 실재의 호의에도 불구하고 저절로 주어지는 것은 아니다. '자기 십자가를 지고' 또한 '자기가 가지고 있는 것을 모두 버려야' 가능한, 의식적인 집중이 요구된다.14:25-33 여리고 약한 징조의 주목과 내면의 정화된 의식이 패턴이 되어 반복되면 흐름이 만들어지며 가시적인 형태를 취하게 된다. 이렇게 징조의 현실화를 위해 헌신하는 일꾼이 되는 것은 수확하는 평화, 기쁨 그리고 하늘나라에 기록된 생명10:1-20의 일을 행함에 대한 초대이기에 자발적인 선택과 책임이 가능해지는 것이다.

일꾼된 자가 누리는 행복으로서 평화, 기쁨 그리고 영원한 생명은 우리의 현실을 지배하고 있는 '두려움'과 '결핍'으로부터 오는 불안을 일소一掃한다. 이는 현실을 부정한 정신승리의 내면적인 것이라기보다는 눈으로 목도하고 만지고 볼 수 있는 이지상적인this-worldly 차원의 것이다. 즉, 소유의 많음에서 존재의 풍성함으로, 현상적인 것에서 본질적인 것에로의 전환에 대한 철저한 자기 회심을 요구한다.

누가 기자는 특별히 15장에서 다른 복음서에서는 나오지 않는 자신만의 이야기를 통해 결핍에 대한 집중에서 '잃어버림'잃은 양, 잃은 은화, 잃었던 아들에 대해 말하면서 자비로운 실재의 풍성함에 대해 '잃어버림'의 자각을 통한 발견의 기쁨을 말하고 있다.[74] 그 잃어버림이란 자비로운 실재의 풍성함이는 이미 잔치의 비유에서 암시되어 있었다에로 돌아오는 자각으로서 잃어버림에 대한 것이었다. 자기 '몫'·'재산'·소유가 자비로운 실재와의 단절을 통해 어떻게 탕진과 무력해지는지를 잃었던 아들의 비유는 말하고 있다.

진정한 부, 혹은 풍성함은 소유, 성취, 노력, 영향력, 지위가 아니라 자비로운 실재로부터 느끼는 안전, 신뢰의 관계, 돌봄의 품, 그리고 신적인 자녀의 정체성 회복에 있다는 것이 누가 신앙공동체의 확신이었다. 그리고 그러한 신념은 단순히 저 하늘 위의 것에 대한 동경이 아니라, 이 지상에서의 실천프락시

---

74) 확실히 두려움과 결핍의 에너지에 따른 안전과 충족을 향한 삶의 에너지로 인해 자신이 무엇을 잃어버렸는지에로 즉, 상실을 자각하고 여기서 일어서서 되돌아감을 인생의 좌표로 삼는다는 것은 자비의 실재에 대한 적절한 응답이다. 누가의 이러한 실천 방식은 존재론적이고 실천적인 두 가지를 동시에 품는다. 즉, 잃어버림을 주목함으로써 본질인 자비로운 실재를 다시 회상하고 놓친 '신의 기억'과 '신/아버지의 품'을 다시 상기한다는 의식과 존재의 영역을 재확인한다는 점이다. 또한 잃어버림을 구체적인 일상과 삶에서 확인한다는 것은 지배체제의 거짓에 대한 환상을 벗길 수 있는 중요한 실천적인 단서가 되기 때문이다. 나이가 먹어감에 따라 무엇을 성취하고 있는가보다 잃고 있는 것은 무엇인가를 질문하는 것이 자신의 중심을 세우는 데 있어 더욱 효과적임을 필자가 60대에 들어서서 확연히 다가오는 인식의 변화이다.

스에서 이루어지는 현실이자 응답이기도 하다. 머리 위의 하늘에서의 영광의 비전과 발아래 땅에서의 평화라는 이중적인 조화와 일치는 세상이 지닌 부의 추구와 자기됨의 추구에 있어 필연적인 두려움과 결핍, 그리고 소외와 무력감이라는 역설적인 가난에 이르게 된다. 그래서 우리를 비인간화하고 사물화시킨다. 이것이 바로 악령의 역할이기도 하다.

일꾼됨은 '희생'이라는 두려움과 결핍의 수행이 아니다. 그것은 자비로운 실재신의 아버지됨와의 교제 속에 누리는 '기쁨을 즐기기'같이 기뻐해 주십시오.' 15:6,9,32라는 점에서 기쁨의 풍성함, 교제의 즐거움이라는 부富에 관련된다. 이는 '나·나의 것'이 아니라 '우리'·'내 것이 네 것'15:31이라는 상호 소속됨의 풍성함에 대한 것이다. 그리고 이러한 샬롬의 부유함은 중심을 주변으로, 주변을 중심으로 재정위시킨다. 그래서 꼴찌가 첫째로, 첫째를 꼴찌로 만든다.13:30 게다가 그러한 실재의 풍성함으로 인해 위the upper는 낮은 자리로, 낮은 자the bottom는 윗자리로 재위치 시킨다.14:11 그렇게 자비로운 실재의 변혁성은 이지상에서 그 효력을 발휘한다.

일꾼과 자비의 경제학

누가 기자는 여러 차례 부자에 대한 비유를 유독 많이 사용하였다. 그중의 유명한 비유는 '어리석은 부자의 비유'12:13-21와 16장의 두 부자인 불충한 종을 다루는 '어떤 부자'와 거지 나사로와 직접 관련된 '예전에 부자 한 사람'에 대한 것이다. 두 이야기에서 부자의 역할은 다르나 그 핵심의 공통점은 명확하다. 어리석은 부자 이야기에 대한 성찰에서 나오듯이 이 지상의 재물창고와 하늘의 재물창고 마련12:33이 보여주듯이 부에 대한 명확한 차이에 대한 것이다. 즉, 곡식과 재산을 자기 즐김을 위해 쌓아 넣는 창고로서의 부의 상징과 먼저 하나님 나라의 찾음으로써 부에 대한 대비가 그것이다.

누가가 소개하는 일꾼이 되어가는 자의 과정은 거룩한 실재의 본성과 그 작동인 '자비'헬라어-'오이크티르몬; 6:36에 녹여 들어가는melting into 삶의 과정을 익히는 것이다. 이는 이미 열두 사도를 선택한 후 평지 설교에서 가르친 하나님 나라의 살림살이에 있어서 "너희의 아버지께서 자비로우신 것같이 너희도 자비로운 사람이 되어라"6:36에서 확고한 실천 강령으로 제시된 것이었다. 이러한 자비의 실천은 곧 사람들 앞에서 자비로운 실재를 안다고 증언하는 것12:8과 연결되어 더욱 이지상의 삶에서의 실천으로 강화된다. 이는 자신의 제자들에게 전한 주기도에서 밝힌 바로 그분의 뜻이 이 땅 위에 실현되는 것과 연결되어 있다. 실재가 자비롭기에 우리의 삶과 행동도 그러해야 하고, 그러한 하늘의 창고로서의 부유함을 누리는 것에 관해 누가는 일관성 있게 이것이 하나님 나라의 증인됨으로 진술하고 있다.

우리가 16장의 불충한 종과 거지 라자로와 부자이야기를 다룸에 있어서 피해야 할 함정들이 있다. 첫째는 예수는 물질적 소유에 대한 혐오와 청빈을 가르쳤다는 수도원적이고 금욕주의적 경향성에 대한 것이다. 둘째는 사회적 구제charity의 중요성이라는 한쪽 경향성을 고착화시켰다는 점이다. 가난한 자에 대한 구제와 돌봄을 개인적인 봉사의 수준에 머물러 적선의 문화는 유지하나 그렇게 가난을 만드는 시스템과 문화에 대한 비판의식을 상실하는 문제에 대한 것이다. 셋째는 불충한 종에 대한 두둔의 이야기를 확대해석하여, 돈의 수단적 합리화 경향을 지지하는 것이다. 즉, 돈 버는 것과 부의 추구가 어떠한 비굴한 수단에 의하든 정승처럼 쓰면 된다는 것과 '세속의 재물로라도 친구를 사귀는'데에 대한 용인으로서 돈을 버는 이데올로기적 합리화를 정당하게 만드는 것에 대한 경계심이 필요하다.

위 세 함정의 대안에 대해, 그렇다면 누가가 전개하는 자비로운 실재[75]가 현실적인 삶에서 어떻게 펼쳐지는 것을 말하고 있는지를 묻게 된다. 자비로운 실재의 충만성과 초월성은 우리 삶에 있어서 경제, 일상의식, 사회적 관계에 있어서 실질적인 변화와 시스템화를 요청한다. 그것을 필자는 일명 '자비의 경제학'이라고 부르고자 한다.

자비의 경제학은 이미 예수의 공생애 시작에서 펼친 이사야의 비전에서 나온 '주의 은혜의 시기/해'에 대한 것을 기초로 한다. 묶인 사람의 해방, 눈먼 사람의 눈뜸, 억눌린 이의 자유가 그것이다.4:18-19 이는 바닥과 주변이 위와 중심이 되는 살림살이에 대한 샬롬의 정치경제에 대한 것이다. 그 예는 풍랑을 걸으신 예수의 이야기 속에서 '저편으로 건너가자'에서 제자들에게 저편인 군대귀신 들린 자의 소외와 고통에 대한 해방에로의 건너감8:26-39, 오천 명 민중의 배고픔에 대한 먹이심에서 기적의 초점으로서 민중을 향한 블레싱과 나눔 9:10-17, 선한 사마리아인의 비유에서 나온 민족과 이념의 경계선을 넘어선 고통받는 타자/적에 대한 보편적 돌봄의 우선성10:25-37, 18년간 병마에 시달린 민중의 안식일의 치유에서 나타난 고통 받는 자에 대한 쉼과 평화의 지원13:10-17 등은 구약의 희년50년마다 종살이를 풀어줌 개념을 더욱 구체화한 현실로의 실천에 대한 것들이었다.

우리의 도덕적 상식으로는 이해가 곤란한 본문 16장에서 약은 청지기의 교활한 문서개조의 방식이 주인으로부터 칭찬을 받음과 거지 라자로의 윤리적 삶을 고려하지 않은 전적인 긍정과 부자의 지옥행에 대한 이야기는 자비로운 실재의 풍성함을 전제로 하지 않으면 이해하는 데 걸림돌로 작용하게 된다. 자비의 경제학 혹은 자비의 살림학은 누가가 앞서 진술한 잔치에서 '청해야 할

---

75) 하나님의 아버지됨의 첫 증언인 "은총을 받은 이여, 기뻐하라. 주께서 너와 함께 계신다 [1:28]"는 천사의 첫 증언은 자비로운 실재의 속성인 은총·자비, 기쁨, 함께하심을 우리 인생에 계시(啓示)한다.

손님'으로서 '가난한 사람, 불구자, 절름발이, 소경, 길거리나 울타리에 서 있는 사람들'의 윤리적 자세를 문제시하지 않았다는 점은 개별자 자신의 능력이나 소유를 넘어 자비로운 실재의 풍성함과 그 보편적 호의에 대한 응답으로서 실재의 풍성함을 누림과 연관되는 것이다. 이것이 잃었던 아들의 돌아옴에 강조된 일관성 있는 메시지였다.

따라서 약은 청지기의 비유는 자비로운 실재의 풍성함과 그것을 나누고 누리는 것에 관련하여 무의식적인 실천인 '지극히 작은 일에 충실함'16:10을 통해 그는 영접을 받고 영원한 집으로 들어간다는 실재의 호의가 지닌 바닥과 주변의 인생에 대한 무제약적인 범위를 나타내는 것이다. 마찬가지로 거지 라자로의 두둔과 부자에 대한 부정적 판결은 그 기준이 "너는 살아 있을 동안에 온갖 복을 다 누렸지만 라자로는 불행이란 불행을 다 겪음"16:25이라는 고통의 여부가 단순한 기준이었다.

누가의 자비의 경제학/살림학은 하나님 백성이 이 땅에서 살아야 할 법도를 제시한 신명기의 규범에 대해 전적으로 새로운 변혁적 관점을 제시한 것이었다. 신명기 7장의 인종청소에 대한 새로운 도전으로서 선한 사마리아인의 비유로의 대치, 신명기 20장의 거룩한 전쟁참가에 가지 않아도 되는 핑계거리들인 새집과 포도원 구입, 약혼, 두려워 겁나는 이에 대해 거룩한 잔치의 초대에 초청자리를 빼앗김에로의 각색, 신명기 21장의 말 안 듣는 아들에 대한 돌로 쳐 죽임에 대한 잃었던 아들의 비유의 재해석은 이러한 자비의 경제학/살림학의 대표적인 사례들이다. 즉, 신명기의 그러한 규례와 법도보다 자비의 우선성이 마지막된 자, 미천한 자 그리고 잃은 자에게 도덕적 판단없이 자비로운 실재의 풍성함에 근거하여 주어지게 된다.

자비로운 실재의 풍성함이 이 지상에서의 살림살이의 원칙적인 가이드라는 것이 일꾼에게 주어진 사명임을 이해할 때, 이 지상에서 소유는 어느 정도

만큼이 가능한 것인가? 불충한 종의 소유의 정도의 한계나 거지 라자로의 무소유가 당연히 측정의 표준이 아니라면 어떤 종류의 얼마만큼이 가능한 소유/축적/성취/추구가 '일용할 양식의 추구'로 허락되는 것일까? 이미 13장에서 그 가이드를 알 수 있다. 이전 글에서 살펴본 대로 거룩함의 실천의 최고 정점인 안식일 규정도 불행한 자의 고통 제거의 행동과 그 추구에 대한 자비의 실천의 우선성을 제시할 정도로 거룩함의 의미를 누가 신앙공동체는 재정의 하였다. 그리고 소유와 성장의 문제는 겨자씨와 누룩의 비유에서처럼 "공중의 새들땅의 터전 없이 유리하는 존재들이 그 가지에 깃들일"정도의 한계 있는 성장과 소유를 말한다. 그리고 "온 덩이를 부풀려"오르게 할 정도의 밀가루 서 말이라는 공동체의 돌봄과 선한 영향력의 미침이라는 공공이익의 목적성이 있는 능력의 소유와 성장을 이야기한다.13:18-21 한계 있는 성장과 노력의 추구이며 그 한계는 돌봄이 영향력을 미치는 범위까지이며, 그러한 돌봄의 능력을 위한 한계 있는 성장은 자비의 실천을 위한 것이다.

타자의 풍성함과 행복 추구가 곧 내 소유이다

"예전에 부자 한 사람이 있었는데 그는 화사하고 값진 옷을 입고 날마다 즐겁고 호화로운 생활을 하였다. 그 집 대문간에는 사람들이 들어다 놓은 라자로라는 거지가 종기투성이의 몸으로 앉아 그 부자의 식탁에서 떨어지는 부스러기로 주린 배를 채우려고 했다. 더구나 개들까지 몰려 와서 그의 종기를 핥았다."(16:19-21)

'그 집 대문간에는 사람들이 들어다 놓은 라자로라는 거지가 종기투성이의 몸으로 앉자 그 부자의 식탁에서 떨어지는 부스러기로 주린 배를 채우려고 했다'는 이 이야기는 많은 것을 함축한다. 그중에 하나는 부가 지닌 고통어린 자에 대한 민감성의 상실이다. 그 집 대문간gate이라면 매일 몇 번이고 들어가고 나가는 곳인데 거기서 가난한 자, 고통 받는 자의 모습을 '구경'의 한 전시물로 관람을 한다는 것은 우리 현실의 지배엘리트들이 지닌 특성을 그대로 반영한다. 그들의 고통이 나의 축적에 대한 위로와 비교의 만족을 주고, 가끔씩 부스러기를 던져줌적선을 통해 자신의 부와 지위의 특권에 대한 도덕적 자기-의심에 방어벽을 치고 과대한 부의 소유에 대한 자기 합리화의 구실을 주게 만든다. 더구나 개들까지 와서 종기를 핥는 것을 구경할 때는 내가 저런 거지가 아니라는 것이 내 안의 소유에 대한 불안과 힘들음에 대해 보상과 위로까지 들게 만든다.

그런데 누가 기자의 진술의 놀라운 점은 "아브라함이 라자로를 품에 안고 있었다"23절라는 진술에 있다. 주변 유대인의 비난과 박해를 피하고자 사후세계라는 다른 차원의 이야기로 나타나지만, 유대인의 믿음의 선조인 아브라함이 거지 라자로를 품에 안고 있다는 진술이다. 이 '품'헬라어-콜포스, heart에 안김이란 아브라함 신앙의 본질과의 근원적 일치를 암시한다. 그것은 바로 아브람이 아브라함으로 이름이 개종 되면서 얻은 소명에 대한 것이다. 즉, '복을 끼치는 이름'이자 '세상 사람들이 네 덕을 입을 것'이라는 타자를 위한 블레싱의 연계를 품에 안음의 이야기로 누가는 아브라함 신앙의 핵심을 잇고 있다.창12:1-3

헬라어 오이코노메라는 세상은 원어가 오이코스'집'이란 뜻으로 다른 의미는 가정, 처소, 재산, 가문, 식구, 백성을 포괄하는 의미어임로서 집일이코노미를 다루는 청지기오이코노모스의 역할을 요청하며 그 역할의 핵심은 집주인오이코데스포테스의 뜻인 '자비'오이크티모스라는 자비는 긍휼 친절 은혜란 뜻임의 행함과 연결되어 있다. 이렇게 자비와 집 그리고 주인이란 말은 '오이코oiko-'라는 단어와 연결되면서, 그 집과 관련된 소유는 긍휼, 연민, 자비가 소유/재산/일의 활동으로 의미화 된다. 즉,

거룩한 실재의 자비의 경륜economy이란 소유·부는 긍휼/자비/연민에 관련되어 있고, 이러한 소유와 부의 특성이 그 집주인/청지기/일에 연계어가 되어 주인됨, 청지기직 그리고 일의 특성으로서 가사일 등으로 규정한다는 점이다. 이렇게 원어의 공통성은 자비가 일, 주인, 집을 관통하는 연결어가 됨을 알 수 있다. 자연스럽게 자비의 통치가 샬롬이라는 기쁨과 평화의 수확물로서 일꾼에게 주어지는 셈이다.

게다가, 자비로운 실재에 대한 헌신자로서 일꾼됨본문에서는 '제자들'로 표시됨에 대해 누가가 전하는 그들의 선택과 소명의 목적은 주기도와 두 계명의 연계를 통한 지상적인 삶에서의 활동에 대한 가이드에 담겨져 있다.눅11장 주기도 11:2-4에는 '나'는 없고 '우리We'로 일꾼의 정체성을 복수plural화하며, 하나님 나라와 뜻의 이 지상에서의 임재와 일용할 양식의 공유에 대한 진술이 나온다. 이 주기도의 실천적 특성을 강화시키는 비유로 먼 길에서 온 손님의 빵을 위해 늦은 밤 잠자리에 든 이웃에 가서 끈질긴 간청을 예로 든다.11:5-13 이 또한 자비로 인해 일어나는 행동이다. 그리고 두 번째 계명인 이웃이 네 몸으로 연결하기까지 한다. 자비가 재산/소유이고 이웃이 네 몸이라는 것은 한 마디로 이웃의 행복과 풍성함을 보는 것이 내 자신의 행복과 풍성함에 직접적으로 연결되어 있다는 뜻이다.

눅 19장에서부터 본격적으로 나타나는 예수의 수난 세 번째 예고와 그 실천으로서 예루살렘 입성 직전에 이제 목격자에서 일꾼된 자로서의 증인됨"네 생으로 나를 증언하라";12:8-9에 대해 일꾼된 자의 충실성혹은 책임을 누가는 계속해서 깊게 다루고 있다. 이는 이미 12장의 충성스런 종과 불충한 종의 차이를 가르는 '준비'의 충실성에 대한 것이다. 그 충실성의 기준은 바로 자비로운 실재의 무제약적인 호의에 기초한 자비/연민/긍휼을 내적 자원으로 지니는 준비에 대한 충실성이다. 그리고 그 충실성은 바로 자신의 신분이 아브라함의 소명처럼 타자에게 복의 근원이 되어주는 것이며, 타자의 행복과 풍성함의 회복이 일꾼된 자가 이지상에서 행하는 살림살이의 핵심이라는 실재의 보편적 적용과 실현에 대한 비전이었다. 하나님이 내 참자아/영혼의 핵심[마음/목숨/힘/생각을 다해 하나님을 사랑[아가페]하라이고, 이웃이 내 몸이라는 이 실천 강령은 그러한 충실성의 기반을 표현한다.

자비/연민/긍휼의 실천으로서 하나님의 의와 그것의 풍성함이 부와 가난을 실질적으로 가르는 표준임을 일꾼된 자 충실함의 표징과 토대로 갖는다는 누가의 증언은 이전의 글들에서 몇 번 강조한 혁명적인 사회변화의 근본적인 렌즈를 제공한다. 자비의 형이상학이 자비의 경제학/살림학을 이루는 하늘과 땅의 연결 매개가 된다. 이렇게 해서 신앙과 실천의 구체성embodiment이 가능해진다. 이를 통해 '문간'[헬라어−휠로나; gate에 있는 우리로 하여금 안과 밖, 위와 아래의 연결을 자비로운 실재의 호의와 풍성함을 열고, 연결하고, 나누는 자로 변화시킨다. 그 문간·대문은 아브라함이 라자로를 품에 안고 있는 장면에서 형상화되듯이 복의 근원이 되라는 소명에 대한 충실성을 자각하는 위치를 의미하고 있다.[76]

그리고 그 소명에 대한 충실성은 곧 타자 안의 행복을 촉발시키고, 타자로부터 풍성함을 얻는 방식으로서 '타자와의 연대'에 대한 충실성인 것이다. 그리고 그러한 충실성은 바로 내가 공급자가 아니라 아버지 곧 자비로운 실재가 공급자라는 철저한 인식에서 가능해진다. 내가 공급자가 아니라 하나님[자비로운 실재]이 공급자라는 인식은 몇 가지 내포된 의미를 확인시켜준다. 그것은 다

---

76) 자비의 형이상학이나 자비의 경제학의 핵심은 고통이 있는 장소(locus)가 자비를 실천하는 '문간'(gate)의 역할로 인식하는 것이다. 고통을 향한 자비의 실천은 전환점의 문을 연다. 일과 행위가 아버지의 뜻과 의지에 연결되어 그 분의 마음과 일치하는 영적인 수행이 된다. 이렇게 자비의 실천으로서 일과 행위는 하늘 아버지의 자녀 됨이라는 신분을 자각하도록 우리의 의식을 전환시킨다. 자비의 일과 행위를 한다는 것은 거룩하고 자비로운 분에게 연결되는 영적인 수행인 것이다.

음과 같다.

- 신앙은 내가 하나님을 찾는 것이 아니라 하나님이 나를 찾을 수 있게 허용하는 것이다. 자비로운 실재의 선제적인 행동은 이미 주어져 있다. 나의 응답은 이에 대한 수용 여부이다.
- 하나님은 거두거나 뺏는 법이 없다. 하나님은 주지 않는 법이 없다. 하나님의 본성은 무한한 사랑이요 무한한 지혜이기 때문이다. 하나님은 자비아가페로서의 사랑만을 주시고 확대하신다. 그러므로 박탈과 상실은 그분의 나라의 통치 방식이 아니다.
- 그러한 실재의 본성과 원리에 일꾼된 자로서 자신을 개방함으로써 당신은 권능과 힘을 부여받는다. 실재가 빛이요, 사랑이며 그래서 능력과 힘이기도 하다.
- 베풂/나눔/공급의 법칙인 용서, 판단하지 않음, 나눔, 초대, 그리고 축복하기는 그대의 진정한 재산이요 소유이다. 이것은 신적 실재가 무조건으로 주고 상속시킨 것이다. 상속자로서 일꾼은 무엇을 상속받았고, 일을 할 때 어떤 상속의 몫을 사용할지가 명확해진다.
- 하나님의 무한함과 풍성함은 우리 모두가 나눌 수 있도록 어디에나 자신을 펼치고 있다. 그 자격은 개인의 재능과 노력이 아니라 실재의 자비로운 의도에 의거하기 때문에 누구에게나 열려있다.
- 우리의 윤리적 척도는 이지상적인 것이 아니라 삶의 사건, 관계, 조건들 속에서 공급자와 공급자가 나타나는 형상들의 차이를 아는 것이다. 그러한 무한한 베풂을 인식하기 위해서는 "네 안에 있는 빛이 켜져있는지 보라"는 게 중요하다. 자연적인 유산이기도 하지만 의식적인 자각과 응답도 요구되기 때문이다.

—신적 실재의 부재라는 보편적인 경험은 신에 대한 형이상학의 부족함에 있는 것이 아니다. 그것은 '삶에서 나를 안다고 증언하라'는 증언자의 부재에서 나오는 것이다. 누가는 신이 존재하는가에 대한 논의보다는 자신이 실재의 증언자가 되고 있는가를 묻는다.

누가가 제시하는 일꾼/제자의 리더십은 이렇게 선제적으로 활동하는 자비로운 실재의 풍성함에 대한 누림의 제자도이다. 실재의 풍성함을 먹고 마시기, 함께 교제함, 초대와 축복, 수확하기, 추구함의 노력보다 발견하기, 있는 것과 존재함에 눈뜨기, 기쁨과 평화의 결실 등에 관한 것이다. 이러한 자비로운 실재의 파토스에 자신을 내어놓음으로 가슴이 뜨거워지며 열정이 생긴다. 그렇게 하여 실재의 안내에 자신을 맡긴다. 열정enthusiasm이란 말이 의미하듯이 신thus=theo 속으로 들어가 머무름en=into으로 사는 힘을 받는 것이기 때문이다.

그러므로, 예수의 말, "너희가 남의 것에 충실하지 못하다면 누가 너희의 몫을 내어 주겠는가?"16:12는 구절은 의미심장한 말이다. 원래 나의 것이 실재의 것이자 타자의 것에 의해 채워지는 것이라면 충실성은 의지의 문제가 아니라 발견, 인식의 자각이라는 지극히 작은 일, 곧 누구나 할 수 있는 일이 된다. 단지 눈으로 보고자 하는 방향과 대상을 돌리는 것만큼의 충실성을 요구하는 것이기에 그만큼 자비로운 요청인 것이다. 그것도 할 수 없다면 희생자나 억지로 힘들게 사는 생존자로서 있게 될 뿐이라는 내밀한 조언이기도 하다.

19. 실재에로의 신실함과 순명

본문: 눅 17장

실재의 호의로서 일

> 죄악의 유혹이 없을 수 없지만 남을 죄짓게 하는 사람은 참으로 불행하
> 다.(17:1)

누가 기자의 자비로운 실재와 그 호의에 대한 증언에 대한 여정은 계속 이
어지면서 더욱 치열한 영혼의 감각을 가지고 일꾼된 자됨에로 초점이 맞추어
져 가고 있다. 즉 희생자, 생존자, 목격자 그리고 일꾼된 자의 영역에서 누가
의 초점은 이제 온전히 일꾼된 자의 의식과 자세가 무엇인지를 성찰하는 과정
의 깊이에로 그의 스토리는 전개되어가고 있다.

누가가 진술하고 있는 일꾼된 자들은 그의 텍스트에는 '제자들'로 표현되
고 있으며, 실상 이들은 은총자비로운 실재의 다가옴과 실재의 자기-증여의 현실의 목격
을 넘어 자기 생으로 실재를 증언하는 일꾼된 자12:8로 훈련받고 있다. 그 제자
들에게 실재의 인식과 그에 따른 행동에 대한 지침은 다른 신앙갱신공동체를
보면서 자신들의 정체성에 대한 필요로 일어난다. "주님, 요한이 자기 제자들
에게 가르쳐 준 것같이 저희에게도 기도를 가르쳐 주십시오"11:1라는 제자들의
요청에 의해 자신들의 정체성을 확인하고 활동사역에 대한 핵심강령을 표현

하는 '주기도'가 주어지는 것이다. "너희는 기도할 때 이렇게 하여라. 아버지, 온 세상이 아버지를 하나님으로 받들게 하시며….우리를 유혹에 빠지지 않게 하소서"11:2-4가 그것이다.

눈여겨보아야 하는 것은 누가는 마태의 주기도와 달리, 마태가 하늘과 땅의 두 차원을 분명히 구분하였다면, 누가의 주기도는 이 땅에서 통전적으로 작동되어야 할 원칙으로 이지상적 차원이 일관된다는 점이다. 그리고 용서가 더욱 강조된다. 누가의 주기도는 또 다른 맥락과 맞닿아 있다. 그것은 주기도와 하나의 짝으로서 한밤중에 찾아온 친구를 위해 이웃에게 찾아가 귀찮게 빵을 구하는 스토리로 연결되어 있다. 이 스토리 안에 '구하여라, 받을 것이다. 찾아라, 얻을 것이다. 문을 두드려라, 열릴 것이다'라는 문장이 위치되어 있는 것이다.[77] 예수께서 제자들에게 준 주기도는 이렇게 누가가 말한 아버지를 하나님으로 받들고, 아버지의 나라가 오게 하는 것은 '우리'에게 필요한 양식에 대한 필요의 충족과 연결되어진다. 주의 기도는 개인을 위한 것이 아니라 '우리'됨의 자각을 통해 증언된다. 그리고 일용할 양식의 충분함은 이미 자비로운 실재의 풍성함에 근거한다. 이것이 하나님이 아버지됨의 의미였고, 그 풍성함의 소유로서 하나님의 아들됨이다. 즉 아버지가 자비이신 것처럼 '너희' 단수가 아닌 복수도 자비로워라는 명제의 실천이 그러한 방식들로 구체적 현실이 된다.

이미 16장에서 약은 청지기 이야기와 부자와 라자로 이야기에서처럼 실재의 풍성함을 나누는 문제는 주기도에서 밝힌 일용할 양식에 대해, 합당한 방식은 아니어도 이웃에게 필요의 충족을 위한 행동을 했던 약은 청지기의 행동

---

77) 구하고 찾고 두드리는 것은 행동·일의 중요성을 확인한다. 그러나 그 구하고 찾고 두드리는 것은 스토리의 맥락에 따르면 타자의 필요에 대한 치열한 서비스와 연결이 있는 것이지, 자신이 원하는 것을 간절히 추구하는 것과는 다른 맥락이다. 또 하나는 그러한 구하고 찾고 두드리는 것의 방향도 아버지의 뜻과 그분의 것을 향해 있다.

이 부자에게는 수용되어진다. 그리고 죽음의 세계에서 고통 받은 부자에 대해 거지 라자로가 아브라함의 품에 있는 것은 대문간에 있는 거지 라자로의 일용할 양식의 필요 충족에 대한 무관심 그 하나로 인해 그 차이가 나누어지는 것이다. 하나님 나라에 있어서 필요에 대한 일용할 양식의 공유와 '우리'됨의 의식은 17장에서 주기도의 순서에 나타난 행동 단계로 나아간다. 즉, 죄의 용서와 유혹에 빠지지 않음이 여기에 적용된다. 예수는 17장 첫 문장에서 말한다. "죄악의 유혹이 없을 수 없지만 남을 죄짓게 하는 사람은 참으로 불행하다." 17:1 그리고 형제가 잘못하면 용서해주고, 하루 일곱 번 잘못해도 잘못했다 하면 용서해 주어라는 것이다. 17:4.

누가가 말한 '죄악의 유혹'과 '남을 죄짓게 함'의 언급은 이 세상이 돌아가는 주류문화의 심각성에 대한 것이며 그에 대한 해독제로서 '용서'의 실천은 반문화적이면서도 자비로운 실재의 도구로서 일꾼된 자가 먼저 가져야 할 가장 우선적인 실천덕목이다. '죄하마르티아'는 하나님의 뜻, 곧 실재의 의지에서 과녁을 벗어났다는 의미를 지닌다. 화살의 움직임은 궁수인 자비로운 실재에 의해 동기가 발생된 것이지만, 죄는 그 자비를 실현하는 과녁을 벗어남에 대한 것이며, 벗어남이란 일관된 방향 지향에로의 충실성에 대한 상실을 의미한다. 자신이 그러한 과녁을 벗어남은 그 확장과 영향으로써 남을 죄짓게 함으로 번져간다. 그러한 악순환을 방지하기 위해서는 용서라는 용해제가 필요하다.[78]

보잘 것 없는 이들에게 죄짓게 하는 자는 목에 연자 맷돌을 달고 바다에 죽

---

78) 많은 기독교인들이 용서에 대해 머리로는 이해하지만 그 실천에 있어서는 고통스러운 부담으로 느낀다. 사랑의 하나님, 용서의 그리스도에 대한 이야기는 흔히 듣는 기독교 담론이다. 그러나 실천 현장에서는 그에 대한 일관성을 보여주지 못하고 특정한 소수나 특정한 상황 조건에서 일어날 수 있는 것으로 이해한다. 이는 용서가 잘못을 한 상대에 대한 나의 정당함의 포기라는 이해를 갖고 있기 때문이다. 그러나 누가복음에서 용서는 대타적(對他的) 의미를 갖는 것을 넘어 공격과 방어, 비난과 처벌, 그리고 두려움의 심리화에 대한 포괄적인 해체의 의미를 담고 있다. 용서(forgiving)는 자비로운 실재의 무한한 자기증여(giving-for Others)를 실천하는 것이며, 자비를 줌(giving-for)으로 자신의 정체성과 가능성을 재확인한다. 그러한 줌으로 지배체제의 덫으로부터 자신을 석방시키는 해방과 자유의 실천을 가능하게 하는 것이 바로 용서이다.

는 것이 더 낫다는 말과 하루 일곱 번 잘못해도 잘못했다 하면 용서해주라는 말2절-4절은 자기 안에서 이미 실재의 의지 혹은 하나님의 뜻으로부터 벗어날 때 얼마나 쉽게 남을 두려움과 결핍으로 인한 비인간성에로 침몰시킬 수 있는지에 대한 경종이다. 그리고 타자를 용서하는 것이 자신의 정당한 것의 포기나 희생이 아니라 오히려 자기 안의 타자 공격성과 자아 중심성을 해독하는 것이어서 용서는 사실상 나의 구원과 치유를 위한 것이 된다. 더구나 자비로운 실재의 본성을 되찾는 것이기도 하기에 분아分我, ego에서 자기 정체성참자아, Self을 회복하는 지름길을 걷는 방법이기도 하다.79) 용서는 그렇기에 자신의 것을 그럴만한 자격이 없는 누군가에게 해 주는 것이 아니라 자비로운 실재로의 향함과 타인 안에 있는 실재의 부유함에 대한 일깨움과 그 회복에 대한 근원적인 실재 수행의 도구인 것이다.

용서는 정당함과 합리성을 추구하는 사고에 의해서는 그 실천이 어렵다. 사고가 지닌 이성적 판단이 이해에 도움을 줄 수 있는 역할을 가질 수는 있으나 이해가 그렇게 변화되는 힘을 갖고 있다는 뜻은 아니다. 이런 점에서 '믿음을 더하기'와 '겨자씨 한 알만한 믿음을 갖기'5절-6절는 용서의 강화에 도움이 된다. '겨자씨 한 알만큼의 믿음'이란 역설적으로 이 세상의 풍조와 이세상적인 가치의 중독 상황에 있어서, 용서에 대한 신뢰를 한다는 것은 그만큼 마음에 유념할 수 있는 용량capacity이 희소할 만큼 대다수 세상 사람들이 수긍하지 못한다는 뜻이다. 그러나 일부라도 자신의 의식을 용서에 마음을 여는 자에게는 그만한 작동이 일어나게 된다는 뜻이기도 하다. 더 나아가, "뽕나무가 뿌리

---

79) 자아로 표현되는 에고(ego)는 실재와의 분리로 인해 우리가 갖는 자아상이다. 그러한 분리로 인해 두려움과 결핍에 대한 에너지가 형성하는 자아상을 우리는 살아간다. 따라서 에고는 실재와의 분리로 독립적인 삶을 살아갈 수 있다는 자아이기에 에고를 분아(分我)로 표시한다. 참자아(Self)는 누가복음에 관점에서 보면 '하나님의 아들(존재)'에 해당한다. 실재와의 마음과 뜻의 일치라는 사도 바울의 '그리스도의 마음'도 이에 해당한다. 이는 신으로부터 창조된 원래의 본모습이자, 상실하거나 줄어들거나 시간과 공간의 한계에 굴절되지 않는다. 용서는 그러한 분아에서 참자아로 되돌아가는 길을 연다.

째 뽑혀져 바다에 그대로 심어져라"17:6라는 말은 믿음의 초자연적 성질이 아니라 용서의 근원과 그 효용성에 주목하는, 즉 용서의 중요성과 그 능력의 효험성을 강조하는 말이다. 이는, 위에서 진술하였듯이, '구하라, 찾으라, 두드려라'는 문장이 어느 이야기 맥락에 위치하는지를 보면 알 수 있다[80].

민음은 무소부재한 능력을 갖고 있어서 뽕나무를 옮길 수 있으며, 믿음을 가진 자는 구하고 찾고 두드리면 얻고 발견하고 열린다는 일반적인 이해와는 다르다. 오히려 이 두 문장은 **타자로 향한 자비의 실천**에 있어서 믿음의 중심성과 그 효용성을 언급한다. 그리고 사적인 내 목적의 실현이 아니라, 주기도에서 밝힌 '우리'됨의 성격을 강화시킨다. 그만큼 온 마음과 열정을 갖고 타자의 필요에 대한 관심에 있어서 일꾼된 자는 우리가 구하고 찾고 두드려야 할 집중력을 가져야 하는 것이다. 또한 세상사람들에게는 정당성, 법, 원칙, 자기 몫 등에 의식이 사로잡혀 있어서 용서에 대한 관심은 '겨자씨 한 알만한 믿음'처럼 관심과 주목을 내기 어렵게 여겨지지만, 실상 용서는 뽕나무를 옮겨서 바다에 심을 만한 대담한 용기와 상상력을 부여한다. 그리고 이 문장은 믿음의 초자연적인 작동보다는 바다라는 짠물에 옮겨도 뽕나무는 심겨져 산다는 뜻으로 봐야 하기에 용서의 생명력을 강조하는 것이다. 이러한 생명력과 중요성은 바로 '하루에 일곱 번이나' 용서를 해도 용서의 중요성은 감해지지 않는다는 진술과 연결되어 있는 것이다.

죄악의 유혹과 남을 죄짓게 하는 것의 동기는 공격의 근거로서 보복과 처벌의 정당성에 기초한다. 그리고 그러한 보복, 처벌은 판단의 권력자들이 짜놓

---

80) 다시 강조하지만, "뽕나무더러 '뿌리째 뽑혀서 바다에 그대로 심어져라' 하더라도 그대로 될 것이다"는 진술은 맥락상 믿음의 무소부재한 힘을 칭하는 것이 아니라 용서의 중요성과 그에 대한 믿음의 힘에 대한 것이다. 용서의 힘은 자기 존재가 뿌리째 뽑히는 자기 손실의 절대적인 현실의 직면과 거기에 더해서 뿌리만 뽑힌 것이 아니라 바다라는 뿌리를 위한 토양분(거름)의 부재커녕 짠물이라는 해되는 이중적인 고통을 직면한다 할지라도 그대로 심어져서 살아있게 되는 힘을 용서는 갖는다는 뜻이다. 그만큼 용서의 실천에 대한 중요성과 그 힘에 대한 신뢰·믿음은 강력하게 요구된다는 뜻이다.

은 법, 정당성, 합법적 규제, 원칙에 의해 재생산된다. 그렇게 할 때 하마르티아, 곧 자비로운 실재로부터의 분리와 이탈, 두려움과 결핍의 사회적 관행의 증식, 이로 인한 불행의 희생자와 생존의 노력과 경쟁 등의 지배체제가 구축된다. 이것이 죄를 통해 작동하는 지배체제의 정체이다. 누가가 비전으로 갖고 있는 탈지배체제로 향하는 샬롬의 현실은 이렇게 용서자비의 실천가 타자에게 베풀어 내가 상대방에게 무언가를 주는 것이 아니라, 자비로운 실재의 본성에 충실한 나의 정체성을 회복하는 재귀적인 특성을 가진다. 더 나아가 지배체제의 근거인 보복과 처벌의 엘리트 지배를 해체하는 핵심적인 사회적 실천이 된다.

일로 표현되는 실재에로의 충실성과 순명

> 너희도 명령대로 모든 일을 다 하고 나서는 '저희는 보잘 것 없는 종입니다. 그저 해야 할 일을 했을 따름입니다.' 하고 말하여라(17:10).

목격자로서 누가 기자는 이미 첫 장에 밝힌 '근원부터 자세히 살핌'1:3, 개역의 방식에 관련하여 자신의 목격 이야기가 전개되는 과정에서, 이 지상적 삶에서 자비의 실천에 대한 원리를 치열하게 전개하고 있다. 즉, 이 지상적인 삶에서 우리의 일상의 현상들 속의 근원인 자비로운 실재를 어떻게 인식하며, 그 근원에서 자기 삶을 조율하는 자세한 보살핌을 어떻게 전개할 수 있겠는가에 대한 것이다. 일상의 현상적 상황들에서 언제나 근원과의 접촉을 잃지 않으면서, 그 근원의 빛, 실재의 빛에 의해 자기 삶을 조명해나가는 새로운 방향감각과 마음의 질서를 일꾼됨의 과정 속에 담는다.

충성스런 종과 불충한 종의 이야기12:35-48에서 보듯이 일꾼된 자는 하나님·주인의 뜻에 대한 준비와 주목 그리고 그에 따른 행동이 충실성의 기반이 된다. 실재가 명하는 대로 즉 "명령대로 모든 일을 다 하는"10절 것은 지배와 굴종의 의미가 아니라 실재의 풍성함에 대한 기여와 나눔에 관한 것으로 이는 절제된 자유의 본질이기도 하다. 자유는 이미 '잃었던 아들' 이야기에서 이해되었듯이, 자기 몫과 자기 지위에 대한 무제약적인 소모가 아니라 자비로운 실재와의 연결 속에서 누리는 자유였다. 자유는 자기 것에 대한 충동적인 추구에서가 아니라 은총이 보존해 준다는 의미이다.[81]

충실성은 이렇게 주인·하나님의 뜻이라는 명命이 있고 그에 대한 부름의 응답으로서 내 소명召命이 자각됨으로 실행된다. 명한대로 다한다는 것은 자기중심성이 없이無私 실재와의 일치를 말하며 그러한 소명은 순명順命으로 흐른다. 자비로운 실재의 도구가 되어 실재를 섬기는 '해야 할 일'에 대한 자각이 순명을 만든다. 소명이 순명으로 흐를 때, 자기 노력의 힘들음은 사라지고, 실재는 커지며 자신은 점점 작아지면서 '하늘'을 영혼이 채워간다. 중요한 것은 외적인 명命이 내 안에 흐르면서 '그저 해야 할 일을 하기'10절로 자연스럽게 전환된다는 것이다. 이러한 공사일여公私一如에로의 충실성이 채워지게 될 때는 더는 희생자가 되지 않고 주체적인 공동창조자co-creator로 전환이 일어난다.

이러한 공동창조자로서 섬기는 능력을 가진 자는 감추어진 진실의 세계를 보게 된다. 항상 있었으나 보지 못했던 그 현실은 다음과 같다. 첫째는 나병환자 열 사람 중 한 사람의 이야기에서처럼, 질병의 치유라는 물리적 현실의 목

---

81) 누가가 전하는 자유는 흔히 우리가 생각하는 자율성에 기반을 두지 않고 오히려 관계 속에서 기반한다. 이는 15장의 잃은 아들 이야기의 핵심이기도 하다. 자유는 풍성함의 누림과 관련되어 있다. 자율을 위해 아버지로부터 자기 몫을 강제로 배당받아 자율과 자기 선택을 위해 먼 곳으로 떠난 자녀는 풍성함이 아니라 허기짐이라는 전락의 상태로 떨어지게 되는 자신을 자각하게 된다. 그에게 자유는 비로소 아버지와의 관계와 그의 집안에 머무름이라는 데 있다는 것을 확인하게 된다. 관계와 연결을 통해 자유가 다시 주어진다. 그 자유는 아들로서의 영예(옷, 가락지, 신)를 되찾아 준다. 자유는 이렇게 영예로움, 풍성함의 누림의 상태이며, 그것을 가능하게 하는 것은 실재와의 연결과 그 관계라는 것이 누가의 교훈이다.

격만 아니라 그 질병의 고통이라는 문제를 초월하여 찬양이라는 기쁨의 현실로 들어선다. "그들 중 한 사람은 자기 병이 나은 것을 보고 큰 소리로 하나님을 찬양하며 예수께 돌아와 그 발 앞에 엎드려 감사를 드렸다."15절-16절 고통을 통해 찬양을 할 수 있는 내적인 공간을 마련하면서 그는 실재에로 돌아오는 귀향으로서 영혼의 여정을 갖는다. 그리고 실재로부터 가슴 깊이에서 위로를 받는다. "일어나 가거라. 네 믿음이 너를 살렸다."이제 심장에서 우주의 중심이 잡혀지고 그의 발걸음은 힘을 얻는다.

실재는 무시무처無時無處로 활동한다

> 하나님 나라가 오는 것을 눈으로 볼 수는 없다….하나님 나라는 바로 너
> 희 가운데 있다.(20절-21절)

일꾼의 그러한 충실성은 이제 외적인 상황과 조건의 변화에 흔들리지 않는다. 어떤 카리스마적인 인물의 선동, 환경적 변란, 사회적 동요에도 흔들리지 않는 중심이 자리하게 된다. '하나님 나라가 언제 오겠느냐'는 질문처럼 하나님 나라는 시간과 공간에 있는 것이 아니라 내적인 연결에서 이미 증득證得되었기 때문이다. 불교의 용어로는 무시무처의 진실, 어느 시간이든, 어느 공간이든 실재는 펼쳐지고, 무위진인無位眞人으로서 나의 정체성은 투명하며 밝다.

게다가 누가의 목격에 따르면 하나님 나라는 오는 미래가 아니다. 지금 여기에 이미 다가와 있는 무제약적인 자비로운 실재는 그 어떤 시간과 공간의 부재와 임재의 선호성을 갖지 않는다. 이미 '지금 여기'로서 무제약적인 자비로서 현실성이신 실재는 시간과 공간의 관점에서가 아니라 의식 곧 눈뜸에서 '목격'되고 '증험'된다. 그러기에 외적인 지각perception; 육체적인 인식을 통해서가 아

니라 자신의 내면에 의한 자각awareness, 마음의 인식에서 한 번도 부재하지 않고 항상 계시고, 동행하심을 알게 된다. 마리아가 받은 계시인 '하나님이 너와 함께 하신다'라는 메타포가 말해주었듯이 순수한 영혼은 그 실재의 현존을 깨닫는다.

'하나님 나라는 너희 가운데 있다'라는 말은 여러모로 의미심장한 말이다. 먼저는 하나님 나라의 '있음to be'의 성격이다. 언제나 그 나라는 이러한 '있음Isness'에서 발견된다. 이 있음이라는 근원성으로 인해 내 존재가 사물의 현상들이 현전한다. 둘째는 '너희 가운데'라는 말의 이중성이다. 내면 '가운데within'에서 볼 때 각자의 내면은 외적인 현실과 현상들보다 중요하며 그 내면이 곧 성소가 된다. 실재의 영이 거하는 곳으로서 내면은 신성하며 각자는 그러한 성소를 품고 있는 거룩한 존재이다. 또한 관계 '가운데among'로서 너희 가운데라는 복수의 사이로 볼 때는 관계적 측면으로서 타자의 일치와 결속에서 그분은 드러난다. 나의 내면within은 타자성과 연결 속에서 '사이betweenness'를 형성하고 너희 가운데among라는 관계의 중심을 각자의 내면들이 연결되어 만들어질 때 하나님의 나라는 현실화된다. 이러한 '가운데'는 개인이 아닌 일꾼된 자들의 커뮤니티를 의미할 수도 있다. 거룩한 교제holy communion는 서로에게 '가운데'를 형성하는 목적을 지닌다. 평화는 개인적일 수가 없고 공동적인 것이기 때문이다.

이러한 '가운데 있음'으로부터 먼 현실은 독수리가 모여드는 주검이 있는 곳이다. 독수리라는 상징을 보면 거기가 주검이 있는 곳임을 알아차려야 한다. 그리고 주검이 있는 곳이라면 당신의 삶은 독수리처럼 그 무언가에 갈기갈기 찢기고 피를 보게 될 것임을 예측해야 한다. 장소와 행위자는 유유상종이라는 이끌림의 법칙에 의해 서로를 끌어들인다. 거기서는 자기 혼자 살겠다고 타자를 내버려 두거나 자각을 하지 못하고 침상에 누워 잠자다가 환영 속에서 무엇이 일어나는지 모르고 당하는 일들이 벌어진다. 그리고 그러한 독수리와 주검이 있는 곳이 눈에 띄면 자신의 발걸음과 방향이 잘못되어 있음을 알고 가는 방향을 바꾸어야 한다.

그러나 어떤 시간이나 공간에도 두렵거나 부족함을 느낄 필요는 없다. 왜냐하면 이미 누가가 여러 이야기에서 진술하였듯이 자비로운 실재는 이미 먼저 다가와 계시고 눈을 떠서 제대로 보면 언제나 실재의 풍성함은 알아차리게 마련이기 때문이다. 나의 역할은 단지 발견하는 것이다. 실재의 자기 충만성과 초월성은 언제나 우리를 두려움과 불안에서 구해준다. 오히려 위협, 고통, 위기의 상황은 자비로운 실재에 대한 자각을 위한 산파역할이나 몽학선생 역할을 하고 있음을 알게 될 것이다.

독수리와 주검의 이야기 속에 담긴 신비는 따로 있다. "주검이 있는 곳에는 독수리가 모여 드는 법이다."17:37 예수의 이 말은 경고도 있지만 사실상 독수리는 돌아갈 징표로서 우리를 안내한다는 사실이다. 자기 인생이 독수리와 주검이 있는 곳을 보는 쪽으로 가고 있다면 역설적으로 그것은 자비로운 실재의 은총이기도 하다. 잘못된 길을 가고 있는 데 좋은 징표를 보여준다면 그게 더 문제가 되는 것 아닌가?[82] 그러므로 그런 상황에 직면하면 나는 불행하다고 여길 것이 아니라 징표를 보여주는 실재의 자비로움이 내게 오는 것으로 이해하는 것이 낫다. 결국은 자비로운 실재는 어느 누구에게도 상실이나 실패를 원하지 않기 때문이다. 자비의 풍요로움은 실재의 본성, 원리 그리고 권능이기도 하다.

---

82) 어렸을 때 강원도에 살았던 기억 하나가 생각난다. 철조망과 함께 해골과 뼈로 된 경고표시가 있는 곳을 만나 기겁을 하고 돌아섰던 적이 있었다. 아직 매설된 지뢰를 제거하지 않은 곳이었던 것이다. 그 신호는 나를 겁주어서 움츠려 지게 하려고 하는 것이 아니라 실상 나를 살리려는 흉측한 신호였다. 이처럼 위험한 곳에 들어섰을 때 흉측한 신호는 나를 살리려는 자비로운 마음에서 나온 것이다.

세상이 요동을 칠 때 오히려 누가가 제안하는 것은 다음과 같다:

요동치는 환경 속에서 그대의 마음이라는 심장 위에 용서를 올려놓고,

모든 외적인 두려움을 부드럽게 내려놓으라. 그렇게 함으로써

스스로 풍성히 움직이시는 실재의 자비로 하여금

그대 안에 마땅히 있어야 할 곳에 머무르게 하여,

그대는 영원한 생명인 신의 자녀로 있는

기쁨과 자유를 누리도록 하라.

자신의 있음(being)이 하나님 나라의

신비임을 결국은 알게 되리라.

20. 자비의 담지자들과 '눈뜸'의 신앙

본문: 눅 18장

연약함과 미천함이 우리를 인도한다

누가의 이야기의 강조점은 이제 증언자됨의 신실성·충실성이라는 주제의 마지막에로 향하고 있다. 이미 17장에서 용서에 대한 믿음의 힘"겨자씨 한 알의 믿음은 뽕나무를 뿌리째 뽑혀 바다에 그대로 심어져라고 해도 그대로 될 것이다.", 자비에 대한 종의 충실성"저희는 보잘 것 없는 종입니다. 그저 해야 할 일을 했을 따름입니다." 그리고 나병환자 10명중 치유에 감사드리러 예수를 찾아온 한 명의 사라마리아 나병환자 이야기 속에서 언급되었다. 그러한 목격자들의 신실성은 이제 18장에서 다른 관점에서 그 깊이를 더하며, '하나님 나라의 신비'8:10를 알려주는 이들은 성전 엘리트들이나 소위 말하는 지도자들이 아니다. 누가가 계속적으로 소개하는 스토리들의 주인공인 마지막된 자the last, 잃은 자the lost 그리고 미천한 자the least 들이다. 이들은 힘과 부에 있어서는 마지막에 있고, 잃었거나 미천한 존재들이다. 중심에 있는 기존의 엘리트들로 보자면 주변에 있는 존재들이다. 그러나 하나님 나라의 징조는 이들에 의해 일어난다. 기존의 중심이 억압, 고통 그리고 죽음을 강화할 때 새로운 징조는 바로 주변에서 시작된다.

하나님 나라의 신비를 알려주는 징표를 이해하는 사람들은 18장에서 더 확실히 주변에 있는 실재의 담지자들임을 보여준다. 즉, 18장에서는 본 과부, 세리, 그리고 어린이라는 미약하고 힘없는 불행한 존재를 이야기의 주인공으로 초대한다. 자비로운 실재라는 근원에 연결하여 일상을 세세히 살피는 이에게는 이들은 재판장, 바리사이파 사람, 그리고 성인보다 위대한 하나님 나라의 징표를 담지擔持하고 있음을 안다. 재판장, 바리사이파인, 그리고 성인들이 가이사 나라의 통치를 강화할 때, 이들 과부, 세리, 어린이는 하나님 나라의 징조들을 개시開始한다. 과부의 끈질김은 불의한 재판장의 마음을 움직일 정도로 내적 자세인 충실성에 있어서 매우 강하다.5절 세리로서 자신의 가슴을 치는 참회 기도는 바리사이파인의 기도보다 하나님께 합당하게 용납된다.14절 어린이가 그 수용적 태도로 인해 성인보다 하나님 나라에 들어가는 게 더 쉽다.17절 이와 반대로 부자 청년이 하나님 나라에 들어가는 것은 낙타가 바늘귀를 빠져 나가는 것보다도 더 어렵다.25절 그는 지상의 재물이 '많음'25절으로써 하늘의 재물을 이해하지 못했기 때문이다.

이렇게 일상의 안목에서 자연스러운 사회적 현상들은 하나님 나라라는 실재 세상에서는 그 위치와 가치가 전복된다. 미천한 이들이 인도자가 되는 것이다. 과부는 재판관을 움직이는 힘을 지니고, 세리의 가슴 치는 기도는 바리사이파인의 기도보다 하나님께 상달되는 효험성을 갖는 '올바름'의 척도를 계시한다. 어린이는 성인·제자들에게는 하나님 나라 진입에 대한 인도자가 된다. 이렇게 해서 꼴찌가 첫째가 되고, 주변이 중심이 된다. 이러한 작은이들이 행하는 작은 징조의 행위들은 하나님 나라의 임재, 개시, 그리고 확장의 보증이 된다. 그래서 힘의 성격에 대한 전위轉位가 일어난다. 최고의 권력재판장이 끈질긴 청에 흔들리고, 성별된 특권바리사이파이 작은 가슴을 치는 기도에 그 위선이 드러나며, 아이의 수용이 성인·제자의 완고한 마음가짐mindset을 멋쩍게 만든다. 이 작은 이들은 자신의 행위에 대해 의식적인 노력이 들지 않을지라도 자신의 낮음과 작음으로 인해 자비로운 실재의 대리인이 되어 힘없는 힘, 노력

없는 영향력, 배움없는 깨달음을 선사한다.

미천한 자들이 인도자가 된다는 것은 파송에서 '이리떼 가운데로 보내지는 어린양'10:3이라는 자비의 정치학에 핵심이자 기존 사회질서의 근간을 해체시키는 중요한 사회적 실천의 방식이기도 하다. 이리떼의 한 상징인 불의한 재판관, 자기만 옳고 남을 업신여기는 바리사이파 사람처럼 숨은 이빨과 민중을 공격하는 법체계 등의 상황에서 어떻게 이리 떼를 닮지 않고 어린양의 정신과 심장으로 그러나 먹히지는 않으면서 이리떼의 마음을 바꾸고 사회질서를 바꿀 수 있는가라는 비폭력 실천의 끈질김과 폭력구조의 성찰은 매우 중요하다. 이는 관객이자 청자인 우리에게 남긴 숙제의 몫이기도 하다. 성서의 드라마는 구체적인 전략과 실천 방식까지 보여주지는 않는다. 그러나 원칙은 있다. 이리떼와 자기 정체성을 동화하지 않고 어린양으로서의 자기 정체성을 확인하여 구하고, 청하고, 두드리는, 인내하며 저항하는 삶이 그것이다.

생의 원천인 하늘의 공급자

"사람의 힘으로는 할 수 없는 일이지만 하나님께서는 하실 수 있다."
(18:27)

과부라는 마지막된 자가 재판장을 움직이고, 세리라는 잃은 자가 성별된 사회적 지위의 바리사이파인의 기도를 대체하며, 어린이라는 미천한 자가 성인과 제자들을 무색하게 하는 이유는 바로 자비로운 실재의 호의와 그 실재의 무한성 그리고 그로 인한 작동의 힘 때문이다. 이들은 자기 것이 극소極少하기에 자비로운 실재의 활동성을 더욱 크게 극대極大로 작동시킨다. 왜냐하면 실재는 자비롭고 주고자 하는 힘이 무한한 본성을 지니고 있고, 우리의 극소는 자비로운 실재의 극대를 초대하기 때문이다. 반대로 이 지상에서 자기 것이 극대極大인 이들은 자신들이 가지고 있는 '사람의 힘'의 용량capacity으로 인해 하나님의 은총·자비가 쉽사리 작동할 수 없게 만든다.

누가 기자가 증언해 왔듯이 이 세상은 자비로운 실재의 무한한 호의와 그 실재의 자기-증여로 충만한 곳이다. 은총이 삶의 두려움과 결핍보다 먼저 존재하며, 자비로운 실재[하나님]는 무한한 베품과 공급의 법칙에 의해 인생들을 잔치[풍성함과 나눔]에로 초대하신다. 그렇기에 잔치에 초대된 우리는 용서하고 베풀고, 적을 위해 기도하고, 나누고 주는 것이 기쁨이 되고, 그러한 신적인 풍성함헬, 플레로마을 나누는 우리는 하나이고, 전체의 부분이다. 신적인 풍성함이 우리 모두가 나눌 수 있도록 어디에나 펼쳐지고 있다.

예수가 비유헬, 파라볼레로 들어 말한 과부/재판장, 세리의 기도/바리사이파인 기도, 어린아이/성인제자들은 텍스트에 진술하듯이 '제자들에게 언제나 기도하고 용기를 잃지 말아야 한다'1절는 의도로 들려진 것이다. 기도의 헬라어 프로세우코마이proseukomai란 단어는 원래 자세를 기울여 주목하고 열중한다는 뜻으로 은혜·자비에 집중하는 것을 말한다. 자비로운 실재의 참됨과 그 풍성함에 대한 신실성은 이 지상의 현실적 조건의 견고함을 뚫는다. 그래서 '하나님을 두려워하지 않고 사람도 거들떠보지 않는' 재판관의 마음을 움직이게 만든다.

자신의 가슴을 치며 '오, 하나님! 죄 많은 저에게 자비를 베풀어 주십시오'의 참회하는 간청은 '자기네만 옳은 줄 믿고 남을 업신여기는 사람들'의 하나인 바리사이파 사람의 기도와 달리 하나님께로부터 '올바른 사람'으로 인정받고 집으로 돌아가게 된다. 이는 머리mind보다 가슴heart이 자비로운 실재에 더 가까이 연결되는 통로가 되기 때문이다. 물론 그러한 겸비와 죄의 인정은 자비로운 실재의 자기 증여의 공간을 마련하기 때문이기도 하다. 여기서 죄는 현대인이 생각하는 악행행동의 결과에 대한 것이 아니라 좀더 근원적인 마음의 경향성에 대한 것이다. 이미 진술했듯이, 죄를 뜻하는 헬라어 '하마르티아'는 '과녁을 벗어남'이란 뜻으로 궁수인 신적인 실재로부터 화살인 자신이 과녁으로부터 벗어났음에 대한 것이어서 하나님의 뜻을 벗어남이라는 내적 상태를 지칭하는 것이다. 따라서 이는 행동 이전에 이미 자신의 의도가 자비로운 실재와의 분리, 자비로운 실재의 의도의 괘도에서 벗어나 있는 의식의 상태가 하마르티아의 핵심이다. 의식이 그러하면 모든 행동과 결과는 따라 나온다. 그러한 의식 상태의 입장에서 보면 바리사이파인이 보여준 '욕심이 많거나 부정직하거나 음탕하지 않거나 세리와 같지 않음'11절보다 그리고 '일주일에 두 번 단식과 십일조드림'12절라는 눈에 보이는 행동은 중요하지 않다. 의식이 그러하기에 행위가 별다른 효과가 없고, 오히려 의식이 보다 더 소중하고 근원적인 태도이다.

배움과 영적 자각은 사유나 '지식'의 형태에서가 아니라 '수용'에 관련된다. 그것은 체험이자 직접적인 경험의 영역 곧 스스로 하나님 나라에 들어감에 대한 상태에서 취득되는 것이다. 따라서 성인들의 판단이나 제자들의 예수의 말에 대한 지식과 이해는 어린이의 수용적인 태도보다 못한 평가를 받는다. 모든 앎은 대상적 앎으로 자신과 그 대상을 분리시켜 놓고 본다. 그러나 예수가 말하는 하나님 나라의 신비는 영혼에 대한 것으로 그것은 대상적인 앎이 아니라 그 속으로 '들어감'에 관련된 실존적인 것이다. 생명이 있는 것이 앎을 태동시키지, 앎이 생명을 태동시키는 것은 아니다. 생명됨은 생명에 대한 앎과는 다른 차원이다. 실재의 본성과 그 실재의 작동 영역인 하나님 나라를 맞아들이고 거기로 들어감이 성숙으로서 성인됨이자 제자됨의 근본이다.

앞에서 진술되는 이유들의 논리적 전개로 말미암아 자신의 '있는 것'소유이 하늘의 보화를 얻는 것이 장해가 된다. 부자 청년이 '마음이 괴로운'23절 것은 바로 그러한 모순적인 충돌에 내면에 있는 것이고, 소유에 마음을 빼앗긴 자는 진정한 '있음'과 실재에 대해 그 질적인 의미를 파악하지 못한 것이기 때문이다. 이 부자 청년이 과녁을 놓친 의미는 무엇인가? 첫째, 자비로운 실재는 상실이 아니라 은총과 풍성함을 목표로 하신다. 둘째, 그분은 참되기에 '있는 것을 다 팔아 나누어 주라'는 것은 자비로운 실재의 호의에 관한 현실성내적 기쁨과 평화에로의 초대이지 괴롭히기 위한 이야기는 아니다. 셋째, 나눔과 줌은 자기 것의 포기와 희생이 아니라 자신이 진실로 무엇을 가지고 있는지에 대한 자신의 풍성함을 소유나 물건이 아니라 존재의 풍성함에 대한 눈뜸이라는 선물의 기회를 주고자 함이었다. 이러한 인식의 오류로 인한 몰이해로 인해 그는 마음이 괴롭게 되었다.

과부, 세리, 어린이는 그 미천함과 작음에도 불구하고 하늘을 연다. 이는 실재의 자비로움과 풍성함 그리고 그 실재의 참됨과 신실성에 의한 것이다. 누가가 이미 겨자씨와 누룩의 이야기를 통해 하늘나라의 품음터전을 잃은 새들의 거처가 됨과 충분함과 풍성함서말 밀가루 반죽의 부풀음에서 이미 일관되게 말해온 바이다. 그래서 그 모든 것은 실재의 자비로움과 선제적 행동먼저 다가오심에서 일어난다. 그렇기 때문에 "사람의 힘으로는 할 수 없는 일이지만 하나님께서는 하실 수 있다"[27]라고 증언자들은 일관되게 고백하게 된다.

사람의 견해나 힘으로는 할 수 없는 것헬, 아뒤나토스이 하나님께는 하실 수 있는 것헬, 뒤나토스이라는 것은 일꾼된 자의 중요한 분별이다. 이것이 작은자들의 지혜이자 힘의 원천이 된다. '아뒤나토스'에서 '뒤나토스'로의 변형이 나에게 달린 것이 아니라 자비로운 실재의 호의의 신실함과 일관성에 의해 일어나고 있는 것을 신뢰한다는 것이 바로 신앙의 본질인 셈이다. 자비로운 실재의 초월성과 무한성이 내 중심이 될 때 나의 힘에 의한 아뒤나토스의 장벽은 열려서 그분의 뒤나토스의 펼치시는 일들이 일어나게 된다. 그래서 일꾼된 자들은 자신의 노력이 아니라 그분의 가능성이 내게 일어남에 대해 나 자신이 통로가 되고 수단이 됨을 증언하게 된다.

실재의 초대로서 눈뜸

"예수께서는 '자, 눈을 떠라. 네 믿음이 너를 살렸다.'하고 말씀하셨다. 그러자 그 소경은 곧 보게 되어 하나님께 감사하며 예수를 따랐다."(42-43 절상)

지금까지 예수의 비유에 관한 이야기는 모두 '눈뜸'에 대한 것이다. 일상적인 것을 들어 유비의 상징으로 삼아 비일상적인 것, 초월적인 것, 저 너머의 것을 이야기할 때 비유는 듣는 이가 눈을 뜨고 가슴을 열 때, 그 비유의 진실과 의미가 전달된다. 그렇기에 비유는 안에 있는 자와 바깥에 있는 자를 경계 짓는다. 예수가 한 치유와 기적 사화들은 바로 자연적이고 물리적인 현상에 일어나는 초자연적인 능력에 대한 것이 아니다. 눈을 떠서 본질적이고, 근원적인 실재에 대한 직접성을 직접 느끼게 하는 징표인 것이다. 그러기에 기적miracle은 누가 눈떠서 보고 있고 누가 여전히 잠자고 있고 환영에 사로잡혀 사는지를 갈라놓는다. 그러기에 예수는 제자들에게 돌아서서 이렇게 말한 것이다:

"너희가 지금 보는 것을 보는 눈은 행복하다. 사실 많은 예언자들과 제왕들도 너희가 지금 보는 것을 보려고 했으나 보지 못하였고 너희가 듣는 것을 들으려고 했으나 듣지 못하였다."(10:23-24)

19장부터 예수의 예루살렘 입성과 수난과 처형의 이야기 시작 직전에, 18

장에서 다루어지는 자비로운 실재의 수많은 현실적인 징표들에 대한 재차 진술은 매우 의미 있으며, 또한 중요한 표징들에 대한 증언이다. 그러한 표징들을 통해 하나님 나라의 시작헬, 아르케; 1:2의 징조들이 미약하고 여린 존재들의 움직임에 감추어져 있다. 그러나 그 힘은 매우 강력하여서 겨자씨나 누룩처럼 그 결과가 매우 풍성하다. 곧 공중의 새들이나 서너 말의 밀가루 반죽을 부풀게 하는 힘과 영향력을 지니고 있다. 거대한 권력, 소유, 지위, 영향력에 눈이 습관적으로 멀어 있는 우리에게는 진실로 이것들은 쉽사리 보이지 않는다. 장님의 신세인 것이다.

따라서 이야기가 예수의 지상적 삶의 마지막 장면으로 급박하게 진행되기 직전에, 시급하고도 중요한 것은 바로 '눈뜸'인 것이다. 그리고 이것은 예수의 공생애 시작에서 이사야 예언서 두루마리에서 말한 '주님의 은혜의 해·시간'으로서 '묶인 사람들에게는 해방을 알려주고, 눈먼 사람들은 보게 하고, 억눌린 사람들에게는 자유를 주는'샬롬의 사역에 대한 핵심 중의 하나였다. 그의 생애 중에 제자들에게 가장 역점을 둔 중요한 핵심이 그러한 눈뜸이었다고 볼 수 있다.

장님은 자신의 신체적 장애로 인한 '아뒤나토스'를 지니고 있었고, 자비로운 실재의 화육과의 연결을 통해 '뒤나토스'의 세계가 열렸다. 그리고 그에 대한 확증으로 예수는 말한다. "네 믿음이 너를 살렸다."이 말을 깊게 들여다보면 믿음헬, 피스티스이란 신적 실재에 대한 대상적 경외심에 대한 것이 아니다. 나중에 교리로 정착된 성자The Son of God-정관사가 붙은 특정한 신성한 존재 이전에 원시기독교공동체에서는 예수는 자신을 '인자son of man'라고 스스로 불렀다. 그런 점에서 신앙이란 신적 존재에 대한 교의적인 헌신이 아니라 자비로운 실재의 호의에 대한 자신의 궁극적 터전인 자비로운 실재로의 '신뢰trust'에 대한 동의였다. 그리고 그러한 믿음은 자신이 새롭게 경험한 현실성에 대한 동의assent

인 것이다. 그러한 동의는 사실상 자신의 '보기seeing'헬, 아나블레포의 새로움에 의해 일어난 새로운 의식을 말한다.

그리고 "네 믿음이 너를 살렸다.구원하였다-새번역"에서 '살렸다/구원하였다'는 치유의 원어는 '소조sozo'이다. 헬라어에 있어서 치유에 대한 용어는 몇 가지가 있다. 그 하나는 테라퓨오therapeuo로서 원래 신들에 대한 봉사라는 뜻을 지닌다.여기서 '테라피'라는 영어가 파생된다 또 하나는 이아오마이iaomai라는 치료로 치료사인 의사에 의해 고침을 받는 것이다. 그리고 본문에 쓰인 치유의 원어인 '소조'는 고통스러운 증상의 치료만이 아니라 인격의 회복을 뜻하며, 온전해지는 것을 의미한다. 따라서 네 믿음이 너를 낫게 하였다/구원하였다는 말은 신체적인 것을 넘어서 분별을 포함한 온전해짐을 뜻한다.[83] 그렇기에 용서받은 죄 많은 여자 이야기에서 예수가 한 "네 믿음이 너를 구원[소조]하였다. 평안히 가라"7:50에서처럼 치유, 온전해짐 그리고 평화는 같이 연결된다.

누가 기자의 증언에 따르면, 이렇게 악령에 의한 미혹, 고통, 질병으로부터 치유됨은 실재하나님의 자비로움에 의한 무한하신 줌giving과 풍성함에 대한 접촉을 통해 일어난다. 무한하고 신실한 실재의 자비로움에 대한 신뢰가 바로 믿음피스티스이며, 그러한 신뢰는 두려움과 결핍 그리고 질병을 치유하는 온전함과 평화의 능력을 회복하게 된다.

신적인 자비와 그 힘에 신뢰를 주는 자는 이렇게 그의 신체적, 사회적, 심리적 상황 조건이 어떠하든지 간에, 실재의 뒤나토스에 의한 온전성의 회복을 맛

---

83) 이아오마이라는 치료와 소조라는 치유는 구별되어야 한다. 전자는 외부 권위자인 의사, 혹은 치료물질에 의한 현상제거 등에 관련된다. 후자는 물리적인 현상 제거를 넘어 인격적인 온전성에 관련된 것이다. 따라서 의사보다는 환자 자신의 주체성을 각성시킨다. 이렇게 치료와 치유는 그 성격이 미묘하게 다르다. 마치 갈등해결은 표면적인 문제가 더 이상 문제가 되지 않는 상태로 그리고 갈등전환은 문제라는 이슈를 너머 관계의 개선이라는 상호간의 연결과 회복에 집중하는 차이와도 같다. 누가가 소조(치유)와 피스티스(믿음)을 연결하는 것은 온전성의 회복과 관련시키고 있음을 주목해야 한다. 믿음은 실재라는 전체성(wholeness)과 연결됨이며 이는 분리된 자아로 오는 고통 속에서 연유된 질병을 치유하여 그의 온전성(wholeness)을 회복시키는 데 근원적인 효력을 작동시킨다.

보게 된다. 이렇게 해서 창조와 그 확장이 영원히 거듭해 나가는 것이다. 그리고 그러한 회복의 모습은 타자의 심장을 움직인다. "이것을 본 사람들은 모두 하나님을 찬양하였다."43절 장님에게 일어난 기적은 더 이상 불평이 아니라 감사와 찬양이 일어나고 있다. 이렇게 외적인 제약 조건이나 신체적인 한계들을 넘어서 실재의 자비로움에 대한 접촉으로 인해 자기 운명의 쇠사슬은 벗겨져 나간다. 그리고 이것을 보는 자는 찬양의 기쁨을 함께 누리며 번져간다. 이런 현상을 초래하는 이야기를 따라가 보면 달라이 라마의 말이 수긍이 간다. "자비는 우리 시대의 급진주의다.compassion is the radicalism of our time." 자비는 강력하게 우리의 인식을 새롭게 하고 신체와 사회적 질병을 치유하는 뿌리radical=root가 되는 셈이다.

이렇게 자비로운 실재의 변혁성으로 인해 실재와 접촉한 이들은 양자 도약처럼 급상승하며 새로운 삶의 궤도를 타게 된다. 그러기 위해서는 자비로운 실재가 지나가는 길에 다가가서, 간절히 자신의 내적인 갈망을 드러낼 용기가 필요하다. "저에게 자비를 베푸소서." 그 자비의 베품은 눈뜸에 대한 것이다. 더 이상 상실과 고통은 없다는 자각이 그것이다. 나에게는 그 어떤 아뒤나토스의 장벽도 나를 막을 수 없다. 그것은 내 노력의 힘사람의 힘이 아니라 자비로운 실재의 창조력이 나에게 주어졌기 때문이다. 그로 인해 나는 볼 수 있게 되고, 그 새로운 봄seeing으로 인해 온전함wholeness에로의 뒤나토스는 솟아오른다. 그리고 알게 된다. "네 믿음이 너를 살렸다"는 것을. 언제나 뒤나토스의 길은 열려 있었던 것이다. 단지 진실로 보고자 하는 자에만 이것은 열려지는 현실이다. 이렇게 제자됨은 단순히 뒤따름으로 이루어지는 것은 아니다. 자비로운 실재에 대한 눈을 뜨는 자각이 제자가 되는 심장을 형성하게 되는 것이다.

21. 일꾼을 위한 심장 작업

본문: 눅 19장

보는 것을 넘어 심장의 일을 하기

"오늘 이 집은 구원을 얻었다. 이 사람도 아브라함의 자손이다. 사람의
아들은 잃은 사람들을 찾아 구원하러 온 것이다."(19:10)

샬롬의 통치에 대한 길을 놓고, 그 길을 가면서 나누었던 예수의 수많은 비
유와 행적은 이제 19장에서 정점을 향해 나아가고 있다. 그 정점은 자신을 통
해 이루고자 하는 하나님의 뜻'아버지의 뜻'의 본성과 그 명료화 그리고 그 실천
의 확증에 관한 예수의 자기인식과 결행決行이다. 이미 18장에서 나온 대로 예
수의 수난에 대한 마지막 3차 예고와 더불어 예리고 소경의 '눈뜸'의 사건은 정
점으로 가는 스토리의 의미를 재강조한다. 19장에서 이제는 예루살렘으로 올
라가게 되면서 성전엘리트들과 정치엘리트들을 직면하기 시작하면서 처형
의 위기가 다가오고 있지만, 위기란 마크 네포의 책 이름처럼 '절묘한 기회the
Exquisite Risk'를 맞이하는 때이기도 하다.

시인 릴케는 그 어느 시에서 '보기 작업이 이루어졌으니, 이제 심장의 작업
을 실행하라Work of seeing is done. Now practice heart-work'고 하였다. 지금까지의 자
비로운 실재의 화육자로서 예수의 비유와 활동에 대해 제대로 보기에 대한 작

업을 누가가 진술해 오면서, 그의 증언은 여리고 소경의 눈뜸을 넘어 이제 최종적으로 목격자와 일꾼된 자들의 심장heart에 이를 심는 작업으로 넘어가고 있음을 눈치 챌 수 있다.

19장은 일꾼을 위한 심장의 작업에 관련하여 두 가지 방향을 예시한다. 그 하나는 지금까지 가르침의 정수로서 잃은 자의 구원됨에 대한 것과 모두에게 있는 황금 조각금화 한 냥의 비유이다. 또 하나는 권력의 중심인 예루살렘과 그 성전에 들어가 샬롬의 통치에 대한 궁극성을 드러내는 것이다. 릴케의 심장 작업의 비유는 누가에게 있어서는 주변의 재중심화re-centering와 관련된 것이면서 또한 자비로운 실재의 그 본성과 그 작동에 대한 목격자로서 그리고 일꾼된 자로서 보고 들은 것을 자기 심장 안에 내주內住시키는 것에 대한 것이기도 하다.

그러나 심장의 내면 작업은 결코 쉬운 일은 아니다. 일상 의식의 견고함과 무자각성의 습관은 우리의 존재 감각을 삼키고 있고, 주변의 위협·두려움과 생존의 필요에 대한 결핍감은 언제나 무거운 압력으로 우리를 흔들고 있기 때문이다. 예수는 설사 무리들이 자신을 따라도 그것은 굶주림육체적이든, 영적이든에 대한 기적을 보았기 때문에 오는 것이지, 자신의 본 것을 심장에로 연결하는 내면화와는 다른 것임을 알고 있었기 때문에, 누가는 예수가 자신의 마지막에서 해야 할 것이 무엇임을 알고 있었다고 증언한다.

어찌 되었든 공적 영역에서의 지도자들이 '예수 운동'Jesus Movement을 상당히 위험하고도 도전적인 것으로 보고 있었고, 그들의 적대감이 높아가고 있는 위기의 때에, 예수는 목격자와 일꾼된 자들에게 본 것을 증언하는 심장의 작업을 실행하고 있었다. 그러한 심장의 작업들은 오늘 나온 스토리들과 더불어 '최후의 만찬', 그리고 심문과 처형 그리고 부활한 몸으로 나타나심 등에서 전개된다. 필자가 말하는 심장의 작업은 누가가 제시한 거룩한 실재의 무한한 자기-증여로서의 자비와 그것을 유지할 수 있는 담지자로서 작은 자, 미천한 자, 잃은 자의 혼불이 일어섬에 대한 것이다. 누가는 그러한 심장 작업에 대해 낮은 자리에서 섬기는 자로서의 리더십을 강조했다. 그렇기에 누가는 제자들에 대한 이름과 그들의 사역에 대한 이야기는 인색하며, 제자들의 이야기를 주변화 한다. 위에 있는 자, 혹은 먼저 따르는 자로서의 특권을 부여하지 않기 때문이다.

오히려 구원의 모델로 등장하는 자는 본문에 나오는 '자캐오삭개오라는 돈 많은 세관장'19:2이며, 이 이야기는 상당히 파격적인 것이다. 우선 동족의 재산을 갈취하여 그것도 사적인 부를 축적한 '죄인'7절으로 손가락질당하는 세리들의 책임자였기에 그렇다. 그는 누가복음의 이야기에서 가장 중요한 '잃어버린 자' 중의 잃어버린 자로서 사회적 역할을 하고 있다. 그러한 그가 잃어버린 자의 구원과 아브라함 자손으로서의 인정9절받음은 누가가 제시한 자비로운 실재의 호의와 하나님의 뜻의 우선성에 응답한 하나님 나라의 신비의 증언자로서는 매우 중요한 역할과 의미를 담고 있다는 것을 암묵적으로 보여준다.

누가가 예수의 예루살렘 등정이라는 중대하고 결정적인 사건 직전에 자캐오 이야기를 기억하게 하는 것은 그간의 이야기 흐름의 정점으로서 확인되는 그 무언가를 제시하고 일꾼된 자들이 마음속에 품어야 할 것을 알리고자 하기 때문일 것이다.[84] 즉 자캐오의 이야기는 다음과 같은 함축 의미를 포함한다.

---

84) 삭개오 이야기의 등장이 '파격적'인 것은 두 가지이다. 하나는 가장 중오하는 인물이 비유의 핵심 주인공으로 들어선다는 점에서 예상치 못한 인물에 대한 당시 유대인들의 정서에 있던 청자나 독자의 심기를 건드린다. 심지어 예수를 잘 따르고 있다는 부류의 사람들조차 제자직에 있어서 안심을 할 수 없는 엉뚱한 주인공이 예수의 주목을 받는 것이다. 둘째는 가장 심각하고 결정적인 순간인 예루살렘에 올라가심과 십자가처형의 클라이맥스 직전에 스토리 전개의 결정적인 전환의 순간에 삭개오이야기가 그 전환의 정리와 마무리 그리고 새 단계로의 나아감의 결정적인 징검돌을 한다는 점이다. 즉, 스토리 전개에 있어서도 결정적인 순간에 예기치 않게 등장한다. 예수운동의 결정적인 지점으로 치닫고 있는 이야기 전개에 있어서 모든 관객과 청자가 예수에 집중하고 있는 상황에서 갑자기 주인공이 바뀌어 삭개오로 잠시 전환된다는 것은 그냥 일어나는 사건이 아니라 신학적인 의미를 지닌다는 뜻이기도 하다. 개인적으로는 자비로운 실재의 자기 전개에 있어서 가장 중요한 인간 실존의 '잃어버림'(상실)에 대해 누가가 실존적인 렌즈를 맞춘 것은 엄청난 충격과 감동이다. 15장의 잃은 아들과 19장의 삭개오의 '잃어버림'에 대한 재-환기는 내 눈을 확 뜨게 해 주었다. 두 스토리를 통해 잃었다고 생각했으나 잃은 것이 없다는 분명한 확신, 즉 믿음

첫째로, 자비로운 실재의 호의와 선제권Divine Initiatives에 대한 응답으로서 일꾼됨의 자격에 대한 것이다. 제자직, 혹은 일꾼됨의 자격은 자신의 도덕적 성취보다는 자비로운 실재에 대한 주목과 그 응답이 우선적이다.전망적 관점.

둘째는 신적 실재가 자비로운 것처럼 일꾼된 자도 자비로워야 한다는 자비의 실천에 있어서 일관성과 실천력의 중요성이다. 그의 재산의 나눔과 속인 사람에 대한 보상이야기는 삶의 본성이 '베풂음/나눔/주기'에 기초한다는 일치된 가치의 수용에 대한 것이다.실천적 관점

셋째는 이 지상에서 자비로운 실재의 뜻인 실재의 영접에서 경험되는 기쁨과 평화이다. 이는 72 제자들을 파송하면서 얻고자 하는 열매이기도 하며, 자주 등장하는 누가만의 이야기인 잔치의 핵심이기도 하다. 초대와 수용 그리고 누림의 '기쁨'—"얼른 내려와 기쁜 마음으로 예수를 자기 집에 모셨다"6절이 샬롬 통치의 실제적인 증거가 된다.가치론적 관점

자캐오 이야기의 전망-실천-결과로서 증언 이야기는 "이 사람도 아브라함의 자손이다. 사람의 아들은 잃은 사람을 찾아 구원하러 온 것이다"10절라는 예수의 확언을 통해 강화된다. 아브라함은 믿음의 선조일 뿐만 아니라 실상 "네 이름은 남에게 복을 끼쳐 주는 이름"창12:2이어서 믿음의 선조와 함께하는 믿음이란 이러한 자비로운 실재의 베푸심을 나누는 자로서 일꾼됨에 대한 확증임을 알린다. 이렇게 세리장 자캐오의 구원받음은 잃은 자의 리더십 회복에 있어서 매우 파격적인 예증이다.

(피스티스)의 회복에 대해 큰 위로가 나이 60이 넘어선 나에게 찾아온 것이다. 또한, 누가가 이토록 세심하게 주변을 살피고 있었다니 믿어지지가 않는다. 누가의 자비에 대한 신학적 관점은 놀랍도록 세밀하고, 스토리 무대에서 잊고 들려지지 않은 목소리와 얼굴이 스포트라이트를 받게 한다. 그만큼 자비로운 실재에 대한 치열함과 그 활동에 대한 집중이 누가의 신앙에 담겨 있음을 보여준다.

누구에게나 있는 황금 한 냥

한 귀족이 왕위를 받아 오려고 먼 길을 떠나게 되었다. 그래서 그는 종 열 사람을 불러 금화 한 개씩을 나누어 주면서 '내가 돌아 올 때까지 이 돈을 가지고 장사를 해 보아라'하고 일렀다. (19:12-13)

누가 복음에서 잃은 자, 미천한 자, 그리고 마지막된 자에 대한 존중과 연민, 그리고 그들의 리더십에 대한 신뢰는 계속적으로 진술해 왔듯이 실재의 자비로움과 그 무한한 자기-증여self-giving에 기초한다. 모두가 존귀한 것은 바로 이 이야기가 증거하듯이 그들에게 평등하게 주어진 황금 조각금화 한 닢의 소여성所與性에 기초한다. 그것은 신적인 자녀됨의 본질이기도 하며, 각자가 누려야 할 잠재적 가능성이다. 황금 한 냥이 누구에게나 맡겨졌다는 것은 그에게 무능력감'아뒤나토스'의 허상을 떨구어내고, 즐기고 누리며 움직일 수 있는 가능성'뒤나토스'이 허락되었다는 뜻이다.

그 황금은 자신의 것이 아니라 왕위를 받기 위해 떠난 한 귀족으로부터 받은 선물이다. 그로부터 우리가 이 황금 조각을 받았다는 것은 그 귀족의 정체성과 그 분의 신분을 나타내는 신표信標를 받은 자로서 우리도 귀인 대접을 받았다는 뜻이다. 비록 그 귀인 대접은 나중에 그 신표를 활용하여 증식함으로 '열 고을'이나 '다섯 고을'을 다스리는 귀족이 되는 것으로 증명되지만, 그 신표는 이제 더 이상 주인의 명대로 사는 '종'의 신분을 넘어선 자유와 자기 통치의 가능성이 주어졌다는 뜻이다. 신표를 마음대로 자신이 행사하고 사용할 수 있으며, 조건을 붙이지 않았다는 점에서 그는 잠재적인 귀족·귀인헬. 안드로포스 유게네스의 권위를 받은 것이다.

귀한 어떤 분으로부터 부여받은 황금 조각의 선물받음이라는 권한의 본질은 다음과 같다. 각자에게 주어진 그 금화를 가지고 이 세상에서 마음껏 장사를 해보는 것에 대한 위탁이다. 그렇게 해서 결과적으로 금화의 숫자를 확대시키고, 삶의 풍성함을 증대시키라는 것이었다. 그리고 그것은 이 귀족·귀인이 부여한 '작은 일'에 불과하였다. 왕위를 받고 와서 자신의 풍성함을 증진시킨 결과에 따라 '열 고을' 혹은 '다섯 고을'을 맡기는 귀인됨으로의 신분 상승과 누림의 새로운 차원에 대한 가능성을 재인정받는다.

누가는 지배체제의 외적인 조건과 어느 정도 장사수완이 있는지에 대한 개인적인 차이의 인식에도 불구하고, 금화 한 잎의 절대적인 주어짐은 보편적이라고 한다. 그러한 이야기 진술을 통해 부여된 존귀함은 가장자리the center에서 밀린 주변화된 인생들에게도 가능함을 촉구한다. 그 귀족의 말은 자기충족적인 예언을 담고 있다. "잘 들어라. 누구든지 있는 사람은 더 받겠고 없는 사람은 있는 것마저 빼앗길 것이다."19:26 빼앗김과 상실에 초점이 있는 것이 아니라 황금이 누구에게나 주어졌고 그것의 풍성함의 기회를 살림으로서 자신의 가능성을 보는 것에 강조점이 있다.

그 귀족·귀인이 금화 한 잎을 그대로 싸가지고 있던 이에게 분노하는 것은 두려운 분이시기 때문이 아니다. 그만큼 주어진 금화가 각자에게 주어져 있음에 대한 자기 존귀성과 자기 가능성에 대한 무자각과 자기 선택의 능력부여에 대한 신뢰에 충실한 응답을 하지 않은 것에 대한 자연스러운 결말로서 자각을 촉구하는 것이다. 이것이 예루살렘 길이라는 마지막의 대단원에 오르기 직전에 모두에게 남긴 누가의 예수 공생애 활동의 최종 진술이다. 잃어버린 자가 또 다른 귀인이 되어 고을을 다스리는 —세상의 권세에 따른 희생자가 아니라 능동적 주체가 되는— '풍성함의 누림'에 대한 초대이다. 자신에게 주어진 내적인 황금에 같은 종류의 황금이라는 삶의 결실을 맺으라. 이 얼마나 아름다운 스토리인가? 잃어버린 자가 아니라 황금이 주어진 존재라니! 하나님께만

바쳐야 할 세금을 동족으로부터 착취하여 로마에 납부하는 미움의 대상이었던 세리장 삭개오의 큰 '잃어버림'의 내적인 무거움은 –물론, 그 인물을 통한 우리 각자의 실존의 잃어버림도– 새로운 반전이 일어난다. 우리 모두는 사실상 잃어버린 자가 아니라 금화 한 냥씩 부여받은 존재라는 새로운 인식이 그것이다.

좀더 황금의 의미를 성찰해 보자. 황금 조각이 각자에게 주어진 것이 중요한 것은 그 활용을 통해 같은 종류의 황금 조각내면의 신성함을 생산한다는 것에 있다. 그것은 개인의 에고의 확장이 아니다. 그 황금 조각을 활용함으로써 '종·종살이'의 정체성을 벗어나 또 다른 '황금'들의 주어짐에 대한 자각, 의식의 전환이 그것이다. 그 황금 조각으로 인해 각자는 자신이 남에게 줄 수 있는 능력이 향상되고, 황금을 주는 것을 통해 자신이 무엇을 지니고 있고, 무엇을 할 수 있는지를 자각한다. 그러므로 준다는 것을 통해 내가 무엇을 소유하고 있는지를 알게 된다.

그리고 황금 조각은 같은 속성의 것을 불러들인다. 황금이 황금을 불러오는 것이다. 그렇게 해서 나는 내가 이제 종의 신분이 아니라 귀인의 신분이 될 수 있고, 되고 있고, 어느덧 그러한 황금 조각을 지닌 신분으로 바뀜을 알 수 있게 된다. 그러한 신분으로의 가능성이 자신에게 있는 것을 볼 때, 왕위를 받은 귀족을 그 신분에 맞는 대접을 하지 않을 수 없다. 그렇게 하여 고을을 다스릴 수 있는 권한을 부여하게 되는 것이다. 이것이 황금 조각을 운용하면서 알게 된 변형의 연금술이다. 단순히 황금 조각의 들어오고 나감이 아니라 그것을 다룸으로써 나도 그러한 신분으로 어느새 변모되고 있다는 게, 각자 금화 한 잎을 부여받은 것의 비밀이다. 그렇게 해서 "있는 사람은 더 받겠고 없는 사람은 가진 것마저 빼앗길 것이다"라는 새로운 의미가 밝혀진다. 고을을 다스릴 수 있는 신분으로서 더 받음과 종으로 있음으로서 황금 조각의 상실이 그것이다.

끝까지 걸어가는 평화의 길

예수께서 이 말씀을 마치시고 앞장서서 예루살렘을 향하여 길을 떠나셨
다.(28절)…. 예수께서 예루살렘 가까이 이르러 그 도시를 내려다 보시고
눈물을 흘리시며 한탄하셨다. "오늘 네가 평화의 길을 알았더라면 얼마
나 좋았을까! 그러나 너는 그 길을 보지 못하는구나…."(41-42절)

예수의 예루살렘 입성은 세 번이나 예고된 수난 이야기 속에서 일어난다.
열두 제자의 파견과 베드로의 예수 정체성에 대한 고백 후에 -하나님께서 보
내신 그리스도이십니다- 첫 수난 예고9:22-27가 나타난다. 그리고 두 번째 예
고는 예수의 악령에 사로잡힌 아이를 치유한 후 "사람들이 모두 하나님의 위
대한 능력을 보고 놀란9:43 직후에 예수께서 하신 일들을 보고 놀라 감탄하고
있을 때 예고된다.9:44-45 게다가 예루살렘에 대한 통곡13:34-35; 암탉이 병아리를
날개 안에 품으려 하듯했으나 너는 응하지 않았다, 너희 성전은 버림을 받을 것이다의 스토리가
전개된다. 세 번째 수난예고는 베드로가 가정을 버리고 주님을 따른 결과로서
하늘나라에 대한 보상 이야기 직후에 설정되었다. 중요한 언급은 "제자들은
이 말씀을 듣고도 조금도 깨닫지 못하였다."18:34가 그것이다.
　누가가 예수를 신성의 선포자 모델이 아니라, 거룩한 실재의 화육자로서
길을 가는 증언의 모델을 통해 나누고자 하는 것은 권력의 우상화와 고통과 질
병 그리고 처형의 두려움에 대해 지금까지 밝힌 자비로운 실재의 호의와 무한
한 자기 증여에 대해 자기 삶으로서 증언하기에, 퀘이커 신념인 "네 생으로 진리를 증언
하라"처럼에 대한 것이다. "예수께서… 예루살렘을 향해 길을 떠나셨다"는 간단

한 말은 증언자의 신실성이 길을 감으로써 밝혀진다는 의미이다. 지금까지 자비로운 실재가 두려움, 결핍, 고통, 질병에 대해 변혁적인 행동을 하신다는 것을 이해했다면, 악령의 마지막 권력인 죽음에 직면하여 자비로운 실재의 증언자는 어떤 태도를 갖게 되는지도 자연스럽게 보여준다. 길을 가는 것은 중단되지 않으며, 권력의 심장부를 향해 나아감으로서 진리가 권력에 말을 걸 수 있도록 하게 한다.

다시 말하거니와, "앞장서서… 길을 떠나셨다"28절는 것은 증인의 충실성에 대한 그간 비유들의 실현이자, 자신의 길에 대한 헌신을 끝까지 보여주고 있다는 증거이다. 그리고 예루살렘으로 간다는 것은 누가가 이미 말한 암탉이 병아리를 날개 아래로 모으는 궁극 실재신의 철저성과 성전엘리트의 권력과 무지의 노출 그리고 "너희 성전은 하나님께 버림을 받을 것이다"13:34라는 종국적인 전복과 대안으로서 실존성자비로운 실재에 따른 삶의 변화인 성전─삶으로서의 성전─에 대한 재정위를 가시화한다.

누가가 전하는 예수와 그의 일행의 예루살렘 입성 이야기에는 마치 동화와 같은 일들이 펼쳐진다. 정복자가 타는 백마가 아니라 심부름꾼과 종이 사용하는 나귀 한 마리 위에 자신의 겉옷을 얹어 예수를 그 위에 모시고 예수는 앞으로 나아가시자 사람들이 겉옷을 벗어 길에 펴 놓는다.35-36절 제자들은 갑자기 일상을 넘어 자신이 목격한 기적에 대해 기쁨을 나타내고, 평화와 영광을 찬미하는 존재로 바뀐다.37-38 그러한 하나님의 평화와 하나님의 영광에 대한 간절함을 막는다면 돌들이 나서고야 마는 정도의 간절함과 진실함이 강력하게 분위기를 압도한다. 길되어 가는 자로부터 무리들이 전염되어 보고 있는 새로운 현실성을 보고 있는 셈이다.40절.

자비로운 실재의 풍성함과 그 무한함에 대해 마음을 닫은 예루살렘을 보시며 예수는 가장 인간적인 면모를 보이신다. 즉, '눈물을 흘리시며 한탄하셨다.'41-42 그 눈물과 한탄의 핵심은 하나이다. "오늘 네가 평화의 길을 알았더라면 얼마나 좋았을까! 그러나 너는 그 길을 보지 못하는구나."42절 그는 '강도의 소굴'로 만든 성전에서 상인들을 쫓아내고 날마다 성전에서 무리들을 가르치심으로 중심을 재편한다. 성전이라는 물리적 공간에서 실재의 중심을 지닌 존재가 자리를 잡게 되었다. 증인의 최상의 권위가 실현되는 순간이다.

실재의 내적 중심에 도달한 한 존재가 이제 물리적 공간인 성전에서 참된 말씀을 전하는 순간이 왔다. 그렇게 하여 예언이 실현된다. 이렇게 내면의 성소와 우주의 중심인 성전이 일치되면서 신비스럽게 그 영광됨을 실현한다. 누가복음의 시작아르케을 알렸던 목자들의 비전인 '하늘에는 영광 땅에는 평화'의 찬미가 여기서 다시 입증된다. "주의 이름으로 오시는 임금이여, 찬미 받으소서. 하늘에는 평화, 하나님께 영광!" 그러한 민중의 환호를 막는다면 "돌들이 소리를 지를"40절 정도로 그 진정성과 간절함은 최고조에 오른다.

그럼에도 예루살렘은 권력에 의해 중독되어 평화의 길을 보지 못하고 있다.42절 권력 자체가 그러한 무능력을 양산한다는 것을 암시하는 대목이기도 하다. 특권과 권력은 이미 그 자체로서 폭력이며, 그 외양과 명분이 어떠하든지 평화의 길을 막는다는 게 누가의 암묵적인 진술이다. 또한 평화의 길을 가는 자는 그러한 권력의 속성을 경험하면서 더욱더 그렇게 영광과 평화에 대해 간절함을 품을 기회와 열망을 갖는다. 그렇게 해서 평화에로의 길은 사무치게 자신의 영혼을 붙들어, 가야 할 길을 선명히 밝혀준다.

눅 19장은 놀랍도록 감동스러우면서도 가슴 저미게 하는 장이다. 크게 잃어버린 자인 삭개오의 구원 이야기와 금화 한 냥이라는 보편적인 황금의 주어짐에 대한 예루살렘 입성 직전에 마지막으로 펼쳐진다. 감동스러움이 절정에 올라오는 그 이야기 속에는 그러나 개인으로 보자면 수난과 처형이라는 음산한 변주곡이 정작 본인인 예수에게는 몰려오고 있다. 남에게 자비와 축복 그리고 자기 신성함에 대한 자각에로의 기회를 제공하는 신의 뜻과 마음에 대한 신실함과 더불어, 자신에게 오고 있는 어둠의 전조는 이를 보는 관객과 청자의 가슴 쓰리게 만들고 있는 것이다.

그러나 정작 예수 본인은 무엇이 어떻게 일어나든 앞장서서 길을 떠나시는 단호함을 보인다. 이로 인해 '대사제들과 율법학자들과 백성의 지도자들은 예수를 잡아 죽일 궁리'47절마저 초래한다. 그렇게 길을 떠남으로 인해 그동안 가식으로 거룩을 장식한 그들의 정체를 드러낸다. 그리고 권력의 힘이 무엇을 위해 사용되는 지를 잘 드러낸다. '죽이는 힘'이외에는 가진 것이 없는 존재들임을 스스로 밝혀주는 것이다. 상대방이 어떤 공모를 하던 간에 증언자의 원형 archetype이신 예수는 암탉이 병아리를 품에 모으려는 열정처럼 신의 자비로움이 그러하다는 인식과 궁극적인 길의 행선지는 '평화의 길'임을 위기 속에서도 극명하게 드러내 준다. 이렇게 위기는 더욱 일꾼된 자에게는 자신에게 본질적인 것이 무엇인지, 무엇이 가장 절실한 것인지에 대한 명료함을 확인시켜주는 계기가 된다. 그래서 보는 눈은 그 위기로 더욱 명료해지고, 걷는 걸음은 그 위기로 인해 주춤거리지 않고 더욱 확실히 뚜벅뚜벅 걷게 된다.

22. 권위와 권력

본문: 눅 20장

권력의 정체와 그 한계

"당신은 무슨 권한으로 그런 일들을 합니까? 누가 그런 권한을 주었습니
까? 말해보시오."(20:2)

"요한이 세례를 베푼 것은 그 권한이 하나님에게서 난 것이냐? 사람에게
서 난 것이냐?"(20:4)

누가가 전하는 '증인'됨이란 그가 목도한 것에 대해 단순히 증거하는 것을
넘는다. 듣고 본 것을 전하는 것도 있겠지만, 궁극적으로는 자신은 그 목격한
바에 대해 목숨을 건다. 증인목격자와 일꾼된 자은 자신이 보고 들은 것 그리고 부
탁받은 것에 대해 가슴의 직접적인 목소리와 연결된 체험이 있고, 그 전하는
바에 대해 삶의 정황 여부에 상관없이 일이관지─以貫之하여 온전히 헌신한다.
그러기에 두 가지가 증인의 심장을 이룬다. 그 하나는 받은 것[보고 들어서 부
여된 것]에 대한 자각복음의 내용이요, 또 하나는 충실한 행위로서 섬김service의
태도이다.

종교 엘리트들대사제, 율법학자, 원로들; 20:1도 증인됨에 대한 그들 나름의 소명

이 −백성들을 하나님의 가르침을 통해 이방인과 구별된 거룩의 울타리치기− 있었겠지만, 충실한 행위로서 섬김의 태도에서는 생각이 조금은 달랐다. 그리고 그 조금의 생각 차이는 큰 차이를 가져왔다. 바로 부여받은 것을 충실히 전한다는 입장을 그만한 자격에 대한 특권의식으로 채운 것이 문제였다. 이는 예수가 예루살렘을 향해 전장 19장에서 눈물을 흘리며 한탄한 '평화의 길'을 알지 못한 것이 그 예가 된다. 19:41-44

소명이 특권으로 인식되어 결국 권력으로 전락하여 사용될 때, 그 원래의 선한 동기는 힘을 잃고 만다. 영혼에 불붙은 섬광은 그 존재의 빛을 잃고 겉모습의 화려함으로 장식되어 상징적인 권력으로 변하면서 측정과 평가의 기준이 되어 질서 수호의 이름으로 새로 태동하는 변혁적인 힘들을 거세去勢시킨다. 누가는 13장에서 정치 엘리트인 빌라도가 갈릴래아 사람들을 학살한 소문에 대해 '열매 맺지 못하는 무화과나무' 비유를 통해 화려한 상징의 정치/종교 엘리트들에 대한 비판을 한 적이 있었다. '열매맺지 못함'은 권력의 정체를 꿰뚫어 볼 수 있는 간단하고 중요한 인식의 렌즈가 된다.

합법적인 권위를 그 나름은 가지고 있다고 스스로 주장하던 이들 종교 엘리트와 정치 엘리트들의 특권·권력의 무능력은 결정적인 때에 드러난다. 그것은 스스로가 물은 질문에 답을 할 수 없다는 사실이었다.

"무슨 권한으로 그런 일을 합니까? 누가 그런 권한을 주었습니까?"

올바른 질문은 할 수 있다. 그러나 올바른 대답만은 할 수 없는 것이 바로 권력의 요체이다. 예수의 질문처럼 자신들의 신분으로서 하나님으로부터 온 행동을 인정할 수도 없고, 그렇다고 사람들, 백성들로부터 온다고 할 수도 없다. 자신들 외에 하나님으로부터 온 행동을 동의하는 순간 권력은 무너지기 때문이고, 백성들로부터 온다고 인정하는 순간, 지배체제인 자신의 특권 수호와 강요와 제재의 위치를 무력화시키는 위험을 보기 때문이다. 권력이 아무리 정당성에 대한 합법적인 옷을 입고 그 화려함과 그 힘의 우월함의 모습을 보일지라도, 소수의 자격 있는 '우리'와 다수의 열등한 '그들'로 경계선을 치고, 표방된 이념이 무엇이든 결과가 이득과 보상을 자신들이 소유한다면 그것은 특권으로서 권력의 오용이 된다. 이렇게 권력은 진실에 관한 질문은 할 수 있어도 그 정직한 대답은 들을 수 없다. 진실의 이야기를 정말 듣게 되면 권력을 유지할 수 없기 때문이기도 하다. 그러나 진리를 묻는 것을 보임으로써 자신의 권위를 보여주고, 정직함을 보여주려 한다. 그러나 그것은 어디까지나 주변에 보여주기 위한 가장假裝이다.

누가가 표방한 평화의 리더십은 예수의 질문에 정확히 따른다. 우리는 그것이 권력이 아니라 새로운 권위의 탄생과 회복으로 이해할 수 있다. 하나님에게서 나온다는 것은 무엇인가? 그것은 이미 일꾼된 자들에 대한 12 제자와 72 제자 선택의 이유에서 드러난다. 12 제자의 파견은 "모든 마귀를 제어하는 권세와 병을 고치는 능력. 하나님 나라를 선포하며 병자를 고쳐 주라고 보냄"9:1 받은 것이었다. 72 제자 파견의 목적도 이리떼 가운데 어린양으로 보내는 것이자 평화를 빌어 그 사람에게 그 평화가 머물게 하기였다.10:3-6 이것들은 그들이 자비로운 실재이신 하나님으로부터 부여받은 소명이다. 삶을 온전하게 하는 것, 이를 위해 악령과 질병의 고통을 제거하고, 억압으로부터 평화를 구축하는 능력부여empowerment가 그 내용이다.

게다가 진정으로 사람들로부터 온다는 것은 또한 무엇인가? 일꾼된 자들이 하나님의 의와 그의 나라를 우선해서 고려하여 그것을 인간사에서 실행할 때 그들은 율법 교사들처럼 "견디기 어려운 짐을 남에게 지워 놓고 자기는 그 짐에 손가락 하나 대지 않는"11:46 것을 반면교사로 삼아, 첫째가 아닌 꼴찌로

13:30 자신을 낮추는 사람14:11이 되어 모두를 존중한다. 그리고 자신들은 하나님의 풍성함을 나누기 위해 초대의 신탁을 받은 사람으로 본다. 즉, '가난한 사람, 불구자, 절름발이, 소경'14:13과 같은 마지막된 자the last, 잃은 자the lost, 그리고 미천한 자the least들을 초대하며 그들을 하나님의 풍성함에로 인도하고 섬기는 자가 되는 것이다.

이 세상의 권력은 질서·성취·안전·복지 등의 타당성 이름으로 자신의 특권을 부리며 강요하는 영향력을 갖고 위와 아래, 중심과 주변의 경계선을 강화한다. 그러나 예수 운동이 꿈꾸는 새로운 권위는 영광이라는 정체성의 변화모두의 신의 자녀됨와 평화라는 누림참여의 경계선 없이 실재의 풍성함을 나눔에 대한 것이다. 권력이 이세상적인 법과 지위라는 수단을 통해 그 영향력을 일상에서 실제화하지만, 권위는 샬롬의 나라를 향한 신적인 위임에로의 소명과 헌신을 통해자각과 연대의 방식으로 일상을 변혁시킨다.

권력을 전복시키는 새로운 권위

이어진 누가의 포도원 소작인의 비유와 카이사르에 대한 세금징수 이야기에 대한 진술은 권력과 권위의 관계에 대한 추가적인 설명이다. 전자는 포도원을 만들어 소작인에게 도지로 주고 떠나서, 포도철에 포도원의 도조를 받아오라고 보낸 종을 상처를 주어 보내거나 아들마저 죽여버리는 결과에 관한 이야기이다. 여기서 포도원 도지와 도조의 징수는 소작인인 종교·정치 엘리트들의권력의 제한에 대해 이야기하고 있다. 즉, 그들은 도지를 받은 소작인이며, 그소유자는 그 도지를 준 사람에게 있으며, 그 역할이 특정 목적을 위해 위임되어 있다는 점이다.

잠시 누가가 이와 비슷한 비유를 언급한 곳을 살펴보면 주인과 충성스러운 종과 불충한 종의 비유가 있다.12:35-48 이 비유 내용에서 주인은 관리인을 선정하여 "다른 종들을 다스리며 제때에 양식을 공급할 책임을 맡기고" 떠난다. 관리인의 목적은 그 집에 있는 사람들에게 제때에 양식을 공급할 책임을 부여받은 것이다. 그러나 불충한 관리인은 "제가 맡은 남녀종들을 때려 가며 먹고 마시고 술에 취하여 세월을 보내"고 있다면 그는 불충한 종에 해당된다. 많이 받은 관리인은 그만큼 주인에게 돌려주어야 하고 책임을 맡은 다른 사람들에게는 더 많은 것을 내놓아야 하는 책임을 진다.12:48

위의 비유와 연관하여 포도원 소작인들의 불충실한 의도와 불의한 행동은 그대로 부메랑이 되어 돌아온다. 예언자와 하나님의 아들마저 죽인 대가는 그들도 죽임을 당하고 포도원은 다른 사람들에게 맡겨진다. 비유의 엄위성嚴威性에도 불구하고 그 핵심은 이 세상에서 종교 엘리트들이 짓는 집짓기의 방식에 쓸모없다 버린 것이 머릿돌이 된다는 전복transposition에 있다. 세상이라는 포도원에서 종교/성전 엘리트들이라는 소작인들이 하는 집짓기라는 구조물 만들기에서 쓸모없다 여기는 가치와 비전이 우리가 거할 새로운 집짓기의 머릿돌로서 중심을 세워줄 것이라는 새로운 권위에 대해 말하고 있다. 무너진 인생들이 머릿돌로 쓰임을 받는 가능성을 숙고하는 '집짓기'방식이 새로운 권위가 갖는 사회정치적 비전이다.

그러한 누가의 진술은 종교/성전 엘리트들을 넘어서 정치권력의 핵심을 건드린다. 검과 착취의 법이라는 무력의 힘으로 세상을 통치하는 황제인 카이사르에게 세금을 내는 것이 옳은 것인지 올가미와 같은 성격의 질문을 예수가 받으면서 한 말이 트집 잡는 이들을 무안하게 만들고, 거기에 있던 사람들의 입을 다물게 하는 놀라움을 선사하였다. 이는 로마의 합법적인 통치의 상징으로 걷어 들이는 세금징수에 대한 권력에 도전하는 새로운 권위의 출현에 대한 목격으로 인해 일어난 현상이다.

통치자는 하나님 외에는 안 계신다고 믿는 당시 유대 민중들의 생각에 지배자가 로마 황제 카이사르라는 억압적인 지배체제의 상황에서 세금징수의 부당성을 솔직하게 이야기하면 로마 통치의 저항자로 비춰질 것이다. 이와 반대로 찬성하면 로마의 권력에 굴종하는 자로서 대중의 신뢰를 잃게 되는 함정에 걸릴 것이다. 세금 내기의 정당성에 대한 예와 아니오는 저항이나 공모의 올가미에 걸리는 상황에 대해 예수의 응답은 제3의 대응이었다. 그러나 이 대안적인 대응 방식으로 가이사르의 것은 그에게로, 하나님의 것은 하나님에게라는 말은 세상통치와 영적통치의 분리의 합법성을 이야기한 것이 아니다. 오히려 지배체제인 세상 통치의 우선성과 유일성을 전복시켜 샬롬의 탈지배 통치의 우선성을, 하나님께도 우선해서 신경 써야 할 것이 있다는 내포된 의미로 인해 세상통치의 상대성과 그 제한적 성격을 말한 것이기도 하다.

포도원 주인과 소작인 비유처럼, 하늘의 주인Lord에게 대한 책임과 의무가 존재한다는 것, 또는 카이사르의 현실적인 독점적인 지배통치의 현실에서도 하나님께 우선해서 드려야 할 것이 있다는 것은 세상 권력 위에 있는 초월적이고 보편적인 권위의 문제를 제기하는 것이다. 그러한 새로운 권위는 대안적인 권력을 창출한다. 이미 누가는 예수의 탄생 이야기에서 구유통이라는 먹잇감이 된 공간에서 그리스도의 탄생을 예고한 그 시작부터 이 세상의 권력과 다른 먹잇감이 된 인생과 부서진 몸, 그리고 상처받은 영혼들에 대한 존중과 돌봄의 권위를 보여주었다. 부서져 나간 인생들인 마지막된 자, 미천한 자, 그리고 잃은 자들에 대한 자유·눈뜸·해방이라는 '주님의 은총의 해·시간'의 선포가 새로운 권위와 대안적 권력을 가시화하고 있었다.

새로운 권위가 가져오는 대안적 권력은 집 잃고 유리하는 공중의 새비인간화된 뿌리 뽑힌 인생들에게 둥지가 되어주는 권력의 성장과 그 한계겨자씨의 비유를, 양식이 되어 주는 자원인 밀가루에 누룩이 되는 리더십으로서의 권력의 전환을 말한다. 그러한 새로운 권위와 대안적 권력이란 무엇일까?

누가는 새로운 권위로서 자신의 정체성과 힘에 대한 자각을 이야기한다. 자비로운 실재의 호의를 무한히 받은 자로서의 나의 정체성임마누엘-자비로운 실재가 내 본성과 내 삶에 거하신다이며, 더 이상 두려움과 결핍이 존재하지 않고, 죄책감이 작동되지 않은 자비로운 실재의 본성을 부여받은 나로서의 정체성에 대한 것이다. 그러한 인식론적인 일치 —실재와 존재로서의 일치—를 통해 우리는 자비가 힘이며 거기서 실천적인 능력이 나온다는 사실을 이해하게 된다. 자비는 긍휼히 여김, 연결, 힘을 부여함과 같은 창조적 힘, 건설적인 힘을 작동시킨다는 사실을 깨닫는다. 진정한 힘은 강제, 통제, 비난, 위협·두려움을 주지 않는다는 힘에 대한 새로운 자각도 일어난다. 그것은 타자를 지배하기 위한 힘이 아니라 타자를 돌보기 위한 힘이다. 권력은 약자들의 지배에 집중하지만 권위는 약자에 대한 연민어린 연결에 집중한다.

그러한 새로운 권위가 내 심장에서 점화될 때 대안적인 권력권능이 창출된다. 그 권력은 고통 받고 상처받은 타자human Others를 존엄성으로 세우는 공동의 연대와 시스템 구축을 향한 열정을 가져온다. 그 상처받은 타자는 단순히 인간만이 아니라 탈취된 땅의 신음과 고통에 대한 생태-타자eco-Others를 포함한다. 주기도 안에 담긴 비전처럼 지배하고 비인간화하며 파괴시키는 것들로부터 오는 영혼의 배고픔에 '일용할 양식'을 제공하는 힘, 목표가 벗어난 죄의 현실성으로부터 삶의 의미를 되돌려주는 속죄의 힘, 지배의 유혹으로부터 건져내는 힘, 나라·권세·영광의 자비로운 실재 관점에로의 재중심화, 폭력의 일상화에서 자비로운 정의를 구현하는 희망에로의 축하의 힘을 행사하는 것이다. 그러한 권위와 대안적인 통치 권력을 통해 기존의 권력이 가져온 고통, 질병, 폭력, 죽음을 해체하고 기쁨, 치유, 평화, 그리고 생명을 가꾸고 번성시키는 능력을 가져온다. 이렇게 대안적인 권력의 기반은 실재[신]의 자비로움과 약자에 대한 돌봄에로 재위치 된다.

새로운 권위의 자각으로서 부활

죽었다가 다시 살아나 저 세상에서 살 자격을 얻은 사람들은 장가드는 일
도 없고 시집가는 일도 없다. 그들은 천사들과 같아서 죽는 일도 없다.
또한 죽었다가 다시 살아난 사람들이기 때문에 하나님의 자녀가 되는 것
이다. (20:35-36)

새로운 권위는 의식의 자각, 곧 자신의 정체성과 힘의 행사에 대한 새로운
자각에 기반을 둔다. 누가는 이를 부활과 그리스도의 신분에 대한 이해로 확
대한다. 먼저 부활에 대해 말한다. 부활은 지배체제의 소유와 생활 스타일의
연장에 대한 것이 아니다. 먼저 죽은 남편 대신에 여러 명의 남편이 한 여인을
소유했다면 부활할 때 그녀는 누구의 아내가 될 것인가는 질문은 지독한 엘리
트들의 질문이다. 사두개이파 사람들의 사회적 특권과 생활 스타일의 초점이
어디에 있는지를 암시하는 특권층의 소유와 부의 관점과 특정 주제들에 대한
경직된 상류층 토론문화의 특성이 반영된 질문이기도 하다. 얼마나 배불렀고
민중의 문제와 동떨어져 있었으면 소유의 관심사에 대해 그토록 상세한 영역
까지 들어가서 논쟁으로 심각해질 수 있겠는가?
　예수는 그 질문의 논점을 뒤집는다. 부활은 지금까지 숨 쉬며 살아있다고
자처한 인간들이 사실상 죽은 몸들임을 확인하고, 그동안 죽어있었던 인간들
이 오히려 다시 살아있는 인간들로 출현하는 '죽었다가 다시 살아난 사람들'이
비로소 '하나님 자녀'로 확인되는 때라는 것이다. 심지어 그들은 '천사와 같아
서 죽는 일도 없다.'36절 지배체제에 공모한 엘리트들지식인이자 종교인으로서 사두개

이파은 사실상 죽은 자들이며, 하나님은 '죽은 자의 하나님이 아니라 살아 있는 자의 하나님'이기에 그들의 언급은 신-언어God-talk에서 벗어나 있다는 뜻이기도 하다. 그리고 '하나님 앞에 있는 사람들은 모두 살아 있는 것'이기에 살아 있는 자로서 있지 않고서는 하나님 앞에 있을 수 없다는 준엄한 우회적 표현은 세상의 권력보다 더 주목해야 할 권위의 말로서 그들에게 다가간다. 그래서 그 권위의 충격은 듣는 이들의 입을 다물게 만든다. 40절

더 나아가, 그리스도는 다윗의 자손이라는 말이 잘못되었다는 예수의 이야기를 누가는 진술한다. 권력은 그리스도와 상관없는 것이다. '다윗'의 이미지가 가진 로마 통치에 대한 해방과 정치적 권력의 독립의 아이콘으로서 다윗에 관해 그리스도는 연결되지 않는다. 자비로운 실재의 화육자로서 거룩한 생명인 그리스도는 육체라는 몸과 시간과 공간이라는 이세상성this-worldliness의 한계에 속하지 않는다.

'주 하나님께서 내 주님께 이르신 말씀, 내가 네 원수를 네 발 아래 굴복 시킬 때까지 너는 내 오른편에 앉아 있으라.' 다윗이 이와 같이 그리스도 를 주님이라고 불렀는데 그리스도가 어떻게 다윗의 자손이 되겠느냐?

위 구절은 주께서 하나님의 오른편에 앉아있음이라는 의미에서 권력보다 그리스도-의식의 새로운 권위의 명료한 자리매김을 알려준다. 이 세상 권력원수조차도 굴복될 주의 통치라는 새로운 권위의 궁극성에 대한 것이다. 유대 문화에서 이 지상의 권력의 최고의 모델인 다윗왕도 그리스도를 주님으로 불렀다는 것은 권력의 한계와 상대성에 대한 것이며, 권력을 비판할 수 있는 권위의 출현에 누가의 신앙공동체의 궁극적인 전망이 여기에 있다. 지배체제의 이세상 권력을 비판하고 굴복시킬 수 있는 권위에 대한 전망이 무지렁이와 같던

목격자와 일꾼된 자의 영혼을 불타게 만들고 그들을 사회 변혁자로 일어서게 만든다. 한때 죽었던 자들이 이제는 살아 있는 자가 되어 하나님의 뜻 앞에 선다. 세상의 종살이를 강화했던 세상의 권력들을 변혁시킨다. 진정성과 자비, 그리고 타자화된 인생에 대한 연결과 돌봄의 정치학이 새로운 권력의 내용으로 대치하는 비전을 갖게 된다. 그 예가 퀘이커 교도들인 존 울만이 노예해방에 가져온 영향이며, '우애의 도시'라는 필라델피아를 세운 윌리엄 펜의 노력이 그것들이다.

　권력자와 지배엘리트들이 처음에 질문한 당신은 무슨 권한으로 그런 일들을 합니까?2절의 질문은 뜻밖에도 자신의 정체성, 하는 일을 돌아보게 하고 근본을 세우는 계기를 일꾼된 자들활동가들에게 가져다주었다. 이는 지배체제의 권력이 어떤 본성과 어떤 결과를 가져오게 하는지를 성찰하게 하고, 그에 대한 새로운 권위로 권력을 대체하게 하는 대안의 상상력과 자비로 통치하는 탈지배체제에 대한 열망을 더욱 현실화하고 내면화시킨다. 권력자들의 심문이 오히려 진실에 대한 명료화와 평화의 길에 대한 간절한 열망이 더욱 솟도록 한다. 위기가 자비로운 실재에 더욱 다가갈 기회가 되는 것이다.

23. 징조, 표징 그리고 분별, 능력

본문: 눅 21장

현상 속의 표징들

그들이 "선생님, 그런 일이 언제 일어나겠습니까? 그리고 그런 일이 일어날 즈음해서 어떤 징조가 나타나겠습니까?" 하고 물었다. 예수께서는 이렇게 대답하셨다. "앞으로 많은 사람이 내 이름을 내세우며 나타나서 '내가 바로 그리스도다!' 혹은 '때가 왔다!' 하고 떠들더라도 속지 않도록 조심하고 그들을 따라 가지 말라. 또 전쟁과 반란의 소문을 듣더라도 두려워하지 말라….그렇다고 끝날이 곧 오는 것은 아니다."(21:7-9)

자연생태계의 모든 존재는 그 나름대로 지각을 통해 일어나고 있는 것과 앞으로 일어날 변화에 대한 예측과 그 대응으로 인해 그 생명을 지속하고, 창조적 적용으로 인해 살아남았다. 철새와 회귀성 물고기 그리고 동면하는 동식물들은 그것을 직감적으로 안다. 움직일 수 없는 식물들도 그 나름의 보호나 변화에 대한 민감함을 보인다. 가뭄과 우기, 겨울과 여름을 알아차리고 대응하여 뿌리내림, 성장, 열매 맺음, 그리고 씨를 남긴다. 그 모든 과정은 자신의 잠재적 자원 및 특질에 기초하여 외부에서 일어나는 현상 간의 소통을 통해 이루어낸다. 여기서 창조적 적용의 중요한 두 가지는 자기 내부에 내가 무엇이 있는가 혹은 나의 본성은 무엇인가에 대한 이해와 더불어 외부에서 일어나고 있는 현상에 대한 이해일 것이다.

지배체제와 폭력의 일상 수행이라는 세상살이에서 시작하여 온전한 삶이라는 샬롬의 살림살이에로의 갱신과 전환이라는 '예수 운동Jesus Movement'의 태동과 그 발전적 전개도 그러한 창조적 변용creative transformation의 과정에서 일어난다. 지금까지 누가의 진술은 '신앙'이 '신에 대해서'대상적 숭배나 교리적인 준수에 머물지 않고 자비로운 실재의 본성과 그 작동의 이치에 대한 체화된 실천으로 프락시스praxis의 목격자 그리고 일꾼된 자의 삶의 전개로 소개하고 있었다. 그것은 이해와 숙고에 머무르지 않는다. 오히려 초대에 대한 즉각적이고도 실존적인 −즉, 온 존재의 힘과 의지와 마음을 다하는 − 결단을 불러내고 있다.

그러한 실존적인 부름은 내 안에 무엇이 있는가 혹은 나는 누구인가 또는 내가 무엇이 가능한가에 대한 자기 본성의 이해와 더불어, 내 주변에 무엇이 일어나고 있는가에 대한 자각의 통합적인 알아차림을 통해 주어진다. 전자는 이미 누가복음 서두에서 본 대로 '은총을 받은 자여. 기뻐하여라. 주께서 너와 함께 계신다.1:28는 일련의 자각을 통해 −희생자, 생존자, 목격자, 일꾼된 자의 단계별 자각− 우리 본성의 하나님 아들·딸됨이라는 무한한 자비로운 실재와의 마음의 일치교제에 대한 것이었다. 이를 통해 자유와 기쁨, 영광과 평화가 허락된다. 또 하나는 지배와 강제, 판단과 보복, 죄와 종살이의 일어나고 있는 현상들에 대해 미혹되지 않고, 그 환상들을 꿰뚫어 환영이 아닌 진실을 파악하고 오히려 표징으로 알아들어서 '하나님 나라의 신비'8:10를 깨달아 온전한 삶을 살아가는 것이다.

자신의 존재있음가 무엇이며, 무엇이 없는 것이고, 자신의 가능성이 무엇이 될 수 있는가의 질문은 부단히 힘겨운 과제이다. 그러므로 지금까지 누가는

20장에 걸쳐서 이 첫 번째 성찰에 대해 예수를 본보기로 연속해서 -그리고 조심스럽게 단계적으로- 진술해 왔다. 이는 자신의 앎의 고집이나 무지의 관습으로 인해 자비로운 실재에 대해 시니컬하기 때문에 혹은 의심이나 저항의 습성 때문에, 계속 자각시키고자 많은 스토리텔링의 비유들과 행동들이 펼쳐진 것이다. 한 예로서 남성 제자와 돌보는 여성들의 그룹화가 이루어진 이후 씨뿌리는 비유와 등불의 비유8:4-18에서부터 수난에 대한 세 번째 예고 후 그 실천으로 예루살렘 입성 직전에 있었던 금화 한 닢의 비유19:11-27는 모두에게 풍성히 그리고 보편적으로 주어지는 그러한 신적 생명의 부여됨에 대한 것이었다. 그것을 깨닫기까지는 지난至難한 깨달음 곧 에고의 고집과 무지의 충동적 반응을 해체할 필요가 있었다. 그만큼 우리의 에고에 있어 저항은 무의식적인 반응으로 배어 있다고 볼 수 있다.

그러나 하나님 나라의 신비에 대한 알아차림의 장애에 대한 또 하나의 이슈는 우리 주변에 일어나고 있는 것에 대한 이해와 자각이다. 인간의 심리와 관계의 현실에서 보여지는 현상들이 그대로 제대로 보고 있는 것이 아니기에 특히 그렇다. 즉, 기계의 오작동이나 자동차 부속의 파손 등은 보여지는 현상 그대로 이해해서 대응할 수 있다. 기계의 부품을 갈아 끼우면 되는 것이다. 그러나 인간의 심리·정신세계와 관계의 현실은 그렇지 않다. 현대물리학자인 데이비드 봄David Bohm이 말한대로 인간의 심리나 관계의 이슈는 '문제problem'가 아니라 '역설paradox'이고, 내면가족체계치료IFS의 창시자인 리차드 슈워츠Richard C. Schwartz에 따르면, '보호자들관리자들'과 '추방자들희생자들'의 짐과 고통에 따른 각기 분리된 반작용이기 때문에 보이는 그대로가 진실은 아니기 때문이다.

흥미로운 것은 누가 기자는 그러한 자신의 본성과 현상의 문제를 커뮤니케이션과 힘power의 이슈로 풀어낸다. 즉, 자신의 있음being, 존재, 유[有]과 가능성의 이슈는 자비로운 실재하나님, 신와의 커뮤니케이션혹은 더 정확히는 커뮤니온으로, 그리고 후자는 지위, 영향력, 성취, 앎의 '지배하는 힘'power-over의 오용 때문이기에 끝장남the last, 미천함the least 그리고 잃음the lost에로 향하는 '연결하는 힘power-with'이라는 대안적인 권위와 그 힘으로 풀어낸다. 21장 본문은 분별과 그 힘에 대한 것이다. 우리 주변에서 일어나고 있는 현상들에 대해 모두가 똑같이 '보고' 있으나 다르게 보고 계시는 예수의 진술을 통해 현상을 다르게 보는 이슈를 제기한다. 즉, 현상을 '징조'로 보는 것이다.

> "선생님, 그런 일이 언제 일어나겠습니까? 그리고 그런 일이 일어날 즈음
> 해서 어떤 징조가 나타나겠습니까?"(21:7)

자신의 본성·가능성이 무엇 그리고 누구인지에 대한 이해와 더불어 일어나고 있는 것은 '징조헬. 세메이온'이기에 보이는 그대로 보는 것이 아니라 징조로서 그 안에 더 들어가 살펴봐야 하는 것이 존재함을 성찰하는 것이 제자직 혹은 일꾼된 자의 할 일이다. 왜냐하면 우리는 우리가 보는 것이 있는 그대로 보는 것이 아니라 보고 싶은 것을 보거나, 이미 지배체제와 권력의 작동 메커니즘에 의해 프로그램화되어 ―이를 '폭력의 각본화'라고 부른다― 보기 때문에 인간의 심리와 관계의 이슈를 징조로 본다는 새로운 해석이 필요한 것이다.

일어나고 있는 것이나 현상들phenomena과 그것이 예시하고자 하는 징조들은 그 본질nomena을 감추고 있는 표징이다. 표징은 드러나 제시하는 표상들representation에 대해 휩쓸리지 않으면서, 떨어져서 관찰하면서 그 현상들과 그것을 예견시키는 징조들이라는 표상들 뒤에 일어나고 있는 실제의 제시presentation를 들여다 '보는' 상징이 된다. 즉, 표징은 일어나고 있는 현상대로 보는 것이 아니라 그 현상의 안에 대해 '들여다보는' 내면 작업을 요청한다.

일어나고 있는 현상과 들여다보는 현상으로서 표징의 예를 들어보자. 첫

번째 현상에 대한 경험은 헌금궤에 돈을 넣고 있음이라는 현상이다.21:1-4 대부분 사람의 눈은 '부자들이 와서 헌금궤에 돈을 넣는 것을 보기'21:1에 주목할 것이다. 그러나 예수는 그러한 현상을 들여다보시며 다른 표상·징조를 제시한다. '마침 가난한 과부 한 사람이 작은 동전 두 닢을 넣는 것을 보시고'계시는 것이다. 다른 예시는 사람들이 '아름다운 돌과 예물로 화려하게 꾸며진 성전을 보며 감탄하고'있음에 대하여, '일어난 현상'에 대한 것이다. 예수는 다르게 본다. "지금 너희가 성전을 바라보고 있지만 저 돌들이 어느 하나도 자리에 그대로 얹혀 있지 못하고 다 무너지고 말 날이 올 것이다."21:6 일반인들이 보고 있는 현상에 대해 다른 일들이 일어날 것의 표징으로 보는 것이다.

일어나고 있는 혹은 보이고 있는 현상들은 그 보이고 있는 현상의 범주를 넘어 그것을 일으키고 있는 그 무엇의 징조이며, 그 징조에 대한 이해는 일어나고 있는 혹은 지금 보이고 있는 현상들 속에 감추어져 있는 본질의 겉모습을 입은 표징이라고 볼 수 있다, 다시 말해서, 감추어진 진실이나 의미가 자신을 드러내고 제시하고 있는 표상re-presentation인 셈이다. 이에 대해 예수는 앞서 말한 것에 이어서 재차 강조하며 말한다.

"앞으로 많은 사람이 …. '내가 바로 그리스도다!' 혹은 '때가 왔다!' 하고 떠들더라도 속지 않도록 조심하고 그들을 따라 가지 말라. 또 전쟁과 반란의 소문을 듣더라도 두려워하지 말라…. 그렇다고 끝날이 곧 오는 것은 아니다."

앞으로 보이거나 나타나는 현상이 "내 이름을 내세우고 나타나서 '내가 바로 그리스도다!' 혹은 '때가 왔다!'라고 떠드는 모습이 전개되더라도"그 현상에 속지 말라고 한다. 그리고 '전쟁과 반란의 소문'에 대해서도 그 일어나고 있는 소문과 현상들에 대해서도 휩쓸리지 말라고 한다. 왜냐하면 현상은 그 자체의 일어남이 액면 그대로 진실이기 때문이 아니라, 그 현상을 보고 무엇이 그 뒤에 있는지 다시 보도록 −즉, 들여다보도록− 초대하고 있어서 진실은 다른 곳에, 혹은 감추어져 있기 때문이다. 액면 그대로의 것이 아니라 그 현상 뒤의 것에 대한 보여주는 표징으로 이해해야 한다는 뜻이다. 비유로 말하면 플랫폼에 있을 때, 열차의 도착에 앞서 먼저 멀리서 소리가 들린다. 소리는 실체가 아니라 실체에 대한 징조이자 예고이다. 소리에 주목하여 그 소리 뒤를 보면 열차라는 실체의 출현을 보게 된다.

분별과 선택

> 곳곳에 무서운 지진이 일어나고 또 기근과 전염병도 휩쓸 것이며 하늘에서는 무서운 일들과 굉장한 징조들이 나타날 것이다. 그러나 이 모든 일이 일어나기 전에 너희는 잡혀서 박해를 당하고 회당에 끌려 가 마침내 감옥에 갇히게 될 것이며 나 때문에 임금들과 총독들 앞에 서게 될 것이다. 그 때야말로 너희가 나의 복음을 증언할 때이다. (21:11−13)

일어나는 것을 막을 수 없지만 그것을 어떻게 보는가는 나의 선택이다. 그리고 이것은 매우 중요한 것이다. 박해와 재난이 일어날 때는 특히 그러하다. 이는 일어나고 있는 불행에 대해 무시하고 단순히 정신 승리하는 이슈의 문제는 아니다. 왜냐하면 이미 누가가 진술하는 대로 자비로운 실재의 호혜의 근본성에 동의하는 목격자나 일꾼된 자의 태도의 일관성에 대한 이슈이자, 자신이 궁극적으로 누구·무엇에 속해있는지에 대한 확인의 기회이기 때문이다. 그러므로 '세상에 닥쳐올 무서운 일을 내다보면서' 일반적으로 사람들은 '공포에 떨다가 기절하고 말 것'이지만 목격자와 일꾼된 자의 행동은 그렇지 않다. 오히려 그들은 '사람의 아들이 구름을 타고 권능을 떨치며 영광에 싸여 오는 것을' 본다.26-27절 이렇게 보는 것과 행동하는 것이 다르다.

목격자와 일꾼된 자가 보는 것과 태도에 있어 차이가 있는 이유는 무엇인가? 그들은 실재의 본성에 따라 사는 것과 그것에 대한 자기 증언이라는 충실성이 자기 존재와 삶의 의미의 기반이 되었기 때문이다. '너희의 아버지께서 자비로우신 것같이 너희도 자비로운 사람이 되어라'6:36는 것은 실재가 무한히 자비롭고 그 본성으로 인해 무제약적인 자비·사랑의 흘러나옴이 진실이며, 그 본성과 이치에 따라 나의 삶이 자비롭게 사는 것은 타당하고 올바른 삶이라는 것이 새로운 자각이자 소명의 본질이기 때문이다. 따라서 나라 간에 전쟁이 발발하고, 곳곳에 지진, 기근, 전염병이 휩쓸며, 하늘에서 '무서운 일들과 굉장한 징조들이 나타남'11절을 볼 때, "그 때야말로 너희가 나의 복음을 증언할 때"13절로 알아듣고 행동에 옮긴다.

'복음의 증언자'란 통상 일반 사람들에게는 어려운 신앙의 영웅이 된다는 것은 아니다. 그것은 충실성의 일관성에 대한 문제이지, 특별한 의지나 노력의 각별한 특성의 문제가 아니다. 자기 본성과 정체성에 대한 이해로부터 오는 자발적인 행동이다. 자신의 본성이 자비로운 실재와 연결되어 있는 하나님의 아들·딸이라 한다면 아버지와 자녀 관계에서 자신은 아버지의 뜻이 나의 이슈가 되고, 그 충실성에 대한 지킴이 자신의 소명이 되어 행동도 그렇게 나타나는 자연스러운 결과가 된다. 즉, 현상을 표징으로 보고 그 본질을 분별함으로써 자발적인 선택에 따른 행동이 일어나는 법이다.

분별이 자발적인 선택의 결과를 뒤따라오게 한다는 것은 그 작동의 결과로서 새로운 힘으로서 능력capacity에 대한 차이를 가져온다. 현상을 표징으로 볼 수 있는 분별을 가질 때, 즉 복음의 증언자가 될 때, 임금과 총독들이라는 지배체제의 엘리트들이나 적수들에 대해 '어떻게 항변할까 미리 걱정하지 않으며' '적수들이 아무도 맞서거나 반박할 수 없는 언변과 지혜'를 지니게 된다.15절 가까운 자들인 부모·형제·친척·친구가 잡아 넘길 수도 있고 미움도 받을 수 있지만 '머리카락 하나도 잃지 않게' 된다. 오히려 참고 견디어서 마침내는 '생명'을 얻는다.16-18절 사람들 일어나는 '무서운 일들'에 대해 '공포에 떨다가 기절'할지라도 복음의 증언자들은 사람의 아들이 영광에 싸여 자신들에게 오는 것을 '보게 되고' 몸을 일으켜 머리를 들게 된다. 재앙과 불행의 시기를 구원의 때로 알게 되기 때문이다.26-28절 이렇게 증언이란 남들이 보지 못한 것을 보고, 그가 본 것은 이미 자비로운 실재의 무제약적인 풍성함에 관련하여 참되고 신실함에 대한 신뢰가 전제된다.

이처럼 증언자는 다르게 본다. 헌금궤에서 부자들의 돈 넣음 대신에 과부의 구차함에서 자신을 전부 던지는 실재에 대한 신뢰를 본다. 아름다운 돌과 예물로 화려한 꾸며진 성전 대신에 살아있는 성전으로서 자기됨의 상실을 본다. 재난과 불행, 그리고 적과 가까운 자로부터의 상처받음 속에서 몸을 일으켜 생명과 구원의 현실을 본다. 이러한 것들이 분별의 힘이다. 분별은 소유가 아니라 열려있음에서 나오는 것이며, 자비로운 실재에 대한 신실성에서 그리고 현상들을 들여다보고 '하나님 나라의 신비'에 대한 열쇠로 자각함으로 일어난다. 그리고 그러한 분별은 능력을 부여한다. 공포에 떨며 기절하는 것이 아니라 몸을 일으켜 머리를 들게 한다.

재난과 불행은 분별과 소명을 일깨운다

"저 무화과나무와 모든 나무들을 보아라. 나무에 잎이 돋으면 그것을 보아 여름이 벌써 다가 온 것을 알게 된다. 이와 같이 너희도 이런 일들이 일

어나는 것을 보거든 하나님의 나라가 다가 온 줄 알아라."⁽²¹:²⁹⁻³¹⁾

나무와 거기에 일어나는 현상인 잎이 돋음은 시기의 분별인 여름이 벌써 다가옴을 알아차리게 된다. 일어나는 것을 보거든 '주님의 은총의 해/시기'⁴:¹⁹ 곧 하나님의 나라가 다가옴으로 알아차린다. 이를 알아차린다는 것은 세 가지 목적을 의미하고 있다.

첫째는 '세상 걱정에 마음이 빼앗김'을 방지하는 것이다. 일어나는 일과 시기·때의 분별은 세상 걱정에 마음을 빼앗김으로서 고통체로 사는 것을 막아준다. 우리의 불행은 그러한 마음 뺏김의 문제이고, 그래서 고통의 다양한 현상들이 출현하고 지배당한다. 그러한 고통체|suffering body로부터 하나님의 자녀라는 사랑체|loving body로의 변화 가능성을 형성한다.

둘째로, 세상의 올무·덫에 걸리지 않음을 위한 것이다. 올무나 덫은 자신이 제대로 가고 있다고 느끼거나, 자신이 습관적으로 가던 길을 감으로써 예측되지 않은 상황에서 맞이하는 것이다. 역설적인 것은 자신의 습관적인 예측이나 기대가 자신을 배반하는 것이 올무·덫의 기능이다. 그리고 그 올무에 걸리면 단순히 부자유함의 문제로만 있는 것이 아니라 더 큰 비극인 불행의 비극이나 목숨의 상실로 이어지게 된다.

셋째로, 사람의 아들 앞에 설 수 있게 한다. 앞의 두 가지는 소극적이고 부정적인 장애물의 제거에 대한 것이라면, 세 번째의 것은 그 장애물을 제거함으로 드러나는 새로운 존재의 감각이다. 사람의 아들 앞에 설 수 있다는 것은 자신의 거룩함이라는 정체성 그리고 자비로운 본성의 작동을 누린다는 뜻이기도 하다.

재난과 불행이 진실과 궁극적인 것에 대한 분별의 기회가 되고, 마음을 빼앗기지 않는 조심성과 주의 깊음을 일으킨다. 그래서 자신의 소명과 역할을 새롭게 하고 참되게 하여 전념하여 힘쓰는 것을 생생하게 하고 진실되게 한다. 그렇게 함으로써 생명을 얻는다. 즉 영혼이 되어 몸을 일으켜 머리를 들게 된다.[85] 그래서 깨어 기도하는 마음이 되어 내 안의 하나님의 아들[딸]을 보며 그 앞에 서 있게 된다. 영혼이 깨어나고, 인자 앞에 서는 단계로 승화된다. 그래서 궁극적으로 영혼의 동반자가 되는 것이다.

영혼의 동반자는 실재의 호의와 안내하심에 대해 자신의 마음을 열어 그 안내를 허락한다. 그래서 보이는 현상대로 보지 않고, 바울이 말한 '그리스도의 마음'을 품어 그 비전에 따른다. 그렇게 하여 보이는 현상을 넘어서 현존하는 영원의 방향 감각을 따른다. 자신이 인도자가 되기를 내려놓고 동반하는 자로서 자신이 안내받고 있음을 자각한다. 그렇게 해서, 분별이 능력을 가져온다.

---

85) 본래 공동번역의 '생명'은 새번역으로는 '영혼'으로 표현하고 있다. 헬라어 '프쉬케'는 신체적인 생명보다는 영혼에 가깝다.

24. 심장에 진실이 울리는 일의 최종성

본문: 눅 22장

일과 사회적 역할을 오염시키는 강제와 권력

누가의 스토리텔링을 따라가다 보면 21장에서 성전의 파괴와 재난의 시작에 대한 무섭고 섬뜩한 경고에 따른 '늘 깨어 기도하기'21:36라는 경종을 만난다. 그 파괴와 재난이라는 비극의 전조를 더욱 심화시키는 것은 22장의 이야기가 갖는 플롯, 즉 이야기, 배경 세팅, 그리고 거기서 일어나는 분위기이다. 유월절이 찾아왔고, 예수의 마지막 만찬 앞뒤로 두 배신의 이야기가 설정되어 있다. 각각은 가룟유다의 행위인 예수를 권력자에게 넘겨줌과 수석제자라 칭했던 베드로의 예수를 모른다고 3번에 걸친 부인이다. 심상치 않은 것들의 도래를 넘어 결정적인 위기상황이 다가온 것이다. 마치 그것은 '무교절 곧 유월절이라는 명절이 다가 왔다'22:1라는 상황의 문자적인 의미와 같다. '다가옴'헬, 엥기존은 직면해서 맞이할 수 있을 뿐 더 이상 피할 수 없다. 그러므로 결정적인 선택과 행동이라는 '때의 무르익음'이 존재한다.

그러나 등장인물과 플롯이 지닌 공모와 배신 그리고 부인의 스토리 뒤에는 말해지지 않은 더 큰 진실이 존재한다. 누가가 증언하고 싶은 핵심이 더 있는 것이다. 그가 자신이 목격한 것에 대한 증언을 지금까지 진술하면서, 그 진술이 마지막 클라이맥스에 도달하여 예수의 부재와 사라짐예수의 십자가 처형이란 단어를 내려놓기로 한다의 시기에 예수에 대한 기억을 진술하면서 이제 알짬이 드러날 때에 도달했다. 바로 22장은 지금까지의 진술의 최종 종착역에서 무엇이 남고 향후 무엇을 해야 하는지에 대한 중대한 전환점을 보여주고 있는 것이다.

말해지지 않은 더 큰 진실은 무엇인가? 그것은 바로 지배체제의 종식에 대한 것이다. 가룟유다의 배신과 베드로의 부인은 그 사람의 성격에서가 아니라 '대사제들과 율법학자들은….예수를 어떻게 죽여야 탈이 없을까 하고 궁리'22:2하고 있었던 지배체제와의 공모라는 시스템·구조·문화의 산물이었다. 그래서 지배체제와 권력의 사나움과 그 비극적 결과라는 '누룩효모'이 없는 무교절, 다른 말로 말하자면 억압체제를 통해 일어나는 죽임의 사슬을 끊는 유월절의 시작 이야기를 하고자 했던 이유이다. 가이사–분봉왕–성전엘리트로 이어지는 칼지배와 권력의 통치에 대해 누가가 이야기하고자 했던 일관된 증언이 여기에서 정점에 다다랐다. 지배체제의 폭력이라는 결과물들 보다 더 근원적인 것을 어떻게 절단할 수 있겠는가?

그리고 그러한 지배체제는 과거의 이야기가 아니라 영원한 현재의 이야기이기도 하다. 독자이자 청자인 우리는 지금의 현실에서 그 스토리가 주는 상황의 '동질성'과 '내면성'의 일치로 인해 전율하지 않을 수 없고, 이로 인하여 무의식적이고 정상적인 의식과 생각들이 무너져 내리고 영혼의 불꽃이 점화되는 결정적인 순간을 맞이한다. 그 결정적인 순간이 22장에서 펼쳐지고 있다.

이미 여러 차례 진술해 온 바대로 누가는 지배체제의 덫을 풀어서 해방·눈뜸·자유의 샬롬체제로 어떻게 전환할 수 있겠는가를 기술해 왔다. 끝장남the last, 미천함the least 그리고 상실the lost을 가져오는 기존의 통치체제에 대해 그 상황에 있는 민중을 일으키는 자각, 선택, 훈련, 파송, 능력부여, 피드백의 일련의 행동, 비유의 말, 그리고 현 체제에 대한 해석 등을 통해 보여주었다. 그 자신이 '위'와 '소유'의 지배체제에서 '바닥'과 '박탈'이라는 가축 먹이통구유에서 태어났고, 그러한 운명에 대항하여 자비로운 실재에 대한 자각과 은총 안에서의 성장과 시련의 과정을 통해 단련된 영원한 생명에 대한 의식사람의 아들됨을 품었다. 지배체제 아래에서 첫째에서 꼴찌됨, 통치에서 섬김에 대한 일관성 있는 삶의 방식을 보여주었다. 그것이 누가가 나누고자 한 예수의 삶으로부터 본 충격과 비전이었다.

지배체제의 핵심은 예수의 한 마디로 정리될 수 있다.

"이 세상의 왕들은 강제로 백성을 다스린다. 그리고 백성들에게 권력을 휘두르는 사람들은 백성의 은인으로 행세한다."(22:25)

강제칼의 힘라는 권력은 이 세상 통치의 핵심이다. 질서의 이름으로, 법의 이름으로 이세상 통치자들은 신체, 심리, 역할, 지위, 소유물에 대한 침해에 대해 의문을 제기할 수 없는 영향력을 행사한다. 게다가 더욱 감쪽같이 스스로 위안과 자부심을 느끼는 것은 권력을 휘두르면서 '백성의 은인benefactors; 헬, 유에르게테스, '베푸는 사람'으로 행세하는 것이다. 자신의 힘과 소유와 영향력이 백성으로부터 착취한 것임에도 불구하고, 자신이 나누어주는 것은 자신의 것의 베풂에서 온다는 전도된 사고를 갖고 있다. 마치 자기-기만에 대한 감각 없이 사는 것이다.

그리고 그것을 숭고하게 보이기 위해 각종 제복가운, 공식의례the public rituals를 사용하여 백성들이 자연스럽게 수용하게 만든다. 강제를 공권력이라는 이름 아래 행하며, 그 본성을 숨기기 위해 그 이름을 그럴듯하게 포장한다. 그 대의를 위한 그 논리가 하도 그럴듯해서 백성들은 넘어가게 되고 -예, 과거 전두

환 정권 시절의 평화의 댐 기금모금처럼– 오직 그 이름과 논리가 거짓인 것이 밝혀지는 것은 그 비극적인 결과나 결과의 비효용성이 드러난 때이다. 그 때는 한참 지난 후에나 자각되는 것이기에 '큰 거짓big lie'은 대부분 언제나 먹힌다. 이렇게 권력은 인지의 착시를 이용할 만큼 사악해진다.

권력이 강제로 이루어져 있고, 그 강제를 행사하는 도구가 '칼'혹은 무형의 칼로서 법이기에 그 통치자와 공모자들이 제공하는 결과는 '어떻게 죽여야 탈이 없을까 하고 궁리'22:2하는 데 지성공모하는 학자과 영향력전문가들을 쓰게 마련이다. 권력은 생명이 아닌 죽임을 가져오고, 그들이 하는 궁리라는 것은 저항과 거절을 하는 자들에게 '돈을 주겠다고 약속'22:5하는 유혹과 매수를 통한 분열과 고립의 술수에 시간과 노력을 보낸다. 이것이 강제와 약육강식의 지배체제하에서 기업, 정치, 국제질서에서 암암리에 통용하는 논리이다. 이것들은 누가 기자가 목표로 하는 인간을 영광되게 하기보다는 개인적인 타락과 공동체의 배신을 가져오고, 평화의 길을 제기하기보다는 주검과 피의 냄새를 맡는 독수리들이 오게 전쟁과 살해를 부추긴다. 이렇게 권력은 누가가 제시한 '자비'를 행사할 수 없다. 왜냐하면 권력이 자비를 행사하는 한 그 권력은 본성상 무너지게 되기 때문이다. 그리고 이 지점에서 누가의 혁명적인 상상력은 '자비'가 실재의 본성인 것만 아니라 권력을 무너뜨리는 핵심전략임을 간파하고 있었다. [86]

먹히는 자가 먹여주는 자로

음식을 나눈 뒤에 또 그와 같이 잔을 들어 "이것은 내 피로 맺는 새로

---

86) 일반인의 상식과 반대로 누가가 증언하는 일관성은 자비는 실재의 본성이고 권력을 무너뜨리는 권위의 힘을 갖는다는 패러다임 전환의 인식과 그 실천성이다. 시민사회운동을 하는 기독교 일꾼들에게는 깊이 숙고해봐야 할 근본의식이자 큰 도전이다.

운 계약의 잔이다. 나는 너희를 위하여 이 피를 흘리는 것이다" 하셨
다.(22:20)

식탁에 앉은 사람과 심부름하는 사람 중에 어느 편이 더 높은 사람이냐?
높은 사람은 식탁에 앉은 사람이 아니냐? 그러나 나는 심부름하는 사람
으로 여기에 와 있다.(22:27)

자신이 지상에서 마지막 순간을 보내고 있다는 것을 자각한 사람에게서 무
엇이 중요한 것으로 인식될 수 있는가? 흥미로운 것은 일반적으로 대부분의
자서전 작가들은 세상에 영향력을 끼쳤던 한 특정 인물이 어떻게 열심히 살았
는가에 관심을 두지만, 복음서 기자들은 이와 달리 예수가 어떻게 죽음을 맞
이하고 있었는가에 관심을 둔다. 이미 자신의 죽음을 세 번씩이나 자기 생애에
서 예고하면서 그것을 맞이할 준비를 하고 있었다는 진술이 그것이다. 마지막
순간을 제자들과 함께 보내면서 그의 두 제자인 가룟유다와 베드로의 배반과
부인이라는, 그가 공들인 제자직 훈련의 실패 그리고 정치권력과 성전엘리트
들의 공모를 통해 압박해 들어오는 음험한 살기殺氣가 직접적으로 느껴지는 그
순간은 매우 중대한 위기의 시기임은 틀림없다.

그러나 역설적이게도, 그러한 죽임의 살벌한 기운이 극도로 팽창한 분위기
속에서 예수는 다른 분위기를 만들어내고 있었다. 그것은 유월절유월절 시기의
정점이라는 인식과 유월절 음식을 제자들과 함께 들면서 자신의 마지막 순간
을 보내고 있다는 점이다. 마치 그의 의식은 직면한 사회정치적인 위협의 현실
적 징조들보다는 보이지 않는 다른 현실성에 대한 응답이 내면에 가장 중요한
것처럼 보였다. 다른 시간의 흐름을 살고 있었던 것이다. 그리고 그것은 그가
끝장내고 시작하고자 자신의 생과 영혼을 걸고 진행해 온 그 무엇에 대한 최종

적인 확인과 마음의 정리와 같은 것이었다. 그가 그 순간에 보이고자 했던 것은 더 이상 말과 행동을 보여줄 수 없는 마지막 기회에 자기 심장의 핵심을 행위로 보여주는 것이었다. '대사제와 율법학자들이 예수를 어떻게 죽여야 탈이 없을까 하고 궁리'22:2하는 상황에서 먹잇감이 될 가능성이 있던 예수가 유월절 음식이라는 먹여주는 자로 자신을 드러낸다.

우리는 22장의 최후의 만찬을 종교적 가르침이나 교리적인 이해가 아니라 한 젊은 청년 예수의 심장에서 무엇이 궁극적으로 남아있었던 것인가를 물어야 한다. 그리고 그것이 또한 누가 기자의 심장을 울린 그 '무엇'이기도 하다. 그 중의 핵심은 바로 육축의 먹이통구유에 먹잇감이 되신 생명인 예수가 이제 유월절이라는 피의 흘림을 끝내는 최종적인 음식으로서 자신을 내어주어, 생명을 먹여주는 자로 전환하는 것에 대한 진실이 최후만찬에 있는 것이다.

"내가 고난을 당하기 전에 너희와 이 유월절 음식을 함께 나누려고 얼마나 별러 왔는지 모른다."14절로 시작되는 예수의 말을 통해 우리는 그의 심정과 그의 결의를 느낄 수 있다. 물론 제자들은 그의 심정과 결의에 대해 무지한 채로 남아 있었지만, 마지막으로 베푼 만찬은 '유월절 음식'으로서 그의 궁극적인 진심이 그대로 표현된다. 억압과 노역 생활이라는 이집트 생활에서 신의 백성으로서의 자유에로의 섬김이라는 가나안땅으로의 여정은 바로 유월절 사건을 통해 일어났었다. 죽임의 사탄이 모든 장자를 죽이는 사건이 일어나 어쩔 수 없이 바로왕은 모세의 신을 섬기기 위해 출발한다는 그의 여정을 허락할 수밖에 없었고, 그 죽임의 사건을 피할 수 있었던 것은 문설주에 양의 피를 바름으로써 하비루[87]들은 죽음의 참상을 모면하게 되었다. 그것을 기념하며 먹는

---

87) 히브리 민족이라는 말의 어원인 '하비루'는 원래 민족이 아닌 재난과 기근으로 고향의 정착지를 포기하고 몰려온 '유리하는 자(흩어져 방랑하는 자)'라는 사회적 계급을 칭한다. 즉, 그들은 혈통이 아닌 사회적 경험으로써 고향을 상실한 재난의 공통 경험을 지닌 다양한 민족적 특성들을 지닌 이들로서 공동의 과제와 공통된 경험으로 모세를 통해 뭉쳐지게 된다.

음식이 바로 유월절 음식이었다.

다시 강조하거니와, 누가는 이미 예수의 탄생에서 마구간에서 육축의 먹이 통구유에 누인 아기가 그리스도를 알아보는 '징표'가 됨을 그 시작에서 말했었다. 먹이 곧 음식이 되는 것은 누가의 매우 중요한 존재론적이거나 사회적 전망의 핵심이었다. 누가는 예수의 공생애 활동에서 연속해서 만찬잔치 이야기를 가지고 이야기를 전개해 왔다. 예로서 새 포도주와 새 부대5:37-39의 작은 이야기부터 오천 명을 먹이신 기적9:10-17에 이르기까지, '가난한 사람, 불구자, 절름발이, 소경'이라는 손님 초대로서 잔치14:12-24, 잃은 양·은전·아들의 찾음에 대한 축하잔치15장, 그리고 지금 본문의 최후의 만찬이 그것이다. 먹이·음식은 지배체제와 샬롬체제를 결정하는 핵심 징표이다. 누군가의 먹잇감이 되는 것과 누군가에게 음식이 되어주는 것은 어떤 체제와 어떤 현실을 사는가를 결정적으로 나눈다. 지배체제의 먹잇감이 되어왔던 시스템·문화·구조를 혁파하고 음식을 제공하거나 음식이 되어주는 것으로 파트너십의 사회체제로 전환은 누가가 궁극적으로 보고자 한 '하늘의 영광, 땅의 평화'의 핵심내용이었다. 그것이 '하나님께서는 자비로우시니 너희도 자비로워라'6:36의 의미였다.

칼the Blade에서 성배the Chalice로의 전환

유월절의 음식 나눔은 지배체제의 피의 칼을 종식하고 그 칼의 효능성과 칼이 준 최후의 궁극성인 죽음·죽임의 위협과 두려움이 이제 더 이상 작동되지 않는다는 것을 의미한다. 이에 대한 상상력은 리안 아이슬러의 「성배와 칼」에서 잘 나와 있다. 물론 칼로 대표되는 가부장제도에 대한 문명비판의 책이기도 하지만, 칼의 지배력에서 평화를 지향하는 성배 문화에 대한 놀라운 통찰을 아이슬러는 보여준다. 아이슬러보다 오랜 세월 이전에 누가 기자는 자신의 죽음과 주변의 죽임의 세력이 다가오는 결정적인 순간에 우리가 실제로 맞이하는 '때'는 유월절의 시기이며, 이 시기의 누림은 인간의 영광됨과 인간 간의 평화로움은 자비로운 실재로부터 부여된 권리이자 능력임을 몸과 피로 확증한다고 진술하고 있다. 빵을 떼어 제자들에게 주면서 이는 내 몸이고 이 예식을 행하라는 것과 잔을 들어 내 피로 맺는 계약이라는 것은 정체성과 행위의 궁극성에 대한 마지막 필살기와 같은 영혼의 섬광인 셈이다.

만찬잔치, feast은 앞서 진술한 여러 편의 글들에서 이미 누가복음의 상징적인 표징이었다. 이는 호스트인 자비로운 실재의 초대에 의한 마지막된 자, 미천한 자 그리고 잃은 자의 참여와 어울림, 위로와 풍성함을 눈으로 보여주는 '하나님 뜻'에 대한 이세상적인 표징이다. 성배는 그러한 분위기에서 결의와 헌신을 다지는 자기-동의의 징표이기도 하다. 성배를 들어 올려 함께 잔을 마심은 이제 '새로운 계약'에 몸과 피를 던지는 약속의 확증이기도 하다. '하나님 나라의 신비'8:10는 이렇게 성배의 잔을 들고 마신 사람들을 통해 현실로 펼쳐진다. 자신의 심장과 영혼은 이제 이 성배를 함께 들어 올림으로 인해 그 어떤 운명의 저주나 비극이 있더라도 자신을 '하나님의 뜻'과 타자에 대한 돌봄에 '내어주는'19절, '너희를 위해 내어 주는…' 의지가 새롭게 출현하게 된다.

외적인 죽임의 사회정치적이고 종교권력의 섬뜩한 공모가 어둠을 채우는 순간에 '너희도 이런 일들이 일어나는 것을 보거든 하나님의 나라가 다가 온 줄 알아라'21:31고 말씀하신 예수는 자신의 길이 오히려 피를 부르는 칼춤을 멈추는 것에 관련하여 새로운 계약을 요청한다. 죽음의 사탄이 움직이는 때를 오히려 죽임이 넘어가는passing-over, 과월하는 시기로 전환하는 것이 자신의 일임을 보여준다. 그래서 먹잇감이 오히려 먹는 자의 올무를 벗겨낸다. 역사의 운명이 권력자의 손에 달린 듯하지만, 실상은 먹잇감이 된 자들이 역사의 흐름을 바꿔버린다. '너희를 위하여 내어 주는 내 몸'22:19에 대한 진술은 지금까지 가르쳐 온 가르침과 행동의 최종적인 일치를 드러낸다. 자기 생으로 진리를 드러내라; 사람들 앞에서 나를 안다고 증언하라; 12:8는 일관성과 그 충실성을 여기서 최종적으로 자기 생으로 나타내 보인다. 그것은 마무리가 아니다. 새로운 계약의 다짐인 것이다.

숨은 커리큘럼으로서 샬롬나라 왕위에 오르심

서구 민주주의 특히 영국의 귀족의 정신을 나타내는 것은 '아더왕과 원탁의 기사'라는 전설이다. 융 심리학자인 로버트 존슨은 「신화로 읽는 남성성-He」에서 성배신화는 12세기 현대성의 태동을 알린다고 파격적으로 말했다. 원탁의 기사들을 이미 통치에서 평등성의 태동으로 본 것이다. 아픈 왕의 치료약을 찾아주고, 황폐해진 백성들을 돌보며, 자아를 넘어선 더 큰 비전에로의 헌신을 위한 기사도라는 신화는 재활성화해야 할 꿈으로 본다. 그러한 기사도의 발흥에 있어서 원탁은 기사도의 작위를 부여받고 새로운 소명을 받는 곳이기도 하다. 이와 유비하여, 예수께서 만찬의 식탁에서 제자들과 나눈 '새로운 계약' 계약의 헬라어는 디아데케을 통해 제자들의 신분은 이제 바뀐다. 신화처럼 원탁의 기사들이 되는 것이다.

그들이 위임받은 것은 이것이다. '낮은 사람처럼 처신'하고 '섬기는 사람처럼 처신'하라는 소명의 위임이다. 26절 이 세상의 왕들은 '강제로 백성을 다스리'고 '백성들에게 권력을 휘두'른다. 25절 그러나 너희는 그와는 반대로 행해야 한다. 왜냐하면 식탁에 앉은 내가 '심부름하는 사람으로 여기에 와 있기' 때문이다. 27절 이 문장의 뒤에서 누가 기자가 말하지 않았던 숨어있는 진실이 여기서 비로소 밝혀진다. 지금까지 우리들이 대면해온 예수는 '하나님 나라의 신비'를 지닌 왕으로 자신의 자리에 오르신다는 것이다. 그러므로 그것은 최후의 만찬과 예수의 십자가 처형이 하는 희생자의 자리와 시간이 아니다. 오히려 그 만찬을 통해 세상이 눈치 채지 못하게 왕위에 오르시는 분이시고, 그분의 왕위식은 그 어느 세상의 왕위식과는 다르다.

예수의 왕위식은 죽음의 위협과 제자들의 몰이해 속에서 스스로 자신의 자비를 끝까지 철저하게 베푸시는 방식으로 왕위에 오르신다. 그분의 통치의 시작은 자기 홀로가 아니라 파트너십이라는 것을 통해 제자들을 능력 부여하는 방식으로 그리고 그 능력은 바닥the bottom 인생들을 존중하고, 섬기는 능력으로 주어지는 것이다.

> 내 아버지께서 나에게 왕권을 주신 것처럼 나도 너희에게 왕권을 주겠다. 너희는 내 나라에서 내 식탁에 앉아 먹고 마시며 옥좌에 앉아 이스라엘의 열 두 지파를 심판하게 될 것이다.(22:29-30)

예수의 그리스도됨, 혹은 왕됨은 이미 그의 세례를 통해 확인되었으나, 왕권의 나눔과 그러한 왕권의 참여는 이러한 만찬이라는 숨겨진 등위식을 통해 일꾼된 자들제자들에게 전달된다. 그러므로 그의 왕위식은 그분을 칭송하고 기리는 자리가 아니라 전적으로 그분의 일꾼들이 왕권에 참여하고 자신의 새로운 신분에 입각해서 '하나님 나라'의 통치에 있어서 위임된 것을 행사하도록 하는 권한 부여라는 파트너십의 신성함을 새기는 왕권의 자리이다. 이런 점에서 철저한 일관성을 갖고 왕위에 계신 분이 섬기는 직임에 대한 초대와 위임의 자리로 제자들의 등극됨을 위한 자리로 전환시킨다. "내 나라에서 내 식탁에 앉아 먹고 마시며 옥좌에 앉아 이스라엘 열 두 지파를 심판하게 될 것"이란 말은 기존의 지배체제에 대한 혁신혹은 전복이자 대안적인 샬롬통치의 시작을 알리는 것이다. 그 어떤 역경 속에서도 다음의 기도 자세가 이제 자기 삶이 된다.

아버지, 아버지의 뜻에 어긋나는 일이 아니라면 이 잔을 저에게서 거두어 주십시오. 그러나 제 뜻대로 하지마시고 아버지의 뜻대로 하십시오. (22:42)

그들의 왕권에 대한 분배의 작위식은 이렇게 왕의 뜻 혹은 하나님의 뜻의 일치성으로 그 예식은 끝난다. 그리고 제자들과의 만찬에서 기사 작위식처럼 제자들의 하나님 나라의 소명에 대한 권한위임과 섬김으로서의 기사작위의 명명식은 의회법정의 심문에서 명확히 이어진다. 그 법정의 심문 앞에서 최종적인 확인으로 이너 서클inner circle의 그룹만이 아니라 이제는 모두 앞에서 그리고 권력자 앞에서 왕위를 확증한다. 이는 의회 법정의 최후 진술에서 예수의 진술은 선포적이며, 확연하고 의심 없는 선언으로 확인된다. "사람의 아들은 이제부터 전능하신 하나님의 오른편에 앉게 될 것이다."69절 자신이 세상에 온 이유가 완수되었고 이제 이 세상 왕을 넘어선 최종적인 왕권의 소지자인 하나님의 오른편에 영원히 앉는 영광을 누리는 시기로 넘어가게 되었다는 것이다. 그리고 법정에서 증인으로 공포했으므로 그것은 최종적인 선언이며 그 자체로 효능성을 지닌다. 청중이 그것을 받던지 말던지 간에 그러한 법정 진술은 그 자체의 진실성을 갖는다. 즉, 증인의 말이 이제 최종의 궁극성finality을 갖게 되었고 더 이상 알아볼 것이 없게 되었다는 뜻이다. 법정에서 최종 증언이기 때문이다.

고통과 비인간화의 거대한 지배 시스템과 구조 속에서 그리고 죽이고자 달려드는 사나운 살기를 느끼는 한 가운데 정점에 서서, 여기 흔들리지 않은 존재가 있다. 원탁의 기사들과는 다르게 제자들은 대응했지만 다시금 영혼의 섬광이 붙어 타오르는 시기가 도래할 것이다. 그에 대한 가능성의 여부가 어떻게 되든지 간에, 하나님의 뜻에 대한 충실성을 끝까지 가져간 한 존재가 있다. 자신이 유월절죽음을 넘어감의 음식이 되고자 스스로 내어주는 한 인생이 있다.

"이 잔을 받아 나누어 마셔라."17절고 하는 목소리가 있다. 그것은 희생을 강요하는 것이 아니다. 이미 자비로운 실재에 대한 신뢰 지켜온 이였기에 그것은 '잔을 들어 감사의 기도를 올리는' 블레싱에로의 초대이다. 감사의 잔을 통해 모든 것은 변형되어지고, 법정에서 최종변론을 통해 궁극적인 것the final이 영원히 확증되었다. 증언은 이제 이렇게 말이 아니라 '내 몸으로' 그리고 '내 피로'라는 것을 통해 그 '이루어진 사실'1:1-4을 실증한다. 기적은 여기서 드러난다.[88] 자비로운 실재와의 연결의 끈을 끝까지 놓지 않는 충실성이 이제 무엇을 어떻게 하는지를 남은 두 장에서 드러낼 것이다. 단지 여기 22장에서는 끝까지 그 길을 가는 사람이 최종적으로 무엇을 남기고 있는지 숙고하는 것 자체가 중요한 여정의 지점이 된다.

---

88) 누가가 보여주는 '기적'은 표징에 대한 것이다. 그것은 자연 질서를 어기고 초자연적인 것의 실체화를 나타내는 의미가 아니다. 기적은 인생의 생존 질서를 따르는 것을 내려놓고 신적 실재(자비로운 실재, 하느님)에 자신의 일관성과 충실성을 몸과 피로 보여준 그 인생의 실존이 바로 기적인 것이다. '에케 호모– (하늘의 길을 가는) 이 사람을 보라'는 마가와 요한의 증거는 바로 그러한 기적의 의미를 보여주며, 누가도 이에 함께한다.

본문: 눅 23장

폭력과 지배체제의 근원적 해체를 향하여

예수, 프란체스코 그리고 마틴 루터 킹으로 이어지는 기독교 평화전통의 입장에서 폭력은 우리 자신이나 다른 이들을 작게 만들거나 내려다보거나, 억압하거나 파괴를 가하는 어떠한 신체적, 감정적, 언어적, 제도적, 구조적, 혹은 영적 행동, 태도, 정책 혹은 조건을 의미한다. 폭력은 허락 없이 경계들을 넘으며 진정한 관계를 붕괴시키고 우리를 다른 존재로부터 분리시킨다. 지배는 그러한 폭력의 실천을 강화시키고, 유지하며, 확대하는 권력·힘의 작동 메커니즘이다. 그러한 작동 메커니즘체제을 통해 나타나는 결과는 누가의 진술에 따르면 끝장남, 미천함, 그리고 상실잃어버림로 나타난다. 그러한 삶의 유형들은 또한 결핍가난과 질병, 두려움, 소외, 무력감을 달고 다닌다. 그러한 현상들 뒤에는 악령사탄의 지배에 의한 고통, 질병 그리고 죽음이라는 후원세력이 이 지상에서 활동한다. 물론 이러한 악령의 지배는 성서의 세계 속에서 일반 민중의 이해이자 삶의 태도였고, 이는 예수나 그의 증거자들의 핵심 신념은 아니었다.

폭력과 지배체제는 권력자와 엘리트들에 의한 힘의 남용과 진리에 대한 무감각을 통해 그리고 권력에 대한 하위계층의 공모에 의해 실현된다. 즉, 권력은 권력자의 강력한 통치에 의해 통치대상인 민중들이 그 강한 힘에 꼼짝 못하는 방식에 의해서가 아니라, 일반 민중의 자기 허용과 그에 대한 공모를 통해 발휘된다는 것이 예수, 간디, 마틴루터 킹이 제시한 힘과 권력의 이해이다. 힘의 남용은 23장의 예시에서 보듯이 '선동'과 '악랄한 고발'로 이루어진다.23:1-12 자신들이 먼저 음해와 교사巧詐를 했음에도 상대를 '선동자'로 자신의 권력에 도전하는 자에게 투사한다. 통치자는 자신의 권력에 저항하는 세력들을 '난亂' 혹은 '반역자叛逆者'로 내몬다. 두 번째로, 권력은 진리에 대해 묻기심문는 하지만 그 대답은 들을 수 없다. 진리는 그러한 강제에서는 숨을 쉬지 못하기 때문이다. 그리고 설령 진리가 말해진다 할지라도 그러한 지배체제에서는 들을 사람이 없다. 잔인함과 왜곡 때문에 체제가 유지되기 때문이다. 여기서 무리들도 자유롭지 못하다. 그들은 중국의 작가 노신의 〈아큐정전〉의 주인공처럼 권력에 대한 공모를 통해 자기 정체성을 확립한다. 무리 속에 머무르면 사고하기가 힘들게 되고 '볼거리'를 요구하게 된다. 그 장면이 비윤리적인 것이라도 외치는 큰 목소리들에 의해 자신의 내면의 목소리는 일단 정지하게 된다.

예수의 처형 이슈를 폭력과 지배체제의 종결에 대한 상상력의 터전으로 보지 않기에 기독교 성서해석 전통은 두 가지 큰 실수를 범해왔다. 그 첫 번째는, 폭력과 지배체제에 대한 해체와 그 저항을 공격하기Fight, 회피하기Flight 혹은 얼어붙기Frozen의 3 F's 방식으로 대응해 왔다는 점이다. 공격하기의 예는 상대를 적–그리스도로 설정하는 경우거나 십자군 전쟁과 같은 사례를 말한다. 회피하기는 어거스틴이 말한 이중 왕국의 논리로 영혼의 나라와 세상의 나라라는 이원성에 따라 기독교 신앙의 과제를 영혼 구원으로 회피하는 사례를 말한다. 얼어붙기는 상황 논리로 무기력감에 대한 자기방어를 의미한다. 최소한의 자기 안전을 방어하는 데 몰입하는 것이다. 이것은 독일의 2차대전 확산에 대해 바티칸이 보여준 예시이기도 하다.

　두 번째 큰 실수는 그리스도의 십자가 처형과 그의 죽음의 의미 규명을 신과 악마 간의 형이상학적인 거래로 설명하는 데 오랜 시간을 소모했다는 점이다. 이른바 속죄론atonement의 교리화가 이를 나타낸다. 원래 그 교리들은 그리스도이신 예수의 십자가 처형을 어떻게 이해시킬 수 있는가에 대한 설명 방식에 있어서 나왔다. 하나님의 정의실현을 위해 인간의 죄 대신 신의 아들을 희생물로 제공하여 정의로우신 신을 만족시키는 만족설보상설, 혹은 신의 아들의 그러한 무제약적인 희생에 감동한 신적인 자비의 재활성화에 근거한 감화설, 아니면 악마가 예수를 희생제물로 받았는데 무죄하기에 그걸 받은 자신의 능력이 해제되어 사라졌다는 승리설과 같은 해괴한 이론들을 진지하게 만들어 냈다. 이렇게 함으로써 신학적 권위를 지닌 교회와 이른바 성직자의 권력을 강화시켰다.

　누가 기자는 이미 그 첫 장부터 살펴봐 왔듯이 폭력과 지배 체제 하에서 나타나는 끝장남, 미천함, 그리고 상실됨의 현상적 결과들에 대한 저항에 있어 '구원하는 폭력' 즉, 폭력의 희생자들을 구하기 위해 그 사용이 정당하다고 여겨지는 강제적인 힘과 권력의 행사를 그 근원에서 제거하고 대안을 모색한다. 그것은 이미 밝힌 대로 자비로운 실재의 무제약적인 호의를 -누가는 이를 하나님의 아버지됨과 우리의 아들됨·자녀됨으로 표현한다- 이세상에서 온전히 그리고 참되게 실제로 활동함으로 소개한다. 누가는 신성이신 분의 '선포'나 역사적 예수의 '모방'의 모델이 아니라 자비로운 실재의 샬롬통치라는 '증언' 모델을 따라 새롭게 '일어난 일'에 초점을 둔다. 이를 위해 일꾼되는 자가 지닐 낮은 자리에서 섬김의 삶과 배제된 자들의 초대와 만찬의 동료로서 어울림을 보여준다. 이로써 은총을 입은 자로서의 '개인'의 자각만이 아니라 그 은총의 선물에 기초한 어울림과 나눔의 집단적이고도 '공동체적인 전망'을 샬롬의 나라의 백성된 자들로서 방향감각을 고취시키고 있다.

폭력과 지배 질서의 체제유지를 해체하는 방식으로써 누가 기자가 주의 깊게 목격하고 진술한 것은 적을 닮아가는 방식이 아닌 대안으로서 그 근본적인 터전을 달리하여 그 토대를 쌓는 것이었다. 그렇게 하여 공격, 굴종, 회피의 방식이 아니고, 강제의 힘의 필요성을 제거하는 방식으로 자비로운 실재의 작동방식인 은총의 힘, 선물 되어주기, 목표이자 수단인 자발적인 기쁨과 기여 service, giving로 이루어지는 궁극적인 평화의 길을 누가는 혁명적인 전망 속에서 제시한다. 누가의 혁명적인 전망은 하나님이라 불리는 자비로운 실재와의 하나됨at-one-ment, 자비로운 실재와의 하나됨이 '속죄'의 근원적인 의미이다 [89) 안에서 현실화되는 것이다. 그것은 미래의 최종성에 대한 전망이면서 동시에 현재에 의미의 궁극성을 띤다는 점에서 혁명적인 전망이다.

자비로운 실재와의 하나됨at-one-ment이 십자가 사건이다

폭력과 지배체제의 저항으로서 3F's 방식이 아니라, 그리고 신과 악마와의 거래라는 대속설, 감화설, 혹은 승리설과 같은 저편, 저위에서의 형이상학적 보상과 달리, 더욱 근본적이고 철저한 방식으로서 누가 기자는 무엇을 예수의 행태行態에서 보았는가? 지난 세기 중반에 엄청난 충격으로 다가와서 금서로

---

89) 속죄(atonement)는 이미 여러 차례 진술한 대로 하마르티아(죄)가 원래 존재의 원래 목표에서 벗어남이었기에 속죄는 당연히 그 아버지의 뜻과의 일치됨, 하나됨(at-one-ment)으로 이루어진다. 이는 그동안 속죄를 그리스도의 대속에 의한 보상설, 만족설, 승리설과 같은 기존의 이해와는 구분된다. 이런 이론의 이해는 '그분'이 하신 일로 인간의 수동적 역할을 강조하는 것이다. 그러나 하나됨은 자비로운 실재의 뜻에 일치하는 주체성을 전제로 한다. 누가의 이러한 이해는 깊이 생각해봐야 할 새로운 의식이다. 이는 정통주의(보수주의)의 신성화된 그리스도됨의 '선포'나 자유주의의 역사적 예수를 향한 '모방'의 이론과 달리 자비로운 실재와 일치된 심장으로부터의 '증언' 모델을 누가가 제시하고 있기 때문이다. 선포는 듣는 이를 대상화한다. 모방은 인간의 빈약한 자율과 의지 그리고 과거 중심의 이성을 과대평가한다. 그러나 증언은 이 둘 모델과 달리 자신이 보고 현장에 있고 이를 스스로 남들 앞에서 공언하는 데 있어 자각과 헌신에 초점이 있어서 실재와 영혼간의 상호성이 전제됨으로 그 차이가 드러난다.

묶었던 니코스 카잔차키스의 〈최후의 유혹〉은 예수의 십자가 처형과 그의 죽음에서 일어나고 있는 그의 인간성을 다룬 작품이다. 그의 인간성을 중심으로 개인적인 행복, 결혼 등의 희생에 대한 내면의 유혹을 다루며, 끝까지 포기하지 않았던 자신의 미션에 대한 자각을 다루었다. 20대 때에 흥미롭게 읽었던 그의 책이 호소력을 가진 것은 예수의 인간성을 다루었다는 점이었다. 그 많은 부분의 공감에도 불구하고 이제와 다시 생각되는 관점은 사적인 사랑을 내려놓고 자신을 하나님께 바친다는 '희생'에 대한 주제였다. 그 내용이 아무리 신선하고, 새로운 것들로 채워진다 해도 '희생'과 그것의 구원시키는 효과라는 전통적인 주류화된 관점은 변하지 않는 고정된 신념이다.

　폭력과 지배체제의 저항이나 그리스도의 신성 대신에 인간성의 재회복으로서 '희생'의 주제가 공통으로 예수의 죽음에서 다루어지는 전통적인 해석이었던 ―혹은 더 나간 것은 수정적인 해석이었던― 것과 달리, 누가 기자는 어떤 관점을 예수의 십자가 처형과 관점에 가지고 있었던 것인가라는 질문은 매우 중요한 질문이다. 이것은 누가 기자의 자기 진술과 목격함에 대한 일관성을 묻는 질문이기 때문이다. 이미 누가는 우리 지각이 지닌 근본적인 인식의 오류에 대해 시작부터 다른 것을 제기해 왔었다. 계속해서 진술한 대로 자비로운 실재의 무한한 호의와 그 실재로부터 나오는 무한한 공급과 풍성함이 그것이다. 이는 참되고, 영원하여 변함없으며, 강하게 작동하고, 그 실재의 풍성함은 '소유'를 꿈꾸지 않아도 언제나 흘러넘치는 근원적인 '샘'처럼 부여되는 가능성이자 현실태라는 것이었다. 은총을 통해 자각되는 이 본래적 현실은 하나님의 자녀로서 그분의 본성처럼 우리도 '자비'로워야 하며, 이것이 우리의 인간성으로서 타자에게 기꺼이 줄 수 있는 강력하고도 근본적인 인간의 속성이 된다는 확신의 공유가 증언 모델에 살아있는 내용이다.

　그래서 22장에서 진술한 것처럼, 그는 '유월절 음식'이 되어 서로가 상대를

'먹잇감'으로 취하지 않고 이와 반대로 자신의 몸과 피로 상대를 위해 자신을 내어주는 '음식됨'이라는 자비의 궁극성을 최후의 만찬 이야기에서 보여주었다는 사실을 누가는 예수의 마지막 순간의 함께 참여함의 의미를 설명해 놓고 있었다. 그리고 최후의 만찬과 예수의 처형과 죽음을 이 세상의 왕과는 철저히 다른 방식으로 감추어진 등위식왕위에 오름으로서 샬롬나라의 왕됨과 통치 과정으로 묘사한다.[90] 그러니까 예루살렘 입성 이후 이루어진 결정적인 때에 예수의 말과 행동은 자비로운 실재와의 일치됨에 대한 일관성과 그 의미의 최종성을 확인하는 증거들이자 그에 대한 목격인 셈이다.

따라서 예루살렘의 여인들의 애통어린 모습'가슴을 치며 통곡하는 여인들'-23:27 에 대해 '나를 위해 울지 말고 너와 네 자녀를 위하여 울어라'라고 말한 것은 죽음에 대한 초월의 모습이라기보다는 예수의 근본적인 관점이 다르다는 점을 보여주고 있다. 즉, 자비로운 실재의 무한한 호의와 그 실재의 참됨에 근거하여 '고통'과 '희생'은 존재하지 않는다는 것이다. 지금까지 그의 공생애 스토리에서 확인해 온 것처럼 고통, 질병 그리고 심지어 죽음까지도 자비로운 실재의 참됨과 그 실재의 영원하심에 따라 신의 기쁨과 평화를 얻는 길은 인생의 유일한 목적이자 의미이며, 그 길에는 희생하라는 요청을 우리는 본래 받지 않는다는 것이다. 오히려 이방인 백인대장의 입에서 그의 죽음 목도에 있어서 놀랍게도 비극이 아닌 '찬양'이 요청되고, '이 사람이야말로 죄 없는 사람이었구나!'

---

90) 물론 이는 사람들이 인식하지 못하는 방식으로서의 왕위에 오르심에 대한 것이다. 이는 샬롬나라의 왕이 됨에 대한 전적인 새로운 패러다임으로서의 그분의 등위식을 표현함으로써 우리 안에 가진 '왕'에 대한 습성화된 고정관념을 깨뜨린다. 그렇기 때문에 외부인은 눈치를 채지 못하며, 이것이 바로 예루살렘 입성 전에 장님의 '눈뜸' 이야기가 왜 그토록 중요한지를 설명해주는 부분이다. 또한 이렇게 감추어진, 눈에 안 띄는 왕위식은 -다시 강조하지만 심문 후 십자가 처형식이 아니다- 현실적인 도전에 대한 것도 있다. 반란자로 처형된 예수를 뒤따르는 제자들에 대한 지배 엘리트들의 의심어린 시야가 있는 데, 노골적인 왕위 오름으로 누가가 표현한다는 것은 박해를 초래해서 예수 운동의 씨앗이 성장하기도 전에 고립과 전멸을 당할 위험도 있기 때문이다. 그래서 예수의 왕위오름은 눈이 뜬, 내부인(inner circle)들이 자신들이 이해할 수 있는 방식으로 등위식이 감추어지게 된다. 그리고 다른 사람의 입을 통해, 즉 십자가 아래의 로마제국의 백인대장의 입을 통해 간접적으로 증거된다.

라는 심장에서의 진심어린 감동을 나누게 된다.23:47 여기서 죄없다함은 헬라어 하마르티아 말뜻대로, 과녁에서 벗어남이 없다는 의미이며, 하나님의 뜻으로부터 벗어나지 않은 충실성을 말한다. 즉, 아버지의 뜻에 대한 충실성과 그 완성을 말하는 것이다.

희미하게 감추어져 있던 본질이 그 자신을 드러내는 결정적인 곳이 바로 자신의 죽음의 때이다. 우리의 삶이 자비로운 실재의 선물로 주어지는 것이라면 모든 선물은 계속해서 더해지면 더해지게 되지 도로 빼앗아 가지는 않는다. 폭력과 지배 체제가 그 진실을 감추고, 우리의 지각perception도 그런 체제 안에서 **91)** 익숙해져서 보이는 것이 전부처럼 인식의 오류를 갖고 있었던 것이다. 전통적인 속죄론들의 그 어떤 그럴듯한 설명이든지 간에 신의 분노나 공격을 통해 우리가 은총선물받은 존재로서의 우리됨을 상실하게 하지는 않는다. 이것은 그 실재의 본성이 지닌 풍성함에 의문을 갖는 것이요, 그분의 뜻과 행동에 대한 일관성을 해치는 인식의 오류인 것이다.

선물로 받은 것이기에 나 또한 타자들에게 −엄격히 말하자면 타자는 존재하지 않지만− 주어야 하며, 내가 주기 때문에 또한 거꾸로 내게 영원히 주어지는 것이다. 우리 모두는 창조된 그대로 남아있고, 나로부터 나가는 것은, 기꺼이 내어주는 것은, 창조된 것을 완성하는 바이다. 확실히 하건대, 그 어떤 상실이나 결핍으로 창조된 것을 빼앗기지 않는다.**92)** 신의 자비와 평화는 대가 없이 주어지는 선물이며, 그 선물은 이미 충분히 주어져 있기에 자신이 돌아갈

---

91) 평화신학자 월터 윙크는 성서의 '세상'이라는 말을 '지배체제'로 이해하는 것이 더 성서의 본뜻에 맞는다고 하였다. 그의 책 「사탄의 지배체제와 예수의 비폭력」을 참조.

92) 참되고 선하시며 영원하신 분의 창조는 상실이나 실패가 존재하지 않는다. 오히려 상실이나 박탈은 에고가 지닌 미망과 환상에서 에고가 만든 것에서만 작동한다. 이렇게 창조(creation)는 있음과 확산이 있을 뿐이며, 인간의 사고가 만든 것(making)에서만 일어나는 것이다. 창조에 실패, 박탈, 상실이 있다는 것은 신적인 본성에 대한 논리적인 모순이다. 영원, 참됨, 선함, 풍성함에 대해 한계를 두는 것이기에 자체 모순이 생긴다. 일꾼된 자는 실재에 관해 본성, 이치, 힘에 있어서 일관성과 충실성에 의지하여 인도받는 자이다.

때에 남에게 나누어주는 것은 당연한 이치이다. 그렇게 해서 창조를 이룬다. 우리는 창조에서 창조로 나가고, 영광에서 영광으로 나가며, 충만함에서 충만함으로 나아간다. 그것이 인생의 최종성이자 궁극성이다. 그 어떤 죽음의 세력도 최종성을 갖지 못하는 것이다.

거룩한 휴매니티의 회복

"아버지, 저 사람들을 용서하여 주십시오! 그들은 자기가 하는 일을 모르고 있습니다.(23:34)

"오늘 네가 정녕 나와 함께 낙원에 들어가게 될 것이다."(23:43)

"아버지, 제 영혼을 아버지 손에 맡깁니다!"(23:46)

죽음은 끝에 가서 나타나는 진실을 드러낸다. 그 존재가 누구이고 무엇이 중요함을 지니고 있는지를 알려주는 최종성이 죽음의 때에서야 출현하는 것이다. 이미 앞의 여러 곳에서 진술한 대로, 우리의 고통은 더 이상 근거가 없으며, 희생을 강요하는 폭력과 지배 체제도 진실일 수 없다는 것을 통해 오히려 세상의 심판자들이 거꾸로 심판받는22:30 상황으로 역전된다. 자비로우신 분께서 너희도 자비로와라는 그 권고는 흔들리지 않은 최종성과 궁극성을 갖기에 우리는 지배체제의 거짓에서 벗어나 새로운 눈을 허락받는다. 더 이상 나 자신과 남을 해치지 않고, 판단하지 않으며, 자비의 눈으로 '평화로 가는 길' 19:42을 밝히게 된다. 이것이 우리에게 그동안 잠재적인 가능성으로 남아 있던 것이 이제는 목격자가 됨으로써 그리고 일꾼된 자가 됨으로써 현실화와 신체화로 그 온전성이 회복된 인간성휴머니티의 본모습을 회복한다.

고통의 비극이라는 일상의 현실과 희생됨이라는 먹잇감되는 지배 체제에서 해방·눈뜸·자유로서의 새로운 인간성humanity이 십자가에서 죽임의 권세를 뚫고 나타난다. 누가가 전한 십자가 사건의 증언은 다음 3 가지이다.

첫째로 회복된 인간성은 '용서'의 의미와 그 힘을 되찾는다. 기쁨과 평화라는 현실성에 들어가는 문은 공격과 방어를 해체시키는 '용서'의 중요성을 자각한다. 용서란 나를 해친 자를 '눈에는 눈으로, 이에는 이에로'대신에 나의 관용심으로 상대의 잘못이나 죄를 방면하여 비난의 울타리로부터 벗어나게 하는 것이 목적이 아니다. 모욕과 조롱의 현장에서 '아버지, 저 사람들을 용서하여 주십시오. 그들은 자기가 하는 일을 모르고 있습니다.'23:34라는 말은 우리의 일상적 지각이 얼마나 무자각적인 반응에 의해 진행되고 있는지를 드러낸다.

용서는 근본적으로 지배체제 하에서 모든 외부 조건과 사건을 공격과 방어의 기제로 반응해왔던 우리의 인식오류의 시스템에 대해 모두가 불행과 고통을 강화하는 희생자들을 만들어내고 있다는 자각에서 나오는 상처주기 덫의 해체를 위한 것이다. 용서는 열두 사도를 선택하고, 평지설교의 화와 복의 길에 대한 선택에서 제자들의 마음에 새기고자 한 내용의 핵심이다. 즉, 은혜를 모르는 자와 악한 자들에게도 인자하신 분을 따라서6:35, 남을 비판하지 않고 단죄하지 말며 남에게 주는 삶으로서 제자직6:37-38에 대한 핵심이 바로 용서였다. 따라서 용서는 자신의 권리와 정당성을 희생하는 요구라기보다는 자비로운 실재와 모두의 형제자매됨에 대한 신뢰의 근원적인 표현인 것이다.

그러므로 '조롱하고 때리며, 눈을 가리고.갖은 욕설을 퍼부은'23:63-65 주변인들의 행위에 대해 자극이 되고 부당하게 느끼는 것에 대해 다르게 다가간다. 용서는 그럴 때 참는 소극적인 것을 넘어선다. 반응을 하지 않는 것이 아니라 적극적으로 나선다. 그것은 폭력과 죄의 오염을 정화시킨다. 무반응이 아니라 비폭력적인 현실로 전환시키는, 상대방의 언어와 행동의 독성을 중화시키기 위한 실천이 용서이다. 이는 원칙이지만 그것을 실현하는 전략은 시대적 조건에 따라 대응한 예수, 프란체스코, 간디, 그리고 마틴루터 킹 등에 의해 실천한 방법들을 통해 가능하다. 그들의 방식은 용서는 하지만 순진하게 있지는 않은 적극적인 비폭력 실천의 방법들을 모색해 나갔다.

둘째는 기쁨과 평화의 '낙원'에로의 최종성과 형제자매들과 함께 들어가기이다. 이는 창조의 질서의 회복을 뜻한다. 우주의 역사에서 한 처음에 에덴^{히락}_{이라는 뜻} 동산에서 일어난 기쁜 관계의 깨어짐이 하나님 뜻의 어김을 통해 낙원 상태를 잃게 되었다는 성서의 설명처럼, 거꾸로 창조 작업을 통해 낙원을 복원시키는 것이다. 우리의 실패, 좌절, 잘못 그리고 무력함이 지닌 낙원상실의 현실 속에서 그러한 보이는 현실이 진실의 전체가 아님을 자각한다. 우리의 실패와 무력함이 낙원의 본성인 우리 자신의 '하나님 아들·딸' 됨이라는 근원적인 존재성을 잃을 수 없으며, 또한 그 존재성의 기반이 되는 자비로운 실재_{하나님}를 잃을 수 없다는 점에서 우리는 낙원에 들어가는 것이 보편적이고 본래적인 것을 알게 된다.[93]

우리는 영혼_{참자아; 하나님의 아들·딸}으로서는 실재와의 연결을 끊지 않으며, 마음은 그 영혼의 안내에 따라 세상의 풍요로움을 누리도록 적절히 작동시킨

---

93) 이는 임사체험의 보고들이 보여주는 일관된 메시지이다. 죽었다가 현실의 삶으로 돌아온 이들에 따르면 죽음 후에는 빛, 수정체 등과 같은 보편적인 밝음의 현실에 대한 보고가 있다. 그리고 그러한 체험을 통해 그들은 현실을 더욱 긍정적이고, 타자를 위해 살게 된 동기를 지닌다. 현실로 돌아온 이들은 어떤 특정 부류의 사람들이거나 도덕적으로 이상적인 사람들이 삶으로 되돌아온 것도 아니다. 그냥 일상적인 삶을 살던 사람들이었지만, 임사체험을 통해 전과는 달리 밝고 자발적이며 타자 앞에 더욱 성실한 존재로 바뀌어진다. 이를 통해 죽음은 그것으로 끝이 아니며, 공포나 저주의 그 어떤 현실이 기다리는 것도 아니다. 이는 다시 자비로운 실재의 본성, 이치, 힘을 일관되게 이해하면 죽음 후의 삶도 그럴 것임은 자명한 것이다. 공포와 두려움의 옷으로 신에게 입히는 것은 어린 아이의 훈육시간게 혹시 필요한지는 몰라도 성인된 시기에 그것을 여전히 효과있다고 여기는 것은 미성숙한 것으로 여겨진다. 삶은 하늘 아버지로부터 선물로 주어진 것이지 잘하는지 못하는지 하늘의 감독자(신)가 감시해서 체벌 받기 위해 주어진 것은 아니다.

다. 그러나 그러한 마음의 작동으로써 사고는 때때로 영혼과의 연결을 단절함으로써 주관적으로 잘못된 선택과 그에 따른 고통을 주거나 받을 수 있다. 만일 우리가 자비로운 실재에 닻을 내린 영혼으로써 마음의 과정을 조율할 수 있다면, 혹은 마음이 영혼의 빛에 따른 안내를 받을 수 있다면 우리는 고통보다는 기쁨과 환희, 평화와 영광됨을 누릴 수 있다. 신의 품과 팔은 바깥이 존재하지 않기 때문에 그것이 가능하다. 정도의 차이가 있지만 그러한 능력하나님의 형상[Imago Dei]이라는 본성과 능력은 언제나 부여되어 있으며 죽음의 때까지 그 완성을 목표로 나아갈 수 있다. 그리고 그것은 개인의 노력이 아니라 은총으로 발견되는 잠재적 가능성이다.

신의 팔은 바깥이 없다는 점에서 '낙원'에 들어가기는 또한 동료들과의 함께 들어감을 말한다. 낙원은 개인적인 것이 아니라 관계적인 것이며, '오늘 네가 정녕 나와 함께 낙원에 들어가게 될 것'23:43은 철저하게 함께 동반자됨을 통해 관계를 통해 이루어지는 현실이 낙원임을 재천명한다. 그것은 이미 에덴동산의 상실이 인류의 원조로 알려진 아담의 책임전가 "당신이 저에게 짝지어 주신 여자가 그 나무에서 열매를 따 주기에 먹었을 따름입니다" 창3:12와 가인의 모르쇠와 딱 잡아뗌 "제가 아우를 지키는 사람입니까?" 창4:9에서 보듯이, 관계 포기가 실낙원의 시작이기 때문에 낙원의 복원도 그러한 형제자매됨의 동반성을 통해 이룩되는 것이다. 그러한 동반성은 서로에게 '선물됨'을 통해 먹잇감으로서 희생의 문화를 해체시킨다.

셋째는 이제부터는 궁극적인 실천으로서 영혼을 자비로운 실재에게 내어맡김이 일어난다. 내어맡김이란 통상 상대방의 처분에 따른다는 수동적이고 자기 선택의 책임성을 내려놓는 것으로 오해할 수 있으나, 실상은 마음에서 영혼으로의 중심을 전환하는 것이요, 주관적인 자기 선택에서 실재로부터의 안내받음에 대한 온전한 자기 헌신을 의미한다. 그동안 나의 사고기억과 가정 그리고 경험에 따른 선이해가 마음의 주인공이 되어 나를 움직여 왔다면, 그래서 사고가 주인공이 되어 존재참자아. 영혼를 눈여겨보지 않고 제 맘대로 존재 없이 활동해 온 미망·환상에서 이제는 진실로 영혼이 중심이 되어 삶의 흐름을 살아간다는 뜻이다. 그리고 그러한 영혼의 중심에서 자비로운 실재라는 전체성의 감각을 지니고 그 전체성의 안내에 따라 자신을 조율해 나간다는 의미이기도 하다.

용서를 통해 우리는 우리의 육체와 형상에 매여 있던 '자연적인 인식'을 벗겨낸다. 그래서 '성령의 빛'과 그 안내를 알아차리는 '영혼의 눈'을 얻는다. 육체의 충동과 기억의 휘둘림을 내려놓고, 형상의 변화들이 주는 영향력으로부터 나와서, 보이지는 않지만 작동하는 실재의 인도하심에 의한 방향감각을 되찾는다. 영혼의 자비로운 실재에 내어맡김은 이렇게 영혼에 대한 중심 감각의 회복과 더불어 전체성wholeness으로서, 자기-인식을 넘어선 자비로운 실재의 안내하심이라는 방향감각을 회복하는 적극적인 과정이다. 자비로운 실재의 인도하심으로 인해 영혼은 기쁨과 평화의 자리를 찾게 되고, 그로 인해 마음은 영혼의 기쁨과 평화의 능력으로 인해 선택에 있어 에고 중심적이지 않고 실재와 영혼의 이중 루프double loop 안에서 자신의 활동이 조율됨으로써, 삶에서 다가오는 것들로부터 선물과 그것의 풍성함을 제대로 누리게 된다.

용서, 낙원, 그리고 영혼의 내맡김이라는 창조의 회복은 새로운 휴머니티가 되어 평화의 길을 걸어가게 된다.[94] 그리스도는 이렇게 화해자로서의 모범

94) 필자의 예수의 십자가에 달리심은 용서, 낙원(기쁨), 신의 인도하심에 대한 창조 재회복이라는 샬롬나라의 왕권수행이다라는 해석은 대부분의 독자들에게는 낯설게 다가올 수 있다. 그러나 필자가 누가복음의 증언의 진술을 따라 온 논리적 일관성에서 보면 이는 더 옳은 해석이다. 그동안 기독교 교리가 너무 복음에서 멀어진 것뿐이다. 해석의 전제가 이미 교회 성장이니, 예수의 신적 신분의 강화와 그분에 '대한' 믿음 등등 기초한 렌즈를 통해 보니까 어그러진 것이다. 자비로운 실재에 관한 증언의 렌즈로 보면 달리 해석할 수가 없다. 이는 어떤 분에게는 충격일 수는 있어도 실상은 자유를 위해 그동안 입어온 갑옷을 벗

을 우리에게 그의 마지막 순간에 아버지께로 돌아가심을 보여주셨다. 이렇게 하여 디비니티divinity, 신성는 휴머니티인성과 교류하고 일치되며, 이 지상에서 삶으로 현재화된다. 이것이 죽음의 관문을 넘어서 영원으로 들어가는 길을 현시한다. 이것이 십자가 사건이 보여주는 핵심 메시지이다.

따라서 예수의 십자가 죽음은 처형과 희생이 아니다. 그것은 창조에서 동기화된 온전한 자아와 온전한 삶에로 완성의 문을 연 것이다. 이것이 바로 누가가 증언하는 '그 때 성전 휘장 한가운데가 찢어지며 두 폭으로 갈라졌다' 23:45의 의미이다.[95] 기쁨과 평화, 영광과 신적인 자녀로서의 장애물이 사라진 것이다. 이렇게 해서 용서가 권위를 가지게 되었으며, 이지상에서 우리가 할 수 있는 가장 최고의 능력이자, 누릴 수 있는 목표로서 인간화와 신성화의 일치가 이룩된다. 성전 장막·휘장의 찢어져 나감을 통해 우리는 이제 자비로운 실재가 자신의 가림막을 벗겨버리고 스스로 인간성과 함께 있는 시기를 맞이하게 된다. 이것은 누가가 첫 장에서 마리아에게 주었던 메시지, "은총을 받은 이여, 기뻐하여라. 주께서 너와 함께 하신다"1:28는 그 핵심이 이제는 보편적이고, 확실하게 우리의 삶에서 실현되는 방식이기도 하다.

영혼을 실재에 기꺼이 내맡기는 자는 보이는 지각의 환영을 벗겨내고, 신의 평화를 맞이한다. 그렇게 해서 '평화로 가는 길을'19:42 완성하게 된다. 낙원은 저절로 출현하게 된다. 왜냐하면 신의 품이 평화요 낙원이기 때문이다. 또는,

---

겨낼 인식의 전환이 일어날 계기가 될 수도 있다. 사실 나 자신도 이렇게 관점을 돌린 것은 누가복음을 통해 비로소 일어난 최근 몇 년 내의 일이다. 십대에 기독교 신앙에 들어서서 50년 가까이 이전의 생각에 매여 있었으니 참으로 보낸 세월에 아련한 느낌이 든다는 게 지금의 고백이다.

95) 이 진술을 가볍게 생각하면 본질적인 의미를 놓치게 된다. 성전휘장은 유대교에 있어서 중요한 신앙의 중심이고 하느님의 현존을 상징하는 지성소의 공간을 유지하는 상징이자 상징을 넘어선 실재하심에 대한 확신의 중심이다. 디아스포라(흩어진 유대인들)의 신앙공동체에서 성전휘장의 두 폭으로 갈라짐에 대한 진술은 생각 이상의 큰 충격을 표현하는 말이다. 그것은 새로운 계시이자 시작을 알리는 표징이다. 성소(sanctuary)가 건물이 아니라 물리적 장소도 아니라 인격과 내면에서 보편적으로 시작된다는 것을 알리는, 생과 몸으로서의 살아있는 성소(living sanctuary)의 시작을 알리는 것이다.

신의 평화가 주어지는 것이 낙원이라 볼 수 있다. 그러기에 예수의 죽음을 기억하고 새기는 사순절은 역설을 사는 시기이도 하다. 겉으로 보여지는 비극이 실상은 선물을 품고 있다는 것, 주변의 모욕과 조롱 그리고 '너희[박해자들]의 때가 되고 암흑이 판을 치는 때'22:53가 왔을지라도 그리고 그 강도의 거센 것이 눈에 보일지라도, 실상은 신의 자비가 행동할 때이며, '예수님이 왕이 되어 오실 때'23:41인 셈이다. 이는 또한 낙원에 들어가는 때, 평화의 집으로 귀향하는 때가 이미 와 있음을 알려주는 것임을 알게 된다.

용서라는 내어줌을 통해 영원한 평화가 열린다. 용서, 낙원에 들어감 그리고 영혼을 자비로운 실재에 내어맡김, 이것은 인간 비극의 최종 종결이자 하나님 뜻을 완성시킨다. 그제서야 육신의 몸을 내어주고 하늘의 몸이 된다. 새롭고도 결정적인 전환이 이루어진 것이다. 그것이 바로 '아버지여, 제 영혼을 아버지 손에 맡깁니다!'23:46에서 일어난다. 영혼마저 내맡기는 최종성으로 인해 무제약적인 사랑의 현존이 주어진다. 이제 고통과 질병만이 아니라 죽음도 그 무제약적인 사랑의 현존을 막을 수 없다. 이러한 새로운 휴머니티가 나에게 덧입혀졌으므로 나의 정체성과 삶은 이로 인해 '생생함'으로 활력을 찾고 '사랑의 불꽃'으로 타오른다.

내어맡김surrender, gelassen으로 인해 이제는 스스로에게 해침을 허용하지 않을뿐더러 그 누구도 해침을 주지 않게 된다. 더 나아가 적극적으로는 '선물gift'이 되는 섬김을 살게 된다. 평화의 길이 열리는 것이다. 이것이 죽음보다 강한 생명의 길이다. 그리고 이것이야말로 '부활'의 기쁨이기도 하다. 자비로운 실재하나님께서 그분의 힘과 사랑을 내어주시고, 이미 하나님의 아들·딸된 내 것으로 가져가라고 한다면, 어째서 우리는 자신에게 나는 무력하다고 가르쳐야 하는가? 죽음의 때조차도 하나님의 뜻에 충실한 예수의 사례를 본받아, 기꺼이 신의 평화라는 선물을 받아들일 용의를 내는 기쁨을 만끽해야 하지 않겠는가? 신께서 창조하신 참자아영혼는 죄를 지을 수 없으며, 따라서 고통을 겪을 수 없다.

오늘 이 영혼을 일으켜서 우리의 정체로 받아들임으로써, 두려움에 의해 꾸었던 꿈과 망상으로부터 영원히 벗어나 신의 평화에 들어가도록 하자. 신의 평화에 들어감으로써 우리는 세상이 추악하고 불안전하며, 공격하고 파괴하며, 모든 면에서 위험하고, 고통으로부터 벗어나는 것이 불가능할 정도로의 비참한 곳이라는 환상을 버리고 자비로운 영Spirit의 안내로 삶을 신뢰하게 된다. 이렇게 죽음과 죽임의 왕좌 자리는 영과 생명에 그 자리를 내어주게 되었다.

26. 부활의 증인: 일어서는 들혼 되기

본문: 눅 24장

본 것과 발걸음 가는 곳을 넘어서기

증언은 산산이 부서진 상태와 그것을 복원하는 작업, 즉 실패와 재건을 잇는 연결고리이다. 그렇기 때문에 항상 위험성을 지닌다. 그 위험성은 특별한 그 무엇의 일어남을 목격한 후 다시 일상으로 되돌아오는 것의 위험이다. 예수의 평화운동"오늘 네가 평화의 길을 알았더라면 얼마나 좋았을까! 그러나 너는 그 길을 보지 못하는구나."–19:42이 지닌 영혼의 강렬한 섬광에 전염되었던 그 황홀한 시절이 꿈처럼 지나가고, 심지어 그 운동의 모델이었던 장본인의 처형이라는 비극을 목격까지 하는 경우에는, 일상의 낯설음을 넘어서 환멸이 다가오기 때문이다.[96]

우리의 인생이 뭔가 '망쳐버려진undone' 체제 속에서 그냥 안 그런 척 지위나 영향, 성취나 소유로 우쭐해 하며 사는 것이 부질없어지는 인생의 때에, 순수한 신적 생명의 영혼으로 타오르는 존재를 경험하고 다른 것을, 다른 가능성을 본다는 것은 놀라운 은총이다. 그리고 그러한 존재의 가능성을 나에게도 주어진다는 것을 이해하는 것은 두려운 도전이기도 하다. 그러나 한때 타올랐

---

96) 평화 운동의 경우에도 환멸은 현장을 떠나게 만드는 중요한 걸림돌이다. 많은 평화활동가들이 국가폭력이나 사회적 폭력에 더 이상 해결책을 못 찾고 실망을 느껴서 떠나는 경우보다는 아쉽게도 단체나 관계에 있어서 비전의 상실이나 타동료에 대한, 혹은 조직 내부에 대한 환멸로 인해 떠난다. 그리고 나중에 만나면 나도 한때 뜨거웠던 적이 있었노라고 말하며 위안을 삼거나 냉소적인 비판과 평화운동과는 거리두기를 하게 된다.

던 예수의 평화운동도 끝장이 나고, 눈으로 목격한 처형이라는 또 다른 현실이 다가올 때 우리의 마음은 흔들린다. 현실보다 더 중요하게 여겨졌던 진실의 실험이 신기루 환영처럼 다가오고, 지금 눈으로 보고 있는 되돌아온 현실이 진실인 것으로 여겨져 다시 쉽게 우리의 삶은 일상의 생활로 리셋reset이 되기 일쑤이다.

한때 비전으로 다가온 것이라 할지라도, 눈으로 본 비전보다 더 몸에 배인 습관으로서 우리의 걸음걸이는 무의식중에라도 자신을 다시금 예전의 자신의 방향을 정확히 따라 움직이게 되어있다. 게다가 본 것이 또다시 삼키어진 영광 −잠시 동안의 영광이 또다시 어둠에 스러짐−이었고, 무의식적인 발걸음은 변하지 않았다면 이는 명약관화明若觀火한 결과를 보게 된다. 그런 상황은 텍스트의 시작이 말해주는 것이다.

'안식일 다음 날… . 그 여자들은 … 무덤으로 갔다.'(24:1)

우리의 발걸음은 우리의 눈이 본 것보다 더 강하다. 아니 정확히 말하자면, 발걸음을 통해 그가 얼마만큼 제대로 본 것인지를 알게 해 준다. 발걸음은 심장마음과 단전의지의 결과이기 때문에 머리로 본 것이라면 발걸음을 당해낼 수 없다. 그래서 우리는 다시 뒤돌아 간다. '안식일'이 끝난 다음 날인 일상으로 되돌아오옴으로써 우리는 다시 '무덤'에로 발걸음을 옮긴다. 이 얼마나 정확한 우리 실존의 모습을 반영하고 있는가! 폭력과 지배체제가 기후이고, 예수의 평화운동 무리에 속했던 것은 날씨라고 여겼다면, 한때의 따스하고 열정적이며 진지했던 분위기는 외부의 상시적인 추위에 다시 얼어붙을 수 있다. 견고한 지배체제가 기후이고, 한때 열정을 냈던 목격자와 일꾼된자의 평화운동이 날씨라고 여겨진다면, 당연히 다시금 발걸음은 죽음을 향해 나가는 네크로필리아죽음에로의 사랑의 지향성은 바뀌지를 않을 것이다.

여기에서 결정적으로 증언의 위기가 찾아온다. 눈멈·포로됨·억눌림의 고통체제가 지긋지긋하다는 각성에서 시작한 영혼의 불길이 또 다른 공모·모욕·비참의 현실에 삼키어지는 듯한 경험을 통해 '다 부질없는 짓이야!'라는 내면의 속삭임이 올라올 때, 증언의 위기가 도래하는 것이다. 이것은 누가가 그토록 치열하게 경고한 한 가지를 입증해 준다. "악마는 이렇게 여러 가지로 유혹해 본 끝에 다음 기회를 노리면서 예수를 떠나갔다."[4:13] 악마는 이렇게 예수처형에서 니코스카잔차키스의 〈최후의 유혹〉이 그린 예수의 인간적인 고뇌의 순간에 찾아온 것만 아니다. 그와 뜻을 같이했던 추종자들에게도 유혹이 찾아온다.

이 악마의 유혹은 매우 절묘하고 하도 그럴듯한 것이어서 대부분의 대중기독교는 이에 대해 쉽게 빠지고 만다. 그것은 무덤 속에서 예수를 박제화하여 그를 기념하고 그분께 예禮를 보내라는 유혹이다. 매우 그럴듯하지 않은가? 이렇게 하여 최소한 두 가지를 성취하게 된다. 그 하나는 '예수-사건'의 경험에 대한 최소한의 연결지점은 갖게 됨으로 자신이 충실한 존재라는 것은 입증하게 된다. 눈으로 보고 있고, 곁에 모셔두는 상징이 있기 때문에 그분에게 속해있고, 그분에게 충실하다는 것을 보여줄 수 있다. 그래서 스스로 위안을 느낄 수 있다. 장식품으로서.

두 번째는 바뀌고 싶지 않은 무의식적인 내면의 에고에 대해 싸우지 않아도 된다. 무덤이 우리 인생의 종착지라고 겁박하는 에고의 음성에 대해 저항하는 불편과 에너지 소진을 내려놓을 수 있다. 그래도 비교우위로 자신을 위로할 수 있는 것은 모두가 다 가는 무덤에로의 행렬 속에서 나는 최소한 그리스도의 시신을 옆에 둠이라는 특별성은 지킬 수 있는 것이니 두려움은 어느 정도 가실 수 있는 셈이 된다.

누가는 이미 열두 사도와 돌보는 여성들의 선택 그리고 일흔두 명의 일꾼들에 대한 선택 이야기 이후에 '예수의 일행들inner circle members'이라는 진술들을 언급하였듯이, 부활의 이슈가 단순히 예수의 몸의 소생에 있는 것이 아니라 그의 일행에도 일어난 것으로 진술하고 있다는 점에 눈여겨봐야 할 진실이 24장에 더 남아있다. 그리고 이것이 그가 누가복음과 사도행전을 쓰게 된 이유이기도 하다. 누가는 사도행전에서 예수의 예전 제자들에게 무언가 특별한 것이 일어났고 그것이 무엇인지를 밝히는 데 복음기쁜 소식의 이야기를 마무리하고 있기 때문이다. 그리고 이것이 더 중요한 의미를 갖는 것임을 보여주고 있다.

부활은 자기 생에 대한 새로운 자각이다. 그것은 자기 정체성의 근본됨과 자신의 가능성에 대한 새로운 의미부여이다. 그것은 모두의 종착지가 무덤이며, 우리 모두의 삶의 경향성이 네크로필리아가 아닌 그 '무엇의 일어남the happening of what is'에로의 회심메타노이아에 대한 것이다. 그것은 무엇인가? 누가 저자가 '무엇의 일어남'에 대해 더 말하고 싶은 그 '무엇what'은 사실상 어떤 것일까?

그것은 자신의 생이 끝까지 '무덤 안으로 들어 가 보았'24:3던 지독한 한기의 경험 속에서, 새로운 각성에 대한 것이었다. 바로 그것은 살아계신 분을 죽은 자 가운데서 찾는 자신의 어리석음을 깨닫는 것이고, 더불어 거기에 계시지 않고 다시 살아나셨다는 영원한 생명으로서의 존재에 대한 근원적인 감각을 되찾음이다. 폭력과 지배체제는 죽음이라는 두려움으로 우리를 길들인다. 그러나 일꾼된 자의 가장 근원적인 그리고 최종적인 자각과 자신의 몸과 피로 드리는 헌신의 터전은 무덤 안으로 들어가는 끝장남을 본 최후의 나락奈落 속에서 여전히 우리를 지탱시키고 희망을 품을 수 있는 궁극 현실이 존재한다.

부활은 바로 최종지점에서 기껏 볼 것이라 기대한 '그리스도의 시신'이 아니라 예측 못 한 '눈부신 옷을 입은'24:4 존재를 만난다는 것이며, '살아계신 분'

에 대한 개안開眼을 얻게 된다는 의미이다. 그래서 궁극적으로는 '겁에 질려 감히 쳐다보지도 못하고'24:5 있던 연약한 실존들이 '무덤에서 발길을 돌려….사람들에게 가서 이 모든 일을 알려 주는'24:9 힘있는 실존의 삶으로 바뀌게 된다. 부활은 이렇게 '예수의 일행들' 속에서 예수와 그의 일꾼들에게 일어나는 새로운 현실이다. 그들은 더 이상 '겁에 질림'을 당하지 않고, '무덤에서 발길을 돌리는' 다른 길을 가는 존재들로 변형되어 길을 걸어가게 된다.

거룩한 기억을 품고 새기기

"길을 걸으면서 무슨 이야기들을 그렇게 하고 있느냐?"(24:17)

그 때에 예수께서…. 모세의 율법서와 모든 예언서를 비롯하여 성서 전체에서 당신에 관한 기사를 들어 설명해 주셨다.(24:25,17)

한때 활활 타오르던 신앙의 불꽃이 꺼지고, 그 어떤 이유로든 환멸과 지침, 무의미와 무기력이 자신의 심장을 엄습할 때 우리는 어떻게 다시 시작할 수 있는가? 종교적 상징과 과거의 체험이 더 이상 방향 안내를 하지 못하고 고물덩이처럼 보일 때, 포스트 크리스차니티post-christianity와 포스트 코로나 시대에 살면서, 한때의 소박한 신앙이 세상의 잔인함이나 냉정함으로 인해 더 이상 이전으로 돌아갈 수 없는 상태에 있음을 알게 되었을 때, 우리에게는 여전히 남아 있는 것은 무엇인가? 자신이 엑스-크리스챤ex-Christian이[97]면서 기존의 보

___
97) ex-wife, ex-husband라는 말은 한때 부부였으나 지금은 그렇지 않은 상대방을 지칭하는 용어이다. 이 용어를 차용해 필자는 ex-Christian이란 말을 사용하였다. 한때 나도 청소년 때나 젊었을 때 과거 한때에 뜨거운 신앙인이었다고 나중에 고백하는 지금은 기독교인이 아니라는 사람들에 대한 통칭어로 사용한다. 계 중에는 한때 그런 시절이 부럽기도 하다는 의식을 가진 사람들을 말한다.

수기독교인들을 비난하고 냉소적이 되면서도, 뭔가 자신의 모습에 대해서는 가슴 깊이에서 싸한 애련이 올라오는 것을 느낄 때, 여전히 희망을 걸어 볼 수 있는 것은 무엇일까?

자신은 이제 더 이상 순진하지 않다고 여기는 엑스-크리스천들에게 그리고 세속화의 일상 속에서 다시금 무언가를 돌아볼 것은 본문의 두 가지 가능성이다. 하시디즘유대 신비주의의 한 이야기가 생각난다. 그것은 한 신비주의자가 어느 은밀한 장소에서 신에게 기도하여 직접적인 응답을 받았고, 다른 사람들도 그러한 방법으로 같은 경험을 나누었는데, 그다음 세대에서는 그곳을 알지 못해서, 그 장소는 알지 못하지만 신앙의 선배에게 그런 일이 있었다는 것을 기억하고 그것을 회상함으로써 똑같은 기적을 받는다는 것이었다. 그다음 세대는 그 장소도 그리고 그러한 기억도 없지만, 그러한 기억을 나누었다는 이야기 하나만을 의지해서 똑같은 기적이 일어났다는 이야기였다. 이렇게 체험이 다시 올라오지 않을 때 두 가지 가능성은 스토리텔링과 거룩한 기억을 회상하기이다.

동료와 이야기를 나눌 때 우리는 많은 주제들과 잡담거리들에 대해 관심을 갖고 말하며 들을 수 있다. 그러한 무수히 많은 이야깃거리의 계속됨 속에서 일관된 한 가지 질문에 대해 응답할 수 있어야 한다. '길을 걸으면서 무슨 이야기들을 그렇게 하고 있느냐?'는 보이지 않은 신적생명으로부터의 질문이 그것이다. 나를 넘어선 더 큰 보이지 않은 존재의 나를 향한 질문이 있다는 것이다. 인생 여정을 걷고 있는 당신은 다른 사람과 어떤 이야기 종류를 나누고 있는가? 당신이 이야기하고 있는 내용이 결국 당신이 누구라는 것을 알려준다. 무엇을 듣고 싶어 하고 말하고 싶어하는가, 어떤 내용의 이야기에 관심을 갖고 있으며, 또한 어떤 이야기를 공유하고 있는가가 자신의 현재 영혼의 상태와 미래가 어떠할지를 예고하고 있다.

그러므로 중요한 것은 정보에 대한 호기심 충족이 아니라 당신의 영혼에서 '이 즈음에 일어난 모든 사건'24:14에 대해 주목하기이다. 오고 가는 것들에 대한 이야기가 아니라 자신의 내부에서 '일어나고 있는' 사건을 이야기 할 때, 우리는 견딜 수 있는 힘을 얻는다. 누가 기자는 그 일어난 사건에 대해 처음부터 한 가지 반복된 이야기를 읊조리고 있었다. 그것은 "은총을 가득히 받은 이여, 기뻐하여라. 주께서 그대와 함께하신다"라는 근본적인 은총Radical Blessing에 관한 이야기였다. 이것이 예루살렘에서의 예수를 등 뒤로 하고 높이 있었던 곳에서 예루살렘은 산지에 위치함 저 낮은 곳인 엠마오로 내려가면서, 절망과 무기력의 두 제자들에게 여전히 '길을 가는' 존재로 남아 있을 수 있게 만든다.

동료들과 이야기를 나누는 것과 더불어 또 하나의 차디찬 세상을 견디는 가능성이 있다. 그것은 바로 자비로운 실재에 대한 기억을 −신적 생명에 대한 기억− 회상하기이다. 만물과 사건들은 자비로운 실재의 반향echo이다. 여기에는 3가지 가능성이 있다. 그 첫째는, 자신의 삶 속에서 일어난 사건들의 성찰과 해석에 대한 것이다. 자신의 경험이나 체험 혹은 꿈속에는 '신비롭게' 손짓하는 미세한 거룩한 목소리가 있다. 자신의 정체성이나 가능성에 대해 혹은 소명에 대해 재음미되고 재성찰되기를 기다리는 그 무언가가, 그 사건의 형상 뒤에 본질적인 영감inspiration이 누구에게나 한두 가지는 존재한다. 그것을 신뢰하고 그것과 연결되어 상상한다. 둘째는, 희미해진 거룩한 전승전통에 대한 재회상이다. 특히 나에게는 성서의 재음미가 영혼의 섬광을 일으키는 데 전환점을 주었다. 내가 속한 평화서클교회에서 요한복음 텍스트와 2년을 함께 꾸준히 묵상한 것, 그리고서 이 누가복음을 신실성을 갖고 지난 1년 반을 또한 묵상한 것이 냉소와 수치심을 극복하고, 새로운 소명에 대한 감각을 수용하는 데 결정적인 역할을 하였다. 셋째는 자연에서의 '살아있음'과 '흐름'에 대한 감각을 익힘으로 얻어지는 거룩한 현존이다.

이렇게 경험, 전통, 혹은 자연은 번갈아 가면서 전면the front에서 자신들의 형상과 모습을 넘어, 그 깊이에서나in the ground 혹은 후면에서in the background 자비로운 실재의 무한히 풍성함과 자신의 신적 본질성으로서 나됨I-am-ness을 현시한다. 전면에 있는 것의 형상과 차이와 물질성에도 불구하고 근원적인 그 무언가가 우리를 살리고 일으켜 세운다. 이에 대한 누가의 증언이 있다.

"이젠 날도 저물어 저녁이 다 되었으니 여기서 우리와 함께 묵어가십시오."(24:29)

"길에서 그분이 우리에게 말씀하실 때나 성서를 설명해 주실 때에 우리가 얼마나 뜨거운 감동을 느꼈던가!"(24:32)

형상과 물체됨이 용해되어 거룩한 현존의 순간이 도래할 때, 눈이 열려 거기에 있던 보이지 않던 거룩한 동반자Divine Companion가 자각된다. 전경에서 중요하게 여겨지던 것이 뒤로 물러나고, 후방에 있어서 감지되지 않았던 친절한 영의 현존이 자신의 실존을 감싸는 '감동'을 맛보게 된다. 이렇게 동료와 함께 이야기를 하고, 거룩한 기억을 회상하고, 이와 더불어 '나'와 '너'의 경계선을 넘어서는 영적 안내자에 대한 초대에 의해 일어나는 변형된 실존의 시작이 나타난다. 그러한 시작이 이 지상에서 일어나는 '부활'의 모습이기도 하다. 양자 도약이 의식과 인식에서 새로 일어나는 것이다. 그렇게 하여 중력의 법칙이 존재한 일상에서 상승과 변모의 법칙이 작동하게 된다. 고통과 죽음의 현상세계가 영광과 평화의 새로운 실재-세상으로 변형을 일으키는 것이다.

증인으로 다시 시작하기

그들이 그런 이야기를 하고 있을 때에 예수께서 나타나 그들 가운데 서시며 "너희에게 평화가 있기를!"하고 말씀하셨다.(24:36)

너희는 이 모든 일의 증인이다. 나는 내 아버지께서 약속하신 것을 너희에게 보내 주겠다.…(24:48-49상)

증언자(목격자와 일꾼된 자)는 '자신들에게 일어난 일들'에 대해 새로운 언어로 말을 하는 자이다. 그 새로운 목격된 이야기는 심장 깊이에서 그리고 실존의 깊이인 벌거벗은 존재로부터 말하는 것이기에 힘이 있다. 단순히 증언을 통해 참관자들을 향하여 호소하는 진실에 대한 목소리가 되는 것만이 아니다. 오히려 텍스트처럼 이제는 그리스도(신적생명)를 자신들의 생 生 가운데로 불러내는 것이다. 이리하여 뒤따른 자는 더 이상 모방하지 않고 공동창조자로서 자비로운 실재를 불러들인다. 그래서 보이지 않던 실재를 눈에 보이도록 공간과 시간 안에서 물체화한다. 신성이 그들 한가운데 서심이란 그 어떤 삶의 역경과 상황에도 초대하여 그분의 안내에 자신의 의지를 드린다는 뜻이다. 이는 십자가에서 증언자인 예수가 보였던 가장 궁극적인 모습이기도 하다. '아버지, 내 영혼을 당신께 맡기나이다.'(23:46)

거룩한 실재가 자신의 생의 한 가운데 서도록 함으로써 증언자는 이제 휴머니티의 최종적인 영역 속으로 들어간다. 그것은 '너희에게 평화가 있기를!'이다. 평화는 이렇게 가치가 아니라 존재론적인 차원이다. 우리의 인생이 날도 저물어 어둠이 깔릴 때, 함께 삶의 이야기를 나누는 그 속에서 일어나는 자비로운 실재의 최종적인 선물이다. '너희에게 평화가 있기를'이라는 최종적인 선물이 주어짐으로써, 우리는 이제 더 이상 낯선 곳에서 방황하지 않고 거할 처소, 곧 영혼의 '집home'을 되찾는다. 평화가 존재하기 때문이다. 이렇게 하여 나의 휴머니티인간성는 디비니티신성를 불러내고, 신의 평화가 우리 가운데사이에서 우리의 연약함을 붙잡아 내 존재의 중심을 잡아준다. 이제는 삶의 외적인 파도에 흔들림은 있어도 전복되지는 않고 나아갈 수 있게 된다.

증언은 단순히 일어난 일에 대한 책임과 충실성의 영역에 대한 것만은 아니다. 자비로운 실재에 대한 충실성이라는 책임은 소극적인 것이며, 적극적인 영역으로 나아감이 존재한다. 그것은 '아버지자비로운 실재의 무한히 주심이라는 본성과 그 능력께서 약속하신 것을 너희에게 보내 주겠다'24:49는 능력의 부어주심이다. 능력부여empowerment는 하나님의 아들하나님의 딸이 된 자가 받는 상속이다. 아버지라 함은 아버지의 소유가 자녀의 것이 된다는 뜻이기 때문이다. 본성, 이치, 힘이 그대로 자녀된 자에게 부여될 것이라는 약속은 최종적인 것이고, 궁극적인 진실이다. 누가가 전하는 아버지로부터 받는 약속은 무엇인가?

첫째는, 선행은총이 인간실존에 앞선다는 약속이다. 신은 노여움, 벌함, 원한이 없고 우리를 만나러 먼저 움직여 달려오신다. 이는 더 나아가 나의 본성은 이 땅의 것들인 기운, 육체, 그리고 일시성이 아니라 은총이 내 존재의 핵심을 이룬다는 말이기도 하다. 그것은 내가 무엇을 하기 전에 이미 주어진 내 본래의 본성이고, 내 존재의 근거이다. 무엇을 경험하든 쓰라리거나 애통함이 일어나거나 그 어떤 박탈이나 어둠도 본래의 은총을 흐리거나 제거하거나 줄일 수 없다. 오히려 일어나는 모든 것은 내게 궁극적으로는 은총의 확대와 성장일 뿐이다.

둘째는, 인간실존의 실패, 잘못, 죄, 무력감에도 불구하고 신의 아들·딸은 영원히 순결하다는 약속이다.[98] 아버지는 인간의 행위와 능력이 아니라 하나

---

98) 십자가 사건에서 백인대장의 말이 이에 참고가 된다. "이 사람이야말로 죄 없는 사람이었구나!"(23:47) 죄없음은 하마르티아의 과녁에서 벗어남이 없는 존재이자, 따라서 분리 없이 자비롭고 거룩한 실재와 하나됨(at-one-ment, 속죄)을 의미한다. 죄없음은 하느님

님 아들·딸이라는 본성적인 측면에서 접근하기에 그리고 아버지-자녀와의 혈연적 일치 속에서 죄 없음을 가족의 일원으로 공유한다. 죄있음은 인간의 마음·사고의 분리된 감각에서 나온 것이며 인식의 오류인 것이다. 죄없음순결함; innocence은 치유와 회복의 궁극적 토대이며, 이는 본래부터 내 안에 주어진 잠재적 가능성이다. 그것을 현실로 바꾸는 것은 자신이 하나님의 아들·딸이라는 자각으로부터 나온다. 이것은 누가가 말한 '너는 내가 사랑하는 아들·딸, 내 마음에 드는 아들·딸이다'라는 두 번째 은총 경험으로 일어난다. 선행은총은 본래 주어진 1차적 은총이자 보편적인 은총이라면 이 두 번째 은총은 자신의 자각과 의지로 수용한 은총이며, 이것이 이미 존재하는 죄 없음을 실질적으로 증득證得시킨다.

셋째는, 우리의 삶은 결핍, 파멸, 두려움 그리고 죽음의 꿈속을 헤매며 스스로 고통어린 삶을 선택하는 것이 아니라, 오히려 누림이라는 잔치를 벌일 장소라는 약속이다. 그 잔치는 미천함, 끝장남, 그리고 상실함이라는 인생 여정들을 모두 품는다. 그러므로 삶에서 거부된 것들을 -가난한 사람, 불구자, 절름발이, 소경, 길거리·울타리 곁에 있는 자14:13,23- 초대하여 그들의 결핍과 두려움을 먹이고 양육할 필요가 있다. 그러한 내 삶의 본성들도 초대받아 누려야 할 것들이 있기 때문이다. 그러한 포함과 통전적인 교류는 '실재의 풍성함'에 대한 이해에서 나오며, 실재의 풍성함으로 인해 내 안의 두려움과 결핍의 소자아들은 양육되어 변화되어진다.

넷째는, 신의 평화가 본래의 우리 집이라는 것이다. 집에는 두려움과 결핍이라는 것이 자비로운 실재의 무한한 풍요로움과 자기-증여로 인해 본래 존재하지 않는다. 자비로운 실재가 참되시기에 그리고 두려움과 결핍은 진실이

의 아들·딸됨의 존재론적인 인식이다. 그러므로 죄 없음은 상실, 질병, 실패, 고통, 죽음을 넘어서는 근원적 존재임을 말하는 것과 같은 의미이다. 이렇게 부활은 본래의 창조적인 것, 그래서 상실할 수 없는 것에 대한 재각성을 말한다.

아니기에 그렇다. 그러나 두려움과 결핍은 단지 존재하지 않지만, 두려움과 결핍에 대한 사고·믿음·마음은 존재한다. 이것이 우리를 하나님의 아들·딸에서 종살이로 전락시키는 이유이다. 신의 평화가 우리의 집이다. 거기에 휴식과 안전과 능력이 동시에 존재한다. 거기가 목적지이다. 오로지 그분께서 계시는 곳에서만 나를 찾을 수 있다. 그리고 그분이 거하는 집은 경계가 없기에 그분께로 이끌지 않는 길은 없다. 여기에는 두려움과 결핍도 장애가 될 수 없다. 이제 우리는 더 이상 헤매지 않고 집을 발견하여 귀향하고 있게 된다. 신의 품이 집이기 때문이다. 그리고 그 집은 확실하다. 신의 품은 그 팔의 바깥이 존재하지 않기 때문이다.

다섯째는, 아버지는 모두의 아버지이시기에, 나의 하나님 아들됨·딸됨의 허락만이 아니라, 타자에게서, 특히 권력의 지배 하에서 중심에서 주변the marginal으로 밀려난 자들에게도 그러한 약속의 효용성도 마찬가지라는 점이다. 각자의 개별성의 추구는 자비로운 실재의 아버지됨으로 인해 더 이상 그러한 경계선은 존재하지 않는다. 우리는 모두 상호의존과 공동존재로서 있으며, 타자들에 대한 한 아버지의 풍요한 잔치에로의 초대를 통해 나의 정체성과 가능성을 확인받는다. 즉 '우리'로 인해 '나'가 가능해지는 것이다. 그러므로 자비로운 실재하나님를 마음과 정성, 목숨을 다해 사랑하는 것과 이웃, 형제자매를 사랑하는 것은 동시적인 것이며 서로를 필요로 하고 서로를 강화시킨다. 즉, 하나님 사랑과 이웃사랑은 서로를 북돋우며, 서로를 끌어들인다.

여섯째, 신적인 자비와 평화를 얻기 위해 희생하라는 요청을 우리는 받지 않는다는 약속이다. 세상은 신의 자기-증여의 표징이기에 서로 선물을 주고받으며, 기쁨과 평화를 누리도록 신이 우리를 보내셨다는 약속이다. 신께서는 주시지 그 어떤 경우에도, 빼앗아 가시지 않으신다. 그러므로 잘못에 고통스러워하지 말고 신의 자녀라는 것을 기억하는 것이 낫다. 창조는 언제나 아버지의 본성에 따라 움직이기에 그 모든 것은 선물로 존재하기에 불행과 희생은 환영이다. 그러므로 그 어떤 상황에서든 자신이 '희생자'가 되었다는 그 어떤 감각이 올라올 때 이미 자비로운 실재로부터 벗어나 있음을 알아차려야 한다. 그러한 벗어나 있음이 바로 죄하마르티아의 본뜻이기 때문이고, 죄는 자비로운 실재를 가리기 때문이다.

일곱째, 우리가 신의 본성대로 창조되었다는 것은 주기giving, 기여 위해 삶을 부여받았다는 것이다. 그러므로 나 또한 주는 역할이 부여되었다. 주는 것을 통해 내가 무엇을 받았는지 알게 되고, 내가 누구인지, 무엇을 할 수 있는지를 알게 된다. 신의 자비와 평화가 공짜라면 나에게도 그게 가능하다. 더 나아가 내가 상실이나 박탈에 대해 분노하거나 두려워할 이유가 없으니 공짜로 받은 것일 뿐만 아니라, 자비로운 실재가 나를 영원히 감싸고 있기 때문이다. 그러기에 두려움과 결핍 없이 사랑의 현존으로서 나도 조건 없는 사랑을 주는 법을 배울 수 있다.

이제부터 낯선 이국땅에서 망명은 존재하지 않는다. 자비로운 실재를 기억함으로써 사랑의 현존으로 회복되어 상속자로서 신의 아들·딸로서 아버지 집에 거할 것이기 때문이다. 신의 기쁨과 평화를 받아들이라. 그리고 그것을 조건 없이 주는 '부활의 증인'이 되라. 주는 것으로 인해 결코 줄어들지 않고 늘어나는 새로운 신의 기쁨과 평화를 더욱 맛보게 될 것이기 때문이다.

누가가 전하는 마지막 진술은 더욱 감동스러운 변화의 이야기이다.

예수께서 그들을 베다니아 근처로 데리고 나가셔서 두 손을 들어 축복해 주셨다. 이렇게 축복하시면서 그들을 떠나 하늘로 올라 가셨다. 그들은 엎드려 예수께 경배하고 기쁨에 넘쳐 예루살렘으로 돌아가 날마다 성전

에서 하나님을 찬미하며 지냈다.(눅24:50-53)

이 땅에서 가장 낮은 곳이자 비천한 곳인 육축의 먹이통구유에 누웠던 자가 은총으로 변형되어 축복을 주는 자가 되었고 하늘로 올라가 영광과 평화의 자리에 계신다. 그리고 그와 함께하던 일꾼된 자들도 어둔 빈들의 목자들이 '하늘에는 영광 땅에는 평화'라고 말한 천군천사들의 목소리에 움직였던 것처럼, 마지막까지 목격자와 일꾼된 자로 남은 그들도 엎드려 경배하고 기쁨에 넘쳐 하나님을 찬미하며 지내게 된다. 경이로운 기적이 일어나는 것이다. 경이로운 기적은 어느 특정한 신적 존재로서 예수 그리스도에 대한 초자연적인 것에 대한 것이 아님을 누가는 계속해서 말해왔다. 기적은 자비로운 실재의 호의와 그 풍성함에 눈뜸을 말하며, 경이로움이란 바로 한 특정한 존재만이 아니라 일행들에게 다수로 일어나는 자각과 일어섬이 -하늘을 보게 되고, 신적 생명을 알아보고 경배하는 삶- 번지는 것을 의미한다. 날마다 그들의 삶은 이제 '성전sanctuary'이 되어 타자들을 회복해 나갈 것이다. 그에 대한 증거는 사도행전에 연이어 기록되어 있다. 예수를 모방하기에 실패했던 제자들이 결국은 그 두려움과 결핍을 이겨내고, 축복을 자신의 것으로 받아들여, 슬픔 대신에 기쁨을 배우며, 찬미하는 변화된 인생으로 서게 되는 것이다.

이를 통해 실질적으로 폭력과 지배의 체제는 그 힘을 잃었다. '하나님 나라의 신비'8:10가 이제는 가시적으로 드러내어 지고, 신의 평화로 인해 공격과 방어의 언어를 내려놓고 찬미의 언어를 말하기 시작한다. 언어가 두려움에서 찬미로 바뀐다는 것은 기적의 본질에 연결되어 있다. 그것은 기적이 초자연적인 것이 아니라 온전성의 회복이라는 점이다. 놀라운 기적이 그들에게 일어난 것이다. 이것이 누가가 처음 진술에서 말한 '처음부터 직접 눈으로 보고 말씀을 전파한 사람들이 우리에게 전해 준 사실 그대로'이다.**99)** 이렇게 자비로운 실재에 대한 증언은 예수를 넘어 제자들의 삶에 들혼처럼 번지기 시작하였다.

이 얼마나 경이로운 기적의 이야기인가? 누가가 전하는 이 아름답고 참된 이야기에 마음이 움직이지 않는 이가 있다면 그 사람은 도대체 어떤 심장을 가진 이인가? 누가가 전한 마지막 텍스트를 성찰하면서, 자신의 인생 종착지가 어떠할 것인지를 추측해 보라. 무엇이 죽어있고, 무엇이 산 것인지를 알 수 있을 것인가? 어떤 거룩한 기억을 아직도 나는 가지고 있는가? 어떤 뜨거운 감동을 나는 타자와 나눈 적이 있는가? 나이 먹어감의 최종의 경지가 '날마다' 삶이라는 성전에서 자비로운 실재를 찬미하며 지내는 그 눈부신 변형에 대한 누가의 증언이 어떻게 다가오는가? 이것이 우리 각자에게 남겨지는 질문들이다.

---

99) 1:2; '우리 중에 이루어진 사실에 대하여 처음부터 목격자와 말씀의 일꾼된 자들이 전하여 준 그대로 내력'–새번역.

평화영성 실습

이 수련은 실재–존재의식–행동–결과에 관한 의
식메커니즘을 재–프로그램화하기 위해 주어진다.
그 목적은 지배체제의 어둠, 두려움 그리고 결핍에
의해 프로그램화된 에고의 작동과 그로 인한 비극
적 현실에 대해, 누가복음의 하늘의 영광과 땅의 평
화라는 파트너십체제로의 지향을 위해 궁극실재에
따른 의식의 변형을 통한 자유와 기쁨, 헌신과 풍성
함을 위한 것이다.

실습이 포함하고 있는 원리들:

1. 실재는 진선미의 본성이다. 하나님으로 불리는 이 실재는 각 존재의 기원, 삶의 목적 그리고 완성의 과정에 있어 지혜와 힘의 근원이다.

2. 우리에게 시간과 공간이 주어지는 이유는 우리로 하여금 성장과 풍성함으로 가는 경험을 선택하는 것이 가능하게 하기 위함이다. 그것을 아는 마스터 키는 우리가 경험하는 바가 평화인가 폭력인가 그리고 그 목적이 신의 영광인가 악의 식민지화인가에 달려 있다.

3. 내면의 마음과 우주의 마음은 연결되어 있고 하나이다. 즉 개체성과 전체성은 그 본성에서 일치하며 서로를 향해 진동vibration하고 조율한다.

4. 우리의 몸과 신체적 감각들은 실재를 보는 우리의 견해를 제한시키고 우리의 생각 또한 실재에 대해 한정시킨다. 이로부터 집착된 생각, 행위, 그리고 결과로부터 벗어남이 구원salvation의 방향이다.

5. 우리가 변화할 수 있는 방법은 세상을 변화시킴보다 먼저 자기 자신을 바꿈에서 빠르게 일어난다. 이를 위해서는 실재에 대한 인식, 자기 자신에 대한 인식, 타자에 대한 인식의 변화를 가져와야 한다. 그런 만큼 세상은 바뀐다. 왜냐하면 내안에서 경험하는 것이 세상을 통해 투사되어 돌아오기 때문이다.

6. 존재, 의식, 행위, 소유 모두가 에너지라는 진동에 의해 연결되어 있다. 따라서 참이나 거짓환영에 도달하는 방식은 두 감정에 의해 이루어진다. 하나는 사랑과 풍성함이며 다른 하나는 두려움과 결핍이다. 전자는 실재에 따른 선을 향한 창조creation를, 후자는 우리의 마음이 만들어 놓은 비참함에로 이끈다.

7. 실재–존재의식–행위–결과의 과정에 따라 실재에서 결과로 나가는 것은 창조의 영역이다. 실재에 대한 인식은 데이비드 호킨스의 의식지도에 따르면 진실과 용기의 영역을 강화시켜 기쁨, 평화, 사랑의 자발적이고 창조적인 능력을 가져온다.

8. 실재–존재의식–행위–결과의 과정에 따라 잘못된 결과에서 실재로 나가는 것은 구원salvation의 영역이다. 이것은 데이비드 호킨스의 의식지도에 따르면 자존감에서 수치심에 이르는 영역의 부분이며, 이것을 내려놓음의 방식을 통해 우리는 상승이나 도약을 할 수 있다.

9. 창조의 길이든 구원의 길이든 외부의 상황과 조건이 문제가 아니라 내적인 마음, 곧 영혼의 영역이 실재와 공명되어 있을 때 평화, 사랑, 기쁨, 조화, 충만이 현실화되고 물질화되어 나타난다. 외적인 것은 내적인 것의 투사와 공명을 통해 자기 것이 되기에, 먼저 의식의 초점이 되어야 하는 것은 내적인 것으로 주의를 돌림이다.

10. 물질의 법칙과 전적으로 다른 영혼의 법칙 하나는 주는 것이 자기 것이 된다는 사실이다. 주는 것을 통해 나의 정체성, 잠재성 그리고 능력을 부여받고 더욱 풍성해질 수 있다.

사용하는 법

일주일 동안 주어진 주제를 하루 전체를 통해 틈틈이 묵상하고 이 주제로 되돌아와 묵상하며 지낸다. 특히 깨어나는 시각과 잠자는 시각이 중요하다. 그대의 의식, 언어, 행동이 이 문장에 조율이 되고 공명이 되게 한다. 그래서 의식, 정서, 몸에 녹아들어가게 한다.

기억하기

* 평화는 그냥 오지 않는다. 그리고 긴급한 순간에 당신은 평화에 대해 당신이 꿈꾸고 이해한 수준에서 반응하는 게 아니라, 몸에 배인 수준에서 반응하게 된다. 그러므로 평화는 목표이자 수단이고 의식적인 반복 훈련을 통해 이루어진다.

* 누가복음에서 하나님으로 불리는 실재의 본성은 참되며 무한히 자비롭다. 실재가 참되고 자비롭다는 실재의식과 나의 본성인 존재는 성취나 상실과 상관없이 동심원처럼 함께 그 본성을 공유한다. 외부의 조건과 상황에 상관없이 마음이 실재와 하나됨으로써 평화는 저절로 드러난다.

* 평화는 그대가 원하는 수많은 가치들의 하나가 아니다. 그것은 자비로운 실재신의 본성이자 윤리적 가치이자 삶의 에너지이다. 평화는 존재의 언어이다. 평화라는 언어는 그대의 본성으로서 존재라는 공간을 에워싸는 집이 된다. 자신이 원래 "사랑스럽고 평화로운" 존재로 태어났

고, 그것이 삶으로 경험하는 것이 그대의 미션이라는 것을 깨닫지 않고 서는 평화는 오지 않는다.

* 평화는 소유하는 것이 아니라, 자신을 열어야 맛볼 수 있는 존재의 상태이다. 실재가 이미 참되고 자비로움으로 평화의 상태이기 때문에, 마음을 열면 저절로 누구에게나 차별 없이 풍성히 주어지게 되는, 살아있는 역동적인 것이다. 그대 자신, 타자와의 관계, 그리고 세상과의 관계에 있어서 살아있는 생명력으로 펼쳐지는 살아있는 순간들이다.

* 평화는 시간과 공간에서 즉 이 세상에서 우리 몸과 마음이 경험하는 최고의 것이다. 이를 통해 우리는 영혼이 시간과 공간을 넘어선 차원에서 '영광됨'의 존재적 영역을 맛볼 수 있게 된다. 영광은 이세상성을 넘어 기독교 신학이 말한 '하나님 형상Imago Dei'와 '하나님 닮음God-likeness'의 일치라는 존재와 의식의 일관된 상태이다.

실재의 증언자됨을 위한 의식메커니즘 실습① : 은총의 자각

– 눅 1장을 중심으로 –

누가복음에 따르면 우리가 경험하는 비참함/비통함/비천함이라는 결과는 실재-존재의식-행동-결과라는 프로세스 속에서 결과와 그 소유의 현상곧, 세상에 대한 주목에서 온다. 이것을 바꿀 수 있는 전환점은 '의식'을 다르게 가짐으로 가능하다. 즉, 내가 직면한 결과와 그것을 초래한 행동은 의식의 진동공명에 따른 결과물이기 때문에, 그 의식의 변화를 통해 결과를 바꾸어낼 수 있다.

준비하기

– 일상의 매일 아침의 시작과 저녁의 끝에서 다음을 반복적으로 해서 무의식적인 패턴이 될 때까지 의식변형실습을 시도한다. 이를 위해 아마도 2~3개월의 꾸준한 자기의식 실습이 필요할 것이다.

– 혹은 당신이 끝에 다다른 그 어떤 상황에 직면하거나 중심에서 멀어져 있다고 느껴지는 삶의 상황과 불안이라는 도전 속에서 삶에 대한 긍정이 어려울 때 다음의 실습을 한다. 그러나 아마도 점차로 이러한 상황이 이상하게도 서서히 사라지고 오히려 뭔가 긍정성과 가벼움이 내면에 충일되어가게 될 것이다. 그래도 이 실습은 정규적으로 회상과 기억의 반복을 가져올 필요가 있다.

진행하기

1. **의식변형의 터전으로서 신성한 자기 선언:** 그러한 새로운 결과를 맞이하는 변형된 의식의 모체matrix는 다음의 존재 의식의 진술문이다. 다음을 계속적으로 자주 반복하며 받아들인다. 저항하지 말고 수용한다.

    "은총을 가득히 받은 000여, 기뻐하여라. 주께서 너와 함께 계신다."(1:28)

* 실재는 비극이 아니라 은총으로 가득하다. 은총은 나의 존재와 움직임의 근거이다. 나의 의식의 에너지는 분노, 두려움, 수치심이 아니라 이 선험적 은총에 대한 무조건적인 기쁨의 응답이다. 일상의 시간과 공간에서 우리를 추락이 아니라 상승으로 이끄는 일관성은 바로 '임마누엘, 주께서 나와 함께 계신다'는 신적 본성과의 함께 '머물음'소속함에 대한 자각을 통해서이다. 이것이 우리를 어둠과 죄의 노예가 아닌 사랑을 위한 자유의 존재로 바꾼다.
  – 위의 신성한 짧은자기-선언의 진술을 지속적으로 반복한다.

2. **의식변형의 숙고과정을 밟기:**
  – 내적인 의문과 의심 혹은 불안과 에고의 저항을 열어서 실재가 '무한히 선하고 창조적이며 풍성하다'는 데 주목하고 머리의 판단을 내려놓고 심장의 대답을 기다린다.

    "이 몸은 00(몸의 한계, 의식의 한계)입니다. 어떻게 그런 일이 있을 수 있겠습니까?"(1:34)

* 당신의 육신, 생각, 마음, 열정의 한계가 올라올 것이다. 그 생각을 00에 담는다. 그것에 저항하지 말고 의식하여 흘려보내면서, 심장마음의 깊이으로 주의력을 돌려 질문을 하라. 도움을 청한다. 어떤 선한 것나면서 소경인 불행한 운명의 사람에게 예수가 말한 증언을 기억하라: "자기 죄 탓도 아니고 부모의 죄 탓도 아니다. 다만 저 사람에게서 하나님의 놀라운 일을 드러내기 위한 것이다. 요9:3을 위해 이러한 일이 일어났는지 심장의 호기심을 갖고 묻는다.

3. 거룩한 소명/생명의 영적 수태를 작동시키기:

당신의 심장내면의 '깊이'혹은 영혼참자아에로 질문을 던지면 당신이 얻는 대답은 거룩한 소명이나 거룩한 생명적인 그 무엇이 출현할 것이다. 그 대답은 옳고 그름/정당성/호불호의 것 —이것들은 에고의 장식들이다—이 아니라 '생명을 주고 더욱 풍성케 하는'요10:10 것, 다시 말해서 존재의식에 따른 거룩한 현존을 강화하고 이를 더욱 풍성케하는 것으로 나타난다. 이에 대해 다음과 같은 의식으로 그 결과의 '영적 수태'를 위해 영적인 자궁matrix를 돌본다.

"성령이 너에게 내려오시고 지극히 높으신 분의 힘이 감싸 주실 것이다. 그러므로 태어나실 그 거룩한 아기를 하나님의 아들이라 부르게 될 것이다. 하나님께서 하시는 일은 안 되는 것이 없다."(1:35)

* 이 단계에서 거룩한 수태를 위한 의식변형실습은 두 가지의 돌봄과 관심으로 이루어진다. 첫째는 전적인 자기 개방이다. 이를 위해 성령이 내려오시고 지극히 높으신 분의 힘이 나를 감싸는 것을 상상한다. 하나님께서 하시는 일은 안 되는 것이 없음을 수용한다. 둘째는 내가 나에게 주시는 소명/생명적인 그 무엇에 대해 명명naming하는 것이다. 입으로 고백하고 의식 속에

서 확인한다. "나에게 일어날 일들은 …이라 부르게 될 것이다."라고 고백하고 실재에 응답한다. 그 고백과 응답은 나의 소유나 나의 힘보다는 존재의 차원 혹은 생명적인 것에 대한 기여와 관련되어야 한다. 이렇게 수태의 마음의 공간의 돌봄과 수태되는 생명적인 것에 대한 명명의 의식적인 작업을 계속해서 처음에는 희미한 상像으로 다가오지만 점차 상상력을 통해 그리고 의식적인 반복을 통해 점차 명료한 상으로 보이도록 관심을 집중한다.

4. 당신의 응답으로 '예Yes' 하기:

* 당신의 몸, 생각, 마음의 관점에서 그것이 가능한가라는 판단이 중요한 것이 아니라, 그 잠재적 가능성이 거룩하고, 열정을 불러내며, 전체적인 선을 증진시키는가에 대한 입장에서 바람직한지를 고려한다. 그것이 자신의 참된 정체성이나 소명을 증진하는 것이라면 그 잠재적 가능성이 내게 일어나는 것에 대해 저항 없이 절대적인 긍정으로 '예yes'로 응답한다. 그리고 그 결과나 그 결과를 가져오는 수단이나 과정에 대해 신경쓰지 않는다. 개별자인 당신은 단지 예라고 응답하고 나머지는 실재가 인도하도록 내맡긴다.

> "이 몸은 주님의 종입니다. 지금 말씀대로 저에게 이루어지기를 바랍니다."(1:38)

위의 1–3단계를 거쳐 왔다면 당신은 이제 전적인 복종surrender으로 의심과 불안을 내려놓고 실재가 스스로 활동하도록 자신을 맡긴다. 전체성인 실재는 개별자인 나의 앎보다 더 진정하고 선하며 조화롭고 풍성한 길을 알 것이라는 신뢰 속에 머물러 일상을 지낸다.

실재의 증언자됨을 위한 의식메커니즘 실습②: 내적 정화

- 눅 4: 1-13을 중심으로 -

누가복음에 따르면 우리가 경험하는 비참함/비통함/비천함이라는 결과는 실재-존재의식-행동-결과라는 프로세스 속에서 결과와 그 소유의 현상곧, 세상에 대한 주목에서 온다. 이것을 바꿀 수 있는 전환점은 '의식'을 다르게 가짐으로 가능하다.

여기서는 시간과 공간의 경계선인 세상에 두 개의 거울을 서로 비추어 강력한 레이저라는 빛의 일관성을 통한 빛진리의 분별, 투시명료화, 움직임소명, 융합치유와 회복의 능력을 발할 수 있는 존재의 상태에 대한 실습을 한다. 그 두 거울이란 하늘에서 영광의식 그리고 땅에서의 평화의지에 대한 것이다.

이것은 목자들이 빈들마음에서 주의 천사실재의 징표의 고지에 의해 '하늘에는 영광, 땅에서는 평화'라는 비전vision을 얻고, 그 비전이 '내적인 생명'인 영혼의 탄생하늘의 열림과 예수의 세례과 그 영혼의 숙련의지의 실현, 마귀의 시험을 통과함에 의해 보여지는 과정을 내면작업으로 가져온 것이다. 하늘에는 영광, 땅에는 평화라는 비전은 다시 의식의 정련으로서 일치, 그리고 땅의 유혹에 대한 의지의 일관성으로서 온전성을 이룬다. 하늘/영광 vs 땅/평화의 도식은 누가복음의 '내적인 생명영혼/참자아'의 구현자인 예수의 공생애 시작의 준비에 있어 중요한 의식-도식scheme of consciousness이며, 제자도에 대한 '주기도'의 두 축이기도 하다.

* 준비하기(5분)

– 몸과 마음을 편안히 하기: 몸을 편안한 자세로 취하고 호흡을 가지런히 해서 천천히 깊은 들숨과 날숨을 쉰다. 마음의 생각, 느낌 그리고 마음의 감각을 의식적으로 주목한다.

– 내적인 공간을 허락하기: 몸과 마음의 생각기억, 상상, 느낌, 감각을 저항하거나 누르지 말고, 환대로 맞이하고, 연결하여 미소로 인사한 후, 흘려보내는 굿바이를 한다. 각각의 생각, 그 생각 뒤의 느낌, 그리고 그 느낌이 일어나는 몸의 감각들을 주목하며 환대–연결–흘려보내기를 하면서 마음에 내적인 공간을 허용한다. 마치 흘러가는 구름 뒤의 창공과 같다.

　이 의식메커니즘 실습은 이해보다 과정이 중요하다. 천천히 과정을 충실히, 생생히 흐름을 타고 주어진 시간의 속도에 따라 충분히 각 단계를 맞이한다. 서클진행자는 먼저 전체 흐름을 함께 읽고서 그 흐름을 파악한 후 본격적으로 아래 단계들을 시작한다. 진행자는 각 단계의 최소한의 소개말을 하고 시작과 끝을 알리는 종을 쳐서 다같이 같은 속도에 같은 단계를 지나도록 돕는다.

1. 하늘의 영광에로 (의식을 실재에 모으기)

– 당신의 의식을 실재와 그 영광에 일치시키는 내면 작업을 한다. 아래 ①②③을 실습하기 위해 의식을 심장 주위로 가져가 머문다. 각 단계를 3분씩 머물러 집중한다. 저항이 일어나면 이 한 시간만 이 실습을 허용한다 생각하라. 다른 시간에는 의심을 탐구할 수 있다. 지금은 오로지 전념한다.

① 은총을 수용하기3분: "은총을 받은 이여, 기뻐하라. 하나님께서 함께 하신다"

　저항 없이, 노력이나 자격의 필요 없이, 마음을 열어 이 메시지를 천천히 무조건적으로이유 없이, 수용한다. 이 은총의 부어짐을 상상으로 그려서 생생히 내면에 현실화하고, 빛으로든, 에너지이든 당신의 본래 존재 속으로 채워지고 있음을 생생하게 그려서 마음으로 허락한다. 중요한 것은 실재의 현존함이지 실재로부터 받는 선물이 아니다. 따라서 은총은 실재가 주는 그 무엇_{공급물}이 아니라, 실재이신 분_{공급자}의 함께 있음이다. 다시 말하자면 이성의 이해가 아니라 심장의 수용이 중요하다.

② 거룩한 의도 품기: "이 몸은 주님의 종입니다. 지금 말씀대로 저에게 이루어지기를 바랍니다."1:38

실재는 참되고, 선하며, 완전히 안다. 그 실재의 통로/도구가 되는 것이 내 존재의 의미이며 삶의 목표이다. 그리고 실재가 내 존재의 근거이기도 하다. 그러므로 실재의 뜻과 안내가 내 안에서 명료해지고, 작동되어지고 안내되어지기를 간구하라. 그것이 당신의 영혼이 갖는 간절한 염원이 되도록 가슴을 열라. 그리고 그 염원을 품어서 당신의 심장이 자기장처럼 되도록 한다. 의식과 에너지를 실재의 통로가 되는 데 집중하고 에너지를 모은다.

③ 실재와의 일치: "너는 내가 사랑하는 존재[아들/딸]요, 내 마음에 드는 존재[아들/딸]다."3:22

누가복음에서 '아버지-아들'의 관계표시는 인격적인 실재의 차원에 대한 소속과 연결의 메타포를 상징하는 말이다. 아버지라 함은 _{궁극} 실재는 자비롭고 호의적이라는 말이며, 실재는 또한 '자비로운 공급자'라는 뜻이다. 이유 없이, 한계없이 아버지는 자녀에게 신실하고 무한히 공급하는 자비로운 실재이다. 그리고 아들/딸/존재는 그 실재의 무한한 공급에 있어서 상속자이며, 자비로운 실재의 존재력을 자식은 본성적으로 상속받았다는 뜻이다.

2. 땅에서 평화에로 (의지)

– 잠시 침묵으로 머물면서 지금까지 내면 작업의 여운에 머물러 정리한 후, 서서히 당신의 의식을 좀더 내려서 단전, 곧 땅의 기운이 올라오는 지점에 놓는다. 아래 ④⑤⑥을 3~4분씩 시작과 끝을 알리는 종에 따라 머물며 다시 의식을 집중하여 몰입한다.

④ 육의 요청필요을 놓아 보내기: "당신이 하나님의 자녀이거든 돌더러 빵이 되라고 하여 보시오." "'사람이 빵으로만 살 것이 아니다'고 성서에 기록되어 있다."

　당신의 이 세상에서의 생존을 위해몸/육체의 필요한 것이 무엇인지를 나열한다. 각각의 필요를 나열하고 나서 하나씩 불러내, 위 문장을 각 필요로 바꾸어 넣고 반복하며 흘려보낸다. 이를테면, 시간, 돈, 능력 등등의 필요가 올라오면, "내가 온전한 삶을 살려면, 무력한 내 삶에 능력이 필요하다."라는 말을 일단 허락하고 그것을 흘려보내면서, 다시 "나는 온전한 삶을 살려거든, 능력만으로 사는 것이 아니다'라고 성서에 기록되어 있다"라고 스스로에게 다시 가슴에 새긴다. "돌더러 빵이 되라"는문장은 각각 구체적인 상황을 "돌"에 넣고 "빵"에는 각각의 필요를 넣어 에고의 메시지와 내 영혼의 응답의 문장으로 번갈아 갈음하며 새긴다.

⑤ 마음의 특별함의 위치명예, 성취를 놓아 보내기: "저 모든 권세와 영광을 당신에게 주겠소. 만일 당신이 내 앞에 엎드려 절만 하면 모두가 당신의 것이 될 것이요." "'주님이신 너의 하나님을 예배하고 그분만을 섬겨라'라고 성서에 기록되어 있다."

이제 육이 아닌 마음정신의 차원에서 '세상의 왕국' 혹은 '세상의 모든 권세와 영광'이 지닌 가치, 힘, 약속, 그리고 영화로움에 관련하여 당신이 얻을 수 있는 최대치의 가능한 것을 상상한다. 이 세상왕국에서 누리고 싶은 성취나 명예에 대해 구체적으로 상상한다. 전문직업으로서 00, 소유로서 집, 관계에서 선망 받는 위치/모습 등등을 상상하며 위 본문을 반복한다. "저 모든 권세와 영광을 혹은 구체적인 명예나 성취의 것들 당신에게 주겠소. 만일 당신이 내 앞에 엎드려 절만 하면 모두가 당신의 것이 될 것이요." "'주님이신 너의 하나님을 예배하고 그분만을 섬겨라'라고 성서에 기록되어 있다."

이 문장들은 소유의 풍성함이 아니라 존재 그 자체로서 나됨의 풍성함과 충분함, 곧 하나님의 자녀됨으로서 영광됨을 음미하도록 초대되고 있음을 묵상한다.

⑥ 실재에 순명하기 영적인 탁월함이나 영적으로 구별된 표징을 내려놓기: **"당신이 하나님의 아들이거든 여기에서 뛰어 내려 보시오. 성서에 주의 천사로 너를 지켜주고, 부딪치지 않게 손으로 너를 받들게 하시리라고 기록되어 있지 않소?" "'주님이신 너희 하나님을 떠보지 말라'는 말씀이 성서에 있다."**

신앙인으로서 얻고자 하는 간절히 갈망하는 영적인 특별한 선물이나 재능에 대한 필요나 욕구를 생각해낸다. 그리고 그것을 위의 문장으로 번역하여 말하고 응답한다. "당신이 참된 신앙인이면 ….을 가졌다는 것을 증명해 보시오." "주님이신 너희 하나님을 떠보지 말라는 말씀이 성서에 있다." 이는 성취나 상실이 실재와의 관계를 증가시키거나 단절시키지 않는다는 것을 의미한다. 실재는 이미 온전하고, 완전하며, 충분하고, 스스로 풍성히 작동하고 있으며, 존재의 상태에서는 그에 대한 영적인 증거확인이 필요 없이 주어져 있다는 것을 내면에서 확증하는 것이다. 에고의 거짓말과 환상의 메시지와는 달리, '하나님의 아들[곧 실재와 본성적인 연결됨으로서 존재]'은 자비로운 실재와의 연결이라는 신실성으로 모든 것은 충분하다는 것을 자신의 단전에 불어넣는 실습을 한다.

실재의 증언자됨을 위한 의식메커니즘 실습③: 실재의 황금률

- 눅 6장에 기초하여 -

누가복음의 증언은 우리의 '비천한 신세에 대한 돌보심을 받음'1:48이라는 새로운 의식에서 출발한다. 거룩한 실재의 전령자인 천사로부터 이러한 새로운 상황에 대한 인식은 "은총을 가득히 받은 이여, 기뻐하여라. 주께서 너와 함께 계신다"로 시작된 것이다. 그리고 이러한 인식은 창조의 원리이자 원복음原福音. 이는 복음서들보다 소박하지만 가장 기본적인 기쁜 소식이라는 뜻에서 필자가 쓰는 말이다의 반향되풀이되는 울림이기도 하다.

땅이 혼돈하고 공허하며 흑암이 깊음 위에 있고
하나님의 영은 수면 위에 운행하시니라
하나님이 이르시되 빛이 있으라 하시니 빛이 있었고
빛이 하나님이 보시기에 좋았더라.(창1:2~4상)

텍스트를 살펴보면 창조의 존재론적 기반은 혼돈/공허/흑암의 깊음에 대해 하나님의 영이 운행하고 있다는 인식론적인 자각이 있다. 모든 존재는 자신의 '있음有; to be'이 거룩한 실재하나님의 존재론적인 명령에 의해 있으라生 하심의 이르심命이 있어서 각자의 생명生命 이 주어진다. 그리고 그 있음은 어떤 모양, 상태, 조건, 크기에 상관없이 '좋았더라'의 좋음과 선함의 타당성을 갖는다.

그리고 그 존재는 빛이라는 스포트라이트까지 받는다. 창세기의 이 존재론적인 터전의 형이상학은 복음서에 오면서 실존적으로 바뀐다. 즉, 혼돈/공허/흑암의 깊음이 비천함/미천함/비참함의 깊음의 경험에 대해 실존적인 빛이 비치며 '좋았더라'의 새로운 차원인 은총이 내림과 하나님께서 함께 하심—하나님의 영의 운행하심—을 천사를 통해 빛처럼 우리의 생을 조명시킨다.

창조creation의 재반복으로서 —인간이 만든 '망가뜨림'의 역전으로서— 누가 기자의 복음기쁜 소식의 핵심은 그렇게 창조자 하나님을 자비로운 실재로 우리 실존에 다시 소개하는 증언의 입장에 있는 것이었다. 그것이 우리가 일상에서 경험하는 제한, 분리, 고통, 질병이 있는 세상의 장막을 찢고 다시 한 번 고지되는 실상인 "하늘 높은 곳에서는 하나님께 영광, 땅에서는 그가 사랑하는 사람들에게 평화"라는 비전을 통해 공지된다. 우리 삶의 목표가 영광됨이고 우리가 사는 땅의 상태가 평화라는 이 시간과 공간의 새로운 주어짐은 자비로운 실재가 주는 인생의 근원적인 목표가 된다. 이 '영광과 평화'의 보여주심으로 움직임, 일어섬, 나아감이 생긴다. 목자가 그렇고 늙은 예언자 시므온과 안나의 출현이 그러하며, 아기 예수의 성장이 그러하고 12 제자들의 선택, 72 제자들의 선택 등이 그러한 움직임을 우리의 혼돈/공허/흑암/비천함에서 일어나는 것이다. 이렇게 자비로운 실재의 출현과 보여주심은 고통과 죽음의 '멸망의 사슬'에서 벗어나 '하나님의 자녀가 누리는 영광스러운 자유에 참여'롬8:21에로 움직여 나아감을 일으킨다. 그것이 증언자의 길이다. 그가 본 새로운 비전이 그의 심장을 움직이며 발걸음을 일으켜 나아가게 한다. 본 것을 증언하게 하는 것이다.

계속해서 우리는 누가복음을 읽으면서 출현고지—자각깨달음—헌신움직임의 이야기들 속에서 보편적이고 근원적인 의식의 메커니즘을 확인하고 있다. 그것은 실재—의식—행동—결과의 창조 사이클이다. 이 사이클에 조율되고 의식과 에너지가 합일될 때 기적여기서 말하는 기적은 초자연적인 뜻이 아니라 생존에서 소명이, 무능력에서 치유와 능력부여라는 실존적 전환을 뜻한다이 일어난다. 앞의 두 번의 의식 메커니즘이 존재론적인 특성에 관해 나의 정체성의 재조명에 맞추어졌다면, 이제는 움직여 나감에 있어서 의식 메커니즘에 대한 평화영성의 실습을 한다. 이 실습은 누가복음의 초반을 지나 본격적인 활동의 이야기들이 나오기 시작하는 6장의 행동에 대한 핵심 통찰의 원리를 기반으로 만들어졌다.

* 준비하기(5분)

안전한, 그리고 거룩한 현존의 공간을 주변과 내면에 형성하는 준비를 한다.

– 몸과 마음을 편안히 하기: 몸을 편안한 자세로 취하고 호흡을 가지런히 해서 천천히 깊은 들숨과 날숨을 쉰다. 마음의 생각, 느낌 그리고 마음의 감각을 의식적으로 주목한다.

– 내적인 공간을 허락하기: 몸과 마음의 생각기억, 상상, 느낌, 감각을 저항하거나 누르지 말고, 환대로 맞이하고, 연결하여 미소로 인사한 후, 흘려보내는 굿바이를 한다. 각각의 생각, 그 생각 뒤의 느낌, 그리고 그 느낌이 일어나는 몸의 감각들을 주목하며 환대–연결–흘려보내기를 하면서 마음에 내적인 공간을 허용한다. 마치 흘러가는 구름 뒤의 창공과 같다.

이 의식메커니즘 실습은 이해보다 과정이 중요하다. 천천히 과정을 충실히, 생생히 흐름을 타고 주어진 시간의 속도에 따라 충분히 각 단계를 맞이한다. 진행자는 먼저 전체 흐름을 함께 읽고서 그 흐름을 파악한 후 본격적으로 아래 단계들을 시작한다. 진행자는 각 단계의 최소한의 소개말을 하고 시작과 끝을 알리는 종을 쳐서 다 같이 같은 속도에 같은 단계를 지나도록 돕는다.

1. 의식을 실재에 모으기

당신의 의식을 실재와 그 영광에 일치시키는 내면 작업을 한다. 아래의 실습하기 위해 의식을 심장 주위로 가져가서 의식을 심장에 머물게 한다. 그렇게 하여서 당신의 머리가 갖는 '앎'과 지성이 작동하게 하기보다는 심장이 지닌 자기 개방에 자신을 허락한다. 앎이 아니라 심장이 작동하는 '일치'의 차원에 머문다. 오로지 일치에 전념하라.

종소리에 따라 단계를 밟으며 각 단계는 최소한 2분 이상의 시간을 갖고 행한다. 함께 할 때는 종이 안내를 할 것이다. 혼자 있을 때는 타이머 등으로 시간을 조정할 수 있다.

① 은총을 수용하기: "은총을 받은 이여, 기뻐하라. 하나님께서 함께 하신다"
1:28

저항 없이, 노력이나 자격의 필요 없이, 마음을 열어 이 메시지를 천천히 무조건적으로 이유 없이, 수용한다. 이 은총의 부어짐을 상상으로 그려서 생생히 내면에 현실화하고, 빛으로든, 에너지이든 당신의 본래의 존재 속으로 채워지고 있음을 생생하게 그려서 마음으로 허락한다.

② 자비로운 실재에 의식을 두기 2분: "너희의 아버지께서 자비로우신 것같이 너희도 자비로운 사람이 되어라" 6:36

실재는 참되고, 선하며, 완전히 안다. 그 실재의 통로/도구가 되는 것이 내 존재의 의미이며 삶의 목표이다. 그리고 실재가 내 존재의 근거이기도 하다. 그러므로 실재의 뜻과 안내가 내 안에서 명료해지고, 작동되어지고 안내되어지기를 간구하라. 그것이 당신의 영혼이 갖는 간절한 염원이 되도록 가슴을 열라. 하나님이 아버지라는 뜻은 자비의 무한하심과 호의베푸심의 무제약적이심에 대한 은유이다. 그 거룩한 은유에 거부나 저항 없이 자신의 정체성과 삶을 일치시킨다.

* 종소리에 따라서 몸과 마음을 다시 조율하고 지금 자신의 생각, 느낌, 감각이 어떤지 확인한다. 그리고 다음 순서를 기다리며 편안한 마음상태를 유지하고, 분심이 생기면 다시 지금으로 돌아온다.

2. 근본적인 행동의 원리에 의식을 모으기

잠시 침묵으로 머물면서 지금까지 내면작업의 여운에 머물러 있으면서 당신의 의식을 이제 단전 쪽으로 향한다. 외부 상황에 대한 반응하기 전에 다음의 행동원리를 힘의 중심인 단전에 각인한다는 심정으로 묵상한다.

당신의 의식을 좀더 내려서 단전, 곧 땅의 기운이 올라오는 지점에 놓는다. 아래 순서를 3~4분씩 시작과 끝을 알리는 종에 따라 머물며 의식을 집중한다. 당신이 몰입하는 것은 아래 원리가 머리, 손, 발에 가도록 단전이 이를 알도록 레이저처럼 의식의 주파수를 단전에 부여하는 것이다.

③ 행동의 공격성을 내려놓기: "원수를 사랑하고, 미워하는 사람에게 잘해 주고, 저주하는 사람들을 축복해 주겠습니다."6:27-28

실재는 하나됨oneness에서 움직여 나간다. 그것이 참자아의 활동이다. 그러나 에고는 분리되어 있다는 망상으로 '나'와 '너'를 이중적으로 즉, 배타적으로 본다. 너와 분리된 나를 에고는 설정하여 두려움과 결핍을 상대에게 투사시키며 그 상대방을 공격하는 정당성을 갖는다. 하나님이 아버지시고 당신이 거룩한 실재의 자녀라는 것이 맞는다면 이는 당신만의 특권이나 특별성의 문제는 아니다. 너로 인식되는 모두에게도 보편적인 것이다.

당신의 근원적인 공격성과 특별함의 위치를 해체하기 위해서는 에고가 간파한 원수, 미워하는 사람, 저주하는 사람에 대한 보복의 두려움과 필요를 내려놓기 위해 거꾸로 해야 한다. 에고자아에게 정당했던 것을 참자아의 하나됨으로 가져가는 것은 낯설고, 모순이고, 저항을 일으킨다. 당신의 지금 논리에 낯설고, 모순이고, 저항을 일으킨다면 그것은 맞는 실습을 하는 것이다. 그렇게 연습하여 에고의 견고함과 습관화된 패턴에 틈을 내어 용해시키는 것이다. 논리를 따르지 말라. 이는 에고가 잘하는 것이다. 참자아는 논리가 아니라 수용과 일치에서 작동한다. 이를 머리가 아니라 단전에 일치시켜 그 행동원리를 담아두라.

④ 공격성을 근본적으로 전환시키기: "남에게서 바라는 대로 나도 남에게 해 주겠습니다."6:31

마음으로 결심을 한다. 원한, 미움, 저주받음, 학대, 뺨맞음, 빼앗음의 그 어떤 유사한 상황에 대한 의식의 알아차림에 대해 저항의 반응이 아닌 멈추고 대안을 숙고한다. 그것은 상대방과 상대방의 행동에 대한 공격과 저항의 에너지 대신에 다른 의식의 에너지를 모으는 것이다. 이는 그러한 자극상황을 내가 진실로 심장이 바라는 것이 무엇인지에 대해 묻는 기회로 삼음을 뜻한다. 당신의 에고는 모든 것을 알지는 못한다. 그리고 무엇이 진실로 그러한 자극에 있어서 유익한 것인지 알지 못한다는 겸손을 배우라.

그리하여 당신의 응답은 부당하거나 옳지 않음, 그리고 싫어함의 그 어떤 상황에 대해 즉각적인 응답을 멈추고 단전에 의식을 모으고 다음과 같이 질문을 연습한다.

"나는 실제로 무엇이 유익한지 모른다. 그러니 내가 지금 이 순간에 진실로 원하는 것이 무엇일까?"심장에게…·반복후… "무엇을 상대에게 기여할 수 있을까?"단전에게 진실로 바라는 것과 진정으로 기여할 것에 대한 그 질문들을 심장과 단전을 오가며 계속한다. 심장과 단전이 그 질문에 익숙하고 편해지도록 수용적이도록 반복한다.

⑤ 행동에 영향을 주는 생각을 정화하기: "남을 비판/단죄하지 않겠습니다. 그러면 나도 비판/단죄받지 않을 것이다. 남을 용서합니다. 그러면 나도 용서를 받을 것이다."

생각은 행동에 나비효과를 가져온다. 즉 하나의 작은 실마리가 결과의 폭풍우를 몰고 오는 것이다. 그 근본은 생각이다. 생각은 에고의 터전이며 생각이 일을 내고서는 자신은 범인이 아닌 것처럼 빠지고 행동에 그 원인을 뒤집어씌운다. 잘못된 자, 나쁜 일이 확인되기 전에 생각에서 비판/단죄가 있었다. 비판과 단죄의 영사기가 돌아가서 관계, 상황, 조건이라는 스크린에 그것이 비치는 것이고 그 화상pictures, 이미지을 눈으로 보게 되는 것이다.

그리고 그러한 스크린과 영사기의 작동은 생각 안에서 실재와의 하나됨one-ness을 분리시키는 망상에서 −실제로는 분리되지 않는다− 일어난 것이다. 비판과 단죄는 당신의 구별됨과 특별함이라는 분리를 전제로 하고 이는 에고의 역기능의 부분들이 작동하게 만든다. 따라서 비판/단죄하지 않음과 용서함은 남을 위한 것이 아니라 나의 망상을 치유하고 본질적 참자아로 가는 회복을 위한 것이다. 이것을 머리와 단전에 계속해서 오가며 이 문장을 불어넣는다.

⑥ 행동의 보편적인 원리에 자기중심을 세우기: "내가 남에게 되어 주는 분량만큼 나도 받을 것이다."6:38 개역: "너희의 헤아리는 그 헤아림으로 너희도 헤아림을 도로 받을 것이다."

실재는 자비롭고 그래서 계속해서 무한히 베풀고 있다는 성서의 통찰이 사실이라면 −하나님은 아버지시라는 뜻은 두 가지 근본 사실인 자비로운 실재 그리고 풍성히 베풀어주심의 의미를 담고 있다− 그러한 실재의 원리에 따라 자기 삶을 방향 짓는 것은 실재에 따라 사는 동시성의 원리를 작동시키는 방식이다. 그리고 그것은 지혜이기도 하다. 실재의 하나됨 안에서 타자는 나의 분리된 투사라는 것을 안다면 그 분리의 치유를 위해서는 나의 사고가 남이 나에게 잘못했다고 생각하는 부분에 대해 용서함을 넘어서 근본적으로는 주기/기여/베풀기giving가 안전, 풍성함, 기쁨, 자유, 평화의 비결임을 알게 된다.

에고는 나와 남의 분리 속에서 두려움과 결핍의 논리에 따라 '소유'가 안전과 기쁨의 원천이 될 것이라는 망상을 갖는다. 그래서 나의 남에게 줌은 나의 없음/결핍이 된다고 생각한다. 그러나 하나됨의 원리에 따르면 주기는 실상은 나의 확장이요, 그만큼 자신의 증진이 된다. 물리적 세계에서 줌은 장소의 이동이 되어 저기로 간 것은 여기에는 없는 것처럼 보인다. 하지만 영혼의 세계에서는 저기로 간 것은 본질적으로 나에게 더욱 다가간 것이 된다.

그러므로 실재의 요청과 남의 요청에 기꺼이 줄 수 있는 노력을 해보도록 한다. 특히 실재의 요청에 대해 싫어함과 거부감을 내려놓고 수용하려는 마음을 갖는다. 왜냐하면 첫째로, 나의 에고는 내게 무엇이 진실로 유익한 것인지 알지 못함 때문이다. 둘째로 실재는 그 하나됨으로 인해 더 큰 지성을 갖고 있기 때문이다. 셋째로 실재는 자비롭고 호의를 베풀기 위한 기회로 요청하기 때문에 적의가 없고 선물성장이나 배움을 주려는 뜻에서 하기 때문이다. 위 실습을 머리, 가슴, 단전, 그리고 온몸에 계속해서 반복하며 그 문장과 온 몸을 조율 tuning up한다.

마무리하기

이제 머물러 자신의 감각, 느낌, 생각이 어떤지 확인하고 어떤 여운이 있는지 수용한다. 그리고 중요한 통찰/배움을 확인한 후 지금 현재로 눈떠서 그것으로 시작하고자 마음에 새긴다. 오늘 이 순간 이후가 그대에게 선물이고, 실재에 안내받고 있으며, 덜 사적이고덜 자기중심적이고 더 실재적이게 됨을 축하하며 그 믿음을 상상하며 가슴에 품는다.

* 참조: 이렇게 해서 실재–의식–행동–결과에 있어서 의식–행동의 부분을 중심으로 평화영성실습을 한 셈이 된다. 명심한다. 당신의 행동은 어떤 의식을 따르는지에 따라 행동의 가이드가 주어졌다는 사실을 가슴에 품는다. 의식이 행동에 영향을 주기도 하지만, 어떤 행동의 원리를 따라 행하는지가 의식에 영향을 주기도 한다. 누가복음은 결코 추상적이거나 저세상의 것에 대한 것이 아니라 이토록 실재적이고 변혁적이며 근본적인 영혼의 양분을 준다.

실재의 일꾼됨을 위한 의식메커니즘 실습④ : 샬롬의 내면화

―눅 10-11장을 중심으로―

　자비로운 실재에 대한 목격자로서의 누가복음 스토리가 8장의 섬기는 여성들의 진술8:1-3, 9장의 12 제자의 하나님 나라 선포를 위한 파송9:1-3 그리고 10장의 72 제자의 추수와 마귀의 복종을 위한 파송10:1-12,17-20을 거치면서 목격자에서 일꾼됨으로의 이야기로 바뀌고 있다. 이는 누가 기자가 궁극적으로 삶의 소명으로 이해하는 것이 바로 '너희는 지극히 높으신 분의 자녀가 될 것"6:35하이라는 숭고한 소망과 연관되어 있기 때문이다. 이런 이유로 인간의 삶의 최고 목표는 이 땅에서 지극히 높으신 분의 자녀 ― 하나님의 아들/딸―라는 영광과 평화의 길에 대한 초대가 누가복음의 취지가 된다.

　일꾼된 자의 하나의 명제는 포괄적으로 다음의 한 진술에 있다: "그러니 너희의 아버지께서 자비로우신 것같이 너희도 자비로운 사람이 되어라."6:36 이것이 목격자이자 일꾼된자로서의 선택의 이유이다. 10장에서부터 본격적으로 펼쳐지는 일꾼된 자의 본분과 그 행동은 한편으로는 자비의 수확, 지고한 행동의 목표로서 평화, 그리고 내면의 절대적인 기쁨이라는 분별discernment이라는 것이며, 외부적으로는 '뱀이나 전갈을 짓밟는 능력과 원수의 모든 힘을 꺾는 권세'10:19라는 '해침이 없는' 권능에 대한 것이다.

　이렇게 자비로운 실재와의 연결과 그분의 무한한 활동을 하나님의 자녀로서 누릴 수 있으려면 그분과의 연결과 더불어 그 연결을 막는 장애물들을 제거하는 마음의 일관된 집중이 필요하다. 그 첫 번째 자세가 내면성의 토대를 확실한 기반위에 놓는 것이다. 그 내면성에 대한 중심을 제대로 잡으면 그다음에는 일상의 삶의 조건에서 육체적 충동의 무리와 악령의 표징들로부터 혼란을 느끼지 않고 더 깊은 영역으로 나아가는 것이다.

누가복음에 나와 있는 본분을 일꾼을 위한 훈련 매뉴얼로 이해하고 이에 자기 영혼을 연결하여 텍스트의 중심과 내 영혼의 중심을 연결하여 다음을 실습하고, 이를 일상에 적용하는 의식으로 가져간다.

1. 당신의 숨과 자세를 고르게 한다. 편안히 그리고 평소보다 긴 호흡을 하되, 들숨과 날숨을 3:5의 비율을 유지한다.
2. 호흡과 몸의 감각을 주시하고, 분심을 내려놓는다. 그리고 점차 의식을 심장 주위로 가져가 거기에 머무른다.
3. 일꾼의 한 표본인 마르타에게 한 말처럼 "많은 일에 다 마음을 쓰며 걱정하지만, 실상 필요한 것은 한 가지뿐이다. 마리아는 참 좋은 몫을 택했다. 그것을 빼앗아서는 안 된다."10:41-42는 말씀을 새기며 다음의 말에 의식을 집중한다.

"내 마음을 다하고 내 목숨을 다하고 내 힘을 다하고 내 생각을 다하여 주님이신 내 하나님을 사랑합니다. 그리고 내 이웃을 내 몸처럼 사랑합니다."(10:26-27)

이것이 내 호흡과 심장의 움직임이자 내 생명이 되는 것처럼 집중하여 그 열망을 가슴에 일으킨다. 당신의 심장이 그러한 무한한/제약 없는 사랑의 열망으로 채워진다고 느낀다.

4. 이제 심장에서 당신의 단전으로 내려가 의식을 거기에 집중한다. 의지와 힘의 에너지가 모여 있는 이 부분에 머물러 당신의 존재가 그리고 주변의 실재가 영광과 평화의 에너지로 둘러싸 있음을 상상하고 이에 몰입한다. "하늘 높은 곳에는 하나님께 영광, 땅에서는 그가 사랑하는 사람들에게 평화!"2:14 라는 예언을 온 존재로 받아들이며 당신의 위가 영광이요 아래는 평화의 기운으로 둘러싸임을 실제적으로 느끼고 있다.

5. 실제적으로 영광과 평화는 자비로운 실재하나님의 현존의 방식이다. 그것을 단전에서 위와 아래로 각각 영광과 평화를 느끼며 주기도의 상반부는 단전의 위로, 하반부는 단전의 아래로 몸을 스캔하며 되뇐다. 이는 바로 악령의 작동방식인 두려움위협과 결핍상실을 극복하는 신적인 에너지와의 연결을 도모하는 방식이다.

> 아버지, 온 세상이 아버지를 하나님으로 받들게 하시며
> 아버지의 나라가 오게 하소서. (이것이 상반부이며 영광의 영역이다)
> 날마다 우리에게 필요한 양식을 주시고, 우리가 우리에게 잘못한 이를
> 용서하오니 우리의 죄를 용서하시고, 우리를 유혹에 빠지지 않게 하소
> 서. (이것이 하반부이며 평화의 영역이다; 11:2-4)

6. 아버지자비로운 실재의 무한한 베푸심와 그분의 나라가 오심, 그리고 용서와 미혹되지 않음에 대한 간구를 단전에 중심을 두고 동심원처럼 실재와 의지가 하나되게 자신을 허락하고 환대한다. 이것이 당신의 생명이 되게 한다. 영광과 평화는 당신의 생명의 에너지가 되어 아래와 위로 흐른다고 상상한다.

7. 당신의 의식을 서서히 미간 사이에로 옮긴다. 직관제3의 눈이 있는 차크라

부분이다. 미간에 신성한 자비의 실재가 주는 빛으로 쪼인다고 상상한다. 그리고 다음을 묵상하며 그 빛의 에너지에 자신의 미간이 열려서 빛을 맞이 한다고 상상한다.

"너의 온 몸이 어두운 데가 하나 없이 빛으로 가득 차 있다면
마치 등불이 그 빛을 너에게 비출 때와 같이 너의 온 몸이 밝을 것이다."
(11:33-36)

8. 이제 자비로운 실재의 빛이 당신의 미간을 통해 전신에 퍼지고 있다. 온 몸이 밝아짐을 경험한다고 상상하며 있다.

9. 이제 실재와 당신의 존재는 동심원처럼 하나로 연결되어 있음을 상상한다. 자비로운 실재에 일치하여 당신의 심장은 무제약적인 사랑이 채워지고, 단전에는 영광과 평화를 향한 거룩한 생명의 에너지가 전체 밖을 뒤덮어 자신의 존재를 감싸고 있으며, 미간에는 신성한 빛이 들어오는 것을 느낀다. 이렇게 자비로운 실재의 세 핵심인 빛, 사랑, 생명이 안과 밖으로 자신을 둘러싸고 있음을 인식하고, 이에 자신이 연결되어 공급받고 있음을 느낀다.

10. 이제 당신의 삶은 자비로운 실재와 영혼이 연결되어 하나가 되어 나아간다. 예수의 다음의 말을 귀감으로 앞으로 나아가기로 결심한다.

"그러니 잘 들어라. 너희는 무엇을 먹고 살아 갈까, 또 몸에다 무엇을 걸칠까 하고 걱정하지 말라. 목숨이 음식보다 더 귀하고 몸이 옷보다 더 귀하지 않느냐? 그런 것들은 다 이 세상 사람들이 찾는 것이다.
너희는 먼저 하나님의 나라를 찾아라. 그러면 이 모든 것도 곁들여 받게 될 것이다. 내 어린 양떼들아, 조금도 무서워하지 말라.

너희 아버지께서는 하늘나라를 너희에게 기꺼이 주시기로 하셨다."

(11:22-32)

마무리

내 의식이 하나님 나라를 먼저 추구하기로 선택하고, 기꺼이 이를 허용한
다. 하나님실재의 빛, 사랑, 생명이 내 정체성이 되고, 내 삶은 하나님 나라를
찾는 데 헌신할 것을 결심하며, 고요히 묵상으로 머물러 있다. 그 어떤 깨달음
의 선물보다 이러한 실습 자체에 내가 현존해 있었다는 것에 축하와 그러한 기
회에 대한 감사를 보낸다.

실재의 일꾼됨을 위한 의식메커니즘 실습⑤: 잃어버림

-눅 15장, 잃었던 아들을 중심으로-

누가복음에서 '잃어버림'의 주제는 매우 핵심적인 관심이다. 이는 자비로운 실재의 본성에 있어서 직접적으로 자비의 대상이 될 뿐만 아니라 또한 '주님의 은총의 해/시간'이라는 해방, 눈뜸, 자유라는 샬롬의 회복이라는 목표에 있어서도 그 출발이 되기 때문이다. 온전한 자아와 온전한 삶에로의 변화는 그 전제가 잃어버림상실에 대한 자각을 전제로 한다. 사실상, 삶의 고통과 질병은 '잃어버림'에서 기원하며, 그 잃어버림은 단순히 '소유'의 문제라기보다는 '방향감각의 상실', 곧 죄라고 불리는 하마르티아의 원뜻인 화살이 목표인 과녁을 벗어남과 같은 뜻이기도 하다. 그러므로 잃어버림의 주제는 근본적인 실존의식의 이슈이다.

누가기자의 감각에 따르면 잃어버림은 대체로 두 가지 성향으로 일어난다. 첫째는 지배체제의 억압과 수탈이라는 사회적·정치적인 강제에 의해 일어나는 수많은 희생의 경험으로부터 오는 정신분열과 고통이다. 그 예가 군대귀신 들린 사람이다. 또 하나는 자신의 자유와 자율을 위한 노력과 수고가 있었지만 그 결과가 에너지의 소진과 방향감각의 상실을 맛보는 경우이다. 이는 자유와 자율을 찾는 내적인 의지만큼 에고의 충동성도 강화되어 자신의 의지와 지성이 휩싸이면서 정반대의 결과를 목도하는 상황을 말한다. 그 예가 잃었던 아들이다. 누가는 앞의 경우에는 새로운 샬롬 체제의 실천과 일꾼의 훈련을 통해 만들어지는 실천공동체로 후자의 경우에는 인간의 자유는 거룩한 실재와의 관계 회복을 통해 변형될 수 있다고 증언한다.

'결핍'과 '잃어버림'은 유사하지만 다른 상태이다. 정서적으로 유사한 경험이기는 하지만 '결핍'은 충족과 성취라는 에너지 속에서 움직이며, 이는 에고의 작동 방식이기도 하다. 그러나 '잃어버림'은 그 '본래의 무엇'이 주어졌던 것에 대한 감각이 있고, 그러한 자각을 통해 '회복'에 방향감각을 갖는다. 이는 영혼의 내적인, 그리고 부드럽고 여린 목소리와 관련이 있다. 그러기에 잃어버림에 대한 자각은 자신의 불운한 처지만 아니라 그 안에 있는 영혼의 어떠함이 지금의 현실적인 상태와 내면적인 상태의 이중적인 화음을 듣는 것이다. 그러나 결핍은 이중적인 화음이 아니라 지금의 현실적인 부족함과 박탈감에 대한 단선적인 목소리에고와 연결된다.

따라서 '잃어버림'의 이슈는 정신적이고 영적인 이슈이기도 하다. 여기에는 잃어버림이 이미 있었던 본질적인 무엇에 대한 회상reminding이 전제되어 있는 것이며 기억remembering을 끄집어내어 다시 자각함으로써 본래의 무엇에 대한 재연결re-membering의 자원이 된다. '네 믿음이 너를 살렸다'는 누가복음의 치유 이야기는 그러한 본원적인 무엇과의 재연결의 상태를 말한다. 그것은 단순히 질병의 치료가 아니라 온전함으로의 회복이라는 치유를 뜻한다.

'잃어버림'의 자각은 지배체제의 영향력과 그에 대한 공모에서 벗어나는 의식과 에너지를 줄 뿐만 아니라, 자율이라는 이름하에 일어나는 내적인 무질서와 과도한 충동이 주는 심리적이고 정신적인 혼란스러움에 대해 치유의 가능성을 열어놓는다. 흔히 이는 어떤 계기적 사건이 있게 되면 메타노이아회심으로의 불꽃을 일으키며 갱생과 부활의식의 중요한 에너지가 된다.

따라서 여기서는 두려움에서 나타나는 '결핍'이 아니라 본원적인 감각의 미세한 목소리로부터 오는 '잃어버림'을 영적인 자원으로 삼아, 온전함으로의 방향감각을 익히는 실습을 하려고 한다. 그 예시는 잃었던 아들을 메타포로 실습한다.

* 준비하기(5분)

안전한, 그리고 거룩한 현존의 공간을 주변과 내면에 형성하는 준비를 한다.

– 몸과 마음을 편안히 하기: 몸을 편안한 자세로 취하고 호흡을 가지런히 해서 천천히 깊은 들숨과 날숨을 쉰다. 마음의 생각, 느낌 그리고 마음의 감각을 의식적으로 주목한다.

– 내적인 공간을 허락하기: 몸과 마음의 생각기억, 상상, 느낌, 감각을 저항하거나 누르지 말고, 환대로 맞이하고, 연결하여 미소로 인사한 후, 흘려보내는 굿바이를 한다. 각각의 생각, 그 생각 뒤의 느낌, 그리고 그 느낌이 일어나는 몸의 감각들을 주목하며 환대–연결–흘려보내기를 하면서 마음에 내적인 공간을 허용한다. 마치 흘러가는 구름 뒤의 창공과 같다.

1. 지금의 실존 의식을 확인하기

잠시 마음과 기억을 모아서 당신에게 기회가 되었었지만 결국은 상실이나 실패함으로, 혹은 무력감에 빠지게 한 사건을 기억으로 불러온다. 그 기억들 중에서 가장 생생한 것 하나를 택해 먼저 작업한다. 하나씩만 집중해서 작업할 것이다.

① 기억을 활성화하기

"며칠 뒤에 작은 아들은 자기 재산을 다 거두어 가지고 먼 고장으로 떠나갔다. 거기서 재산을 마구 뿌리며 방탕한 생활을 하였다."15:13

당신의 상상력을 발휘하여 그 사건의 핵심 요소를 생생히 활성화한다. 어떤 상황, 과정, 색깔, 사물, 움직임, 주변과 나의 반응 등이 그대로 일어나도록 생생히 관찰자의 눈으로 본다. 무엇이 보이는가? 이미 일어난 일에 대해 회피하지 않고 판단하지 않으면서 일어나고 있었던 것을 그대로 관찰하려 하고 그대로 그 에너지를 느낀다. 어떤 생각, 느낌 그리고 감각이 몸에서 일어나고 있는지를 살펴본다.

여기서 중요한 것은 기억을 활성화한다는 것이 그 상황과 내용 속에 자신이 휩쓸려 빠져드는 것이 아니라 그러한 활성화된 기억으로 인해 내 생각, 느낌 그리고 감각에서 무엇이 일어나고 있는지를 보는 것이다.

② 당신의 반응을 확인하기
"하는 수 없이 그는 그 고장에 사는 어떤 사람의 집에 가서 더부살이를 하게 되었는데….하도 배가 고파서 돼지가 먹는 쥐엄나무 열매로라도 배를 채워 보려 했으나 그에게 먹을 것을 주는 이는 아무도 없었다."15:15-16

일어나고 있는 상황에서 당신의 반응이 무엇인지 CCTV가 관찰하듯이 당신의 선택, 행동, 그리고 내적인 반응을 주목한다. 이것을 기록하면서 관찰할 수도 있다 연극 무대에서 연기자로 있는 나의 반응을 관객으로 지켜보고 있다는 관점에서 당신의 반응을 확인한다.

③ 반응 안에 있는 내적인 자기 판단을 주시하기
"아버지 집에는 양식이 많아서 그 많은 일꾼들이 먹고도 남는데 나는 여기서 굶어 죽게 되었구나!"15:17

당신의 반응이 지닌 선택, 행동 그리고 내적인 반응은 외적인 사건, 관계, 사물, 도전, 사람에 대해 무언가 판단을 하고 있을 것이다. 옳지 않음, 부당함, 재수 없음, 기분 나쁨, 혐오, 절망, 무기력함 등등의 생각과 느낌이 올라올 것이다. 여기서 중요한 것을 그로 인해 자신에 대해 무엇, 누구라고 생각하는지 자기-판단의 숨은 메시지를 찾는 것이다. 그러려면 어떤 것은 외적으로 투사된 판단내용을 돌려서 나에게로 향하는introjection 말로 재해석할 필요가 있을 것이다. 수치심, 무력감, 죄책감, 절망 등의 뒤에 나에 대해 무의식적으로든 의식적으로든 무엇이라고 하는지 자기 판단을 간단한 문장으로 정리한다. 그것은 '나는….이다.I am …'는 문장으로 정리한다. 예를 들면, "나는 쉽게 남을 신뢰해서 언제나 낭패를 보는 존재이다." "나는 늘 불행을 못벗어 나는 인간이다." …

자신에 대한 부정적인 자기-판단의 문장이 하나나 두세 개 나올 수 있다. 그것을 각각 종이에 따로 적어 놓는다. 그리고 그러한 판단이 자신이 하고 있는 게 맞는지 다시 확인한다.

2. 의식을 실재에 모으기

당신이 무언가 조치를 혹은 해답이나 대안적인 행동을 선택하기 전에 먼저 자비로운 실재의 풍성함에 연결하는 내면 작업을 한다. 이는 앞에서 이미 샘플로 보여준 내면 작업을 따른다. 즉, 당신의 의식을 실재의 풍성함과 그 영광에 일치시키는 내면 작업을 한다. 아래의 실습하기 위해 의식을 심장 주위로 가져가서 의식을 심장에 머물게 한다. 그렇게 하여서 당신의 머리가 갖는 '앎'과 지성이 작동하게 하기보다는 심장이 지닌 자기 개방에 자신을 허락한다. 앎이 아니라 심장이 작동하는 '일치'의 차원에 머문다. 오로지 일치에 전념하라.

– 종소리에 따라 단계를 밟으며 각 단계는 최소한 2분 이상의 시간을 갖고 행한다. 함께 할 때는 종이 안내를 할 것이다. 혼자 있을 때는 타이머 등으로 시간을 조정할 수 있다.

①은총을 수용하기: "은총을 받은 이여, 기뻐하라. 하나님께서 함께 하신다"
1:28

저항 없이, 노력이나 자격의 필요 없이, 마음을 열어 이 메시지를 천천히 무조건적으로이유 없이, 수용한다. 이 은총의 부어짐을 상상으로 그려서 생생히 내면에 현실화하고, 빛으로든, 에너지이든 당신의 본래의 존재 속으로 채워지고 있음을 생생하게 그려서 마음으로 허락한다.

② 자비로운 실재에 의식을 두기2분: "너희의 아버지께서 자비로우신 것같이 너희도 자비로운 사람이 되어라"6:36

실재는 참되고, 선하며, 완전히 안다. 그 실재의 통로/도구가 되는 것이 내 존재의 의미이며 삶의 목표이다. 그리고 실재가 내 존재의 근거이기도 하다. 그러므로 실재의 뜻과 안내가 내 안에서 명료해지고, 작동되어지고 안내되어지기를 간구하라. 그것이 당신의 영혼이 갖는 간절한 염원이 되도록 가슴을 열라. 하나님이 아버지라는 뜻은 자비의 무한하심과 호의베푸심의 무제약적이심에 대한 은유이다. 그 거룩한 은유에 거부나 저항 없이 자신의 정체성과 삶을 일치시킨다.

* 종소리에 따라서 몸과 마음을 다시 조율하고 지금 자신의 생각, 느낌, 감각이 어떤지 확인한다. 그리고 다음 순서를 기다리며 편안한 마음상태를 유지하고, 분심이 생기면 다시 지금으로 돌아온다.

3. 자신에 대한 부정 판단을 내려놓고 의미를 선택하기

이제 부정적인 자기-판단을 바라보면서 그것이 어떤 긍정적인 자기-확신으로 가져가고 싶은지를 상상한다. 그 부정적인 자기 판단을 뒤집어 이상적인 자기-확신으로 가져가고 싶은 문장으로 그 종이 뒷면에 적는다. 좀더 구체적이고 명료한 것일수록 좋다. "나는 ….이다" 형태로 적는다. 즉, "나는 …이고 싶다. 를 원한다" 등의 미래형으로 적지 않고 지금의 실현된 직설화법으로 적는다.

① 부정적인 자기-판단 문장에 따른 일의 결과에 대한 유감을 표현하기
"아버지, 저는 하늘과 아버지께 죄를 지었습니다. 이제 저는 감히 아버지의 아들이라고 할 자격이 없습니다." 15:21

각각의 부정적인 자기-판단의 메시지가 자신에게 어떤 면목 없는 결과를 가져왔는지를 확인하며 애도한다. 그러한 판단으로 인해 어떤 결과들이 나타났는지 상상으로 살펴보면서 굿바이를 한다. 여기서 중요한 것은 그러한 결과로 인해 어떤 기대, 목적, 욕구, 의미를 상실했는지를 탐구하는 것이다. 당신이 잃은 의미가 무엇인지를 발견한다. 단순히 결과를 흘려보내는 것이 아니라 그러한 결과는 어떤 의미를 놓치게 했는지, 어떤 의미, 목적, 동기를 잉태현실화하지 못하고 사라지게 했는지를 애도한다. 상대방에 대한 유감이 아니라 나의 의미, 목적, 동기에 관해 자기-책임의 경계선 내에서 그러한 애도를 진행한다. 그러한 애도를 통해 내가 얼마나 그러한 의미, 목적, 동기를 사랑하고 그리워하며 소중히 생각하고 있는지를 깨닫는다. 잃었던 아들 비유의 "그제서야 제 정신이 든"이 여기에 해당한다. 어떤 양식을 놓쳐서 내 존재가 굶주려 있는지를 이해하는 것이다.

② 자비로운 실재로부터 긍정적인 자기-확신이 이루어짐을 선물로 받기
"어서 제일 좋은 옷을 꺼내어 입히고 가락지를 끼우고 신을 신겨 주어라" 15:22

당신의 재능, 윤리적 상태, 소유의 정도, 나이 등등에 조건을 달지 말고, 자비로운 실재의 무한한 주심에 의지해서 그 궁극 실재하나님, 거룩한 이, 무한한 하늘의 공급자 등 당신에게 잘 다가오는 거룩의 칭호를 하나 선택한다로부터 그 자기-확신의 재능, 선물이 주어짐을 충분히, 천천히, 그리고 완벽하게 주어짐을 신뢰하고 받는 장면을 상상한다. 그 받는 장면은 빛처럼 에너지로 오든, 직접 물건을 받는 것처럼 받든 구체적인 상상이 가능한 방법으로 나에게 부어지거나 주어지거나 수술되거나 형상화되는 방식으로 천천히 상상하며 받는다.

중요한 것은 상상력이든 실제로 일어나던지 우리의 신경계와 호르몬은 그대로 작동한다는 사실이다. 그러니 상상력의 힘을 작게 평가하지 않고 진지하게 한다. 모든 트라우마 작업은 일종의 상상력을 통해 내면작업을 함으로 치유하는 요소들을 갖고 있다. 실상 당신의 부정적인 자기 판단도 사고와 상상력의 일종이기도 하다. 그러니 상상력의 힘을 신뢰하고 진행한다.

③ 이루어졌다고 신뢰하고 축하하기

"죽었던 내 아들이 다시 살아 왔다. 잃었던 아들을 다시 찾았다"그래서 성대한 잔치가 벌어졌다.15:24

축하와 감사는 의심을 몰아내고 그것을 실질적으로 내면화하고 물질화한다. 그러니 그 자기-확신이 자신의 몸, 의식, 그리고 습관에 배여 들었음을 신뢰하고 감사하며 이를 축하한다. 기꺼이 감사하며 축하하라. 그 축하의 방법은 이 긍정확신이 이미 이루어졌다고 인식하는 것이다. 이루어진 것처럼 행동해도 좋다. 충분히 그 기쁨을 새기거나 표현한다. 그리고 향후에 일상을 살면서 이루어지는 것에 작은 것이라 할지라도 주목하며 감사하고 축하한다.

기대에 못 미치는 것이 있을지라도 이룬 것에 먼저 집중해서 축하하기를 계속한다. 심지어는 이루지 못했어도 더 악화되지 않은 것에 대해서도 축하한다. 축하할 구실을 많이 만들어 자신을 축하한다. 혹은 앞으로 사소한 것이라 할지라도 자기-의심이나 자기-비난보다는 그렇게 할 것이라고 자신에게 다짐한다. 여기서 중요한 것 중의 하나는 자신의 축하만이 아니라 또한 하늘 아버지, 자비로운 실재의 축하와 기뻐함에 대한 상상력이다. 하늘에서도 기뻐하고 축하함을 상상한다.

마무리

고요히 묵상으로 머물러 있는다. 그 어떤 깨달음의 선물보다 이러한 실습 자체에 내가 현존해 있었다는 것에 축하와 그러한 기회에 대한 감사를 보낸다. 이는 어떤 성취나 깨달음 이전에 당신의 존재 자체는 이미 완벽하고 힘없고 자유로우며 충만한 존재이기 때문이다. 따라서 다른 것은 선물이며, 선물이 존재하든 안하든 당신은 문제가 원래 없고, 결핍이 없다.

– 눅 23장을 중심으로 –

기독교는 부활의 종교라고 말한다. 이는 또한 십자가의 사건을 전제로 할 때 하는 말이기도 하다. 고난과 희생 후에 부활이 있다는 이해가 여기에 담겨 있다. 이 전통적인 해석방식은 부활의 영광됨을 강조하기 위해 그 대비로서 십자가 사건을 고난과 희생이라는 쓰디쓴 영역을 감내하는 방식으로 이해하게 만든다. 그래서 부활은 결과이고 십자가 사건은 수단이 된다. 수단이 되기에 필요하지만 빨리 끝내고 부활의 시간에 오래 머물기를 바라게 만든다.

게다가 '자기 십자가를 지고 나를 따르라'는 예수의 요청은 제자직은 무겁고 힘들며 고통을 동반하는 것이라는 생각에 과도한 부담을 주며, 일부 영적인 진지함을 지닌 사람을 제외하고는 제자직목격자됨과 일꾼됨에 대해 움츠리게 하거나 물러서게 만든다. 희생과 고통에 대한 심리적인 저항이나 주저함을 일으키기 때문이다.

그러나 누가복음의 증언에 따르면 인생의 가장 비극적인 경험인 아기의 여물통구유에 누으심이 천사의 고지의 장소가 되고, 사막에서 유혹테스트이 신적 실재에 대한 신실함을 강화시키며, 예수의 십자가는 샬롬나라에서 왕권의 수여식전혀 기대하지 않는 방식으로 그리고 비밀리에 행해진 등위식으로 소개된다. 육축의 먹이통이라는 바닥the bottom에서 하늘로의 승천이라는 누가의 영광의 신학에는 희생과 고통에 대한 진지한 긍정적인 고려가 없다. 이미 이 세상에서 많은 희생과 고통을 지배체제 하에서 받고 있기 때문이며, 또한 근본적으로 참되시고 자비로운 실재의 본성과 실재가 작동하는 이치가 인간에게 고통과 희생을 미화시키지 않기 때문이다.

즉, 고통과 희생이 제자직에 따른다는 것은 원시기독교의 초기와 달리 중세 시대의 문화적 해석이며, 다른 한편으로는 성직자라는 계급제도의 존속에 있어서 그 존재의 필요성과 특권을 암묵적으로 지지한 종교 이데올로기일 수도 있다. 이는 매우 대담한 주장처럼 들리지만, 누가의 십자가 증언을 확인하면 다르다는 것을 이해될 것이다. 자비로운 아버지가 자신의 사랑하는 자녀에게 고통과 희생으로 교육하신다는 것은 깊이 생각해 봐야 할 그분의 본성과 모순이 되는 이해이다.

여기서는 실습에 초점이 있지 신학적인 이해에 시간과 에너지를 쏟고자 하는 것이 아니기에 장애가 되는 이해를 간단히 언급한 것이다. 예수의 죽음은 세 번씩이나 본인의 입으로 예고된 것이었고, 자신의 갈 길에 대한 명확함을 예수께서는 이해하고 계셨다. 그리고 숨기어진 왕권 등위식에 있어서 스포트라이트가 본인에게가 아니라 그분의 나라의 백성에게 향하는 방식으로 바뀐 등위식이라는 점도 우리의 일반적인 왕위 등위식에 대한 기대를 무너뜨린다. 즉, 왕위란 역할에 대한 것이기에, 이미 명료한 '너는 내가 사랑하는 자, 내 마음에 드는 자이다'라는 실재와의 일치로서 자기 정체성을 지닌 존재는 자기 역할이 섬김의 충실성에 대한 것임을 여기서 극명히 드러내는 것이다.

십자가에 못박힘은 그러한 섬김의 충실성에 최후의 장애가 되지 않고 오히려 그것을 최종적으로 확실하게 드러내는 순간이다. 그 섬김의 충실성의 핵심은 바로 연민, 용서, 낙원, 자기를 내어줌에 대한 것이다. 이 네 가지는 인간의 에고를 뿌리 뽑는 핵심 수행이기도 하다. 왜냐하면 에고는 정확히 이와 반대되는 방향에서 그 존재력을 지니고 있기에, 이 수행은 에고가 터전을 잡고 있는 토대를 녹이는 실천이기 때문이다.

* 준비하기(5분)

안전한, 그리고 거룩한 현존의 공간을 주변과 내면에 형성하는 준비를 한다.

– 몸과 마음을 편안히 하기: 몸을 편안한 자세로 취하고 호흡을 가지런히 해서 천천히 깊은 들숨과 날숨을 쉰다. 마음의 생각, 느낌 그리고 마음의 감각을 의식적으로 주목한다.

– 내적인 공간을 허락하기: 몸과 마음의 생각기억, 상상, 느낌, 감각을 저항하거나 누르지 말고, 환대로 맞이하고, 연결하여 미소로 인사한 후, 흘려보내는 굿바이를 한다. 각각의 생각, 그 생각 뒤의 느낌, 그리고 그 느낌이 일어나는 몸의 감각들을 주목하며 환대–연결–흘려보내기를 하면서 마음에 내적인 공간을 허용한다. 마치 흘러가는 구름 뒤의 창공과 같다.

1. 의식을 실재에 모으기

– 당신의 의식을 실재와 그 영광에 일치시키는 내면 작업을 한다. 아래의 실습하기 위해 의식을 심장 주위로 가져가서 의식을 심장에 머물게 한다. 그렇게 하여서 당신의 머리가 갖는 '앎'과 지성이 작동하게 하기보다는 심장이 지닌 자기 개방에 자신을 허락한다. 앎이 아니라 심장이 작동하는 '일치'의 차원에 머문다. 오로지 일치에 전념하라.

– 종소리에 따라 단계를 밟으며 각 단계는 최소한 2분 이상의 시간을 갖고 행한다. 함께 할 때는 종이 안내를 할 것이다. 혼자 있을 때는 타이머 등으로 시간을 조정할 수 있다.

①은총을 수용하기: "은총을 받은 이여, 기뻐하라. 하나님께서 함께 하신다"

1:28

저항 없이, 노력이나 자격의 필요 없이, 마음을 열어 이 메시지를 천천히 무조건적으로이유 없이, 수용한다. 이 은총의 부어짐을 상상으로 그려서 생생히 내면에 현실화하고, 빛으로든, 에너지이든 당신의 본래의 존재 속으로 채워지고 있음을 생생하게 그려서 마음으로 허락한다.

② 자비로운 실재에 의식을 두기2분: "너희의 아버지께서 자비로우신 것같이 너희도 자비로운 사람이 되어라"6:36

실재는 참되고, 선하며, 완전히 안다. 그 실재의 통로/도구가 되는 것이 내 존재의 의미이며 삶의 목표이다. 그리고 실재가 내 존재의 근거이기도 하다. 그러므로 실재의 뜻과 안내가 내 안에서 명료해지고, 작동되고 안내되기를 간구하라. 그것이 당신의 영혼이 갖는 간절한 염원이 되도록 가슴을 열라. 하나님이 아버지라는 뜻은 자비의 무한하심과 호의베푸심의 무제약적이심에 대한 은유이다. 그 거룩한 은유에 거부나 저항 없이 자신의 정체성과 삶을 일치시킨다.

* 종소리에 따라서 몸과 마음을 다시 조율하고 지금 자신의 생각, 느낌, 감각이 어떤지 확인한다. 그리고 다음 순서를 기다리며 편안한 마음 상태를 유지하고, 분심이 생기면 다시 지금으로 돌아온다.

2. 예수의 십자가의 길을 따르기

다음의 주제에 대해 각각 충분한 시간을 갖고 마음의 상상력을 발휘하여 이를 묵상하고 새겨서 마치 자신의 의식을 재프로그램화하는 것처럼 한다.

① 연민의 마음을 품기

"예루살렘의 여인들아, 나를 위하여 울지 말고 너와 네 자녀들을 위하여 울어 라"23:28

상실과 실패는 에고의 영역에 존재하는 것이지, 하나님의 자녀에게는 속하지 않는다. 창조자의 뜻은 창조에 있고 참사랑의 확장에 있다. 자비로운 실재 신의 뜻과 의도가 영원하고 참되기에 그분과 연결된 나 자신의 참자아영혼 또한 그렇다. 그러므로 상실과 실패 그리고 고통은 영혼의 영역이 아닌, 몸에 근거한 에고의 눈에서 지각된 환영幻影인 것이다. 내 이성의 지각과 이해를 넘어서 있는 이러한 심정의 지성을 신뢰한다. 잠시 자신의 참된 정체성이 무엇인지를 자신에게 상기시킨다.

자신의 참된 정체성과 연결하는 시간을 가졌으면, 상실과 실패에 대해 슬픔에 잠겨있는 주변을 돌아본다. 지인과 동료를 머리에 떠올리며 먼저 하나님의 자비의 참되심과 풍성하심에 연결하여 하나님의 참되심과 자비의 풍성하심에 연결한다. 두 번째로, 그러한 자비로운 신성과의 연결 후에 구체적으로 내가 기도하는 그들의 눈물과 슬픔이 그분의 풍성하심에 의해 없어지기를 간구한다. 나는 도구이고 자비로운 실재와 먼저 연결한 후에 그분께서 그들 각자 하나하나씩 그분의 자비의 풍성함이 나누어지기를 기원한다. 나의 연민은 하나님의 자비에 기원하며 그분의 자비에로 돌아가는 것이며, 또한 하나님의 자비가 이웃에게 퍼지도록 연결하는 것이 그 핵심이다.

② 나에게 행한 부당한 것들에 대해 용서하기

"아버지, 저 사람들을 용서하여 주십시오! 그들은 자기가 하는 일을 모르고 있습니다."23:34

내적인 고통이나 원망이 올라올 때, 내가 보는 모든 것은 내가 투사한 이미지의 반영이라는 것을 염두에 둔다. 창조의 본 모습으로서 내 존재는 넉넉하고 상처받을 수 없으며 무한히 사랑스럽고 아름다운 존재이다. 그것이 의심되는 것은 창조자 하나님의 본성과 능력을 의심하는 것이며, 그분의 참됨이 훼손되는 것이다. 그러므로 고통, 원망은 내 에고의 사고에서 나오는 투사이다.

모든 이미지는 투사이며, 여기에는 공격과 방어의 논리로 전개된다. 내 고통이나 원망이 상대방으로부터 기인한다고 생각하는 순간에 나는 이미 두려움에 갇혀 있게 되며 사랑의 존재로서 자신을 상실하게 된다. 내가 진정으로 그리고 궁극적으로 보고 싶은 것이 상대방의 고통, 그에 대한 보복, 혹은 그의 실패가 아니라 사랑의 존재로 서는 것이라면 상대방의 부당함에 대한 공격이나 나의 타당함에 대한 그 어떤 방어도 내려놓고 먼저 용서를 구한다. 용서는 쉽게 받아들일 수 없는 '초논리'여서 공격과 방어의 논리를 용해시킨다.

그러므로 나에게 고통과 원망이 들 때, 혹은 그런 기억을 떠올려서 용서를 간구한다. 이것은 우선 나 자신의 온전함을 회복하기 위한 것이다. 그렇게 해서 부당함과 정당함의 덫에서 나와서 다시 사건을 관찰할 수 있도록 스스로를 돕는다.

특히, 용서가 안 되거든 '그들은 자기가 하는 일을 모르고 있습니다'의 말씀에 주목한다. 정말 그렇다고 생각한다. 감정에 휩쓸려서 혹은 잘못된 생각에 사로잡혀서 그 당시에 부적절하게 반응하거나, 아니면 정말 자신이 한 행동이 어떤 결과를 초래할지 무지해서 알아차리지 못하고 행동할 수도 있다. 이 점에서 용서는 지성을 다시 회복하는 길이기도 하다.

다시금, 용서는 타자를 위한 것이 아니라 자신을 회복시키기 위한 것임을 기억한다. 그래서 구체적인 사건이나 대상을 선정하여 용서하기 시간을 갖는다. 추상적으로 용서한다가 아니라 어떤 점에서 마음에 안 들고 왜 내가 그렇게 반응하는지를 떠올려서 그것에 용서하기를 구한다. 즉, 구체적인 상황을 생생히 그려내고, 감정도 활성화시켜서 거기에 용서하기 실습을 하여 나를 놓아준다.

③ 낙원의 블레싱을 하기

"오늘 네가 정녕 나와 함께 낙원에 들어가게 될 것이다."23:43

낙원은 기쁨과 평화의 상태이다. 기쁨과 평화는 내가 이 세상에서 자비로운 하나님께서 원하는 궁극적인 바이고, 지금 누려야 할 자녀로서 생득生得한 특권이다. 그러니 어떠한 타당한 이유, 논리, 원인, 문제에도 불구하고 이것을 상실하거나 유보하지 않는다.

생득한 특권이라 함은 외적인 조건이라는 그 어떤 저주, 모욕, 혹은 수치심에도 불구하고 상실하거나 빼앗길 수 없는 창조주 하나님으로부터 존재로서 부여받은 영원한 선물이라는 뜻이다. 이는 그 어떤 외적인 조건이 험악하다 할지라도 기쁨과 평화는 가장 존귀한 것이어서 그 어떤 것에도 비교될 수 없는 측정 불가능한 소중한 것임을 자각한다는 뜻이다.

더구나 같은 것은 같은 것을 부른다. 당신이 가진 게 황금이면 상대방이 소유한 것도 황금이기를 바란다. 당신이 황금을 갖고 있고 상대방이 납이나 돌을 가지고 있다고 친다면, 당신은 마음이 침침하거나 혹은 내 황금이 도둑질 당할 것을 염려하게 된다. 그러니 보복하고 싶거나 함께 하기에 불편한 상대방에게도 기쁨과 평화의 낙원에 있기를 바란다.

이는 당신이 할 수 있는 가장 귀중한 선물이다. 저주, 모욕, 수치심을 주는 것이 아니라 그러한 귀중한 선물을 줌으로써 그는 인간성이 회복된다. 그리고 그러한 귀중한 황금을 주는 나 자신도 내 존귀함과 내 가능성을 다시 자각하게 된다. 그러한 선물을 주는 나 자신이 진정으로 무엇을 가지고 있는지를 깨닫게 되는 것이다. 그러므로 저주, 모욕, 수치심이 아니라 낙원기쁨과 평화을 주고 이를 염원한다. 잠시 이를 위한 시간을 갖는다. 구체적으로 상대에게 낙원의 블레싱을 한다. 잘 안되면 당신은 이에 대해 동의해서 하는 것이 아니라 상대방에 대한 최소한도 신의 자녀에 대한 블레싱의 실천이라 생각하고 실행한다.

④ 자신을 자비로운 실재에 맡기기

"아버지, 제 영혼을 아버지 손에 맡깁니다!"23:46

내가 나의 이성과 자유로 한 것이 실상은 내가 기대한 만큼의 아름다운 결과를 가져오지는 않는다. 왜냐하면 내 판단과 선택은 언제나 두려움이라는 의식 속에서 자기 보호라는 방식으로 근시적이고 제한된 시야에서 움직이기 때문이다.

자비로운 실재는 내가 나를 아는 것보다 더 잘 나를 안다. 그분은 전체성에서 움직이고 계시기 때문에 내가 아는 부분적인 것을 넘어 아시기 때문이다. 그리고 그분은 참되고 자비로우시기에 나의 편견, 잘못, 죄지음, 실패에 판단하지 않으시고 그분의 풍성함을 일관되게 나누어 주신다.

그러므로 내가 내 삶을 이끄는 것보다, 그분이 이끄시도록 나를 허용하는 것은 '지성'적인 행동이다. 내어 맡긴다는 것은 모든 것을 알고 모든 것을 품고 있는 그 분의 안내를 받아들이는 것이다. 따라서 이는 수동적인 것이 아니라 능동적인 행위이며, 가장 창조적인 행위이다. 창조자에게 그분이 하시는 창조의 일을 하시도록 내맡김으로써 공동창조자가 되는 길이다.

일의 결과가 어떻게 되든 그분의 창조적인 일하심이 내가 기대한 것보다 더 좋은 결과로 나타날 것이라는 신뢰가 내어맡김의 자세이다. 일의 모호함, 실패의 가능성, 경제적 파탄의 경고, 질병이나 위기의 불안함이 주는 엄습에 있어서 공동창조자로서 나는 영적 파트너가 존재하며 그분의 안내에 대해 신뢰를 한다.

때때로 계획은 세우지만, 하나님께서 완성하신다는 것은 좋은 태도이다. 거기에 계획하는 단계에서도 그분의 뜻이 무엇인지를 묻는다는 것은 더욱 좋은 태도이다. 이것이 당신이 원하시는 것인지를 물을 수 있다. 도전과 위기 앞에서 자신의 영혼이 진정성을 갖고 있다면 거룩한 그분의 안내에 맡기는 신뢰를 배운다.

내어 맡기는 신뢰는 쉬운 것은 아니다. 왜냐하면 앎이 중요한 나의 에고는 알지 못하는 것에 대해 참지 못하고 불안해하기 때문이다. 신뢰는 '그럼에도 불구하고'의 정신에서 나온다. 내 이성으로는 알지 못하지만, 그분의 창조 작업은 불변하시고, 쉬거나 졸지 않으시며, 머리카락 한 올도 세고 계시다는 것에 대한 믿음에서 그분을 위한 공간을 내어 드리는 것이다.

마무리

이 모든 순서를 진행하고 나면 잠시 그 여운에 머물러 있다. 실습을 통한 통찰, 마음 자세, 에너지에 관해 감사함으로 잠시 호흡과 더불어 머물러 있는다. 그리고 거기서 지금 이 순간으로 되돌아온다. 그 지혜와 힘으로 오늘도 살아갈 것을, 이것이 내가 십자가로 지고 살아가야 할 것으로 부드럽게 자각하고, 연민, 용서, 낙원, 내맡기기로 일상을 살 것을 내심으로 새기며 일상으로 돌아간다.

– 눅 24장을 중심으로 –

이미 읽기를 통해 이해하였듯이 십자가와 부활은 시간과 경험의 차이가 없다. 십자가는 일꾼의 원형archetype; 구스타프 융의 용어인 예수의 공생애 사역의 핵심연민, 용서, 낙원, 내어맡김을 드러내고, 부활은 그 불길이 제자들에게 번져서 명료한 자각이 일어남을 뜻한다. 그것에 대한 '부활의 증언'자로서 사도행전이 기록되었다. 이토록 자비로운 실재의 무한한 창조 작업은 멈추지 않으나, 이에 대한 인간의 응답은 멈추거나 흔들릴 수 있다.

적지 않은 사람들이 한 때 신앙과 삶의 의미에서 그 어떤 소중한 체험의 사건을 경험하지만, 삶의 온전성을 향한 지혜와 힘의 에너지로 영혼이 고양되고 성화sanctification 되는 과정으로 가는 경우는 드물다. 자비로운 실재의 화육자로서 예수 운동을 함께 경험한 제자들의 경우에도 정치적 탄압에서 오는 두려움과 스승을 잃은 환멸이나 자기 의심에 휩싸인다. 이는 본인들 의지의 빈약함이나 성격과 태도의 부족함으로 원인을 돌리기에는 어려울 정도로 지배체제의 현실과 작동되는 문화 시스템이 그만큼 강력하다는 것을 반증한다.

개인들이 새로운 의식과 그 삶을 살기에는 이 세상의 체제가, 보이는 현실이 강력한 흐름이어서 그에 대해 역류하기가 쉽지 않게 만든다. 비유하자면 유월절의 최후의 만찬처럼 신적 실재의 뜨거운 직접적인 경험을 하였더라도 밖으로 나가면 밖의 추위로 인해 금방 그 온기가 사라질 수밖에 없는 이치와 같다. 그래서 일반 사람들로부터 '너무 이상적이야! 세상을 잘 모르고 사는 것 같아'라는 훈수를 듣게 된다. 자신의 안전을 위해 사회적 보증이 될 만한 것이 필요하다는 것과 가치를 위해 사는 것은 순진한 사고의 발상이라는 비판을 듣게 된다. 그게 정상이고 자비로운 실재의 일꾼됨이라는 것은 한때 젊었을 때 꿈꾸어 보는 이상일 수는 있어도 나이 40이 넘어가면 '네 것'이라고 남들에게 내놓을 수 있는 물적인 것이나 영향력에 대해 힘의 소유에 관련한 무언가의 성취를 따르도록 초조한 압력을 받게 된다.

그만큼 자비로운 실재의 호의와 풍성함은 선물로 무한히 주어지지만 결국 길가, 돌밭, 가시덤불이 많아서 '옥토'가 되는 비율은 낮다. 창조적 소수가 되는 '옥토'는 어떻게 길가, 돌밭, 가시덤불의 현실적인 도전과 그 가능성을 허락하지 않으면서 '옥토'로 남아 실재의 풍성함을 열매 맺고 그것을 남에게 줄 수 있는 기회를 가질 수 있는 것인가? 누가 마지막 장인 24장을 통해 한 때 뜨겁게 불타올랐던 자비로운 실재신, 궁극현실, 전체성에 대한 갈망과 에너지가 그 어떤 삶의 요인들로 인해 장벽을 만나 사라지게 될 때, 어떻게 불길을 다시 일으켜서 사도행전에서 보듯이 '부활의 증인'1:22이 되는 전환을 가져오게 할 수 있는가?

다시 새기지만, 자비로운 실재를 의식과 삶에 화육시킨 예수는 실재와의 그러한 일치하늘 아버지의 뜻과의 일치에서 사셨기에 그러한 예표는 뒤따르는 자일꾼된 자의 가능성에 열려진 것이다. 그러므로 부활은 실재 안에서 사신 예수 자신보다는 뒤따르는 자를 위한 것이고, 제자들일꾼된 자에게 일어난 사건임을 24장은 증언하고 있다. 24장의 부활의 사건은 몇 가지로 요약된다. 죽음을 향해 가던 삶에서 천사를 만나기누가복음의 시작과 끝은 천사와 연결된다, 신의 기억을 다시 회상하기, 낯선 자와 함께 식탁을 나누기, 위에서 오는 능력을 고대하기 등이다. 이를 내면화하고 일상화하기 위한 묵상을 다음과 같이 행한다. 마음을 모아 준비하고, 의식을 실재에 연결하며, 눅 24장의 부활의 영혼과 삶에 대한 묵상으로 들어간다. 묵상이 아니라 아래 2번의 주제가 설정한 상황이 일상에서 다가올 때 그 주제에 머물며 아래에서 안내하는 의식 실습을 일상에서 의식하며 있어도 된다.

* 준비하기(5분)

안전한, 그리고 거룩한 현존의 공간을 주변과 내면에 형성하는 준비를 한다.

– 몸과 마음을 편안히 하기: 몸을 편안한 자세로 취하고 호흡을 가지런히 해서 천천히 깊은 들숨과 날숨을 쉰다. 마음의 생각, 느낌 그리고 마음의 감각을 의식적으로 주목한다.

– 내적인 공간을 허락하기: 몸과 마음의 생각기억, 상상, 느낌, 감각을 저항하거나 누르지 말고, 환대로 맞이하고, 연결하여 미소로 인사한 후, 흘려보내는 굿바이를 한다. 각각의 생각, 그 생각 뒤의 느낌, 그리고 그 느낌이 일어나는 몸의 감각들을 주목하며 환대–연결–흘려보내기를 하면서 마음에 내적인 공간을 허용한다. 마치 흘러가는 구름 뒤의 창공과 같다.

1. 의식을 실재에 모으기

– 당신의 의식을 실재와 그 영광에 일치시키는 내면 작업을 한다. 아래의 실습하기 위해 의식을 심장 주위로 가져가서 의식을 심장에 머물게 한다. 그렇게 하여서 당신의 머리가 갖는 '앎'과 지성이 작동하게 하기보다는 심장이 지닌 자기 개방에 자신을 허락한다. 앎이 아니라 심장이 작동하는 '일치'의 차원에 머문다. 오로지 일치에 전념하라.

–종소리에 따라 단계를 밟으며 각 단계는 최소한 2분 이상의 시간을 갖고 행한다. 함께 할 때는 종이 안내를 할 것이다. 혼자 있을 때는 타이머 등으로

시간을 조정할 수 있다.

①은총을 수용하기2분: **"은총을 받은 이여, 기뻐하라. 하나님께서 함께 하신다"**1:28

저항 없이, 노력이나 자격의 필요 없이, 마음을 열어 이 메시지를 천천히 무조건적으로이유 없이 수용한다. 이 은총의 부어짐을 상상으로 그려서 생생히 내면에 현실화하고, 빛으로든, 에너지이든 당신의 본래 존재 속으로 채워지고 있음을 생생하게 그려서 마음으로 허락한다.

② 자비로운 실재에 의식을 두기2분: **"너희의 아버지께서 자비로우신 것같이 너희도 자비로운 사람이 되어라"**6:36

실재는 참되고, 선하며, 완전히 안다. 그 실재의 통로/도구가 되는 것이 내 존재의 의미이며 삶의 목표이다. 그리고 실재가 내 존재의 근거이기도 하다. 그러므로 실재의 뜻과 안내가 내 안에서 명료해지고, 작동되어지고 안내되어 지기를 간구하라. 그것이 당신의 영혼이 갖는 간절한 염원이 되도록 가슴을 열라. 하나님이 아버지라는 뜻은 자비의 무한하심과 호의베푸심의 무제약적이심에 대한 은유이다. 그 거룩한 은유에 거부나 저항 없이 자신의 정체성과 삶을 일치시킨다.

③ 내 삶이 증언자가 되도록 마음을 열어놓기3분: **"잘 들어라. 누구든지 사람들 앞에서 나를 안다고 증언하면 사람의 아들도 하나님의 천사들 앞에서 그를 안다고 증언하겠다."**12:8

증언은 은총은 실재이며 하늘 아버지의 상속자로서 자녀된 우리에게 주어진 권한이다. 사람들 앞에서 나를 안다고 증언한다는 것은 자비로운 실재의 무한한 자기-증여가 우리 모두에게 주어져 있다는 것을 삶으로 말한다는 뜻이다. 땅에서 매면 하늘에서도 매이고, 땅에서 풀면 하늘에서도 풀리듯이, 자비로운 실재에 의한 은총을 통해 자유, 기쁨, 평화로 삶이 풀려가도록 사적이거나 공적인 영역에서 이를 드러낸다는 의미이다. 이는 책임이라기보다는 그만큼 내 존재와 생이 신성함을 인식하여 이것을 자각하여 자연스럽게 그에 맞는 언어와 행동을 한다는 뜻이기도 하다. 자신이 진리의 도구가 되는 것에 상상하며 그만한 용기와 정직함이 부여되었음을 수용한다.

* 종소리에 따라서 몸과 마음을 다시 조율하고 지금 자신의 생각, 느낌, 감각이 어떤지 확인한다. 그리고 다음 순서를 기다리며 편안한 마음상태를 유지하고, 분심이 생기면 다시 지금으로 돌아온다.

2. 부활의 일상을 살기

① 나의 인생의 발걸음이 지금 어디로 향하고 있는지를 주시한다.

"너희는 어찌하여 살아 계신 분을 죽은 자 가운데서 찾고 있느냐?"24:5

내가 지금은 무덤이라고 상징하는 무의미, 지침과 소진, 환멸, 혹은 불안이나 어둠으로 향하고 있다는 것을 자각했다면 그것을 의식으로 끌고 들어와 생생히 거기서 일어나는 생각, 느낌, 몸의 감각을 재현한다. 무덤 안까지 들어갔듯이 지금 일어나고 있는 생각, 느낌, 감각을 온전히 체험한다. 그리고 자신의 심장을 의식하며 묻는다. "여기서 살아있는 것과 이미 죽은 것은 무엇인가?" 무엇이 떠오를 때까지는 시간이 좀 걸릴 수 있다. 혹은 전혀 안 떠오른다면 그 질문을 품고 잠시 시간을 갖는다. 메시지가 나중에 홀연 듯 다가올 수 있다.

'눈부신 옷을 입은 두 사람'을 이 실습에서는 비유로 이해한다. 즉, 분리되고 제한된 자신의 에고가 만나는 두 실재, 곧 자비로운 실재신, 궁극현실, 전체성과 내면의 참자아로 이해한다. 심장에 질문한다는 것은 영적인 의식의 공간을 허락하여 이 두 실재의 연결을 통한 메시지를 듣는다는 뜻으로 이해한다. 현실을 보는 데 있어서 아인슈타인은 우리의 지각보다는 상상력이 더 중요하다고 말했듯이 심장을 의식하여 상상력을 통해 눈부신 빛의 존재를 생각하며 위 질문에 대한 메시지를 듣고 있다고 상상하며 있는다.

② 체험에서 신의 기억을 회상하기

"길을 걸으면서 무슨 이야기들을 그렇게 하고 있느냐?"24:17

한때 활동하며 일어났던 고양된 사건이나 흥분된 체험들을 뒤로 하고, 동료와 인생길을 가면서 '끝장남' 혹은 솟아오른 비전의 불길이 꺼지고 열기마저 못 느끼게 된 '사라진 이상'을 넋두리 하게 될 때, 어떤 에너지로 우리는 살아갈 수 있는 것인가? 이야기 하고 있는 주제나 내용이 영혼에 닿지 않고 단지 사무엘 베케트의 〈고도를 기다리며〉의 주인공들인 에스타라공과 블라디미르처럼 무의미함과 지루함을 견디기 위해 함께 있는 정도에 처해 있다면 절망과 불안을 넘어설 수 있는 이야기는 어떻게 생성되는 것인가? 더욱이 자신을 품어주고 환희로 빛나게 해 준 신앙의 세계가 이젠 성숙한 나에게는 한때의 추억과 유품처럼 낯설고 빛바랜 것으로 다가올 때 영혼의 추위를 따스하게 해 줄 것은 무엇이 남아있는가?

우리가 동료들과 나누는 스토리가 장밋빛 이상이 아닌 현실의 무거움과 잔인함에 대해 그 주제를 나누고 각자의 고통을 서로의 심장으로부터 듣고 있다면 그 출구가 무엇인지 우리는 간절해진다. 한때의 비전은 사라지고, 그렇다고 다른 사람들의 일상이 그대로 현실적인 감각으로 다가오는 것이 아닌 어중간한 상태에서 무엇을 어떻게 할 수 있는지에 대한 궁금증은 절박하기만 하다.

누가가 제안하는 것처럼 동료와 스토리텔링을 하는 곳에 언제나 낯선 감추어진 실재의 질문이 존재한다. "그대는 살아가면서 어떤 이야기를 나누고 있는 것인가?"라는 질문이 그것이다. 내가 나누고 있는 스토리가 어떤 종류의 이야기인지를 다시 실재로부터 질문을 받는 것은 중요한 계기를 일으킨다. 그리고 이야기의 초점을 다시 내게 남겨진 '신의 기억'혹은 거룩한 의미의 징조 사건을 회상하고 그것을 실재의 자취trace에 대한 실마리로 확인한다. 현대물리학자인 데이비드 봄은 개별자부분는 언제나 전체성감추어진 질서에 참여한다고 하였다. 전통, 성서, 파편화된 체험의 기억들, 또는 잠자다 꾼 강렬한 꿈속에는 그러한 실재로의 자취가 남겨져 있다. 파편화되어 흩어진 기억들을 다시 모아 연결하여 신의 기억을 내 내면과 연결하고 내 스토리를 다시 들어줄 동료와 이를 나누거나 아니면 혼자서 동료와 나눈다고 상상한다. 다시 해석된 스토리는 글쓰기로 표현해도 좋다.

내 스토리에는 근원에 다가가는 자취가 존재한다. 실재가 참되고 존재한다면 모든 스토리와 경험은 '신의 기억'에 대한 흔적을 지니고 있다. 기억의 재 속에 담겨져 보이지 않지만, 아직도 꺼지지 않은 불씨를 담아내는 것이 스토리이다. 일어났던 것을 다시 보이지 않는 동반자인 실재를 의식하면서 기억의 회상들을 다시 돌아본다. 눈이 가려져서 그동안 여러 번의 기회를 놓친 것일 수도 있다. 자기 경험에서 '실재의 울림'이 혹은 '진실이 울리는'ring true 기억의 파편을 다시 회상하고 거기에 머물러 있는다. 말을 샘물까지 인도할 수는 있어도 샘물을 마셔서 갈증을 축이는 것은 말 자신만 할 수 있다. 마찬가지로 자신의 추억과 기억에서 샘을 마실 수 있는 자는 오직 자신뿐이다. 자신의 실패, 절망, 희망, 열정 무엇이든 그 속에 숨어있는 실재의 자취를 드러내는 자원과 그 지혜는 자신에게 있다.

그러므로, 자신의 동료와의 이야기가 지루하고 무겁다면 다시금 자신의 경험, 전통, 성서가 무엇이든 곰곰이 '신의 기억'을 떠 올릴 수 있는 거울로 삼아 자신을 비춘다. 최소한 풍성하지는 않아도 충분한 정도로 자신의 경험과 기억 속에 그 자취가 있을 것이다. 그 자취를 상상으로 따라 가 보라.

③ 어둠이 올 때 타자를 초대하기

"이젠 날도 저물어 저녁이 다 되었으니 여기서 우리와 함께 묵어가십시오."
24:29

자신에게 더 갈 길의 시간이나 기회가 없게 되었음을 서서히 자각하게 되었다면, 새날이 오지는 않을 것이라는 불길한 예감이 나타난다면, 한 가지 그대가 할 수 있는 것은 낯선 동반자를 초대하는 것이다. 나의 날이 저물어 저녁이 되어 어둠이 짙게 깔리는 순간에 들어섬을 알게 되었을 때, 낯선 진지한 동료를 초대해서 서로의 이야기가 들려질 수 있는 시간을 갖는다. 만일 이것을 혼자서 해야 할 필요가 있다고 한다면 '빈의자기법'을 사용한다. 초대할 손님을 정하고 빈 의자에 초대하여 하고 싶은 이야기를 나눈다. 그 빈의자의 화자 이야기를 메모해 그 빈의자 앞에 내어놓는다. 그리고 제3자의 의자에 앉아서 무엇이 들려지는지 확인한다. 아니면 동료들과 진지한 삶의 이야기를 나누는 '경청동반자 서클모임'을 기획해서 함께 나눈다.

혼자서 빈의자기법으로 하든, 동료나 지인과 함께 경청동반자 서클모임을 갖던 주제에 대한 이해나 탐구가 아니라 자기 고백의 나눔이 주된 내용이 되고, 감사나 블레싱이 함께 들어가는 것은 중요하다. 스토리는 우리의 심장을 열게 하고, 블레싱은 본래적인 것에 대한 감각을 회복시켜서 눈이 열려 실재를 보게 할 것이다.

④ 실재를 위한 중심공간을 마련하기

"나는 내 아버지께서 약속하신 것을 너희에게 보내 주겠다. 그러니 너희는 위에서 오는 능력을 받을 때까지 예루살렘에 머물러 있어라."24:49

자비로운 실재는 알아서 활동하신다. 이에 대한 준비는 오직 공간을 허용하는 것과 기다리는 것이다. 예수께서 절망과 의심의 제자들에게 나타나 "그들 가운데 서시며 '너희에게 평화가 있기를'"라고 하신 것도 가운데 서실 수 있는 빈 공간의 역할이었다. 자신의 생이 지닌 불안과 의심이 떨어져 나가지는 못하더라도 여전히 실재를 위한 빈 공간과 위에서 오는 능력을 받을 수 있도록 기다림은 필요하다. 내가 내 일을 모두 기획하고 예측과 통제하기보다는 일부의 공간을 내어 드리고 실재가 자신의 능력을 행사할 수 있도록 빈 공간을 내면에 두고 지켜본다.

마무리하기

하루살이의 날음은 하루이지만 일 년 이상을 날기 위해 준비한다. 꽃은 며칠을 피고 말지만, 나무는 일 년을 꽃을 향해 활동한다. 하루의 날기와 며칠간의 꽃핌에도 불구하고 계속해서 이를 재현하는 힘은 바로 그 날기와 꽃핌의 기억을 씨앗으로 담아 품고 있기 때문이다. 수많은 씨앗이 필요한 것이 아니라 질적인 의미가 있는 '신의 기억'을 품고 있는 하나가 우리를 일으켜 세운다.

무덤으로 가는 발걸음이든, 지루함의 동료와의 이야기 나눔이든, 어둠이 다가오던 그것을 문으로 하여 더 깊이 들어가려는 내 영혼의 갈망을 축하하고 이에 잠시 머무른다. 침묵 속에서 무엇이 보이거나 들리거나 통찰을 얻게 되었는지 자각하고 일상으로 들어간다.